十二石山齋詩話

（清）梁九圖 著　梁文健 點校

遼寧教育出版社

圖書在版編目（CIP）數據

十二石山齋詩話 /（清）梁九圖著；梁文健點校
.—瀋陽：遼寧教育出版社，2022.8
ISBN 978-7-5549-3543-9

Ⅰ.①十… Ⅱ.①梁… ②梁… Ⅲ.①詩話—中國—清代 Ⅳ.①I207.227.49

中國版本圖書館CIP數據核字（2022）第137990號

十二石山齋詩話
SHIERSHISHANZHAI SHIHUA

出品人：張 領
出版發行：遼寧教育出版社（地址：瀋陽市和平區十一緯路25號 郵編：110003）
電話：024-23284410（總編室） 024-23284652（購書）
http: // www.lep.com.cn
印 刷：遼寧新華印務有限公司

責任編輯：趙姝玲
封面設計：熊 飛
責任校對：黃 鯤
幅面尺寸：170mm × 240mm
印 張：23
字 數：330千字
出版時間：2022年8月第1版
印刷時間：2022年8月第1次印刷

書 號：ISBN 978-7-5549-3543-9
定 價：59.80元

序言

中國學術的中心由北而南，與世運相推移。自宋室南渡，河洛之學風流雲散，中原文獻瀕於斷絕，而江南文運方隆，論者有“名士如鯽”之慨：這是經濟、政治、文化多重因素共同作用的結果。美國學者施堅雅的區域經濟史研究，依據城市分佈和自然地理，將中國劃分爲西北、華北、長江上游、長江中游、長江下游、嶺南、東南沿海、雲貴、東北等九個大區。其中西北、華北城市體系形成較早，但在宋元以後，北方貿易、交通瓦解，城市化水平下降；而長江下游、東南沿海和嶺南的城市體系迅速發展。與此同時，南、北文運之升沉，也伴隨經濟、社會發展的總體趨勢，大抵漢唐以前“收功者常於西北”，宋元之後才俊多出東南，近代則嶺南文化强勢崛起。

古人論學衡文多以南、北爲歸，“南方之强”往往勝於“北方之强”。然而，廣闊、富庶的嶺南地區，却被排斥在傳統的“南北”二元敘述以外。正如《凌霄一士隨筆》所指出：“昔日尋常之所謂南人，多以江南蘇、杭等處人當之。若閩、廣乃見謂‘邊省’，爲有間矣。”直到有清季年，黄節在《國粹學報》發表社論《嶺學源流》，始爲“嶺學”張目，宏揚粵海文風。

清代廣東挾海貿之利，富甲中國。其文化地位的提高却稍稍滯後，最近百餘年間方有明顯改觀。維新運動中，出身廣東新會的梁啟超希望“以湘之才，用粵之財”，“以救中國”，説明當時廣東人才之盛不及長江中游的湖南。到了 20 世紀 30 年代，生於湖南長沙的陳寅恪，却對嶺南學人發出由衷的讚歎：“中國將來恐祗有（嶺）南學，江淮已無足言，更不論黄

河流域矣！”百年以降，學界逐漸認識到，嶺南這片所謂的“文化沙漠”地下，蘊藏着寶貴的“石油”。

在很長的歷史時期内，嶺南文化正如地底伏流，潛滋暗長。乾嘉時代，東南地區文化高度繁榮，引人矚目，思想史家艾爾曼稱之爲“江南學術共同體”。在這背後，學術風氣已悄然向嶺南轉移。阮元設學海堂於廣州，羅致學者、宣導樸學；同時廣東刻工價格低廉，書籍出版發達。要之，嶺南文化勃興的條件此時已經具備。

以今人眼光看來，“嶺學”大興應該上溯清代道、咸、同、光之間。當時南海譚瑩、朱次琦，番禺陳澧、葉衍蘭，順德李文田、簡朝亮諸家，皆以博學能文著聲於世。而順德梁氏群彦並享大名，斯文風雅萃於一門，不惟光耀桑梓，更堪永垂後世。

順德居廣府之奥，上襟西樵風月，下俯南海珠潮，擁西江、北江舟楫漁米之饒，處西風東漸開化之端。士生其地，鍾山川之神秀而發爲文章，宜其沉博絶麗、詼奇環瑋。梁氏敦居鄉里而講求文藝，其家有園林亭臺之盛，又廣聚奇石、法帖，然後與當世賢豪頻相往來，論學譚藝。清辭麗句發爲歌詠，而嘉言妙論記爲詩話，率能引後人追想，爲之悠然神往。

同邑後學梁文健，少年英俊，敏而好古，有志董理鄉邦文獻。今以梁氏群書校勘標點，使前哲遺愛重光世上。此盛舉匪獨有功於梁氏，其嘉惠學林，亦復不少。因略疏短引，以志其端。

鄭學序於開封河南大學

目録

前言

《十二石山齋詩話》（以下簡稱《詩話》）的作者梁九圖（1816—1880），原名九芝，字芳明，號福草，又號石圃居士、十二石山人。他是一名持論甚正、關注現實的詩人，是一位各體兼通的書法家，是個畫蘭高手，是個園林設計師，還是個有意保存史料的文獻工作者。我們之所以能研究梁氏家族、梁九圖詩學及其在清代詩學史上的地位，實應歸因於梁氏族人數量可觀的著作。其中又尤以梁九圖爲最。除《詩話》外，他還有《紫藤館詩鈔》《汾江草廬唱和詩》《十二石山齋叢録》《紫藤館雜録》《紀風七絶》《嶺表詩傳》《梁氏支譜》等著作傳世。其《良方類鈔》《佛山志餘》《韻橋雜誌》《笠亭詩拾》《汾江隨筆》《風鑑證古》《石圃閒談》《嶺南瑣記》蓋已散佚[①]，好在被符葆森《國朝正雅集》《寄心盦詩話》及梁氏《十二石山齋叢録》《梁氏支譜》等書援引，故仍可窺見一二。梁九圖所處的年代不僅是清王朝由盛轉衰的歷史階段（歷經兩次鴉片戰争和太平天國運動），還是康乾詩學向近代轉變的過渡時期。其《詩話》與同時的許多人一樣，在理論的發明上遠不及康乾詩學的高度。但由於能在融匯諸家學説的同時，不乏符合時代需要的獨到見解，加上是嶺南詩話中最重要的著作之一，《詩話》在清代乃至近代詩學史上的地位還是不容低估的。

---

① 梁九圖的詩學思想散見於他的許多著作，而以《十二石山齋詩話》最爲集中、典型。

一門風雅，經世之家：佛山梁園的人與事

梁九圖的詩學與其所處的家庭氛圍和時代背景有着密切的關係。因此，要研究他的詩歌理論，就不得不從他的家世談起。梁九圖祖籍廣東順德杏壇麥村。其祖父梁國雄於乾隆年間来到佛山（位於現佛山市禪城區）經商。其父梁玉成與梁藹如（字遠文，號青厓，1769—1840）、梁可成二弟於嘉慶初年隨父遷居佛山。梁玉成“棄舉業，就鹺商。數年積資累鉅萬”。然而，在當時傳統社會格局的限制下，富商不可能成爲城市的領導力量。僑寓人士要提高自身地位就必須走上科舉之路。這個家族使命就落到了梁藹如的身上。

儘管他内閣中書一職是中舉後通過捐納得來的，但梁藹如却是第一個也是後來少有的能在殿試中取得賜進士出身的梁家人。在京爲官期間，他先是擔任文淵閣檢閲，後充當方略館分校，參與過校勘軍機處漢檔的工作。校勘告竣後，例得議敘。然因僚友梁慎猷自言困苦，欲得議敘遷官，藹如乃乞假南歸以讓之。白居易曾謂自己“志在兼濟，行在獨善”，青厓於玆有焉。一方面，他嚴於律己，寬以待人，嘗謂范仲淹“義田”最可法，惜無力行之，但也身體力行，向貧困的族人鄉親施捨糧食，出錢幫助鰥寡者，通河修路以便居民往來。另一方面，他性格恬淡，善於養生，不侈飲食，不飾服飾，不治園圃，居斗室中，時趺坐榻上，如老僧入定。他還好吟詠，著有《無懈怠齋詩稿》，又善書畫。張維屏謂其：“詩學陶韋，篆學《嶧山碑》，隸學《夏承碑》，草書學右軍，真書學魯公，行書學坡公，畫學一峰老人。得其書畫者，寸縑尺素皆珍之。”故傳世作品也頗多，其中不乏私人收藏，但迄今還没有哪部書畫集能就其作品予以全面的著録與影印。除《嶺南畫徵略》《嶺南書法史》《嶺南歷代書法名家》《廣東畫人録》《順德畫人録》《廣東省博物館集刊（1999）》等書所提到的外，也就没有多少相關的研究成果了。筆者在此略作補充：（一）梁藹如山水畫不僅學黃公望。佛山市博物館藏山水中堂之落款："嘉慶庚辰夏四月倣（有殘缺）梁藹如。"察其疏硬之筆、高遠之嶂，似合《顧氏畫譜》董、黄二家而成。羅天池亦曾謂已於程玉樵及葉蔗田處所見梁氏冊軸"皆宗北苑"。黄培芳、張維屏跋其畫皆有"仿米"之説。廣州美術館還藏有其仿米山水長卷。又梁九圖跋《夏日山居圖》（廣東省博物館藏）謂其"少日畫法迂翁"。（二）佛山梁園有其1826年所作的草書四屏，前兩屏寫元好問《少林》、何中《櫪溪》，二詩皆收入《御定四朝诗》。第三屏節臨《書譜》"且立身揚名，事資尊顯。勝母之里，曾參不入。以子敬之豪翰，紹右軍之筆札，雖復粗傳楷則，實恐未克箕裘"。第四屏節臨王羲之《彦仁帖》"服食而在人間，此速弊分明，且轉衰老，政可知。乃欲與彦仁集界上，甚佳。諸如此事，皆所欣也。平自可爾"。又廣州美術館藏其節臨《書譜》的一件橫幅。杜藹華已對此作出過詳細的論述[①]。這兩件書作爲我們探討梁藹如的文藝觀提供了較可靠的依據。他追求的正是《書譜》"不激不厲，而風規自遠"的中和之境。藹如書取勢平正，轉折多以圓筆出之，不學右軍，而近乎平原，却無薄滑甜熟之弊。其詩古體學陶淵明，而不失於率直；近體學王孟，甚至學金元詩，而沉著痛快，此中道理實與書法相通。梁九圖每不留索和之稿，却因藹如好評，而存和祁寯藻韻之少作。是則青厓之高論蓋亦爲《詩話》所採。梁藹如性情恬淡，除詩集外没有留下其他著作，唯有零星的書畫作品散落各處。論梁氏家族的家學淵源當以青厓先生爲始。其片縑尺素都可以深化我們的認識。望有關學者能將梁藹如、梁九章、梁九圖等人的書畫彙集一書，做出進一步研究。

梁藹如以後，梁氏家族内的風雅文人氣息延綿不斷。其獨子梁邦俊

① 杜藹華：《孤情逸韻 古厚渾樸——談梁藹如的詩書畫藝術》，見於《廣東省博物館集刊（1999）》，廣東人民出版社1999年版，第201-205頁。

（1807—1842年）字伯明，一字小厓，亦工詩畫，與順德何小冶、劉雨湖、吴星儕和從弟梁九圖相唱和，著有《焚香省過齋詩稿》《小厓説詩》（前者見《國朝正雅集》，後者有標點排印版，收入《清道光朝詩話六種》）。其畫學倪瓚，間仿二米，然不多作。順德博物館藏其仿小米山水軸。梁植榮（1827—？），原名宜豐，字用大，一字愛樹，爲梁邦俊長子。著有《珠江七絶》《榕陰唱和集》《壯勉齋宦遊小草》。書法則一如祖父，刊刻過《夏承碑》，並學其"奇古遒麗"之意，寫有隸書《千字文》。張維屏、黄培芳爲之跋。熊景星更謂爲繼桂馥、翟云升後的"又一變"。

在梁玉成這一脈，繼此風雅的首推長子梁九章（1787—1842）。他字脩明，一字雲裳，工畫梅。丹徒張大令稱其"秀逸中見古勁，當與金農並驅争先"。蓋冬心以密亂致奇，雲裳則以疏勁取勝。筆者曾見梁九章梅圖，其畫款多註明爲他人屬畫，可見在當時很受人青睞，故構圖常隨尺幅大小而變化，然無論中堂、掛軸、小品皆能極盡其妙，其時能臻此境之畫家恐怕也不多見。又辛丑（1841）仲春"遜軒五兄姻臺屬"之倒梅圖上有"仿元人畫法"幾字。梁九章梅圖之風格是否受到王冕、陳立善等人的影響？他在京編寫《大清一統志·臣工列傳》期間是否有機會接觸元畫真跡呢？這個問題也許能通過搜羅相關文獻資料（特别是相關人物的詩文集與所藏書畫之題跋）得到解決。梁九章最引人注目的是他摹刻的《寒香館法帖》。他平生尤喜鑒藏古今法書、名畫，壯年游宦京師、四川，與翁方綱、郭尚先、李威等交游，購得書畫日多，晚年"老病侵尋，翻閲漸疏，半飽蟫蠹"，恐古人手跡就此湮没，遂擇出尤爲欣賞的二十二家，手摹勒石，以垂永世[①]。該帖與吴榮光《筠清館法帖》、葉夢龍《風滿樓集帖》名重一時。

① 見《寒香館法帖》末跋語。

此帖收自唐至清諸家之作，共二十六帖[①]，又專選未經前人上石者摹勒，自然以明清書作居多。由於鑒别不精，其中清以前書作不乏有贋品在。張伯英曾對此做出批評，所謂“粤帖中之最下者”未免爲過激之言[②]。陳永正持論則較爲公允。他指出帖中的名人題跋對研究廣東書學的意義，尤具灼識[③]。較之吴氏、葉氏二帖，《寒香館法帖》是以文獻價值見長的。帖中收録了其時書壇巨匠如梁同書、翁方綱、劉墉、郭尚先以及與梁氏有交往的鮑俊、吴榮光、龍元任等嶺南名家的題跋，對於研究清代書法理論不無裨益。通讀全帖，梁九圖題跋凡五次，鈐印共六方，可見他對書法情有獨鍾。鑒於古代文人常將書畫理論移植到詩學上的現象，本書特意録出《寒香館法帖》中帶有鮮明批評色彩的法帖正文與題跋，以便讀者進一步研究《詩話》與梁九圖書學觀的聯繫。

梁九華（1804—1853），字常明，一字燈山，爲玉成三子。張維屏爲其撰墓志銘云：“君生平寡嗜好，惟喜書畫，嘗得宋拓《十三行》，頗快意。有貴人挾重貲求購。君以非知書者，不與觀也。”九華晚年好石，闢園地數畝，建起群星草堂，園中布以來自太湖、靈璧、英德等地的奇石，高逾丈，闊逾仞，

①《梁氏支譜》引《佛山餘志》云：“先兄雲裳刺史所刻《寒香館法帖》自唐迄本朝，共二十二家，俱搜求原跡未經前人上石者。”言所刻共二十二家，其意同於九章帖末自識。《廣州大典》本、廣東省立中山圖書館藏本所收書作均不合此數目。細檢全帖，見趙孟頫《耕織圖詩》前有“寒香館藏真帖”篆字，後之卷首皆然，疑自元以下方從墨跡摹出。然羅原覺謂朱熹詩帖後歸新會朱小晉家，紙倣硬黄（冼玉清《廣東叢帖敘録》），故“藏真”即非臨摹之謂。又梁九圖於此帖的张雨自書詩後題：“十二石山人心賞。”復於方孝孺書作後題跋，鈐印爲“十二石山齋居士”。考諸《詩話》，梁九圖自號“十二石山人”實自1844年始，其時梁九章已去世兩年。九圖子梁宏謙（1846—？）又在成親王二帖後各書一跋。因此，上述四件作品應是梁九圖後來增刻的（《廣州大典》本書名頁爲梁九圖所題），是他們父子二人審美取向的反映。我們在留心《寒香館法帖》複雜的版本問題的同時也要利用好這幾件書作所傳達的信息。

② 容庚：《叢帖目》卷八，中華書局香港分局1981年版，第703-707頁。

③ 陳永正：《嶺南書法史》，廣東人民出版社2011年版，第319頁。

或立或卧，或俯或仰，位置妥帖，極丘壑之勝。今佛山梁園刺史家廟之西是也。九華曾孫梁厚甫（1908—1999）在漢字改革與書法藝術方面提出過許多真知灼見，可參看《科學書法論》《梁厚甫文選》。

梁可成一脈則有其次子梁同濟（1803—1832），閒時喜作蠅頭小楷，求書者日踵其門。畫則喜繪山水、翎毛、花卉，尤擅長篆刻。性格豪放，飲酒必巨觴，醉後作擘窠書，氣勢磅礴，鄭開禧謂其有張旭風。他還摹刻過顔真卿《和清遠道士遊虎丘詩》（自誌謂此帖翻本少，而自己得到了遠勝於《淳熙秘閣續法帖》的善拓）。同濟子梁世杰（1826—？），字任大，一字詠流，著有《畫蝶詩冊》《珠江雜詩》《六悔亭詩鈔》。

梁氏家族曾在松桂里、沙洛坊、西賢里等處建有多所園宅[①]，如無怠懈齋（梁藹如）、寒香館（梁九章）、群星草堂（梁九華）、乙卯廬（梁思灝）、百二漢磚館（梁元超），是現今研究清代廣東園林所繞不過去的群體。梁九圖更是樂此不疲，營建了十二石山齋與汾江草廬。園中復有小景。前者除石架外還包括一覽亭、紫藤館（仍在修復中）；後者在草廬旁還築有韻橋、石舫、笠亭、个軒（即今佛山梁園西部）。九圖癖石，1844年春自湖南歸來，途經清遠，購得九塊黄蠟石，後復購石三，因顔其齋曰“十二石山齋”（爲程可則舊宅）。時張維屏、黄培芳、譚瑩等騷壇名手俱爲之記，復有題詩，“或薦紳、顯宦、方外、閨閣之流，生平未面，亦題寄寵之”。九圖輯其遺贈佳作成《十二石山齋叢録》九卷，讀之可想昔日山齋盛名。十二石山齋與順德清暉園、番禺餘蔭山房、東莞可園並稱廣東四大名園，尤以奇石聞名於海内。梁九圖之於石的見解很早就被黄賓虹、鄧實收入《美術叢書》，題爲《談石》。本次整理也將其附於書末，以便讀者了解梁九圖在園林設計方面的成就，領

---

① 後人將梁氏所建各園統稱爲“梁園”的做法似起源於咸豐年間。梁植榮《閫中賦别詩》所收高明遠詩即用此名。

略其作爲文人雅士的精神氣質。

梁家起初是靠做生意發家致富的，其後仍有經商的子孫（如梁日新、梁燊）。要把生意做大，就免不了走進社會。常年累月地閱讀生活之書，使他們的所見所想與書齋裏皓首窮經的學者有著很大的不同。清代初年，冶鐵業上的“官准專利”政策與以澳門爲跳板的海外貿易推動了佛山工商業的發展。大量外來商民湧入，使佛山儼然成爲各行各業人士的大雜燴。加上八股取士日益僵化，一些傳統文人已透露出對功名利禄的不屑。他們或是甘願過自娱自足的生活（如黎簡、吴炳南），或是講求實踐之學，睜眼看世界，關注現實人生，初步踏上思考民族前途去向的道路。梁氏家族成員也不例外，當中不少人在科舉仕途上都歷經坎坷。例如，梁邦俊、梁九華都是“援例”獲得個正七品的官職。梁九德則“援例”就任州判，爲從七品。這裏要提到兩位了不起的母親。一是邦俊母區孺人。她安慰兒子道：“科名何足介懷？無實可傳。”岑澂《區孺人墓表》稱她“朂子侄以實學，語類大儒”。梁邦俊關心民生疾苦，扶貧濟困，疏浚河道，自謂不敢忘記父親的旨意。其《小厓說詩》也展現了這種實學精神。它“留心事理，意不專在於诗”（張維屏序），天文、地理、風物、習俗皆有所涉，是其時詩話裏極爲罕見的。《十二石山齋詩話》也發揚了《小厓說詩》的這個傳統。二是梁九華母蘇太宜人。她告誡家中子弟：“人以立品爲先，次養身，次讀書，科名得失，自有定分。”遇上嚴寒酷暑、風雨天氣時，她就會提醒子弟們要時刻想起野外貧兒赤足露頂、無椽可蔽的艱辛。這種思想境界實屬難得。梁九華也澹於仕宦，在父親去世後更加講求實踐之學。二哥去世早，九華爲理家事如己事，諸侄有不聽教者垂涕導之。他治家嚴肅，教育子弟除貿易、買田外的財路都不能觸及。九華懂風水，做事嚴謹，營墳建祠都經理周密，不經他人之手。今觀群星草堂佈局精密，不類九圖汾江草廬、韻橋、石舫諸景之開闊，即可想見其爲人。

梁氏投身慈善公益實自梁國雄始。此後子孫皆樂善好施，相承不易。冼寶榦《佛山忠義鄉志·人物志六》“義行”下就列出了梁可成、梁九華、梁應棠（可成長子，1800—1848）、梁應琨（可成三子，1804—？）等八人，比“文苑”下所述梁氏族人還多出一位。可見，兼濟天下實是梁氏最具代表性的精神特質。所謂“不爲良相，便爲良醫”，梁氏家族還不乏精通醫術的人，所刻醫書也特多。這是他們除導河修路外的又一行善方式。起初是梁玉成輯屢驗之方爲《經驗良方》（1829 年初刊，其孫梁思淇於 1865 年增刊），接著是梁九章所著《醫法精蘊》（未刊），梁應棠刊黄元御《傷寒懸解》《素靈微藴》，梁九圖廣《經驗良方》爲《良方類鈔》二十七卷，其後梁世澂爲天花流行而痛心，刊有《痘疹玉髓金鏡録》。

此外，梁氏族中還有研讀《周易》的風氣。如梁邦俊擅長卜筮，多奇中，著有《易數管窺》一卷。又如梁僧寶在順天鄉試中“以《易》詁題，特擢南元”。其對《易》的理解據説是受到了父親梁九圖的影響[①]。與《周易》相合的風水、演禽等玄學也頗受他們青睞。邦俊次子梁植梅“不沾沾於制舉業”，尤擅六壬術，著有《演禽神數》《禽星闡奥》。他給七個兒子“因材授事，各如其量。預決終身，時加戒勉”，又預告自己的大去之期，後皆應驗[②]。與兄長相似，九華弟梁九德亦能從事於此。族譜所引墓志銘的一段話充分展示了他預知未來的本領：“初佛山多典肆，以禦盜故，高其墻垣。君見而愀然曰：‘兹鎮數百年不被兵革者，四伏煞也。今河道日狹，質庫日高，恐從此多故矣。’及君以甲寅夏五終，其月晦日葬。葬畢，而佛山之禍起，並如其言。”[③] 大

①（民國）冼寶榦纂；佛山市圖書館整理：《佛山忠義鄉志》，岳麓書社 2017 年版，第 579 頁。
② 同上書，第 732 頁。
③ 本文所述梁氏族人的生平、交游事跡與著述多依據梁九圖《梁氏支譜》（牌記題爲咸豐五年刊）與王建玲《梁園》（廣東人民出版社 2007 年版）。特此説明，不逐一標注。

抵人意在功名，而抱負落空，便往往以玄學爲寄託。上述幾人（除梁僧寶外）想必也如此。梁九德則進一步跳出個人局限，去推測佛山的未來、世運之昇沉。其説雖以“四伏煞”爲由，但又何曾不隱含著一位傳統文人士大夫對社會現實的深切關懷？大清帝國的亭午烈日已悄然傾斜，新的社會問題不斷產生，讀書仕宦的傳統濟世之路難以大展身手，富民强國的實業與自由民主的政治體制尚未出現。除了做出修身齊家、扶危濟困、救死扶傷等“實事”“義行”外，這班道咸間的文人也衹好在易象與“宿命論”中推演歷史動向、尋求精神慰藉了。《詩話》也間有涉及《周易》的條目。例如，卷一第81則以《周易》“險健訟”“訟終凶”引出吴梯之詩。如果我們聯繫到梁九圖對易學的精研，就會懂得此詩即其所謂“移我情者”，故被視爲好詩。

作爲道光朝詩話的代表作之一，梁九圖《十二石山齋詩話》所傳達的内容已超出了詩歌本身，融入了大量作者對於現實生活的點滴感受，表面上意不在詩，實際上是要在創作中體現個人的肺腑真情、學問涵養與政治理想、新知見聞等内容，以達到創新的目的。因此，我們要真正讀懂《詩話》，就必須詩外求詩，結合梁氏家族成員的生平經歷、思想觀念、著述情況，揣摩梁九圖的用心。

《十二石山齋詩話》的詩學觀

清前期詩學首先是在明人的基礎上展開的。王士禛因不滿摹古之形似刻板而標舉“神韻”，拈出“典”“遠”“諧”“則”，提倡唐詩的自然渾成與深遠之致（但其將杜甫視爲“變調”也引來了後人的非議[①]），又從宋元詩汲取耐人尋味的丰致。稍後，沈德潛發揚李東陽“格調”之説，致力於聲

① “變調”一詞本黄培芳《粤嶽草堂詩話》卷一所録翁方綱語。

調句法，在時人看來更偏向盛唐“沉鬱頓挫”之風骨魄力。袁枚“性靈説”主張書寫真性情，提倡自出機抒，與趙翼、張問陶、李調元一道成爲了對此後詩壇影響巨大的一派。與此同時，翁方綱研求肌理，既以更細緻的方式剖析詩歌的文法與語句，主張以宋詩（如黄庭堅）之“實”救神韻説之“虚”，又反對性靈派，爲“學人之詩”扶輪。

梁九圖出生於嘉慶末的1816年。兩年後，乾嘉詩壇領袖翁方綱就去世了。此後很長一段時間裏，清代詩壇再沒有出現能引領一時風尚、産生廣泛影響的詩學理論。當中的原因難以做出定論，但也許與如下情況有關：（一）具有整體性審美理想的“神韻説”所致的空虚輕佻之弊，已在以沈德潛、袁枚與翁方綱爲代表的三個方面那裏得到救正。後出詩論不管是從審美效果、傳統學習還是文本組織著眼，都難以擺脱前人的影響，故不能自成一家。（二）嘉道之際，文人們不再像清前期文字獄下那樣噤若寒蟬，寫詩作文、自刻文集的現象更加普遍。良莠不齊的詩文集一時魚貫而出，整體創作水平日益低下。介紹、評隲當下之詩，讓真正優秀的詩人與作品得以在殘酷的現實中受到矚目而不至湮没（當然也有商業利益與人情關係的因素在），也就成了其時詩話的一個重要轉向。（三）不少有識之士對清王朝面臨的諸多社會危機洞若觀火。文人們紛紛走出書齋，關注國計民生、世運消息，倡導經世致用的實學。因此，這一時期的詩話不再像以往那樣著重探討理論、技法等問題，而是更强調對實際創作的指導作用，“就其詩之佳篇雋句，摘其尤欣賞者録入詩話”，避免“膚辭泛贊”（張維屏《紫藤館詩鈔序》）。另一方面，嘗試借詩歌來反映時弊、改良世風的理想在部分詩話中得以體現。這種重視詩歌實際内容的思潮顯然與研詞煉句的著眼點不同，加上它衹是嘉道年間沿海地區詩人的不成熟的探索，並没有引起其時絶大部分傳統文人的共鳴。此類主張也就停留在原點，缺乏補充闡釋的理論家與大力付諸實踐的詩人，因而還不足以開闢出致力於表現社會問題、民族危亡的一派。

這些因素的共同作用使得嘉道詩學理所當然地陷入了不可避免的低谷，但這並不妨礙我們將其視作清代前中期與晚期間的過渡階段加以研究。嘉道詩歌理論上承康乾之餘緒，其一大特色在於調和諸家之學説，而非另起爐竈、別樹一幟。梁九圖也不例外，這大概是受到了“粤東三子”之一黄培芳的影響。黄培芳（1778-1859）在嘉慶八年（1803）爲答友人所作的《香石詩説》（1910年寶墨齋刊）寫道：

國朝論詩前輩，宗匠固多。愚所瓣香則有三人焉：王阮亭先生士正、沈歸愚先生德潛、錢籜石先生載。歸愚之書，批示流布，故海内靡然宗之。然可以是入，不可以是終也。漁洋之書，似高一層矣，第不著評點，淺學之士，或昧其旨。至籜石之論，心悟神解，其獨到處，往往發前人之所未發，方之王、沈，彌加精密。但外間頗少傳本，學者無從問津。

又云：

言法之書甚多，如嚴滄浪《詩話》、沈歸愚《説詩晬語》，皆純正不雜。沈示人法，嚴教人悟。以此種導夫先路，庶幾門徑不差。

黄培芳對三位前輩存在的問題都沒有大加指摘，但也認爲他們有高下之分。沈德潛論詩喜談格式與聲調，不廢神韻詩清空淡雅的同時，重倡杜、韓的雄奇朗健之音，著有《秋興偶評》，故屬“示人以法”者。然其詩似反爲法所縛。朱庭珍云：“所爲詩平正而乏精警，有規格法度而少真氣，襲盛唐

之面目，絶無出奇生新、略加變化處，殊無謂也。”[①] 故黄培芳以爲“可以是入，不可以是終也”。王士禛論詩多宗嚴羽《滄浪詩話》，追求“羚羊掛角，無跡可求”之境，似比沈德潛高明，但學者悟性不足，便易抓住所謂“不著一字，盡得風流”不放，誤入輕薄一路。翁方綱在詩學上一直虚心請教前輩錢載，擔任廣東學政期間屢寄近作至京求正，又常得其細緻入微的批點，故錢載的論詩文字曾在廣東有過小範圍的流傳。如黄培芳所言，錢載詩論並無刻本。出於對他的欽佩，黄培芳在《香石詩話》中特意輯録了一些錢載的詩論。錢載有“疊法”，乃著眼於詩句中字詞間的語意關係，又主張多用實字，是故“方之王、沈，彌加精密”。然而，黄培芳似乎並沒有將此視爲學詩的終極目標。《香石詩説》又云：

學者既已講求法律，又恐尺寸自繩，失之拘滯。試看舞雩沂水，豈有滯境耶？流水行雲，豈有滯機耶？須知平時精熟萬卷，下筆拋却一切，戛戛獨造，汩汩然來，如羚羊掛角，無跡可尋；如天馬行空，不可羈靮；又如神龍變化，見首不見尾。空所依傍，無泥死法，迨乎純熟而化，斯爲至矣。

所謂“神龍見首不見尾”乃趙執信對王士禛“神韻説”的批評。黄培芳却用來形容臻於純熟后拋棄法度的境界，將“無跡可求”視爲化境。究之，神韻、格調、肌理衹是從不同的角度入手，實不必强行軒輊。黄培芳主張先以格法入，參以精研，而終之以自然渾成，完美地調和了看似對立的思想。至於袁枚，黄培芳顯然很是不滿，但也平心而論道：“詩主性靈固佳，然須醖釀深厚。”[②] 又云：“得性情之真，不獨風教人倫之作，有所關係，即傍花隨柳，弄月吟風，

① 朱庭珍：《筱園詩話》卷二，《清詩話續編》，上海古籍出版社 2016 年版，第 2237 頁。
② 管林標點：《黄培芳詩話三種》，廣東高等教育出版社 1995 年版，第 76 頁。

會心不遠，亦足以暢寫天機。”[①]

香石素與梁氏有世交之誼，曾給梁藹如、梁九圖、梁植榮寫過多則書畫題跋，又爲梁邦俊的《小厓詩説》作序，爲《紫藤館詩鈔》《十二石山齋詩話》《十二石山齋叢録》書跋，復有《遊梁福草先生草廬》一詩。梁九圖一生科名不顯，爲刑部司獄，衹是個從九品的小官（後來憑藉長子梁僧寶的官職獲封至資政大夫），活動範圍也主要是在廣東，少有機會結識能對其詩學産生影響的外地詩人。清代佛山與香山（尤其是澳門）有著密切的商貿往來，從汾江乘船沿“澳門航道”即可到達[②]。梁九圖詩學必也受臨近之長輩黄培芳的啟發。單從文本内容來看，兩人詩話就顯示出他們在詩學上的交流。例如，梁九圖所引劉公㦂論七律語亦見於《香石詩説》。又《十二石山齋詩話》卷三云：“前見翁覃溪方綱所選唐詩，錢蘀石爲之評，多言疊法。如謂杜工部‘風急天高猿嘯哀，渚清沙白鳥飛回’爲三疊句法之類，不勝枚舉。大概謂層折及實字多，句法遂得堅響遒勁也。”筆者認爲梁九圖所見的翁選唐詩正是黄培芳所收藏的蘀批本。《香石詩話》提到錢載時多以唐詩爲例，恰與梁九圖所説相符[③]。可見，梁九圖可能不僅讀過《香石詩説》的手稿，還見過黄培芳家藏的蘀批翁選唐詩。

在黄培芳的影響下，梁九圖也用一種辯證的眼光審視清前中期各家的詩論。袁枚“性靈説”在乾隆詩壇各派的交鋒中佔了上風。其地位在道光初宋詩派崛起前還是牢不可破，以致不少道光朝詩話都不約而同地以“性靈”“性

---

① 管林標點：《黄培芳詩話三種》，第 114 頁。

② 羅一星：《帝國鐵都：1127–1900 年的佛山》，上海古籍出版社 2021 年版，第 274–275 頁。

③《香石詩話》卷一“雙單字法”條也許是錢載的話。此條詩話正是以杜甫《渼陂行》爲例。錢載批點翁方綱《葦齋晚發》《院中秋雨》《舟發嘉應》《登瓊州城樓》時也運用了相關術語（見潘中華《〈錢載批點翁方綱詩〉整理》一文）。我們應該利用好《十二石山齋詩話》此條所傳達的信息。

情”標榜自己的學説。《十二石山齋詩話》自序就開門見山地指出：“常以爲詩必有移我情者始謂真詩。”全書多以是否能抒寫真性情評判詩歌的高下(例句前數字與引文中省略號的含義可參看“凡例”）：

1.80“欲隨父母去，恐别舅姑難”，静齋女史陳廣遜詩也。直寫性情，有得於風人之旨。

2.45 屈翁山《别稚女》云：“稚女難爲别，臨行淚欲揮。可憐初絶乳，未解一牽衣……晨昏娱祖母，莫使笑聲稀。”吴仁趾《咏阿玉》云：“阿玉殊堪憶,春來見面稀。去年方解語,臨别一沾衣……昨逢鄰曲道,日日望余歸。”二詩眷戀小兒女上俱同一真情。

2.67 海鹽張天常彝《晉州述懷》云:“多病一年三乞老,思歸十夢九還鄉。”意真而句調亦好。

4.3 覺真情、真性溢於楮墨之閒。

5.10 以母訓子詩有真率可喜者。

5.14 詩有極淺易而極真者。

詩既然是作者内心世界的真實反映，就必然會打上詩人精神氣質的烙印。因此，什麽性格的人就會寫出什麽樣的詩。刻意造作是寫不出真情實感的。他援引汪後來的話説道：

5.8 汪後來云：“詩本性情，讀其詩而其人之性情見矣。故其詩瀟灑者，其人必磑遂；其詩莊重者，其人必敦厚；其詩飄逸者，其人必風流……假如未老言老，不貧言貧，無病言病，此老杜之家竊。不飲一盞而言三百杯，不捨一文而言散百萬，此太白之家竊。皆不足以道性情也。”余愛其發“詩中有我"之旨最透。

《詩話》在摘録詩作的同時總是"由詩及人"，將詩與作者之性情相印證，遥想其風致，强調以"知言""知人"的讀詩要着領會作者的精神氣質。從另一角度來看，這又要求作者自言心聲，寫出足徵其品的詩歌。唯有如此，方能攝人魂魄。《續詩品·著我》還提出"吐故吸新"。這是袁枚詩學的又一要義。作詩要出新意、去陳言的論述在《詩話》中亦隨處可見：

2.33《陶園集》中"萬木黨雲氣""萬石黨天寒"，兩用黨字，俱着意求新。

3.30 送别而云别離之苦，縱極沈痛，亦屬前人窠臼。

4.18 扶山太夫子《孟子》詩云："功甯下神禹，傳恨合荀卿。"實發前人所未發。

6.53 凡庸瑣題，必須有新意，方得超妙。

8.79 句調複用，詩家一病。

出新並不意味著率意地在古人之外另闢蹊徑。相反地，梁九圖寫道："詩患不學古人，又患太似古人。"可見，他雖致力擺脱古人的束縛，但還是將學古視作出新的前提。更甚者，他明確指出不能用是否套襲古人語句來判定詩的高下：

2.41 套襲詞調有有意者，有無心者，原不於此分優劣。即如《雅》《頌》"昔我往矣"四句、"以享以祀"二句、"受福無疆"等句，昔人不聞以此爲病。至魏武歌行直鈔經文，將古人材料就自己繩尺，非大家手筆不能。後人專向此等指摘，不足爲前人累也。

3.3 調奇語創，後人每多套襲，雖大家亦所不免。如太白愛《黄鶴樓》詩，因衍而爲《鳳凰臺》，又衍而爲《鸚鵡洲》。其源實出于《龍池篇》也……四篇俱用重疊字，以爲機軸，不覺其複，但覺其妙。要之，沈、崔神味，即謫仙亦甘拜下風矣。

蓋古人之奇情妙思，后人亦未嘗不有會於心。古人之句既然“先得我心”，又是經過歷史檢驗的經典，又何嘗不能用來寫我之情？能“將古人材料就自己繩尺”便是學古而不泥古的高手。梁九圖此論到底是圍繞詩要寫真性情的宗旨展開，所以不用苛刻的眼光看待套襲這一問題。這是他在創新問題上與袁枚稍異的地方。至於生新的途徑，《隨園詩話》卷一第 43 則引陸龜蒙語：“祐善題目佳境，言不可刊置別處。此爲才子之最也。”[①] 梁九圖也提到：

寫景最要貼切，令讀者如見其山川、風物、氣候方佳。如四川雅州有“天無三日晴，地無十里平”之謡。金匱杜凝臺中丞玉林句云：“春盡林香猶作瘴，雨餘山氣不全晴。”改置他州便覺减色。

以“切”爲翻新手段固然要承認“生活是詩歌創作取之不竭的源泉”這一命題。對此，梁九圖雖沒有旗幟鮮明地擺出自己的觀點，但其論詩好言“閱歷”，又往往先道出其對人生的獨特感受，而復援引可以説盡此情此感的佳

① 乾隆詩壇關注“切”這一問題的不止有袁枚。比較重要的還有翁方綱，但其論更强調以詩描繪清代士大夫與以往不同的生活方式（如金石考據、書畫鑒賞等），即主張在詩中引入新素材，與袁枚“不可刊置別處”所指向的緊扣題詠對象，務去空話、套話不同（參見蔣寅《清代詩學史》第二卷）。梁九圖之説顯然更接近袁枚，但其論“切”也本《石洲詩話》卷二的論述（見 2.89）。

句名篇：

1.62 少年作事每涉輕心，及中年而始悔……遂寧張船山太守問陶句云："半生傲骨禁秋氣，萬事輕心悔少年。"真閱歷之言。

4.19 客中苦況消息不欲聞之家人，其苦爲尤甚也……余在道州時，值陳夢生歸里，有云："强從離席餞同鄉，扶病裁書費酌量。萬種羇愁權閣筆，平安兩字慰高堂。"亦是此意。

5.3 人當作客：偶遇親朋，每殷勤過訪；居同鄉里，反多疎畧。此種心情余亦不解……吾邑楊匡山子均《淮陽園寄胡兼山》云："憶昔滄洲兩載羈，山城風雨共題詩。如何歸後家林近，不及當年作客時？"

8.45 黎二樵有"短長道路供離別，少壯交遊半死生"之句，爲方竹孫所賞。余亦有句云："弟兄老死幾逾半，朋友論交尚罕新。"凌藥洲謂爲閱歷真語。

實際上，袁枚也持有類似的觀點。《隨園詩話》卷一云："自古文章所以流傳至今者，皆即情即景，如化工肖物，著手成春，故能取不盡而用不竭。"當中亦有一些以人生感觸入詩話的例子，但袁枚創作論最看重的顯然是天賦才能。他援引陶元藻語："與詩近者，雖中年後，可以名家；與詩遠者，雖童而習之，無益也。磨鐵可以成針，磨磚不可以成針。"① 按照這種邏輯，追隨袁枚的後學就不免得出一個極端的結論：有詩才的人不需學習就能作詩，沒有詩才的人怎麼學也是白費力氣。有天分的詩人祇要師心自用，無須上追古人、近師造化，便能有所成就。梁九圖憑藉對詩歌的獨到理解，將《隨園詩話》裏注重在日常生活中取材的論斷加以發揮，回歸現實，大有"工夫在

① （清）袁枚著；王英志批注：《隨園詩話》，鳳凰出版社 2009 年版，第 70 頁。

詩外”的意味，具有糾正流弊的積極作用。這似乎是受到了從兄梁邦俊的啓發。梁九圖並非否認靈感之於詩歌創作的重要性：

1.12 詩本性情，自然流露。一日可得數篇，數月轉不得一字，其來無端，非可以程期限也。劉子高日課一詩，終是滯相。“文章本天成，妙手偶得之。”放翁道得甘苦出矣。

4.6 王漁洋《秋柳》四首，和者如林。錢蘀石《宜亭新柳》六首，論者謂可與之頡頏，而和者尚少。余戲和之有“一樣鶯聲百樣懷”句……稿爲友人攜去，記憶不全，今猶怏怏焉。因記簡夢巖句云：“興來景物頻拈得，亡去詩篇欲補難。”洵不誣也。

5.72 昔人謂催租敗興。余初不以爲然，及遊采石，登蛾眉亭，詠云：“謫仙仙人已仙去，蛾眉山賸蛾眉亭。蛾眉亭閱幾興廢，此山萬古浮蒼青。”適黄岷山大令催飲，醉酣輟吟。又登西樵，與同人分咏云：“七十二峯巒，大科峯最尊。插天一千丈，拔地十三村。”適家人走報從兄小厓凶問，愴懷累月，至今數年欲續成而不可得，始信潘邠之言不余欺也。

可見，他認爲創作是有即時性、不可重複性的。與强調天才稟賦相一致，袁枚論詩無論厚薄，“惟以妙爲主”，又云：“口頭話，説得出便是天籟。”“詩不能作甘言，便作辣語、荒唐語，亦復可愛。”其詩學帶有明顯的平民世俗化的色彩，提出“有婦人女子、村氓淺學，偶有一二句，雖李、杜復生，必爲低首者”，開性靈派向民間口語學習之先河。梁九圖却堅守雅正的詩歌傳統本位：

2.21 劉公䝤云，七律如挽强弓硬弩，古來開到十分滿者無幾人。知七律最貴雄健，近有狃於流易一派，動謂雄健者爲張拳怒目，豈知一入流易即失剽滑。販夫俗豎皆能爲之。詩體日卑，何以出風入雅？

3.8 古詩變而爲騷，爲樂府，爲五言，爲七言，爲律，爲長律，爲絶句，降而爲詞，爲北曲，爲南曲。吾粵至變爲調調者，亦詞曲之類，但求應絃合拍，不如詞曲之有譜當填耳。道光初年，文士相競爲之。南海招銘山大令子庸輯而爲《粵謳》。其情韻最足感人，然未免愈趨愈下矣。

6.74 究之，志和音雅，不失風騷之旨，斯爲正聲。

因此，梁九圖對袁枚給予了應有的肯定："應酬之作每能如人意。所欲言即此，亦其所長也。"但同時也道出了他的種種毛病：

（一）矜張之態

2.70 余最不喜袁簡齋"絶地通天一枝筆，請看依傍是何人"句，嫌其太自誇詡。

（二）品格低下

6.93 暴富貴人每有一種村氣。歸安劉厚齋《驟得藏鏹》句云："萬金獲俄頃，一夜愁安置。"袁子才《館選還家》句云："嬌癡小妹憐兄貴，教把宫袍着與看。"皆不覺流露。

（三）縱言風情

7.58 人雖好色，未敢施於筆墨。袁子才則明目張膽言之，若恐以不好訾之者。故其詩有"半生非病不孤眠"及"似汝瓊枝來立雪，一時愁殺後堂花"等語。内外交好，無所顧忌，曠縱已極，願有才者以此爲戒。（據十卷本）

總之，梁九圖論詩重視真性情與靈感，以"切"爲實現出新的途徑，同時又不排古調，力斥袁枚尖酸佻巧、鄙俚淺滑、淫穢浪蕩的弊病，以"志和

音雅”的詩騷傳統爲歸依。透過此種折衷的做法，我們不難發現其與王士禛、沈德潛等人相一致的地方。

梁九圖的詩學觀離不開家中長輩與鄉賢的熏陶。這使得他能在提倡真情與創作自由的同時審慎地對待傳統。九圖仲父梁藹如學陶韋、王孟，所爲詩冲淡而不失於輕薄。番禺凌揚藻序其《無怠懈齋詩稿》云：“惟是神趣古澹、高遠閒放，韋、儲諸公所力學焉而不能到者，當讓潯陽柴桑翁，獨有千古。以是歎滄浪嚴氏所謂‘如空中之音、相中之色、水中之月、鏡中之象，言有盡而意無窮’爲知言也。”又云：“故其詩孤情逸韻，與世殊絶，有知味者當相賞於‘酸鹹之外’而自得之也。”這裏所引嚴羽、司空圖之語俱見於王士禛《唐賢三昧集》自序，是建構“神韻説”的兩個重要理論來源。結合前述黄培芳的觀點，我認爲凌揚藻這番話絶非隨意而發，他正道出了梁藹如及與梁氏家族交往密切的詩人群體的觀念。從兄梁邦俊《小匡説詩》亦云：“寫景言情，貴有意外意、味外味。”又云：“詩人之旨，要於温柔和平。”此亦近於王士禛。族伯梁翰曾爲沈德潛門下士。梁九圖跋其《寸知堂遺草》云：“文慤論詩以盛唐爲宗，專主沉鬱頓挫，司馬則喜樂易和平。”梁九圖還跟從劉潛蛟（雨湖）學詩。劉雨湖“喜操唐音”，好詠史，對九圖影響頗深。宋詩派在道光初年已經興起，梁藹如與祁寯藻有過交往[①]，梁九圖十歲那年曾就祁作和詩一首，但《詩話》衹摘録了程恩澤一首詩及其“瘦硬通神”的兩句，少有針對宋詩派而發的議論，更無涉於方纔嶄露頭角的龔自珍。（卷十有龔澡身、龔湜身絶句）那是因爲他在長輩的影響下成了一位力主漢魏盛唐的傳統詩人。他糾正趙執信、袁枚、趙翼過激的觀點道：“究之漁洋七絶自是本朝之王龍標。其餘諸體雖不能諱其膚，然皆唐人正音，迥非宋調。”

① 事見梁九圖《紫藤館詩鈔》中《題〈粤臺餞别圖〉和祁春浦太史年伯寯藻韻》一詩序言。

又云：“陳退庵大令論詩，謂於唐人取法許丁卯，宋則林君復，明則高季迪，國朝則施愚山，故評國朝詩人以愚山爲第一，而黜漁洋爲凡近，未免過偏。”其於絶句也追求渾融自然、含蓄藴藉、寄託遥深的效果：

1.82 旗亭畫壁，千古艷傳。所歌之詞，亦皆絶唱。不解知音曷在梨園也。至少陵絶句每過古直，遂少味外之味。

2.16 就令公之歡慶處，忽責肅宗之不朝西内，議論嚴正，委婉出之，彌覺可風。

2.43 借物指點是詩家真諦。

6.4 神仙虚幻本不足信，而求仙者惑焉，皆緣欲心未净，結爲妄想。常熟汪東山殿撰有句云：“桃源自是人間世，却遣童男問海山。”……皆藴藉有味，妙不説破。

9.41 錢牧齋晚年托佛，欲自湔釋，但大節已虧，懺悔何及？吴江周孺仍孝學書其集後云：“歸老空門結净因，落花時復餞離人。出魔入佛超然處，欲浣朝衫一斗塵。”不加貶斥，婉約可思。

所謂“委婉”“不説破”“婉約”便是王士禛“神韻説”給人留下的含而不露的審美印象，大抵屬於陰柔的一路。王詩也不免時有輕薄之嫌，遭到了趙執信“神龍見首不見尾”、袁枚“一代正宗才力薄”、趙翼“不足八面受敵”的批評。梁九圖顯然沒有將此類言論置之不理。加上黄培芳早就在其《唐賢三昧集》評本的卷首指出：“漁洋他日因論畫發明論詩之旨，以爲古淡閒遠，而中實沉著痛快。此非俗流所能知也。”[①] 事實上，神韻更易於在絶句中顯現。

① 周興陸輯著：《唐賢三昧集匯評》，鳳凰出版社 2016 年版，前言第 46 頁。

《唐賢三昧集》所選的長篇也不盡合嚴羽、司空圖之旨。這就爲後人以清健目之提供了可能。《香石詩話》也指出“王、朱七律，氣體原佳，但初年皆有空調。若徒賞其清辭麗句，非知詩也”，並舉出王士禛《題趙承旨畫羊》、朱彝尊《羅浮蝴蝶》，謂爲“純熟之境”。正因如此，梁九圖也推崇剛健沉雄的詩風。例如，他指出“五律魄力最難雄渾”，在這點上譚敬昭《銅柱》比得上屈大均；吴維彰有“王郎酒酣拔劍斫地歌”的氣概。粵詩素以雄直慷慨著稱。梁九圖此類論述並不值得濃墨重彩地渲染一番（且是五律，不能與易見神韻的絶句相提並論），但他處理含蓄與剛健之矛盾的態度（尤其是絶句）倒是十分耐人咀嚼：

9.5 丁飛濤《聽舊宮人彈箏》云：“銀甲斜抛鴈柱飛，玉熙宫裏尚依稀。不須彈到《回波曲》，説着先皇淚滿衣。”於渾成中見風神，求之唐人亦不多見。

丁澎此詩將描寫、敘事與抒情完美結合起來，哀傷委婉而極抑揚頓挫之妙。此處“渾成”與“風神”義正相反。蓋謂“渾成”則易入朦朧不切的柔和之境，須以骨力提振方得“風神”。《詩話》評詩多次使用“警鍊”一詞，又謂五絶要“陡下一句，可抵數十語，然後篇幅乃不覺短促”。梁九圖平生愛好書畫，尤工畫蘭，有句云：“潑墨濡毫少暇時，畫蘭十載已成痴。”其以“風神”論詩似與畫蘭之心得不無關係。我第一次看梁九圖的墨蘭，便覺其神采奕奕，不愧爲大家格局：其尺幅不大，而筆筆腴潤，内含筋骨，絶無苟且，又善於營造疏密對比，僅靠綿長飄逸而力送始終的幾處主筆，便將蘭花瀟灑之姿描繪得栩栩如生[①]。據《詩話》的記載，其所購蘭畫有如下幾幅：

---

① 其中兩幅落款有時間：一爲戊寅（1878）季春；一爲光緒己卯（1879）上巳。

1.（元）管道昇《風蘭圖》；2.（明）楊文驄墨蘭，舊爲吴忠滑公昜所藏；3.顧眉（橫波夫人）所畫蘭，殘素縑一軸。管道昇與顧眉墨蘭皆屬輕柔一路[①]，而楊文驄則更多的是以山水畫聞名。董其昌曾評價道："楊龍友生於貴竹，獨破天荒，所作台蕩等圖有宋人之骨力，去其結；有元人之風雅，去其佻。余訝以爲出入巨然、惠崇之間觀止矣。"[②]其蘭畫蓋亦近此，至於是否啓發了梁九圖並不那麽重要，因爲我們還能看到黄培芳的兩則評論[③]。其一爲《題梁福草畫蘭》：

淡淡傳空谷，無言韻自芳。平生揮灑意，渾似在三湘。（自注：趙王孫、馬湘蘭有此筆意，以少許勝多許也。）

在《梁氏支譜》中，這首詩在有關梁九圖書畫的題詩中位列第一，時間可能比較早。"以少許勝多許"的畫法正與"不著一字，盡得風流"的神韻詩如出一轍。梁九圖早年之詩（如《蜀道》《送伯兄雲裳之官西蜀》）也有這樣的審美效果。又香港藝術館藏其絹本《墨蘭》冊頁，寥寥數筆，最得蘭花風神。題款云："葉一劍，花一箭，美人英雄相畢現。古人惜墨如惜金，下筆須先求簡練。十二石山人。"[④]是故九圖作畫不僅以簡練爲上，還對蘭

① 梁九圖一蘭畫之款云："仿文待詔法。樸庵四兄大雅正。"此畫收入《明清廣東書畫集》（嶺南美術出版社 2016 年版）。《廣東歷代繪畫展覽圖録（上）》亦收其墨蘭圖一幅，上題"仿石田畫法"。又梁園内有其墨蘭團扇，上題"仿管夫人畫法"。佛山市博物館、順德博物館藏畫亦不乏自謂效法沈周、鄭思肖者。可見其轉益多師的學習過程。

② 見董其昌《容臺詩文集・别集》卷四。

③ 見《梁氏支譜・事蹟》。據梁九圖自序，此譜成書恰在陳開之變爆發之時。黄培芳之題梁九圖蘭畫應在此之前（或咸豐五年九月是譜初刊前，甚至晚到黄培芳下世之前）。我們也可以由此推斷梁九圖畫風趨向成熟的大致時間段。

④ 陳瀅：《嶺南花鳥畫流變：1368—1949》，上海古籍出版社 2004 年版，第 179-180 頁。

葉的剛勁、蘭花的優柔心領神會。畫款題爲“十二石山人”，定是 1844 年以後作，也許可以視作他始悟畫中玄機的標誌。黄培芳就在另一題跋中寫道（爲《梁氏支譜·事蹟》“畫跋”最後一則）：

蘭爲王者香，昔人所以有“和氣寫蘭”之説。余平生最喜趙松雪、馬湘蘭一派，比物此志也。然婀娜中少剛健之概，猶未盡愜。拙懷福草此作發清挺於簡古，得魏徵之嫵媚，斯無憾耳。

梁九圖的蘭畫並不衹是傳統士大夫“吟玩性情”的閒適之作，更多的是文人超拔氣質的外化。黎耀宗《寄福草先生四首》有句云：“文章妙得江山氣，消息潛通翰墨緣。”九圖以畫理入詩，自然可於渾融中驅使骨氣。今《紫藤館詩鈔》所收詩（尤其是七絶）迂迴委婉而不乏風骨，就像魏徵寧願不回答唐太宗，也不肯表面上服從他。陳澧題梁九圖畫云：“畫石有骨，畫松有鱗。松石間意，得之晉人。”這又何曾不似范成大對姜夔的稱許？[①] 他追求的風神詩既不同於“神韻”的餘味無窮而句法不響，又與同光體的縱橫排奡有别，

①《齊東野語》卷十二“姜堯章自敘”云：“翰墨人品皆似晉宋之雅士。”清代詩話大都關注起姜夔的詩來。《漁洋詩話》與《説詩晬語》都引用了《白石詩説》最能體現詩中風神的一段：“一篇全在尾句，如截奔馬，辭意俱盡；如臨水送將歸，辭盡意不盡。若夫意盡辭不盡，剡溪歸棹是也；辭意俱不盡，温伯雪子是也。”錢載更謂爲“南宋第一大宗”（見錢吉泰《曝書雜記》卷二）。《石洲詩話》《香石詩話》分别拈出“風致”“風韻”來形容白石詩。前者謂有過於楊萬里，後者點出王士禛詩與姜夔的相似性。郭麐《靈芬館詩話》於蘇、黄、楊、陸諸家外，别録宋人七絶。當中就有《除夜自石湖歸苕溪》。《竹間詩話》卷八引郭書：“又於宋人外，録元人之疏朗清新、有逸調而無軟熟之習者”。又云：“得南宋人之一鱗片甲，勝於學盛唐人之大江大河。”《小匡説詩》指出了誤被後人當成許渾詩的一首白石詩。《十二石山齋詩話》卷七提到《疎影》《暗香》。張維屏《藝談録》謂梁九圖“性慷慨，重友朋，敦信義，有陳太丘、孔北海之風”。他的性情、書畫及生活方式都與姜夔高度相似。雖説其所謂“風神”“風致”衹是暗合白石，但從這個角度來看也許能更好地領會其蘊含的文人氣質。

風格上有杜牧俊爽一路之味道，不得徒以“清”視之。可惜的是，《詩話》沒有就“風神”展開論述，甚至還前後術語不一，説成了“風致”[①]，但其選詩的宗旨始終不變。梁九圖似乎對絶句情有獨鍾，終身未改。他編纂的《紀風七絶》就常摘録此類詩作。又《嶺表詩傳》凡圈點七絶，多是施之於後二句，尤重結響，顯示出對漁洋神韻詩學的全面、準確的把握。這也表明梁九圖所推崇的詩風不僅限於盛唐諸公。實際上，他也不排斥宋詩。如《詩話》卷三云：“安公定云：‘論詩如品花木：牡丹、芍藥下逮苦楝、刺桐，皆有天然一種風韻。今之學杜帋牡丹、芍藥耳。’頗能罕譬曲喻。”卷六云：“李百藥論詩曰：‘唐詩涵蘊深遠，比興居多；宋詩據事直言，敷陳大半。要皆合乎《三百篇》之旨。’分别唐宋，此最公當。”

盛唐詩的神韻獨超與其音節聲調之自然天成密不可分。以蘇黄爲代表的宋詩趨於拗硬生澀的老境，與初盛唐迥乎異趣。主聲調與主氣勢便成了清代唐、宋兩大詩歌陣營的焦點所在。王士禛早年提出的詩學宗旨裏就有“諧聲律”。其説實以神韻爲體，以聲律爲用。他有一番著名的論斷：

若考開元、天寶已來，宫掖所傳、梨園弟子所歌、旗亭所唱、邊將所進，率當時名士所爲絶句耳。故王之涣“黄河遠上”，王昌齡“昭陽日影”之句，至今艷稱之。而右丞“渭城朝雨”，流傳尤衆，好事者至譜爲《陽關三疊》。他如劉禹錫、張祜諸篇，尤難指數。由是言之，唐三百年以絶句擅場，即唐三百年之樂府也。[②]

① 施補華《峴傭説詩》云：“用剛筆則見魄力，用柔筆則出神韻。柔而含蓄之爲神韻，柔而摇曳之爲風致。”其時詩話中的“風致”與“風神”之意蓋亦互通。

② 王士禛著；張宗柟纂集；戴鴻森校點：《帶經堂詩話》，人民文學出版社 1963 年版，第 27 頁。

後來，《石洲詩話》卷三就用字的平仄，對比了蘇軾《陽關曲》三首與王維《送元二使安西》，結果竟然一字不差，進而證實了王士禛的説法。《詩話》云："王漁洋先生謂唐絶句俱入樂府，誠爲卓見。觀《清平調》及'旗亭畫壁'諸作，儼如元人南曲、北曲矣。《石洲詩話》引東坡《陽關曲》三首……爰録其詩，詮釋其平仄，竟如詞之有譜可填。後人欲仿其體，須細究其音，不獨《陽關》一曲爲然也。"梁九圖也將絶句當作樂府看待，且引張霔語云："絶句一體不可不時時學作，以造至唐人聲調之妙。"其論絶句聲律也以温和曼妙之境爲歸依（《竹枝詞》則以生動活潑、直白道來爲好），又喜用"疊字之法"，音律亦柔中帶剛：

2.20 詩貴聲韻，題畫詩尤貴聲韻，以其難於見工也。滿洲舒雲亭大令（舒瞻）《題杏花春雨圖》云："淺深春色幾枝含，翠影紅香半欲酣。簾外輕陰人未起，賣花聲裏夢江南。"

5.84 唐人宫怨含情掩抑，節短韻長，故耐吟諷。豐溪徐白舫太史謙《玉階怨》云："玉階花又落，微步獨徘徊。珍重青苔色，曾經翠輦來。"……庶堪步武。

6.31 七絶用疊字之法，自有一種天然情韻，耐人諷誦。如伍鐵山《竹枝詞》、金繪卣《鷓鴣塘》、魏善伯《江頭别》、鄭豐麓《甘灘打魚詞》是也。余《浦城旅懷》詩云："千里離家客浦城，思家無日不愁生。相思樹上相思鳥，偏攪相思夢後情。"蓋倣此法。

7.63 張度西《秦淮殘柳詞》緬舊院之流風，弔前朝於逝水，聲韻最屬纏綿。王漁洋《秦淮雜詩》而後，此爲雅音。

10.52《捉搦歌》亦《竹枝》遺響。余邑陳古村孝廉份歌云："瓜皮艇子長二丈，小姑十撑九不上。何如泊岸候潮長，免打江心逆流槳。"音節悠揚，恍與櫓聲相摇曳也。

《詩話》論詩所涉的内容廣泛，立論形式也豐富多樣，其中有不少是對沈德潛《説詩晬語》及《古詩源》《唐詩别裁集》以來所貫徹的思想與方法的發揚。首先是重視對韻脚的錘煉，而不僅僅在句中煉字：

7.56 家藥亭太史《入峽》詩有“月親高峽燒，星夾遠江燈”之句，徧索同人和之。陳獨漉和云：“野燒難分月，江星不礙燈。”何孟門追和云：“野燒侵山月，波星漾渚燈。”三押燈字俱妙，而陳似較勝。

9.16 彭湘南《秦淮口占》云：“秦淮河畔亂沙汀，芳草魂生六代青。春去雨中人不惜，杜鵑啼與落花聽。”桐溪女士王仙御《偶興》云：“山中古木葉還青，山下漁舟釣晚汀。夜静月明人不見，自家歌與自家聽。”……五押聽字俱好。

10.65 碭山汪元琛《金陵雜詩》云：“青溪一曲鴨頭波，相約湔裙踏淺莎。雙槳月明桃葉渡，但聞人語不聞歌。”杭州何春巢《秦淮竹枝》云：“蘭橈最是晚來多，萬點紅燈映碧波。我已三更鴛夢醒，猶聞簾外有笙歌。”……三押歌字俱妙。

其次，梁九圖並不偏執於詩歌創作中議論與抒情、字句與聲調等客觀存在之矛盾的某一方面（他追求聲律之和諧的同時不廢“警鍊”，可參見上文）。他認爲議論是必要的，是增强詩歌藝術感染力的重要手段：

1.75 題畫詩當有議論，或有風趣，乃佳。

2.2 劉扶山太夫子詠古最爲擅場，如《詠伍子胥》詩云：“吹簫乞食幾羈孤？報怨東來隱忍圖。謀就魚腸終覆楚，眼看鳥喙竟亡吴。英雄生死完忠孝，歌舞樓臺問有無。賸得錢塘怒潮水，至今猶似恨姑蘇。”議論、聲情俱佳。

3.11 詠史貴着議論，然議論須令人首肯。

7.21 詩忌纖巧，然有議論驅駕亦自無礙。如吾邑何不偕绛《咏泰山無字碑》云："秦帝東封出奉符，天孫碑碣倚雲孤。當年尚未經坑火，此日如何一字無？"亦何嘗覺其纖耶？

9.47 何義門先生，人知其粹於儒學，蔚爲文宗，不知詩之議論亦卓犖不羣。

10.64 "單車倉卒入關中，頓起蕭蕭易水風。儻以漸離更豎子，不將秦始視桓公。藥囊縱有無且在，匕首何難聶政同。決策酬丹偏昧此，空教白日貫長虹。"……前人咏荆軻者夥矣。……此獨囊括前人而以翻空出之，中四語直是廿八字成句，格創氣雄，斷推傑構。

《滄浪詩話》云："近代諸公，乃作奇特解會，遂以文字爲詩，以才學爲詩，以議論爲詩。夫豈不工？終非古人之詩也。蓋於一唱三歎之音，有所歉焉。"嚴羽此論乃針對江西末流而發，從好煉字句、好逞學問、好發議論三方面道出了江西詩與唐詩的差異。這便引發了詩能否議論及應如何議論的問題。清人如馮班、紀昀、葉燮都表達了自己的看法。沈德潛祖其師説，指出《詩經・大雅》《小雅》與杜甫《北征》《八哀》《蜀相》純是議論，並寫道："但議論須帶情韻以行，勿近傖父面目耳。"這何嘗不是梁九圖主張詩須聲情、議論兩全的道理？梁九圖好讀史，寫下了不少詠史詩，還評價了其時的詠史佳作。《詩話》凡涉及"議論"之處，幾乎都與詠史有關（或是以詠史詩爲例），次爲題畫，又多舉出七律與古體。由此可見，梁九圖於詩有分題、分體而論的意識，並力圖通過採摘佳篇的方式使讀者心領神會。

最後，梁九圖評詩常將古今作品放在一起比較，充分發掘文本間或隱或顯的相通之處，使讀者在思維的跳躍中獲得互文性的閱讀體驗，進而逐步領會經典之高、詩法之巧、文心之妙。

當中有的是揭示某作品與古作體式、格調間的繼承或發展的關係：

1.44 古詩有七字平者，崔魯詩“梨花梅花参差開”、李義山詩“封狼生貙貙生羆”是也。有七字仄者，杜少陵“有客有客字子美”是也。余邑何輝喬《西樵山》詩云：“淡月欲上影在樹，清風徐來涼生衣。”竟以七仄、七平入律，亦屬創見。

2.4 吾粵黎美周先生以《黄牡丹》得名，搜索黄字可云工穩。近時博羅韓珠船侍御榮光《咏黑牡丹》八首，黑字較黄字運用似難。

3.3 調奇語創，後人每多套襲，雖大家亦所不免。如太白愛《黄鶴樓》詩，因衍而爲《鳳凰臺》，又衍而爲《鸚鵡洲》。其源實出于《龍池篇》也。

有的是指出作品的著意之高、化用之巧：

3.15 屈翁山有“世亂詩書廢，家貧骨肉輕”之句。厲太鴻仿其意用之。《杜少陵祠》云：“文章羇旅賤，身世腐儒輕。”可謂精於脱化。

4.59 杜詩“風含翠篠娟娟淨，雨裛紅蕖冉冉香”，上句風中有雨，下句雨中有風，人知此等句法甚少。惟新建裘文達公曰修全仿其意，有“竹涼似有瀟瀟雨，荷淨微生㶉㶉風”。

6.35 “淚兼花作雨，愁似草逢春。”此華亭高謖苑層雲《故園》句也。從老杜“感時花濺淚”化出。雖不及杜之警鍊，却近宋元名句。

8.18 張水部《送人之桂州》云：“有地多生桂，無家不養蠶。”李章廬《靈川道中》云：“有田皆種稻，無路不穿松。”句法雖同，而虚擬、實寫用意自别。

還有的詩作題材相近，用意不同，却能各極其勝：

2.58 微之《以州宅誇樂天》云：“四面常時對屏障，一家終日住樓臺。”張蕭亭《答王秀才問象山風土》云：“有徑皆穿紅樹去，無人不在白雲中。”宅居土風，寫來各極其勝。

6.39 羅江東《贈雲英》詩“我未成名君未嫁，可能俱是不如人”，感舊也；沈台臣《贈湘烟》云“傷心一種天涯客，卿是飛花我斷蓬”，暫遇也。俱於無關合處生出關合。

8.25 陳元孝《題畫》云：“深山深處有人爭，擬寄閒身畫裏行。日掩柴門無箇事，碧溪黄葉一聲聲。”是以虚景作實境。吴蘭雪《村居雜詩》云：“溪園老桂百年栽，深緑遮檐晝不開。行過石橋回望久，始知身自畫中來。”是以實景作虚景，而能各極其妙。

清中葉有以學問内容入詩的風氣。翁方綱便是時人眼中的典型代表。梁九圖也不免受到考據風尚的影響，並不時在《詩話》中插入自己的考證成果。例如，吴榮光家藏的宋太宗御書《黄鶴樓》墨搨與傳世本不同；樂鈞《緑春》乃和吴嵩梁作，張維屏《國朝詩人徵略二編》誤將其視作李商隱《無題》、韓偓《有憶》一類；蘇州黄子雲不僅接見了沈德潛，而且當時的沈氏衹是個秀才，《隨園詩話》的記載完全顛倒了。然而，詩人雖可以考據入詩，但考據畢竟是一種學術行爲，與抒寫作者真情、描摹風物的詩大有不同，切不可將寫詩當作抄書的活兒看待。梁九圖就是持這種態度的，并指出：“詩患不典，又患過於用典，故考據家詩每多不佳。”他認爲歷史上雖存在一些不可靠的記載，“然而有觸情生，未嘗非一時詩料也”，詩人也不妨沿用舊説。梁九圖還寫道：“詩用經句不可爲法，然善用者亦自有趣。”他評價尤侗、高第摘《論語》《孟子》爲詩的做法："雖涉筆成趣，於詩道則流而日下矣。"又八卷本《詩話》卷三第 19 則認爲李調元用"會意"之理入詩"無甚意味"，而吴星儕《初秋》前三句言情，以"秋心是果愁"作結，不入理障，故得到"特饒風趣"的肯定。相應地，讀詩也要避免用考據的眼光穿鑿附會。梁九圖懂得一個難信易行的道理：詩是文學作品，或是帶有作者獨特的想象成分，或是用委婉的方式傳達言外之意，給詩作箋註未必真能得其本旨。《詩話》卷七以吴嵩梁詩三用"騎蝶"類比李賀《宫娃歌》，道出了"騎魚"即乘舟之意。又如卷八："閨情之作多屬寓言，不必視爲綺語也。"梁九圖吸收了性靈派的主張，從閲讀與創作兩方面指出詩應與考據保持一定的距離，維護了詩歌作爲一種文學形式的相對純潔性。對於"肌理説"（錢載）注重探討字句間語意關係的做法，梁九圖也不全盤否定。上文已經提到，此處不再贅述。

梁九圖雖然在融會清代前賢詩學的基礎上有一些獨到的看法，對糾正其時詩壇上的各種偏頗發揮過作用，但上述觀點基本不出清代幾位詩學大家的範圍。如前所述，嘉道詩學有顯著的過渡性特征。從這個角度來看，《詩話》也涉及到同時代詩人少有强調的並且順應近代詩學發展趨勢的問題，因而具有一定的典型性。讓我們再次回到該書自序的關鍵句："常以爲詩必有移我情者始謂真詩。"何謂"移我情者"？"移情"一説亦見於黄培芳《粤嶽草堂詩話》卷一此則：

嘉興吴澹川（文溥）謂："詩之道，可以養性情、化氣質。初，性氣粗急，不諧於衆，及讀韋蘇州詩，繹其佳句，如'落葉滿空山，何處尋行跡''草木雨餘長，里閭人到稀'……'微雨夜來過，不知春草生'數聯，覺胸中油油淡淡，一種太和之氣，自性根流出。隨得句云：'秋風先我至，江上落芙蓉。''烏飛風未定，人語月初生。'……自後遇耕夫牧豎，皆我詩友；觀林鳥池魚，

皆吾詩趣。積習頓捐，新機莫遏矣。”余謂詩到自然，便近有道者氣象，故可移情。古今詩境極自然者，無過韋蘇州，朱子嘗極推之。

在這裏，“移情”就是使讀者潛移默化、自然而然地受到熏陶，最終改變自己的性情，獲得藝術化的人生體驗。“移情”一詞並非由黄培芳首創，但他通過吴文溥的實例給出了明確的新闡釋，與以往强調創作要在寫景體物中融入真情有所不同。下面我們再來看看陳勤勝爲《詩話》所寫跋語中的一番話：

伯牙居蓬萊山間，聞海水聲澒洞、禽鳥啼號而琴忽工，以山水能移情也。詩緣情而作，雖孺子之歌、里巷之謡，猶令聽者生感，况詞人韻乎？宜夫十二石山人以能移情爲真詩也。

如果説黄培芳使用“移情”衹是爲了表明韋應物山水詩自然合道，故能陶冶人的性情，那麽梁九圖則有意識地拈出此詞，從接受層面突顯各式詩歌在生活中所能發揮的現實功用（不僅指出詩要有真情實感）。在他的筆下，除能引起情感的共鳴外，詩還能使人得到精神上的鼓舞、洗禮與慰藉，甚至作出行動上的改變：

1.91 世姪陳謙生壯年廢學。余誦喻伯基《勞勞吟》示之云：“記我荷衣問字時，篝燈夜課父兼師。而今濩落抛書卷，恐有黄泉老淚垂。”謙生聞之即發憤，向學不倦。詩之感人如此。

2.81 陳獨漉《懷家藥亭》云：“一第蹉跎何足歎，貴人傳者古無多。”先仲父青厓《贈陳焕巖》云：“文士成名今不少，詩家傳世古無多。”抱才阸遇者讀之，當爲氣壯。

4.67 賭博昏迷，至有以妻爲注者。江南諸生劉某娶妻焦氏，才色雙絶。劉嗜博無厭，家産蕩盡，竟爲匪人誘質其妻。妻憤自縊，作《絶命詞》十章，中一章云："忍捹膚髪博芳名，身重從教性命輕。地下一言郎記取，休從彦道再輸贏。"悽惋動聽。有好牧豬奴戲者讀之，當思返矣。

8.64 "流傳人事惟因恨，奇麗天生未許同。"此固始吴其濬過歸州懷昭君及三閭而作也。士之懷才而阸遇者讀此二語，可以泯怨尤矣。

《詩大序》云："上以風化下，下以風刺上，主文而譎諫，言之者無罪，聞之者足以戒，故曰風。"詩在梁九圖看來也有此種改良政治、教化一方的作用：

5.35 唐人"可憐無定河邊骨，猶是春閨夢裏人"爲從軍者言之；鄂文端"聞道將軍期馬革，幾人真箇裹屍回"爲將帥者言之。俱悲涼感慨，議開邊者尚敬聽焉。

6.3 "因材器使"四字最屬用人活法。顧迂客嗣協《雜詠》云："駿馬能歷險，力田不如牛。堅車能載重，渡河不如舟。生材貴適用，慎勿多苛求。"詮發最爲明透，吾願操衡銓者常書之座隅。

9.113 景東程月川含章初宰封川，旋登巡撫。其宦吾粵爲最久，所至多著政績。性尤惡訟，每作戒訟短歌，令小兒沿途歌之。歌雖近俚而聞者化焉。

子曰："《詩》可以興，可以觀，可以群，可以怨。"鄭玄將"可以觀"釋作"觀風俗之盛衰"。梁九圖論詩可謂潛通此旨。其所"觀"多涉及風土人情，又每每在評詩之餘發表對社會問題的看法。前者如從吴嵩梁的詩得知四川有一種在冬雪中開放的蘭花；孫爾準《番社竹枝詞》豐富了他對臺灣高山族的認識；王昶詩讓他了解到西南高山上“夏日飛霜”現象。後者如鄭開禧《鷺門竹枝詞》讓他不禁感慨婚俗的浮奢；讀李光昭《阿芙蓉歌》而益見鴉片流毒之害；讀曾照《燕塘趁墟謡》而覺山市之苦。梁九圖還著有《紫藤館雜録》（當中一些條目與《詩話》相同），專記歷代異聞以爲談資，自言爲“大雅所鄙”之“小説家言”[①]。他將這種筆記写作的觀念貫徹到詩學中去，特意摘出一些有資見聞和記録時代真實的詩作（涉及自然地理、風土人情、世態淳漓與社會危機等），對其時詩歌向知識性與紀實性發展的跡象給予了應有的肯定。通讀《詩話》，我們不僅能感受到一位道光士人對現實生活的“移情”式的關切，還能在字裏行間讀出以新事物入詩的躍躍欲試。這種詩學思想無疑與梁氏家族提倡的經世實學有關，也是其時不少有識之士的共同心聲。它先是見於梁邦俊《小厓説詩》，又被梁九圖《十二石山齋詩話》進一步發揚，在嘉道詩學史上留下了極具特色的一筆。

《十二石山齋詩話》的版本與梁九圖詩學的影響

由於常見的八卷本、十卷本的《十二石山齋詩話》（除鈔本外）之序言與牌記所記時間都是道光二十六年（丙午）[②]，且皆爲十二石山齋刊本，字體、版式也一致，早期的不少研究者都忽略了此書的版本問題。筆者在這裏根據個人有限的見聞做出一些補充。現存《詩話》共有三種版本：（一）八卷本。該版本的刊刻時間最早，與十卷本前八卷的内容基本一致。道光二十二年（1842）前後所刊《國朝詩人徵略二編》引《詩話》凡五處：分别爲《詩話》卷一第17、39則，卷三第4則，卷九第89則，另有一處不見於八卷本、十

① 見《紫藤館雜録》自序。

② 蔣寅《清詩話考》謂有道光二十四年刊八卷本，未獲睹，《南州書樓所藏廣東書目》著録。

卷本的《詩話》。又《詩話》卷八第69則記："家柳衢見余所著詩話，凡有近作必來就正。"可見，《詩話》稿本（可視作八卷本的基礎）早在張維屏刊印此書的1842年前後就已經出現，祇不過其時尚未刊印，但已在南海、番禺的一些友人中流傳開來。就國内各大圖書館的收藏情況來看，八卷本數量並不比十卷本少。收藏有八卷本刻本的國内機構有天津圖書館（本書校記採用此本）、國家圖書館（有朱墨圈閲與眉批）、清華大學圖書館、揚州大學圖書館、暨南大學圖書館、香港中文大學圖書館（卷首鈐印"子粲珍藏"）。此外，廣東省立中山圖書館有一個八卷鈔本，應可歸入八卷本之系統。駱偉謂爲"清末黄梅華屋校鈔本"，或有助於整理研究，暇日當往訪之。（二）十卷本。該版本前八卷是在八卷本書版的基礎上剜改而成的。其中一些條目與八卷本完全不同，或是同一條目的部分字句存在少量差異。關於這一版本産生的時間，《嶺南文獻綜録》著録有"《十二石山齋詩話》十卷《十二石山齋叢録》九卷《摘句圖》一卷"，爲道光二十八年（1848）刊本。考三書之版式、字體基本一致，駱偉之説蓋有所據。又《梁氏支譜・藝文》有道光丁未（1847）九月陳勤勝爲此書所寫的跋文。十卷本的産生應在1847年秋到1848年三書合訂發行期間。目前，廣東省立中山圖書館、湖南省圖書館、福建省圖書館、廣州圖書館都藏有十卷本。近幾十年來，影印十卷本的叢書已有四種。最早的是杜松柏所編的《清詩話訪佚初編》（臺灣新文豐出版公司1987年版），後蔡鎮楚所編《中國詩話珍本叢書》（北京圖書館出版社2004年版）根據《清詩話訪佚初編》翻印。這兩套叢書名聲好，使用的人也多，但所收《十二石山齋詩話》的版本却不甚佳。且不説卷四缺頁所帶來的不便，單是卷七、卷八每行最後一字的缺失、妄改就足致整理研究上的硬傷（其中印不出的字是由一個不諳格律的人補上的）。雖然杜松柏沒有交代其所據版本的來源，但從上述情況可以斷定他所用的是一個後印本，故印刷時書版已有少量損壞。2015年首發的《廣州大典》根據廣東省立中山圖書館所藏十卷本（卷一首頁鈐有“黄氏憶江南館珍藏印”，爲黄蔭普贈書）影印，爲學界提供了很好的本子。2019年出版的由蔣寅主編的《清代詩話珍本叢刊》所收《十二石山齋詩話》前八卷影印天津圖書館所藏八卷本，九、十两卷翻印《清詩話訪佚初編》，並非真正意義上的十卷本。由於十卷本並非後人有意增刪改動而成，而是梁九圖自覺的創作，其與八卷本都是梁九圖詩學觀的體現。通過兩者的比較，我們可以更全面地了解他的詩學思想。因此，本次整理以《廣州大典》本爲底本的同時，將天津圖書館藏本前八卷與底本不一致的地方以校記形式列於該條下方。（三）四卷本。該版本爲同治五年（1866）秋八月刊本，爲十卷本的縮印，由梁思問（即梁僧寶）校閱，受業李文田題詞，現存數量較少。徐世昌《書髓樓書目》卷四著録。暨南大學圖書館、國家圖書館皆有此本。《嶺南文獻綜録》記香港中山圖書館曾藏有此本，但程中山先生没有提及[①]，不知是否属实。國外收藏機構則有日本大阪大學懷德堂文庫[②]。由於諸多因素的限制，筆者無法看到四卷本，現根據華南師範大學晏麗的碩士畢業論文，向讀者簡要交代該版本情況：四卷本詩話條目的數量由十卷本的920則鋭減至240則。十卷本裏一、七、九三卷的條目保留得最多。四卷本將存録詩歌數量較多的各則删除，如卷七48則、卷三68則、卷八88則。四卷本卷一主要摘録十卷本卷一的内容，少部分爲他卷條目；卷二以十卷本的第七卷爲主，摻雜五至十卷的内容；卷三則以第九卷内容爲主，未收入一、二兩卷的内容；卷四選取十卷本一至十卷的部分條目。四卷本衹有三處提及袁枚，且無批評之意。其中兩則詩話引用袁枚詩句，説明讀書健忘乃

① 程中山：《〈十二石山齋詩話〉初探》，見於《詩話學：第八屆東方詩話學會會議論文集》，延邊大學出版社2015年版，第403-412頁。

② 蔣寅：《清詩話考》，中華書局2005年版，第534頁。

文人通病及詠物是作者襟懷的道理，另一則節録袁枚《于忠肅廟碑》，評云“數語最爲精彩”。[①]

《十二石山齋詩話》篇幅很大，涵蓋多方面內容。人們或看重其保存文獻之多而加以利用，如張維屏《國朝詩人徵略二編》、汪兆鏞《嶺南畫徵略》、李放《皇清書史》等；或是就其詩論發表看法，如林昌彝《海天琴思録》、劉聲木《萇楚齋隨筆》等。福建侯官林昌彝早在 1858 年就與前來就任的梁植榮相識，是年秋之任芝城，與植榮互郵索和（見梁氏所輯《閩中賦别詩》），至 1860 年暮春被誣罷官，方旋故里。梁植榮因有《贈林薌溪教授》云：“遠别經年又得逢，射鷹樓上寄高蹤（薌溪著有《射鷹樓詩話》）。”林氏《酬愛樹司馬見贈》句云：“詩家三世五羊雄（君大父及嚴尊皆精詩學），妙曲青琴聽始終。”後植榮旋里，林氏又賦别詩，注云：“君大父暨尊甫皆能詩。”對梁藹如、梁邦俊詩的讚賞溢於言表。後林氏寓粤時所著《海天琴思録》更屢屢暗引《詩話》以爲己説，幾乎無不認同之意。例如：“前明七子規模漢魏盛唐，未免太似，故轉授輕薄者以口實。然變而爲抱蘇守陸，斯取法愈卑矣。”是論取法。“昔人謂風亭水榭本以怡情。即或家少園林，亦何處不堪寓目？張船山絶句云：‘稻香吹過水聲來，野樹無行遠近栽。不費一錢風景足，萬金何苦築樓臺？’惜世人不足與語。”“昔人謂生前富貴，死後埋沒，反不若文人學士令人欽仰不已……順德何不偕《西湖曲》云：‘試上山頭奠桂漿，朝雲豔骨有餘香。宋朝陵墓皆零落，嫁得文人勝帝王。’此爲至言，殊非調侃。”是以人生哲理評詩。“處世須退一步，作詩當透一層。秀水李武曾徵君良年《憶方虎客宛温》云：‘牂牁秋緑晚萋萋，五十郵亭到越溪。不敢更嗟鄉國遠，有人還在萬峰西。’此作詩爲透一層，於世爲退一步，可謂兩得其美。”

① 晏麗：《〈十二石山齋詩話〉研究》，華南師範大學 2018 年碩士學位論文，第 10-12 頁。

此謂作詩須意格兩全。“詩本天籟，《三百篇》之韻豈嘗有本？二百六部之分一何多事！昔人謂沈約韻書爲濫得名，非無所見而云矣……有彭縣令過訪，留題七律，韻用一東，中閒錯用二冬。鯨堂因次其韻，戲成一律云：‘丁冬花喚作丁東，試問東冬若箇濃。四矢果應分縱送，一狐何據別戎茸？《唐風》鑿鑿原通沃，周《雅》雍雍本叶豐。自是詩人吟不錯，秋英落豈異春紅？’”此乃主張打破詩韻對創作的約束。

現存《詩話》的各種刻本都是家刻本。以梁氏族人及相關詩人的交遊爲綫索進行梳理，不失爲探討此書的流傳及其影響的好辦法。筆者本可以梁植榮宦閩爲綫索，研究它在福建士人中的接受情況，但耳目所限，未遑遍採，不再展開，僅再做出一些推斷：（一）《詩話》在湖湘地區的流佈。梁九圖有過衡湘之遊，歸時途徑道州，與“宛平趙小魏慕野、湘潭張勉亭士勤、曾璧人如璋、侯官林子俊其英作送春會”，時值 1844 年春。其時《詩話》已有稿本，不能排除九圖有袖出此書的可能。道州、湘潭分別是何紹基、王闓運的故鄉，恐對《詩話》早期之傳播不無益處。何紹基爲林昌彝師，兩人於 1844 年在京師相識。後何紹基於 1863 年遊粵，與林昌彝會合，時距《海天琴思録》的刊印僅一年。考何氏還與梁九圖的千里神交符葆森有過交往，有《題符南樵半畝園訂詩圖》一詩，開篇便云：“詩人詩自性情出，有時自有無時無。温柔敦厚乃宗旨，矯柔塗澤皆非夫。”又云：“論詩快遇南樵符。”又佛山博物館藏梁九章《墨梅圖》一軸，上有曾國藩四弟曾國荃於 1874 年所題詩，乃梁元超（應焜長子，1830—1891）在湖南岳州任上時屬題[①]。其行篋蓋亦有《詩話》在。何、曾二人論詩以學問爲至上，然亦重閱歷之助、性情之本，王闓運也認爲詩要以情動人，皆合於梁九圖之論，恐怕不是偶然。

① 鄭克祥：《一枝藏雪影 清白寫芳心——梁九章生平考略及其〈墨梅圖〉賞析》，《文物鑒定與鑒賞》2017 年第 3 期，第 4-9 頁。

（二）“詩界革命”受《詩話》啓發的可能性。梁氏後人中如梁觀澄（九華孫、梁厚甫父）曾參與“公車上書”。梁爾煦（梁植梅六子，1858—1906）也投身維新變法運動，隨康有爲逃亡海外，後回國密謀刺殺慈禧的事宜（梁啓超用辦報所得作爲川資）[①]。康氏與梁爾煦及其兄梁爾煠同在朱次琦門下，並寫有《題吾友梁鐵君俠者畫竹》《鐵君惠沙田柚盈舟，詠柚贈鐵君，惜其才俠不見用也》《明夷閣與梁鐵君飲酒話舊事》[②]《哭亡友烈俠梁鐵君百韻》[③]等詩，可見兩人交情之深。《詩話》注重發掘能傳播知識、感化人心的新題材，推崇“似諺似謡”的古體詩（《嶺表詩傳・嶺表明詩傳》卷六亦收順德、高州、廣州、韶州、瓊州等地的歌謡諺語，近於俗白。《梁氏飲冰室藏書目録》正有此書），似與梁啟超之論消息相通。（三）《詩話》與廣東南社詩人的關係。前面提到，《詩話》有清末黄梅華屋校鈔本。“黄梅華屋”乃陳融齋號。陳融（1876—1955）字協之，號顒園，早年留學日本，加入中國同盟會，參加黄花崗之役，著有《讀嶺南人詩絶句》《顒園詩話》《黄梅華屋詩稿》。廣東南社成員身上也似有《詩話》的影子在。例如，蘇曼殊詩音節和諧，自然渾成，而不乏超逸之風神，尤以七絶見長。又“南社四劍”之一潘飛聲曾爲多次引用《詩話》的《嶺南畫徵略》題辭。所著《在山泉詩話》以具體詩人及其作品的評論爲主，紀實性很强，且間涉書畫，似承《詩話》之體例。

① 蔡登山《康有爲派梁鐵君刺殺慈禧始末》一文説得甚詳，惟誤將梁爾煦視作梁僧寶之子。此文見於《情義與隙末：重看晚清人物》，北京出版社 2019 年版，第 89-116 頁。

② 康有爲於 1898 年秋赴日本，居東京，取《周易・明夷》“君子以涖衆，用晦而明”之意，名所居曰“明夷閣”，1899 年二月即赴美洲（可參看吴天任《康有爲先生年譜》）。此詩序云：“鐵君名爾煦，順德人，二十年老友。少遊俠，擊劍。既乃折節讀書，好王學、佛學，工畫，業鹽於梧州。聞吾蒙難，遂棄家從亡，助吾擘畫，卒死國事。近世烈俠，未見其比。”

③ 此詩序云：“君名爾煦，南海佛山人，故鴻臚寺少卿梁僧寶從子，死節於光緒三十二年七月十四日，年四十九歲。”康有爲與梁爾煦是老朋友，了解他的家世淵源，知道他的祖籍及其與梁僧寶的關係。想必對《小厓説詩》《十二石山齋詩話》亦曾過目。

其卷一云："侯官林香溪（昌彝）……先祖社友，先君之師也。"惜其《翦淞閣詩話》談到嶺南詩話時未涉《詩話》[①]，一時無法定論。

史稱梁九圖"生平愛才，以獎引後進爲己任。人有片長，輒稱道之"。九圖不僅培養出進士出身而官位顯赫的兒子梁僧寶，收留過畫家蘇仁山與張維屏弟子倪鴻（其《桐陰清話》仿《詩話》之跡甚明），還曾嘉掖時方年少的戴鴻慈、李文田。加上名士巨公又慕十二石山齋之名而來，其時親受其薰炙者想必不在少數。戴氏爲清末出洋考察憲政的五大臣之一，因少時文章受九圖賞識而得娶其兄之孫女。李氏十四喪父，幾因家貧而輟學業。九圖素號人倫風鑑，一見器之，招與其子僧寶同學。李文田得以閱讀梁園藏書，"肆力於四庫，凡名臣奏議、國計得失、民生利弊，靡不悉心研究"[②]，奠定了他一生的學術基礎。李氏早年的篆書受梁九圖玉箸篆的影響[③]，又於元史、西北史地用功尤深，固是一時學風所尚，然亦似與九圖之學問相通。他如堪輿、醫學上的建樹也如此。李文田爲官清廉，沒有餘錢刻書，散佚之著述極多，其作詩"疏散不自存稿"，僅有徐珂《心園叢刻》所收《李文誠公遺詩》與後人所編《宗伯詩文集》一卷傳世。據筆者所知，除上述詩文集外，其與詩相關的資料還有四卷本《詩話》題詞、梁朝澧《伯芷遺詩》書名頁（光緒元年十月題）、《雙溪醉隱集》（《知服齋叢書》本）與批本《詩藪》（現藏國家圖書館）。《佛山忠義鄉志》謂其"所爲詩古文詞，上追漢魏"，不知是否也受梁氏的影響。希望大家再多挖掘一些資料，對這位晚清名臣的詩學思想作出研究。

梁九圖是一位風雅文人，平生所寄俱在吟詠、書畫，還有他那包羅"湖

---

① 潘飛聲著；謝永芳、林傳濱校箋：《在山泉詩話校箋》，人民文學出版社 2016 年版，第 405 頁。
② （民國）冼寶榦纂；佛山市圖書館整理：《佛山忠義鄉志》，岳麓書社 2017 年版，第 582 頁。
③ 梁基永：《李文田》，廣東人民出版社 2008 年版，第 58 頁。

山勝概”的十二塊黄蠟石。他的《十二石山齋詩話》繼承了康乾以來的各種詩學傳統，又能在融會貫通的基礎上闡明自己的立場。然而，在時代風尚與家族氛圍的熏陶下，梁九圖開始突破傳統詩話的所思所想，强調詩之於人的“移情”作用，關注詩歌藝術以外的現實生活、世間百態，肯定了其時以新事物入詩的做法。初讀全書衹見摘句連篇，似是漫不經心，細品方覺其體大思精。無論是何家門户的讀者，衹須對當中合乎己見、順應時代的論述加以發揮，便可開闢自己的道路。我們自然不能忽視此書在近代詩學史上的地位。

可惜的是，《十二石山齋詩話》一直未有整理本面世，相關研究也寥寥無幾。筆者平日致力於鄉邦文獻的研究。去歲孟秋，我在廣東省立中山圖書館披閱《寒香館法帖》，便產生了研究梁氏著述的念頭，又於數日後專程到佛山梁園考察。時園中寂寥無人，余獨坐種紙處，想見前賢吟詠之風流，恐其人其事就此湮沒，不爲人知。乃就近年志趣所在，擇出《詩話》十卷，附以梁氏詩集、刻帖題跋若干，悉加標點，以饋讀者。此次整理研究承蒙張亞軍、岳淑珍、鄭學、楊亮、焦體檢等在校業師，以及周德、林潤深、朱傑、韓東等各地書學恩師的指教，又在查閱文獻過程中得到了廣東省立中山圖書館、佛山市圖書館與中山大學、華南師範大學、香港中文大學等高校圖書館管理員的幫助。在此一併致謝！筆者才疏學淺，加之條件所限，相關資料多未獲睹。書中錯訛之處，敬請讀者批評指正！

2022年1月30日草於佛山

4月6日重改於河南大學

凡例

一、本書點校的《十二石山齋詩話》以《廣州大典》影印廣東省立中山圖書館所藏十卷本爲底本。對於天津圖書館所藏八卷本（簡稱津圖本）與底本前八卷不一致的條目，本書以校記形式標注在該條下方。本書附録的梁氏族人的其他著述皆依據《廣州大典》影印本。其中《紫藤館詩鈔》還用香港中山圖書館舊藏本（現藏臺北故宫博物院）作參校。

二、爲方便讀者查閲，本書在每則詩話前常加上一組數字，第一個數字表示卷數，第二個數字表示該則在本卷中是第幾則，中間用“.”隔開。由於篇幅所限，前言中《十二石山齋詩話》的部分引文只是節録。讀者如需閲讀上下文，可根據前面所標的數字找到引文所在的那一則詩話。

三、本書引文中間凡有省略處俱用省略號表示。

四、對於所點校古籍中明顯的錯誤（如人名、書名），本書皆予以糾正。底本原字用［　］括出，後用小字標出正確的字，再用（　）指出所據的文獻資料。缺字則用□表示。

五、《十二石山齋詩話》述及人名時常採用“籍貫＋姓＋字號（謚號）＋官職（出身）＋名”的固定形式，或僅述姓、字、名等關鍵信息。此處點出，不另行在正文中標注。

六、爲減少閲讀障礙，本書保留底本慣用的簡化字，並酌情將部分異體字及個别諱字改爲通行易讀的繁體字。《十二石山齋詩話》大量抄録他書裏與詩相關的段落，也保留了其中的不少異體字。若非全書慣用的字形，本書皆盡可能不作改動，以便讀者進一步探討梁九圖所引書及其所讀版本。

序

十二石山齋居士既閒居，喜弄筆墨，輒談論古今詩人流品得失以自娱。然性迂拙，常以爲詩必有移我情者始謂真詩。夫海内談詩者衆矣。人所論不能强我使合，我又安能强人使同哉？梓斯編聊與情不相遠者共欣賞云爾。道光丙午七月順德梁九圖。

卷一

1.1 泰州繆湘芷侍郎沅生而有湘字在其頂，故初名湘，後改名沅。八九歲時，夢至古刹，證前世爲湘山寺老僧，覺而識之。每好誦“我本泉州清浄禪，湘山湘水别多年”之句，後至泉州訪湘山寺，禪房門徑恍如夢中所歷。亦東坡居士後一段佳話。

1.2 余家藏横波夫人畫蘭一軸素縑，殘矣。姿態宛然，馬守真後罕見其匹。秀水朱竹垞太史彝尊題云：“眉樓人去筆床空，往事西州説謝公。猶有秦淮芳草色，輕紈匀染夕陽紅。”詩畫可稱合璧。

1.3 海寧祝芷堂侍御德麟《西安》句云：“尺五天邊韋杜曲，一千年外帝王州。”氣象包舉。

1.4 韓詩多哀，白詩多樂，終是性情之偏。然二公能見性情，所以各有千古。

1.5 往日所歷之境，今日思之，夢也；今日所歷之境，異日思之，亦夢也。塵寰擾擾，家室縈心，夢中之苦況也。蒙古白鶴亭參領（白衣保）句云：“閒思往事還如夢，暫息勞生莫問家。”可謂先得我心。

1.6 嘗登羅浮暴雨後，萬壑争流，濃雲未散，山若動摇，因誦宣城高阮懷詠“雨餘千澗急，雲合萬山沈”之句，愈覺其佳。

1.7 長洲許竹隱太守虬《折楊柳歌》云：“居邃四十年，生兒十歲許。偶聽故鄉音，問爺此何語。”置之漢魏，豈復能辨?

1.8 汀州伊墨卿太守秉綬，工八分書，一時罕出其右，詩亦有清氣。記

其“月華洞庭水，蘭氣瀟湘烟”二語，直是色、香、味俱絶。

1.9 金冬心農有《峨嵋山精能院陋尊者書來相訊寫此以贈》詩云：“蜀僧書來日之昨，先問梅花後問鶴。老梅瘦鶴各平安，只有老夫病腰脚。腰脚不利常閉門，閉門便是羅浮邨。月夜畫梅鶴在側，鶴舞一回清人魂。畫梅乞米平常事，却少高流送米至。我竟長飢鶴缺糧，攜鶴且抱梅花睡。”誦之覺筆墨之中、筆墨之外，别具一種逸氣。

1.10 李石梧中丞星沅典學吾粤時，其夫人郭笙愉潤玉有《環碧園》八絶句，中丞親書勒於學署。其一云：“玻璃四面影縱横，細草含香恰嫩晴。一幅春山好圖畫，花藏樓閣柳藏鶯。”

1.11 謝茂秦眇一目，爲趙康王客。至孫穆王復延入幕，令所愛賈姬歌其《竹枝詞》一闋侑酒。茂秦爲續新聲十章。翊日，王令姬出拜，光華射人，以琵琶按譜訖，即盛遣以歸之，遂挾遊燕趙閒。無何客死，賈取千金裝送二子歸葬，自破樂器，不復事人。謝之多才、王之愛士、姬之守志，俱堪千古。烏程嚴海珊遂成詩云：“重茵翠罽上燈時，愛客梁園酒滿池。紫叱撥驕磨勒健，争如一闋《竹枝詞》。”“秋到衰楊夜有霜，可哀一曲淚霑裳。他年寒食棠梨墓，紅雨傷春柳七郎。”亦復悽婉。

1.12 詩本性情，自然流露。一日可得數篇，數月轉不得一字，其來無端，非可以程期限也。劉子高日課一詩，終是滯相。“文章本天成，妙手偶得之。”放翁道得甘苦出矣。

1.13 朱竹垞作《鴛鴦湖櫂歌》一百首，自比於《竹枝詞》《浪淘沙》之調，俱寫土風，聲情旖旎。余最愛其二章。一云：“沙頭宿鷺傍船棲，柳外驚烏隔岸啼。爲愛秋來好明月，湖東不住住湖西。”一云：“鷹窠絶頂海風晴，烏兎秋殘夜並生。鐵鎖石塘三百里，驚濤齧盡寄奴城。”

1.14 《永樂大典》載李芳樹《刺血詩》，如出漢魏人手筆，究不知芳樹爲何代人也。詩云："去去復去去，悽惻門前路。行行重行行，輾轉猶含情。含情一回首，見我窗前柳。柳北是高樓，珠簾半上鉤。昨爲樓上女，簾下調鸚鵡。今爲牆外人，紅淚沾羅巾。牆外與樓上，相去無十丈。云何咫尺間，如隔千重山。悲哉兩決絶，從此終天别。别鶴空徘徊，誰念鳴聲哀。徘徊日欲晚，决意投身返。手裂湘裙裾，泣寄藁砧書。可憐帛一尺，字字血痕赤。一字一酸吟，舊愛牽人心。君如收覆水，妾罪甘鞭箠。不然死君前，終勝生棄捐。死亦無别語，願葬君家土。倘化斷腸花，猶得生君家。"轉折自然，萬緒千愁，令人嗚咽。

1.15　先兄云裳刺史工畫梅，興到亦閒題詩其上，然未嘗留稿。記其《贈吕隱嵐》一絶云："與君同住梅花國，日寫梅花數百枝。不及會稽童二樹，三千三百十三詩。"歿後，吴星儕茂才炳南哭以詩云"石多頑趣今無主，梅有花神亦哭君"二語，爲同人傳誦。蓋先兄好石，亦與余有同癖也。先兄諱九章。

1.16　會稽商寶意盤有趙姬環娘，初名小憐，後姬解碧玉連環贈寶意，因易名環娘，歸寶意不久即歿。寶意哭以詩云："舊居鸚鵡曾呼我，斷帶鴛鴦欲付誰？"晚得小柬又云："恐是玉簫償宿債，偶從錦瑟感年華。"其情致纏綿，雖杜牧、元稹不是過也。

1.17　劉扶山太夫子杰，余同邑人，有詠梅詩三十首。一時名流入粤者題詠殆遍。秦小峴侍郎瀛詩云："底用勞勞事走趨？只應蝸寄愛吾盧。梅花百本詩千首，阿父工吟子善書。"末句蓋兼謂雨湖師也。時雨湖師甫十餘齡而名動海内，今將白首矣，猶潦倒名場，日抱太夫子遺稿，以未付梓爲憾。余與吴星儕輯《嶺表詩傳》時爲摘録數章，或者不盡湮没耳。

1.18　吴江郭頻伽麐有《水村圖》。其同邑女士汪玉軫題云："深閨未識詩人宅，昨夜分明夢水村。却與圖中渾不似，萬梅花擁一柴門。"頻伽乃

倩錢唐奚鐵生岡補作《萬梅花擁一柴門圖》，可稱好事。

1.19 南漢後主昏庸殆甚。南海家墨畦孝廉紹訓句云：“洛上君王皆刺史，宫中巫覡亦神仙。”道得昏庸形狀，出何竹溪星垣《李後主》詩云：“追從蒼黄雨打頭，官家仙眷盡乘舟。不堪回首江南望，今日擕家去作侯。”同一寫生手段。

1.20 譚藎臣念忠，余同邑人，七古有奇氣，神似太白。殁後，詩未付梓。愛其《哭亡兒景濂》云：”生縱不才仍是子，死知難免惜非時。”《秋日感賦》云：“生同叔夜真成懶，世乏平原不拜恩。”《南康》絶句云：“芙蓉江上芙蓉橋，瀲灩秋波送畫橈。欲採芙蓉涉江去，打篷風雨暮瀟瀟。”

1.21 宋荔裳《江南曲》云：“白蘋吹滿莫愁湖，輕雨輕寒乍有無。翡翠簾櫳春不捲，數枝楊柳已藏烏。”風調最佳。

1.22 水碓、天車，俱人工之極巧。華亭黄石牧太史之雋詠《水碓》詩云：“轉輪在水稻在屋，糠粃如塵米如玉，誰其爲之機與軸？坎臼在地杵在水，横貫輪心輪運瀑，以溪之水代人足。列杵五六杵齒齒，一杵入臼一杵起。圜輪追杵水追輪，急急晨昏舂不止。溪女鬢插山花紅，列坐臼旁如課功。從容揎袖簸揚畢，勞逸不與我鄉同。我來如聽一部之水樂，輪音爲商杵爲角。”余亦有《天車謡》云：“一激一搏，一轉一勺。自然循環，水上水落。水上上天，水落落田。天有旱乾，田無凶年。礪我刀鐮，刈我禾黍，不見潮田踏車辛苦。”

1.23 外曾祖李柯山先生諱德林，字宗博，余同邑人，以明經選化州訓導，未之任而卒，所著有《柯山詩集》。其《題江樵客山居》云：“屋上青山屋下坡，當門危石翳烟蘿。欲栽花樹沿溪水，却恐遊人識路多。”真善寫幽人心曲。

1.24 施愚山製詩帳贈林茂之。徐蝶園製詩枕招名流題詠。余曾製詩床贈陳夢生，鐫唐人絶句三十首於其中，亦佳話也。

1.25　尹文端公聖眷最隆。其初主試，上以新婦生子調之，因記劉松臺從未分校，自謂監試似未字之女，彙而賦詩云："杏苑懸弧典故新，每因生子憶生身。凌雲老樹枝分後，可念當年手種人？""宫花彩映繡衣新，半老依然未字身。自笑殷勤還學養，宜男却是讓他人。"於倒綳孩兒外添一韻事。

1.26　毛大可生平不喜東坡詩，而《西河集》中如"三月暮春行海畔，兩年寒食渡江東""皓月近云行過疾，空欄壓水坐來浮"等句何嘗不近蘇耶？

1.27　趙秋谷痛詆漁洋，而所作遠不逮。袁子才以爲"一代正宗才力薄"。趙雲崧謂其不能"八面受敵"，俱非篤論。究之漁洋七絶自是本朝之王龍標。其餘諸體雖不能諱其膚，然皆唐人正音，迥非宋調。

1.28　尤悔菴樂府、屈翁山五律、王阮亭七絶、家蘗亭七古，近代詩人殆未易方駕。

1.29　佛説色空、空色，語雖超而非聖賢正理，故儒者病之。近來僧寺婦女率往求嗣，尤失佛氏色空之旨。江都吴園次綺詩云："佛容人乞子，僧强客題名。"蓋有所感矣。

1.30　"雞聲茅店月，人跡板橋霜"，絶妙一幅曉行圖。華亭王總憲九齡句云："世間何物催人老？半是雞聲半馬蹄。"脱化無痕而語尤動聽。

1.31　錢塘陳雲伯大令文述《塞下曲》云："長城萬里接陰山，老戍荒邊未許還。倦枕髑髏眠不醒，夢魂飛度玉門關。"最是雄健。

1.32　山陰邵夢餘無恙《出白門》詩云："杏花如雪柳絲輕，渡口濛濛細雨生。惆悵行人過江去，十三樓畔正清明。"頗有風致。其佳句如"莎草緑盈三月雨，桃花紅入六朝山""荒壘齊梁猶上月，大江吴楚自分星""大江殘夜生新水，微雨扁舟夢故人""青山入夢曾知己，明月同舟當故人"皆耐咀嚼。

1.33　吴江金二雅學詩《石湖秋泛》云："石湖别墅長青莎，白石風流

歎逝波。唯有團圞湖上月，夜涼曾照小紅歌。”“沙禽點點背人飛，紅樹寒塘夕照微。十里蕒花香不斷，鯉魚風裏櫂船歸。”風調似出阮亭。

1.34 姑蘇臺佳作頗多，余最愛海鹽董曉滄“歌殘白苧春方醉，採得黄絲夏已銷”及雨湖師“事去有湖歸越女，曲終無地宴吴王”等句。

1.35 武康徐渭揚熊飛《過吴梅邨墓》詩云：“靈巖山色暮雲開，高塚荒涼積翠苔。感遇自憐青史在，思鄉要乞白衣回。茂陵玉椀初明恨，江左牙旗庾信哀。依舊東風吹麥秀，牧童驅犢上琴臺。”悲之乎！抑惜之也！

1.36 《客中閒集》載隋煬帝栽柳于河堤，遂賜垂柳姓楊，故曰楊柳。此説最屬不經。三百篇“楊柳依依”豈彼尚未之見？然而有觸情生，未嘗非一時詩料也。余友吴星儕《隋堤》詩云：“錦纜逍遥水一方，浪遊終是誤君王。雷塘寂寞迷樓圮，堤柳千秋尚姓楊。”

1.37 前明七子規模漢魏盛唐，未免太似，故轉授輕薄者以口實。然變而爲抱蘇守陸，斯取法愈卑矣。

1.38 陶靖節詩多言邨落閒居之事，而不入一邱一壑，良由筆高。此詣遂不可學。

1.39 從兄小厓有“霜重履聲澁，月低人影長”二語。吴星儕謂其過幽，似有鬼氣，無何旋卒。詩之有讖，然耶？否耶？

1.40 吴竹香奎光，南海人。《無題》一首最爲蒼勁。詩云：“行云横碧落，長簺倚高秋。秋士多悲者，因之懷遠愁。故交無好夢，鄉味有扁舟。日對牂牁水，沄沄不盡流。”

1.41 侯官張超然遠以《滕王閣詩》得名，而《無悶堂集》中究以《歲暮寄懷故園親友》一首爲最。詩云：”一年一萬一千里，馬足車輪舴艋舟。自笑此身渾似葉，不知於世復何求。磨牛處處循陳跡，籠鳥依依憶故邱。正是羊城梅放日，瘴雲霾雨獨登樓。”此等起法近時豈復多見？唯三語“葉”

字稍纖，不若作“渾似寄”較覺大方。起超然於九京，未知以爲然否也。

1.42　長洲朱桂泉莅恭美姿容，一時有璧人之目，詩亦跌宕自喜。其《山塘雜詠》有云：“王孫芳草滿迴溪，油壁香車到未齊。一桁水精簾半捲，宮黃淺額鬌雲低。”可以想其風致。

1.43　吴梅村詩艷而不失於纖，王次回詩纖則反傷其艷。

1.44　古詩有七字平者，崔魯詩“梨花梅花參差開”、李義山詩“封狼生貙貙生羆”是也。有七字仄者，杜少陵“有客有客字子美”是也。余邑何輝喬《西樵山》詩云：“淡月欲上影在樹，清風徐來涼生衣”竟以七仄、七平入律，亦屬創見。

1.45　王阮亭《淮安新城》句云：“四鎮蟲沙成底事，五王龍種竟無歸。”括盡一時史事，真淋漓大筆。

1.46　陽春譚康侯敬昭《長沙客感》云：“涼月碧雲何處樓？倚樓長笛怨清秋。陌頭楊柳垂垂盡，不是天涯客亦愁。”可以步武唐人。

1.47　竹垞《風懷詩》多至二百韻，覺義山《錦瑟》遜此大觀。

1.48　富平李天生云：“少陵自詡‘晚節漸於詩律細’，曷言乎細？凡五七言近體，唐賢落韻共一紐者不連用，夫人而然。至於一、三、五、七句用仄字，上、去、入三聲，少陵必隔别用之，莫有疊出者。”［似］以此看詩可云領畧入微。

1.49　程午橋太史夢星，江都人，築篠園并漪南别業於竹西。一時名流，莫不攬環結佩。詩喜學玉溪生，有“十里烟深因近水，一年秋早爲多山”之句，最爲瀟灑。

1.50　錢塘沈方舟用濟《憶紅橋》詩云：“二月紅橋聽管絃，當歌不惜酒如泉。曾將隋苑鴉黄柳，一繫吴娘鴨嘴船。”詞旨婉約。

1.51　趙雲崧撰《十家詩話》，於近代取吴梅村、查初白兩家，於明代

止取高季迪一家，皆未免故爲軒輊。

1.52　錢塘袁簡齋枚詩雖過流易，而應酬之作每能如人意。所欲言即此，亦其所長也。

1.53　“一樹梅花一放翁”，陸游句也。“萬樹梅花萬首詩”，童鈺句也。語相似，而各有妙趣。

1.54　詩人無論窮通，有可以垂世者，即千秋不朽。紀文達詩云：“王維早貴襄陽老，俱是開元第一流。”真令布衣生色。

1.55　凡人於己所難致之物，必欲得之以爲快，而得之者轉覺索然不足貴。趙雲崧詩云：“無山空買一株藤，競想逢山快一登。嵐翠滿庭門晝掩，有山不看是山僧。”

1.56　寒士途窮，每以詩文乞憐卿相，此唐朝結習。賢如昌黎尚不能免。讀褚厚之《投節度邢公》詩云：“西風昨夜墜紅蘭，一宿郵亭事萬般。無地可耕歸不得，有恩堪報死何難？流年怕老看將老，百計求安未得安。一卷新書滿懷淚，頻來門館訴飢寒。”非不歎其佳，然終覺有局促之態。陶靖節詩云：“不賴固窮節，百世當誰傳？”吾人當思此義。

1.57　鄭若愚詩云：“苦吟殊未補風騷。”陸放翁詩云：“詩雖苦思未名家。”皆見古人不自滿足處。今人得單詞片語，便自以爲佳，相去何啻天壤！

1.58　詩患不典，又患過於用典，故考据家詩每多不佳。江南方子雲正澍句云：“交廣易添離別恨，學荒翻得性靈詩。”是也。

1.59　古人之詩有後人所不能爲者，亦有後人所不屑爲者，不得謂一集流傳，即盡可師法。嘗觀陶、謝、李、杜數公集中疵累尚寡，其餘皆未免瑜不掩瑕。

1.60　言，心聲也。故詩足徵品，然亦有似絶不相符者，其中必有僞飾。細心領畧，僞處自出，究不能逃吾之鑒。“知言”“知人”最是讀詩要着。

1.61 鄭貫亭侍御士超，陽山人。幼以牧牛爲業，通籍後侃侃立朝，不避權要，有句云："勵志敦古歡，懷忠慨時務。"洵不愧斯言。

1.62 少年作事每涉輕心，及中年而始悔。大抵才人尤多坐此病。遂寧張船山太守問陶句云："半生傲骨禁秋氣，萬事輕心悔少年。"真閲歷之言。

1.63 黎二樵簡名其集爲《五百四峯堂詩鈔》，蓋合東樵四百三十二峯、西樵七十二峯名之也。所居百花村構亭曰衆香，以書畫爲生計，性瀟灑，好讀《莊子》，詩喜幽峭。余最愛其"海潮入村水三折，水深花深地深極。故人村口隨香風，小艇衣裳濕春碧"等句。至云"賣文隨力飯飢人"，存此襟懷，何異白傅長裘、杜陵廣厦？

1.64 七夕詩詠者多矣。莫有若趙味辛"秋來第一可憐宵"一語雋永，最是可味。

1.65 何蘭士《潼關》句云："一畫鴻溝秦晉豫，幾番龍戰漢隋唐？"難得此大筆如椽。

1.66 洪稚存太史亮吉篤於性情，以上書於成親王事得直聲。歸田後著書二百六十餘卷，不僅以詩傳也。然讀其詩有云："昔者慕著書，鉛槧二十年。傳世難預期，庶足慰目前。"苦心如揭矣。

1.67 欽州馮魚山太史敏昌丁外内艱，歸廬墓六年。每朔望必肅衣冠向闕稽首，轉而拜於祖及其師，終身如一日，在都聞蘀石先生訃，痛哭，啜粥數十日。張葯房太史卒，懸其所畫松爲位，哭至喀血。其篤於師友可謂至矣。余每讀《小羅浮草堂詩》至"生平不下窮途淚，每哭良朋涕不禁"，爲之慨然。

1.68 "恩怨盡時方論定，封疆危日見才難"，昔人題張江陵故宅詩也。"慟哭六軍皆縞素，衝冠一怒爲紅顔"，吴梅村《圓圓曲》句也。皆韻語中史論。

1.69 王阮亭《謝孫思遠送茶筍》詩云："鬥茶竹塢麥秋寒，燒筍僧樓

穀雨闌。寄謝江南老桑苧，也分風味到矗官。”酷似東坡。

1.70 戴可亭、英煦齋兩相國同以修萬年吉地獲罪。後戴公放歸而英公遣戍。戴公寄英公詩云：“蕭蕭白髮别家山，終荷君恩得放還。同是孤臣悲絶域，可能生入玉門關。”懇摯纏綿，尚見唐人風格。

1.71 海幢退院僧純謙以其詩介新會張雲根求定，與余蓋未謀面也。愛其《湖天精舍訪禪友不遇》一首，詩云：“我從湖上來，君亦湖中去。獨坐對梅花，梅花滿山路。天高鶴懶還，海濶龍自駐。惆悵兩茫然，依依隔雲樹。”

1.72 余邑鄭白渠天佐年五十無子，遇有勸納姬者，輒曰：“吾有愛子十二人，寄育番禺凌蘗洲處，是固足以垂吾後矣。”蓋白渠實以詩十二章託蘗洲代傳。此與如皋江片石干《劉南廬墓》詩“寒食年年誰上塚？一編詩草當兒孫”，一以慰人，一以自慰，皆放達之言也。

1.73 山陰劉豹君文蔚《潯城北樓》詩云：“水勢趨藤縣，山光接柳州。”獨見工切。

1.74 劉雨湖師喜操唐音。《梅村聞笛》一絶有“江上峯青”之響。詩云：“空山何處美人家？擬訪仙蹤趁月華。萬樹梅花一聲笛，梅花村裏落梅花。”其妙處尤在善疊也。

1.75 題畫詩當有議論，或有風趣，乃佳。吴竹香《老子出關圖》詩云：“麈麾經卷去遲遲，明月秦關照羽衣。舍馬騎牛君莫笑，此翁原自愛知希。”此蓋以風趣勝者。

1.76 宋芷灣觀察云：“惠州西湖以東坡先生得名。水之清不如杭，居然水也；湖之廣不如杭，居然湖也；湖上之長林、豐草、名亭、傑閣不如杭，居然長林、豐草、名亭、傑閣也。”作《湖居詩十首》。其佳句如：“路纔分一艇，人已住西村。”“六橋千點樹，獨夜一層臺。”“江流斜日去，月照大蘇來。”皆寫景入妙。又作《西湖櫂歌》十首。最愛其第六首云：“簇新亭子近書樓，新種梅花一百頭。四面青山三面水，兩湖明月一湖秋。”蓋豐湖、鰐湖，湖固二，東坡遊後統曰西湖也。

1.77　余與吴星儕居隔三里。每有佳句，雖冒雨衝寒，必相過共酌。星儕序余詩云：“一字求安，祇尋鄭谷；片言索序，先問徐陵。”蓋紀實也。

1.78　詩難於狀景。景妙，詩亦因之妙也。余《太湖夜歸》云：“畫船朝放碧波間，夜氣昏昏打槳還。一片湖心明月上，東風吹出洞庭山。”

1.79　余族伯戢菴先生翰，乾隆戊辰進士，官福建羅源知縣。羅田苦旱，教以吾粤水車之法，民甚便之，至有“梁公車”之目。歿後，詩多散失。其外孫吴荷屋中丞榮光藏其近體一卷，余爲付梓。《始興江口憶歐子》一首猶有唐音，詩云：“尚憶初來日，彌天雪正深。更誰同遠道，薄暮泊江潯。山色寒如昨，江聲流至今。不堪懷往事，回首淚沾襟。”

1.80　“欲隨父母去，恐别舅姑難”，静齋女史陳廣遜詩也。直寫性情，有得於風人之旨。其《送叔舅孏堂詩》云：“馬上吟多瘦似詩。”亦復清絶。

1.81　天下最難解者，好訟之心。《易》曰：“險健訟。”又曰：“訟終凶。”聖人垂戒深矣。余邑吴秋航刺史梯詩云：“覆邦事不一，好兵者必亡。破家事不一，好訟者必殃。訟者人所惡，好之殊反常。原夫搆衅初，睚眦僅毫芒。一字入官門，九牛難挽將。一身入官門，舉家盡皇皇。見官破汝膝，見吏扼汝吭。訟師構汝鬼與蜮，訟蠹噉汝虎與狼。今日下鄉，明日下鄉。今日上堂，明日上堂。官事悠悠，且種白楊。白楊作柱，官事未央。當初小不忍，後來悔難量。作事謀始君審詳，唾面自乾庸何傷？慎勿操刀以自戕！敗固可恥勝亦創！訟實終凶不可長，審能佩之家其昌！”

1.82　旗亭畫壁，千古艷傳。所歌之詞亦皆絶唱。不解知音曷在梨園也。至少陵絶句每過古直，遂少味外之味。宋芷灣詩云：“豈果開元天寶間，文章司命付梨園？諸公自有旗亭見，不愛田家老瓦盆。”余終不敢謂然也。

1.83 龍溪鄭雲麓都轉開禧，嘉慶甲戌進士，爲余仲父青厓同年。分督吾粵時，出所著《知守齋詩集》見示。愛其《以積潦故迂道至韓庄閘》詩，最説得泥濘苦況。又《遊雲洞》詩鋪敘層折，歷歷在目，以篇長未録。其寫情則有“世態貧逾薄，交情賤尚真”“習静詩心健，因閒飯量加”“書來今雨少，句恨古人先”“因循書債積，習慣睡魔驕”。其寫景則有“天暝山全失，村孤樹覺寒”“泉聲涼帶雨，樹影暗疑人”“風拖千嶂雨，船劃一溪烟”及“泉聲似怒石當路，風力能驅雲下山”“澗泉怒齧將欹岸，嶺樹高擎欲墜雲”。其情景兼寫者如《乙亥紀别》云：“風霜前路大，骨肉别時輕。”《銷夏雜詩》云：“夢蝶常親簟，憎蟲屢却燈。”“人以閒增健，門能閉即深。”七絶如《村家》云：“一帶村莊近水田，比鄰雞犬聚籬邊。緑榕影裏苔痕浄，人與烏犍相對眠。”各嘗一臠，足知全味矣。

1.84 雲麓年丈嘗向余誦其宗人鄭亮卿琮《田家詞》五章。余記其首章云：“陂塘雨霽夕陽西，鴨緑粼粼水繞堤。三兩兒童齊拍手，柳烟深處捕田雞。”頗有風趣。

1.85 曹雪芹撰《紅樓夢》一書，世疑爲子虚烏有，不知所云。寶玉即性容若侍衛（性德）也。容若爲太傅明珠之子，詩多艷麗。《柳枝詞》云：“馬卿苦憶紅泥閣，我亦傷心碧樹村。病骨沈綿詞客死，更誰攀折與招魂？”自注：“‘緑楊天半紅泥閣，朱槿風前翠袖人’，亡友馬雲翎孝廉《柳枝詞》句。”次首云：“池上閒房碧樹圍，簾紋如穀上斜暉。生憎飛絮吹難定，一出紅窗便不歸。”即事云：“緑槐陰轉小闌干，八尺龍鬚玉簟寒。自把紅窗開一扇，放他明月枕邊看。”自是多情人語。雪芹亦有贈某校書詩云：“病容顦顇勝桃花，午汗潮回熱轉加。猶恐意中人看出，强言今日較差些。”亦屬意致纏綿，感均頑艷。

1.86 余族兄愧齋茂才詩拔，生平坎坷不遇，每挾孤筇游東、西樵之間，生五子克肖者，疊喪其三，故詩文多散佚。余檢所存愧齋詩三十餘首，爲付剞劂，庶幾不盡湮没。其詩自具機杼，戛戛生新。如《對鏡詞》云：”斂鏡長自惜，開鏡重唧唧。所恨太分明，不諱妾顔色。”《閨情》云：“少小學種花，將花比顔色。多見花開落，少聞郎消息。”《甘灘竹枝》云：“魚妹魚誇淡水鮮，雪濤飛濺打魚船。黄魟白魬金絲鯿，短鯉長鱘縮項鯿。”饒有風致。

1.87　南海家柳衢澍以《清碧軒稿》屬余點定。其中清雋之句如《和周大》云：“身非無用愁將老，學不求名豈計年？”《秋柳》云：“幾點夕陽鴉影瘦，一聲離笛馬蹄遥。”《蓮花》云：“香風十里平湖過，涼月滿船幽客來。”《詠蝶》云：“衣錦宜尚絅，嫌君文太著。紈扇多輕狂，花陰慎來去。”《詠明妃》云：“絶塞埋香我亦憐，紛紛詞客弔嬋娟。月明墳上千秋淚，較勝承恩二十年。”

1.88　《兩般秋雨盦隨筆》謂“近時詩家咏物，鉤心鬥角，有突過前人者”，因臚舉諸咏評隲。余謂咏物而無寄托，縱極刻畫只如剪紙爲花、鏤玉作楮，形似是而神已非，殊非大雅所尚。

1.89　寧都丁南阿營生壙於大慈山巔，自題碣曰：“江西詩人丁序賢之墓。”張度西大令題絶句戲之云：“江西詩人丁仲子，萬頃西湖買墓田。越來溪上胭脂土，肯葬鴛鴦是獨眠。”後二語蓋謂南阿繼室陳齊清葬石湖上也。

1.90　高要蘇賡堂侍御廷魁《楊枝詞》云：“玉燕金蟬翡翠翹，屏山一角掩春嬌。東風只戀閑桃李，不管垂楊千萬條。”《花朝》云：“春夢難尋酒易消，蝶慵蜂鬧判今朝。夜來曾把殘紅掃，不與東風見寂寥。”意致俱好。

1.91　世姪陳謙生壯年廢學。余誦喻伯基《勞勞吟》示之云：“記我荷衣問字時，篝燈夜課父兼師。而今濩落拋書卷，恐有黄泉老淚垂。”謙生聞之即發憤，向學不倦。詩之感人如此。

1.92　連州三江城爲猺人貿易之所，每逢墟期，則戴星出入。余有詩云：

“連天雪色夜登臺，白盡羣峯粤望開。别有此鄉風景好，月明猺女趁墟回。”

1.93 番禺張南山司馬維屏性恬淡，不營營於仕進。既宰黄梅，調補廣濟，復權知南康郡，即决志不復出。寓居花埭，閉户著書，自號珠海老漁，誠如老子所云“知足不辱”者。其《獨坐》詩云：“獨坐蕭齋手一編，静中得味自欣然。天生我輩書爲命，身在人間骨欲仙。諸史是非難盡信，百年行止且隨緣。近來蹤跡閒雲似，半傍山邊半水邊。”可謂得歸休之樂矣。

1.94 南山先生《國朝詩人徵略》於海内名人蒐羅極廣，所選詩不拘一格。其《論詩絶句》云：“南豳雅頌逐篇求，三百詩中體不侔。至聖尼山真巨眼，短長濃淡一齊收。”誠大善知識。

1.95 南山《聽松廬詩》，余《嶺表詩傳》已摘録十餘篇。其他警句五言如《舟夜聞雨》云：“春江流客夢，夜雨滴鄉心。”《夏日遊西湖》云：“風過鐘能嘯，雲飛墖欲摇。”《浮湘》云：“霧因衡岳重，月到洞庭多。”《追逃》云：“月黑樹疑鬼，徑幽藤訝蛇。”《松滋城外》云：“江抱孤城曲，天圍大野圓。”《滹沱河》云：“英雄當草昧，麥飯亦艱難。”《江西鄉闈内監試中秋對月》云：“科名萬心熱，風露一輪寒。”七言如《曉行》云：“一村曉霧白成雪，萬頃春苗緑到天。”《西湖》云：“居人長住真奇福，過客能遊亦勝緣。”“蹇驢背上英雄老，蟋蟀聲中敕勒秋。”《都門秋思》云：“雙闕雲盤龍虎氣，九關風肅鸛鵞聲。逢人漫逞談天技，望遠思繙縮地經。”《雨後江樓偶述》云：“曉烟浸岸白浮樹，春水摇天青入樓。”《姑蘇懷古》云：“歌扇舞衫千日酒，風廊水榭百枝簾。”《愁》云：“根原自種憑誰拔？藥不能攻比病堅。”《答門人》云：“竟無法可防胥吏，只有心能對鬼神。”《渡揚子江》云：“劃開南北天爲塹，淘盡英雄水自流。”皆卓然可傳者也。

1.96 元旦之夕，上御圓明園看煙火，羣臣得縱觀焉，洵昇平樂事也。番禺陳棠溪儀部師《河間元夕》詩云：“今宵銀漢月，匹馬度瀛洲。村鼓從兒鬧，春燈亂客愁。殊鄉憐節物，薄宦感沈浮。回首觚稜夢，烟花萬歲樓。”

1.97　嘉興薛鹵齋廷文五十未娶，有《除夕》詩云：“獨送窮愁獨掃塵，一回除夕一傷神。來朝記取年多少，不敢分明說與人。”亦可悲矣。

1.98　吾粵禽蟲有與他處異者，然多以其聲取名，如提壺、布穀之類，一爲亞婆訶，三月踏青時各山俱聞之；一名䟫誤，秋夜時出。余邑吴雨蒼孝廉繩澤演爲長短句云：“亞婆訶，婦道人閒勃谿多。落索阿姑餐未了，門户蕩子知奈何。烏私反哺性則然，鴞心反噬理則那亞婆訶，亞婆婆心未是訶。”“蟲言云䟫誤，䟫不誤子，職不供至此。凱風何以吹棘心，日日于田動清泚。爾蟲銜恤切切鳴，以辭害意非人情。”

1.99　南海麥緑畦芬爲余子思問、思兼師，見同人吟咏，輙欣羡自恨爲帖括所誤，恐年老不能推敲。余曰：“高達夫五十始學詩，先生年與之若，盍踵其轍乎？”於是暇即弄筆，有《咏秦史》云：“欲愚黔首火詩書，孔壁誰料已預儲。曲折阿房三百里，楚人一炬總無餘。”意致自佳。

1.100　金陵本形勝之地，而前朝建文失之。南渡後又復不能自守。險固可憑哉？歐陽礀東《詠金陵》云：“殘刦誰能扇死灰？笙歌猶自鬧如雷。漫誇龍虎鍾王氣，不記前朝白雁來。”最爲警策。［潤］礀（《沅湘耆舊集》卷一百三十一）東名紹洛，新化人。

1.101　高密李少鶴憲喬謂，古人登臨懷古惟在意興，無取臚衍故實，如孟襄陽“江山留勝跡”，何必是“峴山”乎？余謂叔子汲汲留傳，襄陽此句正惟詠峴山始稱耳。

1.102　吾邑陳松扃與何青門孝廉邵交最莫逆，嘗言深夜獨坐，自爲布置樓閣，徵選聲色，一切人閒樂境都於設想得之，題曰“夜錦堂”。所謂“雖不得肉，貴且快意”者也。故青門有《懷松扃詩》云：“涷雨沈沈更漏長，殘燈枕手半眠床。新愁舊恨都無益，欲訪陳三夜錦堂。”

1.103　青門值舉鴻博之會，制府聞其名，檄試幕下，以《金鑑賦》受知於鄂大司馬，力辭不就徵。有《途值進御鸚鵡》詩云："舊雨銷魂别禁城，羅浮珠樹故鄉情。文心慧業飄零盡，多恐聰明更誤卿。"與東坡"我爲聰明誤一生"同一寄慨。

1.104　番禺凌藥洲揚藻性情古淡，著有《藥洲花農文略》《［識］蠡［小］勺編》（《國朝詩人徵略二編》卷五十六）《四書紀疑録》《柱楣蕝記》等書，尤長於詩。所著《海雅堂集》，《春詞》有"春水桃花送畫船"，《曉梅詩》有"一枝横落酒人船"句。南海邵鏽屏贈詩云"吾愛風流凌二船"，即指此也。要其集中名句甚多，如："古榕包野木，危石逼高樓。""土凹坯螘户，木落露鴉巢。""疎星寒鴈影，衰草亂蛩吟。""秋老溪山寒入夢，夜深河漢淡無聲。""學道有心憐馬齒，封侯無夢到羊頭。""寒泉咽石白雲冷，秋色染衣黄葉深。""邱壑喜探何日盡，賢豪常聚古來難。""千山木落有餘怨，兩地月明同此心。"俱耐玩味。至《咏秋蛩》云："最清惟夜氣，難盡是秋心。"《清明日寄閨人》云："客况日無賴，家貧春可憐。"《菊》云："江山餘晚照，天地入高秋。"《陶徵君元亮》云："乾坤此何日，晉魏有斯人。"能擺脱一切。

1.105　連平顔耘圃宫保檢詩喜學柴桑翁。所著《衍慶堂集》五古高淡，妙造自然。七律如《詠大江》云："大江遠接洞庭湖，南國風烟識楚都。地劃荆襄還拱洛，水趨東北欲吞吴。壯猷人憶孫劉在，哀怨魂招屈宋無。千古興懷空灑淚，白雲莽莽罨平蕪。"感慨悲涼，似另换一種手筆。

1.106　鎮洋畢秋帆尚書沅一門風雅。所著《靈巖山人詩》四十四卷墨守蘇陸，似遜於其母張太夫人之雄厚謦欬。《拈花寺》云："萬頃湖光萬樹梅，一峯欲去一峯迴。亂雲迷却招提路，偏放鐘聲導客來。"《雨後回眺紫蓋峯》云："峯尖漠漠帶斜曛，近郭遥山影不分。穿過烟林歸去路，一層奇石一層雲。"惟此二絶最佳。

1.107　秋帆尚書母張太夫人《培遠堂集》中有《聞大兒話華嶽諸奇勝》律句云："踏空來日月，穿海出星辰。""峯頭難度鳥，樹腹可藏人。雨過河流濁，烟收樹色青。""厓空俱可館，石小亦成巒。"可稱警闢。

1.108　余邑盧逸樵茂才壽鏗與余姪詠流交好，因得見其近作，如《春柳》云："三月別離應有恨，六朝金粉不知愁。"《秋柳》云："落月寒蟬紅板路，夕陽野渡白門潮。"《種菜》云："蒼黎面色憂如此，淡泊家風味可知。"《淮陰》云："解推恩不忘高帝，生死權終屬婦人。"《客中喜友人書至》云："飄零身世青衫在，閱歷艱難白髮侵。"《秋夜》云："似我豈能爭福命，累人多半是浮名。"《答友》云："肯爲蹉跎除傲骨，翻因閱歷減豪情。"俱矯矯不羣。

1.109　《雲華閣集》中有"半死雄心只爲虞"句，一用之於《虞姬》詩，一用之於《無題》詩。原非絶妙好辭，重用竟不自檢。

1.110　《白鶴山房詩》爲歸安葉篘潭方伯紹本著。古體希蹤唐代，風格遒上，若近體流於平易。七言中如"珠簾畫舫橋三百，翠管紅樓酒十千""露重滴船涼勝雨，雲暝壓岸遠疑山""瀠洄水占三叉路，來往帆爭八尺風""藤蔓盤青穿瓦長，苔絲掛緑上牆多"似爲出色之句。

1.111　嘉定王禮堂鳴盛爲沈歸愚先生高足。乃余觀所著《西沚集》，所謂意趣藴蓄殊罕，惟五絶一體尚有古意。如《秋風引》云："秋風一何怒！吹折江頭樹。寒衣猶未成，風莫向郎處。"《長信春詞》云："玉階春草色，相見幾回榮。未得承雕輦，還因雨露生。"

1.112　袁簡齋《于忠肅廟碑》有云："吾浙西有伍相祠，東有岳王廟，皆公鄰也。枚以爲白馬銀濤，三吴竟沼；紅羊黑刦，二聖安歸。自有公而後，知魚水君臣不需死諫，南朝天子原可生還。使二公地下相逢，益當悲生江上之潮，淚灑南枝之柏。"數語最爲精采。桐鄉朱厚庵茂才紹穆《岳鄂王墓》

詩云："誰忍偏安促罷師？空將碧血化南枝。魂歸應羡于司馬，猶見君王復辟時。"是用此意。黄仲則《岳墳詞》亦有"地下若逢于少保，話南朝、天子生還得"之句[1]。

【校記】

[1] 自"黄仲則"起至本條末於津圖本作："厚庵著有《灌花莊吟草》。"

1.113"春深野鴨肥可射，緑樹成陰叫山鷓。遠人三月酒船過，柳絮飛時杏花謝"，元薩天錫《皂林舟中》詩也。桐溪陳鶴川茂才《澐冶塘櫂歌》云："杏花零落柳花飛，山鷓嚦時野鴨肥。海月橋東明月上，棹歌聲裏酒船歸。"最善脱化。

1.114 孫月卿《得月樓詩草》有《雨後過半舫齋》絶句云："雨過寥天宕碧痕，好風攜屐夕陽村。沿溪一徑無行迹，芳草隨人緑到門。"月卿名映槐，桐鄉諸生。

1.115 仁和陸樹堂先生向榮歷宰吾粵劇縣，所至有聲，後權韶郡。嘗云："物違其用，參苓亦能殺人；用得其宜，砒附亦能療疾。"一時當道以爲得治劇之要。哲嗣蘗珊司馬宰香山，日興利除弊。民尸祝之，信淵源有自也。近出先生所著《雙松書屋詩集》見示，愛其《登保定城樓》云："地控鴈門横古塞，泉通雞距引清流。"《春郊晚眺》云："雲横薊北愁羇客，波漲江南憶罟師。"《村居》云："遠水直環茅舍北，好山都在竹林西。"七絶如《春日至山家》云："屈曲迴闌石徑斜，芒鞋藤杖到山家。紅薔架畔添新色，細雨春深蝴蝶花。"《高陽道中》云："蒼茫烟樹暮雲低，傍晚猶聞布穀啼。若問征人何處宿，春風春雨板橋西。"

1.116 潘漢石工隸書，筆法奇肆，爲藝林所重，近出其尊甫摶齋孝廉遺詩數篇見示。愛其《經庾信故居》云"閒關悲骨肉，生死累形骸"、《太白樓》云"三杯名士酒，百刼夜郎身"、《梅福》云"專國悲新莽，逃禪學仲連"等句。搏齋名起鵬，官遂溪學博。

1.117 當塗黄左田尚書鉞工書畫，人争寶之，而假署其名者一時雜出。有某於廠肆買得數幀，喜爲尚書作也，攜歸求尚書自定真僞。尚書答以詩云："涴壁書窗落筆粗，零縑斷楮恣鴉塗。湖田自昔無人買，郇酒難求善價沽。失笑分明作贗鼎，何時變化出桓厨。若教持以山陰扇，值得羲之半字無。"後年九十餘，雙目失明，自號盲左，猶能作書。余嘗於許小琴少尹平山堂訪《南唐古梅圖》中見之，覺盲後所作尤爲蒼勁。蓋初仿吴興，後則居然北海也。[1]

【校記】

[1] 以上第 115—117 則爲津圖本所無。

卷二

2.1 徐惟和《交河道中》云："黄沙漠漠馬驂驒，北地春光久自諳。不用褰帷縱遊目，斷無山色似江南。"謝在杭《雨中度北峽關》云："溪流屈曲路巉巉，細雨斜風轉不堪。惟有馬頭雲霧裏，青山一片似江南。"曰"似"、曰"不似"，各有意味。[1]

【校記】

[1] 此則於津圖本作："七律起法最難。劉扶山太夫子《客中感懷》云：'百年三萬六千日，半負天涯草草身。騾馬舟中銷歲月，東西南北走風塵。文章那得江山助，夢寐幾忘骨肉親。何日歸來綠楊港，一竿煙水謝勞人。'此等超邁，即李杜諸公集中亦不多見。"

2.2 劉扶山太夫子詠古最爲擅場，如《詠伍子胥》詩云："吹簫乞食幾羈孤？報怨東來隱忍圖。謀就魚腸終覆楚，眼看鳥喙竟亡吴。英雄生死完忠孝，歌舞樓臺問有無。賸得錢塘怒潮水，至今猶似恨姑蘇。"議論、聲情俱佳。

2.3 暴秦焚書坑儒，銷兵鑄器，法網最密。詠史者每尋間反諷之，陳獨漉恭尹詩云："謗聲易弭怨難除，秦法雖嚴亦甚疎。夜半橋邊呼孺子，人間猶有未燒書。"陸雲士次雲詩云："儒冠儒服委邱墟，文采風流化土苴。尚有陸生坑不盡，留他馬上説詩書。"扶山太夫子詩云："兵銷天下令如山，法網森嚴亦等閒。暮夜斬蛇過大澤，尚留一劍在人間。"三詩意議俱同。

2.4　吾粤黎美周先生以《黄牡丹》得名，搜索黄字可云工穩。近時博羅韓珠船侍御榮光《咏黑牡丹》八首，黑字較黄字運用似難。余愛其中二律云：“盧家少婦倚青樓，筆掃雙眉漆點眸。薄霧春衫裁燕尾，凌波羅襪着鴉頭。朝雲暮雨渾如夢，淡月疎烟爲鎖愁。莫遣夜深燒燭照，黑甜鄉裏正温柔。”“斗帳烟綃邐迤開，當時姚魏舊亭臺。石家燭剪餘香燼，荀令爐熏散麝煤。日煖青猊元圃舞，夜深黄蝶漆園來。繁華往事如泡影，金粉淒迷有刦灰。”

2.5　《嚴陵釣臺》，作者林立。歸愚先生則採陳石［閣］間（《國朝詩别裁集》卷三十）作云：“釣臺臨絶壁，巒壑抱幽深。一片桐江月，千秋出世心。獨尋高士跡，忘却客星沈。余亦懷微尚，徘徊聽瀨音。”以爲不著議論，嚴陵之品自見。袁子才則愛［陳］胡（《隨園詩話》卷十二）偉然作云：“在昔披裘客，浮名著意逃。江流日趨下，合見釣臺高。”又錢相人作云：“圖畫功名安在哉？高原千古一漁臺。此情惟有江潮解，流到灘前便急回。”家應來則推唐權文公作云：“心靈棲灝元，纓冕猶緇塵。不樂禁中卧，却歸江上村。潛驅東漢風，日使薄者淳。焉用佐天下，持此報故人。”以爲得温柔敦厚之旨。余邑蘇小峯作云：“不爲將相辭天子，懶作神仙謝婦翁。消受富春灘七里，一竿明月一江風。”俱屬雅音。

2.6　仁和趙秋舲慶熺有《金陵雜詩》十首云：“璧月姮娥鏡殿光，六宫學士女兒粧。南朝才子都無福，不作詞臣作帝王。”與吴星儕《隋宫詞》“絶代詞人好風調，可憐偏誤作君王”同意。趙詩又云：“出身皇覺忽飛昇，孫祖傳家感孝陵。孫作緇流祖還俗，入山天子出山僧。”建文披剃，千古疑團，然疑以傳疑，點化亦妙。此二首最爲新警奪目。

2.7　余少時與錢唐繆蓮仙艮、吴簾篁筠同登羅浮，分韻賦詩。余得鬟字，詩先成，二君皆爲閣筆。詩云：“奇峯四百矗烟鬟，鐵鎖雙橋離合閒。衡嶽屏藩雄五嶺，仙人窟宅割三山。稚川胎息凌霄去，神女飆車何日還？擬訪芳

蹤躋絶頂，飛雲上界看塵寰。”

2.8 涇上趙肅徵孝廉良澍《望月庵》五律云：“大山宫小山，古寺萬山間。有客此棲息，讀書長閉關。我來望春月，誰與步孱顔？搔首竹林下，聽猿空自還。”一氣旋折，是得力於青蓮者。

2.9 方扶南《滕王閣詩》云：“閣上青山閣下江，閣中無主自開窗。春風欲搨滕王帖，蝴蜨入簾飛一雙。”聲調絶佳，余常爲人書扇。

2.10 《楊柳枝詞》最難超脱。許積卿咏云：“本來楊柳無情樹，也復新來學世情。染出貴人衣上緑，不知甚事却干卿。”頗能翻陳出新。

2.11 番禺黄蓉石比部玉階工詩、古文、詞，著有《蓉石詩鈔》，格律沈雄典麗。其《讀鄘湛若〈赤雅〉有懷》三十三首，余最愛其四章云：“莫將遺俗笑狂奴，妙舞天魔興不孤。懷遠巴人空有淚，日南埜女本無夫。山坳冷笑啼鉤鵠，水面含沙怯短狐。麵代髑髏椰代酒，尚留時節祀槃弧。”“憐他打掠苦難休，鼓角頻看埜戰稠。木客好吟新樂府，扶南原是古諸侯。奇兵出沒相思寨，明月笙歌獨脚樓。便上奇雲亭上望，離人多少軫鄉愁。”“驚心齊指亂峯間，十去征夫九不還。黑日暗霾人鲊甕，陰風寒徹鬼門關。髑髏一夜游魂泣，石乳千鍾怨血斑。指點蒼鸕啼碎後，蠻烟蛇霧有無間。”“流落人間不易材，甘心蛇口事堪哀。無家張儉搴裳去，有恨靈均薾足來。百粤已從鳴鋏老，諸蠻留取著書才。天南法物飄零盡，不見當年緑綺臺。”

2.12 閨秀吴禄卿尚熹荷屋中丞女，著有《寫韻樓稿》。中丞謂其詞較詩轉勝，然詩亦有情韻。如《寄懷》十首中有云：“别時容易見時難，回首關山淚暗彈。欲寫相思何處寄？滿天風雪路漫漫。”及《舟發長沙和季父樸園》句云：“碧浪撼來鷗夢醒，白云遮斷鴈行飛。”《病吟》云：“抱病只勞慈母念，緘愁應有侍兒知。”《旅夜聞笛》云：“折柳記曾歌渭水，落梅何處認江城？”《不寐寄懷故園諸姊妹》云：“嫩寒已透芙蓉帳，輕煖難抛翡翠衾。”俱有家法。

2.13　宋徽宗常幸妓李師師家，蒙塵後尚爲師師作傳。至理宗又於元夕召妓唐安安入禁中。祖孫荒淫，後先一轍，良可慨也。余有詩云：“中原不念念名姬，作傳龍沙費睿思。更有色荒繩祖武，唐安安繼李師師。”

2.14　番禺吕石驅堅《遲刪集》沉麗博奥，却自成家。余愛其艷詞云：“一年一見一愁余，多病心情懶著書。千里月輪分半片，卿持青桂我蟾蜍。”風神絶似玉溪生。

2.15　李衛公《上西嶽書》石刻，竹垞先生定爲僞刻，謂高祖擊突厥時，衛公爲隋馬邑丞，反自鎖，上急變，識天命者如是乎。然舊説相沿，亦詩家所不廢。黄虚舟廣文《丹書》題云：“西嶽有靈焉用禱，太原無主孰争雄？”是仍用李肇《國史補》説也。余邑吴臥盧孝廉時敏《應天寺》云：“應天幾欲擬明堂，帝履雲遊駐簡陽。第一山頭多衲子，袈裟誰辨御衣黄？”沿《從亡隨筆》之説，亦竹垞所深辨者。

2.16　番禺劉玉瑶《咏柳》詩有“東風人捲簾，一片飛花白”句，爲時傳誦。余尤愛其《題問安點頷圖》云：“玉樹盈階笑語温，功成再造樂諸孫。獨憐西内簾垂地，問寢無人日倚門。”就令公之歡慶處，忽責肅宗之不朝西内，議論嚴正，委婉出之，彌覺可風。

2.17　湖上夜景最難刻畫。錢塘屠孟昭倬詩云：“湖光不定暮山頹，非鬼非仙總浪猜。蘆荻深深藏小艇，有時摇出一燈來。”寫得幽峭。

2.18　余近購得前明楊龍友墨蘭一幅，舊爲吴忠滑公易所藏。史忠正公可法題二絶云：“嬾從采佩寄風懷，有美常思物色佳。欲擷清香畏行露，幽花偏傍最危崖。”“不剪當門豈好名，且收落葉愛殘英。深宫雅務親賢操，應譜《猗蘭》聆正聲。”讀之想見公性情之正。

2.19　余好購舊字畫，偶檢姚興禮字卷，録近體詩廿八首，書法不甚佳，而中有《夜泊虎邱》一聯頗好。詩云：“祇有月在樹，更無人倚樓。”

2.20 詩貴聲韻，題畫詩尤貴聲韻，以其難於見工也。滿洲舒雲亭大令（舒瞻）《題杏花春雨圖》云：“淺深春色幾枝含，翠影紅香半欲酣。簾外輕陰人未起，賣花聲裏夢江南。”

2.21 劉公㦷云，七律如挽强弓硬弩，古來開到十分滿者無幾人。知七律最貴雄健，近有狃於流易一派，動謂雄健者爲張拳怒目，豈知一入流易即失剽滑。販夫俗豎皆能爲之。詩體日卑，何以出風入雅？

2.22 閩粤嫁女率多厚匳。鄭雲麓年丈《鷺門竹枝詞》云：“賠得粧匳費萬千，隣家嫁女共喧傳。誰知嬌壻回門後，已賣膏腴十頃田。”俗情浮奢，可發一嘆。

2.23 通州顧沂生而奇勇，嘗負米壩上，後折節讀書，中乾隆庚寅科舉人，由大挑分發陝西，補禮縣，調固始。會邑有虎暴，沂率衆擒之，檻之久，虎甚馴。沂喜曰：“吾將以爲子。”虎亦帖耳就沂。沂故無妻孥，輒閉虎臥室，與同寢處。時川楚方用兵，檄沂解餉，猝與賊匪遇。沂横大刀牽虎直前，賊驚而散。後僕隸伺間斃虎以藥。沂哭之哀，無何亦死。屠孟昭詠之云：“顧侯狎虎與虎游，太常説虎先説侯。四筵聳聽色飛動，木葉響震西山秋。”“壯哉顧侯起徒步，宦跡流傳宰城固。樂城山前野草黄，人識顧侯馴虎處。”又云：“侯前虎却虎人立，侯怒方張虎威戢。徒手搏虎虎不驚，顧侯大笑牽虎行。虎隨侯行入城市，侯氣揚揚虎摇尾。虎知媚侯侯則喜。”覺毛大可《打虎兒行》不得專美於前。

2.24 詩用疊字最難。南海岑澹雲宗遠《遣悶詩》全首用疊，却妙極自然。詩云：“噎噎雨連日，沈沈悶殺人。敝裘蠛蠕蠕，破屋漏頻頻。柳折垂垂緑，花飛片片新。欲歸歸未得，拭淚淚霑巾。”

2.25 余邑蘇汝載景熙與番禺韓節愍上桂齊名，其交亦最密。節愍詩，錢受之推爲當時嶺南第一才子，恐未必然。然讀《朶雲山房稿》，頗喜其縱横馳驟。汝載所著《惠迪堂詩鈔》，其後人尚有全稿，惜未付梓。其《青樓曲》云："女郎十四碧桃春，淡抹臙脂點絳唇。唱罷一聲明月子，不知誰是可憐人。"風致絶佳。

2.26 晚春最忌曝裘。此時柳花飄蕩，一着裘上，蛀蟲旋生。余《春晴》一首云："行裝半月雨陰中，着罷冬衣向日烘。一事唤童應記取，曝裘須避柳花風。"

2.27 南海吴荷屋中丞所著《石雲山人詩集》，五言古出入三謝，七言古及五七律俱追蹤李杜。余輯《嶺表詩傳》已摘録其尤。此外佳句尚多，五言如《徐州》云："白日鬼雄泣，青山戰骨埋。"《靈壁道中》云："霜凋千木落，松轉一株青。雞聲留賸夢，驢背續殘詩。"《送方芑堂兄弟歸里》云："君才皆鸑鷟，世路幾蟲雞。"《泛月西湖》云："水涵孤嶼緑，天帶六橋青。"《維揚夜櫂》云："二分邗水月，十里廣陵城。"七言如《通州道中》云："絶無山影雲連野，時有禽聲霜在林。"《渡揚子江》云："天塹久分南北界，海門遥控帝王州。"《浩歌》云："足跡未經疑地隘，鬢華將老倍心長。"《雨晴度八達嶺》云："人穿亂石隨雲出，天引諸峯透日寒。"《雲中早發》云："見説馮唐多將略，甯聞魏尚議軍屯。"《出閩境》云："雲收雨氣連山白，日壓霜痕到樹紅。"《秣陵》云："千里雄風吹楚雨，六朝王氣在吴天。"《石門》云："百粤風雲懷盾鼻，三江烟月到船脣。"《杭州立春大雪》云："萬家都寫宜春帖，一水誰緘快雪書。"《淮安》云："三更孺子橋邊履，七尺英雄胯下身。"《武昌》云："山有鳳凰吴國瑞，洲餘鸚鵡漢家才。《滎澤渡河》云："西溯欲尋星宿海，北行多見帝王州。"

2.28 吴樸園孝廉彌光，荷屋中丞母弟。性雅淡，絶無貴介氣。文人樂與交游。近築别業於禪山古洛，與諸名流唱和其中，因號古洛釣徒，著有《芬陀羅館詩鈔》。其詩出入唐宋，不拘一格。荷屋中丞謂其裁僞親雅，洵爲定評。

五言如“沽酒月在地，著書人掩門”“瀟湘流别夢，烟水畫鄉愁”“湘水碧無影，衡雲青到衣”。七言如“山沈雲氣凉生榻，樹擁濤聲緑到門”“酒氣壓簾花影瘦，笛聲臨水月華高”。七絶如《揚州弔古》云：“吹簫人散野遊空，廿四橋邊鎖斷虹。只有二分明月色，夜深猶戀景華宫。”俱琅琅可誦。

2.29 “跨馬塞北地，百戰封一侯。釣魚江南天，一竿占十洲”，此金壇潘南村高五言《古意》起句也。隔句對法，而筆力堅挺，氣魄雄邁，非徒格法勝人。

2.30 “記得去年來古驛，馬鞭帶雪繫樓前。雙柑香濺佳人手，半臂寒添酒客肩。忽見香隄摧暮草，空傷哀榭沒寒烟。風塵滿目深惆悵，却望誰家寄醉眠。”此揚州宗定九元鼎《冬日過甘泉驛作》。歸愚謂其“‘記得’‘忽見’上下半篇自成章法。”漁洋謂其頷聯“似《才調集》中語”。一則賞其格，一則賞其詞。格與詞兼，斯爲妙品。

2.31 仁和毛稚黄先舒與西河、鶴舫齊名，時有“浙中三毛”“人中三豪”之譽。其《裁衣曲》云：“剪征衣，親手作。君身長短何須度？肥瘦定然不如昨。新衣爲君裁，舊淚爲君落，還將銅斗細熨灼，莫使衣上沾腥紅，君見淚痕不肯着。”殊近古樂府。

2.32 詩有似策者，亦足見經濟。廣陽劉繼莊獻廷《懷古》云：“古之兵皆農，農富兵亦强。古之士皆農，農朴士亦良。兵農一以分，甲胄無餘糧。士農一以分，耒耜無文章。分之則兩傷，合之則一理。請語當途人，治亂實此始。”繼莊之學主于經世。自象緯、律曆以及邊塞、險要、財庫、軍器之屬，無不留心，而於農田水利辨晰尤詳，故其言如此。

2.33 《陶園集》中“萬木黨雲氣”“萬石黨天寒”，兩用黨字，俱着意求新。

2.34 姚石甫《題山霞關壁》云：“白雲堆裏見雄關，十四年來去復還。

莫笑書生無建立，天教看盡海東山。”聲情激越，幾於唾壺欲碎。

2.35　咏項王者多疵其短，然亦有美之者。烏程嚴海珊句云：“劍舞鴻門能赦漢，船沉鉅鹿竟亡秦。”寫得項王仁勇兼全，最善翻案。番禺許揚雲遂亦有句云：“多情垓下辭虞女，大度鴻門釋沛公。”同一着意。至翁山云“王以天下兮三讓”，則殊入魔道。

2.36　余邑陳夢生殿槐工畫山水，得王石谷筆意，詩亦清秀，曾題余十二石山齋云：“紫藤架外石槎枒，十二玲瓏寫米家。最愛月明仙露重，一簾竹影一籬花。”

2.37　先四兄熾山年二十即棄世。遺子思正頗好學，而體弱善病，因無志科名，近欲學詩及草書。余使之從雨湖師遊，書法頗進，詩亦略有可觀。如《春閨詞》云：“不如歸去不如歸，林薄聲聲夕照低。安得天涯遍杜宇，向人夫壻耳邊啼。”《泛洋》云：“遥遥萬里此長沙，耳底風雷滚浪花。南北東西天水合，更於何處辨中華？”將來或可造就，予日望之。

2.38　淄川高念東侍郎珩所著《棲雲閣詩》，絶句最擅場。《柳枝》云：“嫩碧輕黄雜翠綃，流鶯幾日戀溪橋。好陰不肯留人住，枉向東風賣細腰。”《南菱》云：“青梨如雪齒難勝，還讓江南紫角菱。説與北人渾不信，請君六月到吴興。”

2.39　念東侍郎之兄繩東司李瑋所著《留耕堂詩》不如乃弟遠甚。《村居雜詠》七絶却有致趣，詩云：“一番新火到山莊，門外槐根坐當床。乞得曆書粘壁上，農人計日數長行。”

2.40　新會易渭遠宏好遊覽，五嶽已登其四。每遊則侍姬畢隨。其《紫翠峯與素璧翠眉玩月》云：“再來原是散花人，重作瑶臺月下身。夜半雲英涼似水，一時清洗玉衣塵。”可以想其倜儻。

2.41　套襲詞調有有意者，有無心者，原不於此分優劣。即如《雅》

《頌》"昔我往矣"四句、"以享以祀"二句、"受福無疆"等句，昔人不聞以此爲病。至魏武歌行直鈔經文，將古人材料就自己繩尺，非大家手筆不能。後人專向此等指摘，不足爲前人累也。

2.42 咏史詩少陵後當推義山。河南吕元素少司農履恒《金川門咏史》云："金川北望日黄昏，聞道燕師入此門。不見古公傳季歷，衹知太甲是湯孫。風雷豈爲鴟鴞變，江漢難招杜宇魂。南渡降旗何面目，西山省恨舊乾坤。"使義山爲之，亦不過如是。

2.43 借物指點是詩家真諦。閨秀丁静嫻瑜《家居》云："木石風花結四隣，寂寥門巷久無人。昔年燕子今重到，始信交情爾獨真。"張古政學典《感亡姊舊居》云："繡網蛛絲鏡滿塵，閒花狼藉不知春。添愁怕見梁閒燕，猶是呢喃覔主人。"二詩意匠正復相似。

2.44 嘉興吴于庭妾徐文漪有絶句云："沉香亭子玉鉤欄，植遍名花次第看。第一莫栽紅芍藥，此花開日已春殘。"抑何旖旎？

2.45 屈翁山《别稚女》云："稚女難爲别，臨行淚欲揮。可憐初絶乳，未解一牽衣。念爾在襁褓，同余餐蕨薇。晨昏娱祖母，莫使笑聲稀。"吴仁趾《咏阿玉》云："阿玉殊堪憶，春來見面稀。去年方解語，臨别一沾衣。鹵井黄沙路，潮灘白板扉。昨逢鄰曲道，日日望余歸。"二詩眷戀小兒女上俱同一真情。

2.46 余邑鍾虞廷茂才簾性謙冲，自言吟咏半生，罕有當意者，每不肯輕以示人。丙午春，偶讌集紫藤館。席閒行令，各誦近作一首，違令者罰巨觥。虞廷素不善飲，勉誦其《題楊妃春睡圖》七律云："馬嵬魂斷已千春，誰繪風流帳裏身。一夢若教長化蝶，三郎何事竟蒙塵？寵分韓虢香襟暖，情失邠寧大被親。太息羅衣環上繫，曉籌無復報雞人。"亦楚楚有致。

2.47 仁和王百朋錫《嘯竹堂集》一時流行。有賞其《觀潮》五言"朝昏存大信，天地湧奇觀”二句者，有賞其《泠泉亭》七言“春秋閲盡水常冷，風雨到來山欲飛”二句者。余特愛其《丁卯中秋》云：“去歲中秋節，燈前病劇身。黄昏正風雨，白首獨酸辛。此日全微命，高堂失老親。不如垂死處，尚見倚閭人。”是血，是淚？吾無以知之矣。

2.48　吴江陳玉文大令莀《讀相如傳》云：“移病文園卧歲餘，同時真恨失相如。所忠枉遣求遺稿，不記當年《諫獵書》。”吴慎思貢生祖修，亦吴江人，咏云：“綺靡文傳是《子虚》，曲終雅奏竟何如。後人嗤點《凌雲賦》，曾讀當年《諫獵書》？”二詩意見俱知握重《諫獵》，可謂能舉其大。

2.49　長洲劉東郊震《咏峴山》云：“當塗典午事紛紜，西蜀山川付暮雲。我到峴山無淚灑，秋風曾拜卧龍墳。”此壓題法却未經人道及。

2.50　吴江葉景鴻舒璐《讀杜白二集》云：“子美千間厦，香山萬里裘。迴殊晉魏士，熟醉但身謀。”寫出二公度量，可謂大筆如椽。又《咏司馬相如》云：“挑得琴心正倦遊，壚邊尚典鷫鷞裘。長門解爲他人賦，却惹閨中怨白頭。”以矛刺盾，涉筆成趣。

2.51　德清徐方虎侍讀倬《聞蛩》云：“鄉國三千里，寒蛩總一聲。遥知閨閣内，共此别離情。”如皋范洛仙女史姝《聞蟋蟀有感》云：“秋聲聽不得，况爾發哀吟。遊子他鄉淚，空閨此夜心。”二詩詠微蟲，俱能一氣揮灑，筆意亦大畧相同。

2.52　寧化劉鶴皋文賢才而疾廢，遂專力於聲律，著有《潛虬小草》。諸人題贈未免過實。余僅愛其《讀漢文帝本紀》一首，詩云：“夜半蒸羊忍不眠，露臺從古剩風烟。如何一座銅山賜，天下公行鄧氏錢。”

2.53　余在友人案頭見近體十餘首，筆意韶秀，詰知爲香山何雲梯逢登作。愛其《迎春》一絶，詩云：“千門萬户劇繁華，底用尋春問水涯？最是東君公道甚，不分先後到人家。”聞其稿數百首，惜未全覽，他日當往訪之。

2.54 古中須有整句，方不佻滑。若全對仗，殊易近律，縱不近律，亦妨板滯。五古虛字運掉彌少，更難着筆。史胄司宫詹詩，評者謂其意足韻流，得唐賢三昧。今觀其《合澗橋步月》云："門閉亂山高，月出萬象杳。攬衣步巖際，俯視羣木杪。霜黄樹色黯，地白人影小。湖光遠濛濛，巢鶴近了了。猿啼晚更急，虎跡寒覺少。還歸冷泉亭，坐待山月曉。"《飛來峯》云："衆壑遞隱現，一峯獨亭亭。怪石煉五色，神功開六丁。秀骨琢天巧，孤根闢地靈。花萼破空翠，劍戟攢高青。氣若逼星斗，勢欲凌滄溟。三竺共偃仰，兩高鬥瓏玲。木生不假土，泉出還無形。倒垂萬菡萏，側走千雷霆。鳥徑不崩岁，鬼工太峥嶙。萬象歸窈窕，百靈入晶熒。洞門閟雨色，石扇羅秋屏。松雪夜了了，陽光晝冥冥。花塢亂楓木，水泉鳴茯苓。伏虎衞佛法，老猿守丹經。我欲問寶訣，歸來煉黄甯。"自注："山有楓木塢、茯苓泉。"云端莊流麗，應推此種。

2.55 處世須退一步，作詩當透一層。秀水李武曾徵君良年《憶方虎客宛温》云："牂牁秋緑晚萋萋，五十郵亭到越溪。不敢更嗟鄉國遠，有人還在萬峯西。"

2.56 崇奉二氏靡費帑藏，以致兵荒餉乏。漢、梁二武帝後，踵其轍者仍復不一。吴穀人《長椿寺滲金多寶墖歌》云："一寺已一墖，起日費鉅萬。不得止大千，轉運鐵圍輪。空洞消沈舍利子，玉熙宫裏冷西風，催餉年年處處同。回首銅仙齊掩泣，可憐難救九邊窮。"余友吴星儕《南漢宫詞》云："雙塔祥光徹碧天，嬪嫱齊禱福無邊。難憑法力扶南漢，費却金塗佛一千。"余亦有詞云："不愛蒼生愛比丘，更教方士訪神洲。全憑仙佛無窮力，保得君王恩赦侯。"直言婉諷，俱爲若輩痛下鍼砭。

2.57 風亭水榭本以怡情。即或家少園林，亦何處不堪寓目？張船山絶句云："稻香吹過水聲來，野樹無行遠近栽。不費一錢風景足，萬金何苦築樓臺。”惜世人不足與語。

2.58　微之《以州宅誇樂天》云：“四面常時對屏嶂，一家終日住樓臺。”張蕭亭《答王秀才問象山風土》云：“有徑皆穿紅樹去，無人不在白雲中。”宅居土風，寫來各極其勝。

2.59　《雨淋鈴》《謫仙怨》皆玄宗幸蜀時曲。《劇談録》所載玄宗幸蜀，次駱谷，下馬望長安，嗚咽流涕，謂高力士曰：“吾用九齡之言，不至此。”因上馬索長笛吹之。有司旋録成譜，名《謫仙怨》是也。惠半農《詠張文獻公廟》云：“凄凉《謫仙怨》，空向曲中論。”

2.60　余過甘竹灘，值西潦漲盛，水石相激，下灘舟楫既沒復出，眩目駭心。記張超然《下建溪諸灘》詩云：“前舟欻然沒，初見各驚詫。須臾出白浪，迴旋去如射。生命寄柁師，與石争一罅。在險魂屢飛，過後舌頻咋。”真工於形容奇險者。

2.61　對仗工巧雖非高格，亦屬可傳。史胄司《鳳凰山弔宋故宫》云：“繁華欲盡紅羊換，歌舞方酣白鴈來。”山東張蕭亭《大遊仙》云：“霜清玉斧催修月，水冷銀河看種星。”長洲陳雨巖焕霖《咏橘》云：“有柚願教兄弟合，成林休爲子孫忙。”桐城馬相如内翰樸臣《秦淮水閣醉題》云：“月影分明三李白，水光蕩漾百東坡。”武進徐學人永宣《竹垞先生留宿楓橋慧慶寺夜話追悼陸文孫》云：“鄉曲公憐楊狗監，天涯吾悼李龜年。”上虞丁芝田鶴《自遣》云：“碧梧生是秋風客，紅藥老爲春夢婆。”趙雲崧翼《分校同門》云：“十數名分新鴈墖，一家人聚小龍門。”厲太鴻鶚《菜花》云：“連畦金粉雌雄蝶，十里斜陽子母牛。”合江董樗齋太史《新策舟中》云：“往事漫論翁失馬，斯時誰道子非魚。”語皆新穎。

2.62　東坡《轆轤歌》實中唐顧逋翁況作，不知何以混入公集也。

2.63　八排猺俗，歲仲冬十六日諸猺至廟爲大會。視男女可婚娶者，悉遣入廟，分曹唱謌達旦。男悦女不得就女坐，女悦男則就男坐。媒氏乃將男女衣帶度量長短。如相若，則使之挾女歸家。越三日，父母乃送粔奩牲酒以成之。沈方舟咏云："席地分曹唱不休，參媒氏妁各凝眸。問娘乞取羅裠帶，結得同心在兩頭。"

2.64 瓊州黎女以布全幅自項至脛四圍合縫而爲衣，以布數丈作數百細摺而爲裳。裳曳地不得行，則結其半於腰下。面黥花卉、魚龍之狀。受聘則黥手，臨嫁乃黥面。其樣皆壻家所出，一如其祖所刺之式。恐死後祖宗不識，且使之不得再嫁。俗號"繡面女子"。沈方舟嘗咏云："五指山前花信催，女兒聯袂踏歌來。要知護體衣裳緊，不使東風吹得開。""十三十五正芳年，玉貌何須貼翠鈿？花樣傳來自先世，憑郎繡出倍鮮妍。"

2.65 秀水王穀原《陶然亭修禊》二首，情景夾寫，爲一時傳誦。余僅愛其"春濃轉怕形人老，官冷真宜伴佛閒"一聯。

2.66 《石林詩話》謂詩下雙字極難，須精神興致全見於兩言，方爲工妙，因舉王荆公"新霜浦溆綿綿白，薄晚園林往往青"及東坡"浥浥爐香初泛夜，離離花影欲摇春"爲例。予謂近人工此者亦復不少。蕭山陳山堂《白丁香花》云："冷垂串串玲瓏雪，香送絲絲麗𩙪風。"華亭張文敏公《咏夢》云："乍離還道明明在，欲説翻成漸漸消。"滿洲和存齋云："落花故故添離恨，殘柳絲絲綰暮烟。"番禺屈鐵瓢云："纖波洛浦年年緑，皎月蓬山夜夜高。"仁和杭堇浦云："將别心知常眷眷，不言意豈欲云云？"嘉定曹習庵云："梨花小院重重樹，燕子高樓面面風。"會稽陶篁村云："我似漁人原泛泛，誰稱桑者獨閑閑。"馮魚山云："洶洶黄流千里下，冥冥風雨二崤來。"

2.67 海鹽張天常彝《晉州述懷》云："多病一年三乞老，思歸十夢九還鄉。"意真而句調亦好。

2.68 南海黄子剛參軍瑞圖工畫山水，筆法酷似陳白陽。丙午春，袖所著《妙有村唫草》見訪。余最賞其“躭吟成癖甯非累，知拙能藏便是才”及“異人不必皆山澤，名士何妨住市廛”等句。子剛亦服爲知言。

2.69　嘲笑甚於怒罵。江西何文肅公喬新《過故相第》云：“門掩西風晝不開，伊威滿目粉牆頹。庭前乳犬休驚吠，無復懷金暮夜來。”可云調侃之至。

2.70　余最不喜袁簡齋“絶地通天一枝筆，請看依傍是何人”句，嫌其太自誇詡。東鄉吴蘭雪刺史嵩梁《大孤山》云：“直可撑天惟峭骨，深知立地有靈根。平生敢信無依附，身世波瀾共孰論？”又《登岱》云：“脚底萬峯真蟻垤，人間猶作翠微看。”何嘗不自高身分，却不涉矜張之態。

2.71　鄧栟櫚先生論書謂：“墨以黑爲體，以光爲神。神采輕浮，不能深黑，譬如紈綺子弟濃字大畫，黑而無光，亦一田舍翁耳。”余謂論詩亦然，詩以理氣爲體，詞華爲用。矜詞華而失理氣，詩中之紈綺子弟也；尚理氣而乏詞華，詩中之田舍翁也。

2.72　常寧歐永孝序江賓谷之詩曰：“三百篇：《頌》不如《雅》，《雅》不如《風》。何也？《雅》《頌》，人籟也，地籟也，多后王、君公修飾之詞。至十五《國風》，則皆勞人、思婦、静女、狡童矢口而成者也。《尚書》曰：‘詩言志。’《史記》曰：‘詩以達意。’若《國風》者，真可謂之言志而能達矣。”賓谷自序其詩曰：“予非存予之詩也。譬之面然，予雖不能如城北徐公之面美，然余詎獨無面乎？何必作窺觀焉？”議論俱有獨到處。

2.73　吴蘭雪詩多平心之論。如：“性磨憂患窮仍在，名愧文章老未成。”“吾儕自悔遲聞道，造物何嘗肯忌名？”“才非用世生何補？老不歸田夢亦慙。”“畫粥光陰回首易，調羹事業稱心難。”“知己難酧千斛淚，出山悔負百年身。”“五湖何地容偕隱，一第如天未易登。”“粗才敢厭風塵苦，結習難消翰墨緣。”“治無求速民先静，心以推誠吏不欺。”“無才未敢談經世，有福方能坐讀書。”皆不矜才使氣。

2.74 淮西功烈得“韓碑”而愈顯。是知鋪張揚厲，文不可少也。沈長春《贈薛丕承軍門》云：“將軍不與賊共天，出入賊藪橫戈眠。縛賊如鼠斬如草，殿軍争後鋒争先。賊勢直亘吴蜀楚，賊技全憑焚刦擄。飢賊食人飽賊颺，馬賊當頭步賊裹。得城不屠甚於屠，黄童白叟駢街衢。刀光血光影激射，人哭鬼哭聲模糊。”又云：“明公立功由偏裨，擇敢死賊身當之。深篁密箐路昏黑，蠶叢鳥道神扶持。夜縛馬尾透絶壑，一絲身命馬蹄託。人馬汗血不分明，生死驚疑互駭愕。忽傳鐵騎謀翻山，決機倉卒神彌閒。軍伏肘腋令咳唾，對賊趺坐無驚顔。須臾螘附勢騰躍，複壁兵起似掃蘀。狂冦頭顱滿地飛，將軍鼓角從天落。公誠能使吴越同，公心常置人腹中。望公麾蓋走狐兎，隸公部曲成羆熊。一賊不盡誓不止，堅壁之設自公始。”寫賊勢猖獗及公忠勇處，可謂凌厲無前。

2.75 陶篁村自訂詩稿，將删去者盡貯石匣瘞之，名爲詩冢，索同人題詠。家山舟題云：“未必見投皆苦海，公然藏拙亦名山。”對句亦謔亦韻。

2.76 盱眙毛俟園孝廉《過邢園》云：“一溪春水一橋横，籠柳嬌花夾岸迎。儂自過橋閒處立，放開來路讓人行。”余愛其有恬淡之致。

2.77 鴉片流毒，婦孺皆知。吾不解嗜之者何心。嘉應李秋田光昭《阿芙蓉歌》云：“荼毒先深五嶺人，遍傳亦不分疆域。”又云：“今夕分攜明夕來，今年未甚明年逼。褏屐翩翩王謝郎，輕肥轉眼成寒瘠。屠沽博得千金貲，邇來也有餐霞癖。漸傳穢德到書窗，更送腥風入巾幗。”受害可謂極廣。結句云：“神仙杳杳隔仙山，鬼影幢幢來破宅。故鬼常攜新鬼行，後車不鑒前車跡。”膠纏延繞，不知伊於胡底矣。

2.78 人生無論富貴貧賤，皆苦爲形役。徐靈胎有句云：“一生那有真閒日，百歲仍多未了緣。”即唐人“如何百年内，不見一人閒”之意。

2.79 吾粤好爲蟋蟀、畫眉、鵪鶉諸鬥博，注金動以千百。南海馮方山

《城北鄉雜咏》云："閭閻年少半閒居，幾見横經與荷鋤。日午榕陰太無賴，畫眉聲裏鬥贏輸。"惡薄之俗，主持風化者宜知所轉移也。

2.80　粵中多墟，墟必有期。花縣曾曉山照《燕塘趁墟謡》云："燕塘墟，十里餘。二五七，趁墟日。沙紆路僻石凹凸！石凹凸！脚欲折！亂草長：出復沒，市男雖勞不敢歇。冬飇祁寒，夏日炎熱。市男擔重肩流血，飢寒那復憐皮骨？"讀此覺山市之苦，增人歎息。

2.81　陳獨漉《懷家藥亭》云："一第蹉跎何足歎，貴人傳者古無多。"先仲父青厓《贈陳焕巖》云："文士成名今不少，詩家傳世古無多。"抱才阨遇者讀之，當爲氣壯。

2.82　何小冶洪鈞，陵水拔貢，詩筆清健，古體有奇氣。如《觀音巖》云："石額突天庭，雲根據水府。龍吟昂一頭，虎臥伏雙股。巖曲如迴腸，谷虚若空肚。梯烟鴈齒排，壁墨麝香古。此地結仙緣，何年劈鬼斧？椎鑿象莊嚴，袈裟費織組。寶座趺青蓮，靈幢護紺宇。黯黯陰似春，灼灼日正午。崖欹乳倒垂，厂凹龕凸補。偶欲隨遊蹤，偪仄難布武。拾級試攀躋，秉燭方可睹。直上拜慈雲，習静參法雨。焚香火撥爐，鳴鐘水應鼓。中有僧兩人，供奉佛作祖。入神瞑蒲團，見客飲花乳。坐設竹板床，話拂松枝麈。摹碣愛雙鉤，登閣試一俯。江流碧深平，山拱緑飛舞。地縮界大千，巖近天尺五。下瞰如芥舟，微覺露蓬櫓。幽絶足烟霞，奇闢自門户。到此作詩歌，應無雜塵土。得住勝應官，持齋願爲主。"五律超拔，如《連州江口》云："落日淡林麓，漁歌唱晚霞。州連雲四起，江劈水三叉。筍瘦嫩無骨，草尖新發牙。炊烟入深碧，雞犬又誰家？"《大庾嶺謁張文公祠》云："文章開百粵，功業冠三唐。入廟見風度，與梅留古香。先生自高絶，後起有文襄。北面我來拜，容登丞相堂。"《舟次瓜步》云："雨氣洗空翠，晚香吹上衣。野雲團水白，江樹受烟微。今夕名山路，五更魂夢飛。船頭一枝笛，涼月

故依依。”七律尤生峭，如《桂航姪孫歿後適陳笠香來詢及遺稿愴然有作》云：“鶴唳凄凄夜漏分，松聲入座不堪聞。孤燈半黯疑來鬼，舊雨重過幸有君。道學長生難得訣，醉如不死可沈醺。他年諛墓應吾輩，合檢遺詩葬一墳。”《與小範兄送陳八歸西樵》云：“醉挑詩稿上肩輿，歸對名山且著書。放眼古今須着我，側身天地以爲廬。縱教萬里遊非别，况此三人跡未疎。他日會須魂夢到，雲關留掩復何如。”

2.83　凡人兒女少，每覺生憐，而過多亦轉生厭。滿洲鐵梅庵尚書（鐵保）句云：“愁裏逢春驚老至，中年生女作兒看。”南海葉雲谷農部夢龍句云：“兒女衆多人謂福，笑啼雜遝我偏煩。”寫來各有真意。

2.84　鮑覺生桂星詩學本之同里吴淡泉，淡泉本之桐城劉海峯。海峯論詩嚴于格，以爲“詩之有格猶射之有鵠、工之有規矩。入於格則爲詩。不入乎格，其工者，駢儷文耳；其奥者，古賦耳；其妍者，詞耳；其快者，曲耳；其樸直者，語録耳；其新穎者，小説耳；其紆曲委備者，公牘與私書耳。”覺生拘於格，故五七古筆少縱肆，近體亦少沈雄博麗者，所造僅追蹤皮陸耳。惟“詠史”“感舊”二卷筆蒼意雋，時愜人意。至補李巨山咏物詩約三百七十餘首，自謂意主摛辭，無關托興，未免類駢儷文矣。

2.85　澄海姚行軒天健著有《遠遊詩鈔》。王愓甫謂不專於雕章繪句，而言中言外，時有與俗殊趣之意流露其閒。今觀《讀〈選〉詩雜咏》云：“阮公遭喪亂，詠懷詎得已？窮途抱哀怨，反覆多奇詭。”讀之耐人思。何必盡條理紛紛，箋註家有如揚糠粃？非惟誤後人，或且失本旨。如此尚論，直可心印古人。至五律一氣卷舒，尤屬難得。如《春日留别吴中諸同人》云：“半生湖海客，始解别離難。去路五千里，歸舟十八灘。鶯花迎短櫂，雲樹障層巒，他日相思處，何由握手歡？”《上篷辣灘》云：“羣峯争一壑，百丈挽孤舟。雨過山容變，雷奔石骨愁。壯懷忠信在，灘水曉昏流。相笑經行慣，星星半白頭。”

絶無甜俗之氣。

2.86　五七古散行中須有整齊句，方得凝鍊。第其中錯綜遥對，有以不整齊爲整齊者。東坡詩人多謂其隨意馳騁，不知細針密縷，篇法、句法無不斟酌。老杜謂“老去漸於詩律細”者，非獨爲近體言矣。

2.87　詩須切合身分。翁覃溪先生謂，應制之作自應求諸文學侍從之彦。若以釋子、閨秀當之，便覺非宜。近日顧俠君撰《詩林韶濩》，多録釋子詩，殊不合體。

卷三

3.1 阮儀徵相國總督兩粵時，惠民之事不一而足。《途中小雨》詩云：“春來何處不風沙，小雨才能醒麥芽。出見野田憔悴色，愧教庭院日澆花。”仁愛之心自然流露。又有《上林道中》云：“木棉林外鷓鴣聲，人與青山相抱行。三面翠屏方畫罨，一行白鷺更分明。烟清斥堠郊軍射，水滿畬田獞婦耕。自古百蠻驕遠徼，莫將容易説昇平。”想見馭邊之慎，不愧封疆重任也。

3.2 博晰齋（博明），滿洲人，由編修外任府道，後改兵部郎中。老年頹放，布衫草笠，徙倚城東，醉輒題詩於僧舍、酒樓。有叩其姓氏者，答云：“八千里外曾觀察，三十年前是翰林。”又云：“一十五科前進士，八千里外舊監司。”性情可稱灑脱。

3.3 調奇語創，後人每多套襲，雖大家亦所不免。如太白愛《黄鶴樓》詩，因衍而爲《鳳凰臺》，又衍而爲《鸚鵡洲》。其源實出于《龍池篇》也。沈詩五“龍”、四“天”、二“池”。崔詩三“黄鶴”、二“去”、二“空”、二“人”。李詩三“鳳”、二“凰”、二“臺”。《鸚鵡洲》三“鸚鵡”、三“洲”、二“江”。四篇俱用重叠字，以爲機軸，不覺其複，但覺其妙。要之，沈、崔神味，即謫仙亦甘拜下風矣。

3.4 仲父青厓中翰著有《無怠懈齋詩稿》。五古近韋、柳，五律近王、孟。集中二體最爲擅場，七律亦有可傳。如《涿州望樓桑村》云：“無復濃陰映郡門，樓桑終古自名村。雲霞尚護青龍氣，風雨仍棲赤帝魂。大澤茫茫迷水石，平沙莽莽散雞豚。行人立馬知何處，指點高原落照昏。”較之永城李文定公作，亦不多讓。

3.5 詩用重疊字，昔人謂神韻全注此二字中，故名家每不輕下。秀水鄭炳也宫贊虎文爲乾隆閒巨手。觀所著《吞松閣集》中最好用疊字。如“朝朝暮暮原如夢，燕燕鶯鶯浪主盟”“乾坤暮暮朝朝裏，今古匆匆擾擾中”“鶯鶯燕燕都無賴，雨雨風風有底忙”等句，意味反覺淺薄。其餘單句重疊及單疊者，不勝枚舉。幾於放翁之用“如”“似”矣。

3.6 查查浦《詠瘴雲》云：“笑爾浮空偏得氣，才從山起便吞山。”徐水鄉《詠鸚鵡》云：“怪儂巧弄無多舌，才解人言便駡人。”俱偷李義山《嘲桃》詩“春風爲開了，却擬笑春風”之意。

3.7 王次回詩，歸愚嫌其纖艷，有傷風雅，然纖艷中亦有真摯可取者。其《過婦家有感》云：“歸甯去日淚痕濃，鎖却粧樓第二重。空賸一行遺墨在，丙寅十月十三封。”

3.8 古詩變而爲騷，爲樂府，爲五言，爲七言，爲律，爲長律，爲絶句，降而爲詞，爲北曲，爲南曲。吾粤至變爲調調者，亦詞曲之類，但求應絃合拍，不如詞曲之有譜當填耳。道光初年，文士相競爲之。南海招銘山大令子庸輯而爲《粤謳》。其情韻最足感人，然未免愈趨愈下矣。

3.9 詩患不學古人，又患太似古人。安公定云：“論詩如品花木：牡丹、芍藥下逮苦楝、刺桐，皆有天然一種風韻。今之學杜帋牡丹、芍藥耳。”頗能罕譬曲喻。

3.10 人有所長，必有所短。況古人已往，非設身處地，安能知其苦心？故余《讀史》詩云：“迂儒讀史好論史，我道論史空談耳。一時褒貶偶錯謬，且恐黄泉怨聲起。兩眼不見古人事，搜尋但得憑故帋。故帋荒唐多我欺，古人賢否那得知。我不論史史仍在，信以傳信疑傳疑。自留長厚惜墨費，千秋庶免狂妄譏。君不見蒼天默默亦無語，古往今來久如許。”鉛山蔣茗生士銓

亦有句云："古人未易及，不幸有可議。恒情樂攻短，羣口諜然肆。試存易地思，幽獨但滋愧。"與余意不謀而合。

3.11 詠史貴着議論，然議論須令人首肯。長洲韓君望洽《詠張良椎》云："一擊或幸中，扶蘇作天子。劉項雖亡秦，未必速如此。"

3.12 靈山張遠山茂才錫封工草書，頗有《論坐帖》意。因慕賢上人，訪余於禪山，出《惠州西湖圖》索題。余援筆成二絶云："鏡中十里蕩蜻蜓，一匝峯巒繞畫屏。爲戀波光與山色，無心癡弔六如亭。""湖東遊遍又湖西，斗酒雙柑惜未攜。百囀流鶯萬條柳，春聲春色滿蘇堤。"

3.13 善化凌荻舟玉垣以拔貢爲水部小京官，著有《蘭芬館詩鈔》。湯海秋郎中題其集有"百川元可障，四海更何人"句，可謂傾倒之至。集中五律氣格較勝。七絶如《江行雜詩》云："墖影凌空碧樹環，孤城遥指亂雲間。瀟湘門外春波長，緑滿湖南十萬山。"如出阮翁之手。

3.14 尹文端有"老去關心望後人"句。黄葵之有"少無奇遇想佳兒"句。爲人後者最宜潛玩。

3.15 屈翁山有"世亂詩書廢，家貧骨肉輕"之句。厲太鴻仿其意用之。《杜少陵祠》云："文章羈旅賤，身世腐儒輕。"可謂精於脱化。又翁山《咏夷齊廟》云："弟兄方讓國，臣子乃稱兵。"嚴海珊《咏先賢仲子祠》云："此邦無父子，吾道自君臣。"同一意匠。

3.16 近日洋烟流毒，遍於海内。吸食者形銷骨立。其傷生爲最慘。又有鼻烟亦來自外洋。雖無大損，然過嗜之，亦足致疾。南海吴荷屋中丞素有鼻烟癖，後腦際發泡如瘤，日見痛楚。有醫士用刀剔刮剖出，乃鼻烟餘積，嗅之，氣息猶存。昆陽陳荔田廣文《送姪北上》詩云："耐記須教髓海填，北行囑汝此爲先。近聞一物能傷腦，莫學趨時齅鼻烟。"足見時尚多屬無益。

3.17 古岡彭五嶺樹�客於禪山，聞余有詩癖，因來訪謁。余索所存稿，言行篋未攜，命筆録近體數首。其中佳句如《春晴》云：“雨過添花氣，雲崩漏日痕。”《冬夜》云：“尋夢每欹枕，畏寒時賸床。”《客禪山贈諸知己》云：“好友每於貧賤得，新詩都屬别離多。”《暮春病中寄玉臺上人》云：“春如過客常輕别，愁似無家不肯歸。”都覺清新。

3.18　徐澄清名中運，德慶人。善書能文，尤喜爲詩。官晉州刺史，雖車馬馳逐，案牘紛紜，未嘗輟吟，著有《裕文樓集》，中有《弔古戰場》絶句云：“渭水秦關萬疊愁，離人魂斷古伊州。寒鴉古木無窮思，白草青燐繞戍樓。”語極悲壯。

3.19　新會阮樗蔭榕齡《竹潭集》詩語多奇詭，而余所愛轉在其清麗芊綿者，如“江湖跌蕩成狂客，身世飄零似野僧”“雲鬟委鬌驚春夢，風雨闌珊怯曉寒”等句，却無郊島寒瘦之氣。喜讀古書，早謝舉子業。其師阮芝亭勗之云：“我今老醜方嫫母，猶自挑燈理繡褁。”亦絶風趣。[1]

【校記】

[1] 此則於津圖本作：“荆公作《字説》，人多譏其穿鑿傅會。第六書之作，會意居其一，未可厚非也。前人有因之入詩者，如雨村所載‘夕夕多良會，人人从夜遊’‘水少沙即露，是土堤方成’等句，却嫌無甚意味。吴星儕《初秋》絶句云：‘平生多恨事，舊淚一襟留。倉頡容余拜，秋心果是愁。’特饒風趣。”

3.20　乙巳七月，有友人送至三水家華仲茂才伯顯詩一卷，古色幽香，議論、氣魄俱臻妙境。其詩全未付梓。聞友人云：“華仲生平作詩凡七八千首，今祇存二百餘篇。”無一篇不造於古者，不謂二樵諸子後，乃見此公。惜前選《嶺表詩》未獲見，堪爲長歎。兹録二首，俾覩一斑。《江上吟》云："芳草净遠碧，晚波愁復長。美人渺江浦，秋色似瀟湘。冉冉碧雲合，依依青鳥翔。徘徊獨含睇，一爲褰羅裳。"《秋夜懷友》云："如何此遥夜，獨自聽秋吟。蘭杜泠逾碧，江湖阻且深。裵裵明月影，悽惻故人心。今夕相思夢，蕭蕭桂樹林。"絶似酈海雪。

3.21 吾邑自黎二樵、胡豸浦後能接跡風雅者，當推吴晦亭太夫子維彰。詩筆雄健，力掃一切甜庸。《悲歌》五律云："古者今之積，今人忽古人。悲歌中夜酒，大夢百年身。走馬燕山道，呼鷹易水濵。儒生太迂濶，把劍事風塵。"詞意超拔，有"王郎酒酣拔劍斫地歌"氣概。他如《夜泊寶應》云"積雪静涵沙氣白，疎燈寒逼浪花青"、《洞庭雜咏》云"鴈鶩烟高迷赤壁，鷓鴣雨濕暗黄陵"、《萬松嶺》云"千年雪色青山老，十里濤聲白晝寒"、《寄逢石》云"錢山使者降蠻策，銅柱將軍馭虜才"等句，直摩少陵之壘。

3.22 杜工部題王宰山水障云："十日畫一水，五日畫一石。能事不受相［速］促迫，王宰始肯留真跡。"此以遲見長也。餘杭嚴子餐沆答友索畫云："興來落筆寫山色，泉石出沒雲冥冥。一日十帋不厭速，貴取繪意非傳形。"此以速爲妙也。倚馬萬言、研京一紀，才分遲速，何嘗不各有千秋耶？

3.23 限韻有極難而用來却自然者。桂林羅星橋辰有《慶蕉園中丞招飲消夏作墨菊於壁限魚字》絶句云："淋漓淡墨一枝疎，寫到寒香興有餘。底用白衣秋送酒，使君腰自有金魚。"

3.24 連州諸峽離奇變幻，不可名狀，惜無好事者傳之。後讀《三餘堂存稿》，有云："畫家皴法徒紛拏，到此直云畫不如。刻鏤那知真宰泣，靈奇祇合仙人居。惜哉未遇謝康樂，厥後稍聞王仲舒。突兀荒江殊偃蹇，青雲之士其誰與？"與余意適同。稿爲通州胡長齡著。

3.25 明韓君望洽《咏鐵馬》詩云："急響中宵發，凌空鐵馬行。不知風信至，頓使旅魂驚。當世正多事，吾儕方苦兵。那堪檐宇下，又作戰場聲？"

本朝尤在京怡《咏寶劍》云："寶劍芙蓉鍔，韜光匣裏橫。星辰秋忽動，風雨夜還驚。邊郡今多事，故人方遠征。徘徊欲相贈，不獨爲平生。"二詩後半俱寄慨時事，咏物中最屬淋漓酣暢。

3.26　硯材以端石爲上，歙已不及遠甚。近郴州五蓋山巔有龍湫湫下坎，産石若端溪，土人取以爲礪。刺史曾鈺識而寶之，以爲勝端溪下巖。歙縣程春海侍郎恩澤有詩紀之云："五蓋齒齒齧霄漢，上猶有峯安可窮？其峯硉兀戴神瀵，云是雷電龍所宫。潛源一綫穴南澥，靈液饙餾蒸雲紅。雲乾液枯漸可割，化作百萬圭璋琮。何人欲斷不敢斷，斧鑿落處飛晴虹。尺寸偶掛使君眼，云此實與端溪同。"余季兄燈山部曹素有硯癖，第未收及此種。豈果如鄧湘皋所云"願公秘惜禁采取，無使射利郴民奔"耶？

3.27　永福陵在香山縣南五十里壽星塘。相傳宋馬南寶葬端宗於此。詩人題咏甚夥。余最喜族叔介眉日初七律云："亂山何處壽星塘？遠隔棲霞寄海疆。踐祚不堪三載短，遜荒空續五庚長。生悲白鴈來中土，死恨黄龍出外洋。剩有厓門親骨肉，魂歸終在白蘋鄉。"運事典切，結響沈雄，一襯悲涼，直使千秋下淚。

3.28　尤西堂摘《論語》中可入吟咏者，成七律三十首。蕭山高雲士第又仿其體，摘《孟子》題三十首。雖涉筆成趣，於詩道則流而日下矣。

3.29　《培蔭軒集》爲光山胡雲坡尚書季堂著，中有《過苑家口木橋》云："三十年前此地遊，滿天霜月一扁舟。紅橋接渡仍如昔，逝水何曾有舊流？"收句含毫邈然。

3.30　送别而云别離之苦，縱極沈痛，亦屬前人窠臼。晉安謝又紹閣學道承《送友南歸口占》云："親老偏爲客，家貧却在官。百端俄頃集，豈獨别離難？"透過一層，其難愈見，"家貧""親老"者果何以爲情耶？

3.31　黄巖許廷慎伯旅論作詩之法云："法，可言也；法之意，不可言

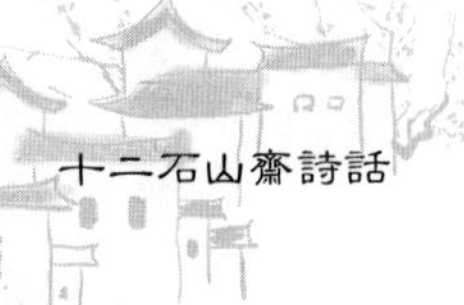

也。上士用法，得法之意；中士用法，得法之似。吾詩幾用法矣：如是而爲終始，如是而爲開合，如是而爲抑揚頓挫，如是而爲輕重高下。意之所至，詞必與俱。固未嘗囿於法，亦未嘗廢乎法也。古之藝人若庖丁輩隨其心手所出，無他焉，亦用其法爾。由是而觀天下之術，未有不用法而能神者也。”慈溪魏楚白璧云：“詩以達情，情貴極其所至。故樂必盡樂，哀必盡哀。由唐以前諸家體不必相蒙，而其爲至則一也。學者各盡其途徑而入，入之愈深，見畛域愈廣。悠睢淫佚於其際者久之，乃始得其滐瀁之槩，故涉獵衆家不若專致一家。一家之趣既竭，而後馳而去之，再適一家。其於一家猶是也。然後古人之長見，而我之長亦見。”二公議各不同，要皆深造自得之語也。

3.32 歸善張翰生玉堂現爲新會營參將，因詩而交星儕及余，精指頭書。其《偶題》有“指墨潑從投筆後，拳書揮自督師前。”誠有雅歌投壺氣象。所著《公餘閒詠詩集》已擇採入《嶺表詩傳》中。其他佳句如《舟出湖口縣》云：“沙飛千頃白，浪擁一山青。”《舟下吴城》云：“萬疊山飛影，千層浪鼓聲。”《宿韓庄驛》云：“霜花寒入夢，山月影隨人。”《謁媽閣廟》云：“榕樹逼巖翠，蓮峯浮島青。”《遊澳門海覺寺》云：“奇石欲浮蠔鏡去，慈航常擁鱟帆來。”《舟中書懷》云：“多情人愛花含笑，解語誰憐鳥畫眉。”俱堪諷詠。

3.33 丹徒張茶農深來宰新寧時，張翰生參戎與之交好，向余説近獲一詩人，因以《悔昨齋詩録》貽余。余以《紫藤館詩鈔》報之。後參戎來謂，茶農見拙作甚喜，歎爲奇才，誠未免阿於所好，然自此已未晤神交矣。癸卯春，茶農以素絹一束乞余書，余亦乞茶農畫，俱未及寄，而茶農遽卒，深爲慨然。其詩詠山川險要、臧否人物，更屬沈鬱頓宕，不愧作者。《南天門》云：“隼飛不到處，箭栝忽天通。鎖鑰中原固，樓臺八面雄。勢全吞朔漠，氣直御罡風。莽莽羣山外，長城接海東。”《咏秘魔厓》云：“大石突如屋，横空覆地幽。

山魈藏白晝，木客嘯清秋。天窄日難到，氣寒雲不流。攀蘿臨絶壑，奇僻怯重遊。”《對月》云：“對此團圞月，一家三地看。風霜太原早，煙水大江寒。薄宦心良苦，高堂淚不乾。遥知憐隻影，落拓老長安。”《江上獨酌有感》云：“東風吹夢落樽前，觸我無端思惘然。燕去燕來非舊主，人歌人哭又新年。絮飛晴雪白横路，波引春煙緑上天。花拍一聲珠萬點，隔江愁弔柳屯田。”《暮秋海淀經桂文敏師故園》云：“丹王宅畔楊家井，淀水沙溝錯路蹊。人已云亡園亦廢，夕陽門掩亂鴉啼。”《自題富春山圖》云：“不難生作玉堂仙，難得山中二頃田。自掃梅花釀春酒，畫眉聲裏一蓑煙。”其他佳句如《最高峯觀雨》云：“雲氣盡爲水，雷聲不在天。”《石門驛》云：“雄關開左臂，窄徑走迴腸。”《石景山》云：“鬼神憑石氣，風雨走河聲。”《紫荆關》云：“地雄掎獨石，天險鎖中州。”《漁陽夜發》云：“月光圍大野，堞影認遥城。”《塞草》云：“終古淡無色，先秋寒有聲。”《三山庵》云：“橋曾經雨斷，山不礙雲高。”《寶珠洞前軒》云：“花幽無粉艷，石古迸珠光。”《塞下觀獵》云：“虎挾腥風衝馬過，雕盤殺氣攫人來。”《感懷》云：“腸餘氷雪逢人熱，骨具風雲照酒寒。”《古北口》云：“水落潮河沙萬道，天横雉堞嶺千重。”《送劉金門假旋江右》云：“神來奇句無唐宋，老去扁舟自古今。”《贈友自贈》云：“秋雪對生千丈髮，春風多近四條絃。”其古體如《石井行》《姚少師龕》《題壁》《消夏雜詩》《雪中鄭山人送酒》《鴈門關》《長安米》等作，俱有氣魄識力，以篇長未録。

3.34　江都吴園次太守工詩文。索求者多以花木竹石爲潤筆資，不數月而成林，因名曰種字林，可於杏林後添一佳話并一詩料矣。文工四六，與宜興陳維崧相伯仲。詩亦穠艷，如“柳陰雙槳月，花氣一船烟”“今古秋多怨，人天夜有情”及“十里水環花市緑，一樓山向酒人青”“楊柳陰圍千頃宅，藕花香護百城書”，皆爲世所傳誦。

3.35 朱竹垞云："作詩者必先纏綿悱惻於中，然後寄之吟咏，以宣其心志。言之工，可以示同好、垂來世，即有未工，亦足爲怡悦性情之助。"余謂得此意方無鬥凑强合之弊，吟雖苦而亦樂矣。

3.36 香山鄧蔭泉大林自號長眉道人，於珠江之南闢一小圃曰杏林莊，乃奕楚江上公所名也。暇則招朋輩觴詠其中，故杏莊題詠裒然成集。南山先生題云："到園賓客總留詩。"足見一時好事。花縣龔熾堂廷焯題云："闌干曲曲抱溪橋，鏡沼杯亭韻事超。四面風來三面水，虚明窗户接層霄。"香山黎濟川楫題云："數株風柳板橋邊，有閣藏春别一天。映雪擬居楊子宅，摇波如坐米家船。君真隨處能行樂，我亦逃閒欲問禪。還喜大通相接壤，或時宜雨或宜烟。"南海李紫黼長榮題云："一水飲溪緑，到門都是花。新蟬初唱雨，落日忽成霞。丹訣誰傳我，神仙尚憶家。書僮偏解事，爲煮玉川茶。"數詩俱極深穩。

3.37 武進莊達甫徵君宇逵年未五十，製一棺，自書絶句於上云："也似冥靈在楚南，春秋百五歲相參。世閒一霎魚龍戲，此是先生大歇庵。"可云達觀。

3.38 莊達甫徵君《反遊仙詩》云："列仙最苦是鑱鏗，後死偏多兒女情。四十九妻五十子，此閒哀樂太勞生。"

3.39 途中遇雨，見輿夫泥濘苦况，心每不安。莊達甫有絶句云："五更四野漲陰雲，飲雨餐風尚問津。我爲飢驅行不住，奈將辛苦累他人。"

3.40 壽詩最難擺脱，故前人集中往往不存。閒有存者，亦皆庸瑣。三水董栟圃廣文與吴星儕素未謀面，因壽徵詩。星儕詩云："我昨偶夢登九天，玉皇宴我招羣仙。獨有木公金母久不赴，云是已謫下界七十有四年。直待蟠桃再熟始得會，屈指還有歲九千。我問所謫之地果何地？羣仙共指南離位，茫茫俯視現樓臺。此閒髣髴我曾至，曷爲至時竟未覿？芝顔羣仙説我緣尚慳。

只見香案之吏笑不語，我復呼問笑何許。云我尚有文字因，不以跡契乃以神。此夢未了僮呼起，門外徵詩人至矣。”此詩《華溪集》中亦不存。余特賞其立意獨超。

3.41　沈歸愚《七夕》云：“只有生離無死別，果然天上勝人閒。”家山舟學士同書《天台》云：“畢竟人閒勝天上，不然劉阮不歸來。”“天上勝人閒”“人閒勝天上”隨文人筆舌而轉移，説來各有妙諦。

3.42　長洲陳樹滋上舍培脉《咏南越王墓》云：“天下亡秦日，乘時據粤中。自娱聊竊帝，大長竟稱雄。炎海風濤壯，孤墳草木空。千年餘霸氣，常繞尉陀宫。”歸愚先生選入《别裁》中，謂其“一氣寫就，不加追琢，比之彈丸脱手”。余謂其運事典切尚不若劉雨湖師《朝漢臺作》也。詩云：“不隨逐鹿奪神州，策受任囂妙運籌。一代霸王秦故吏，百蠻大長漢諸侯。東南創局開黄屋，西北朝天已白頭。終古雄風未消歇，干戈五季又興劉。”

3.43　國朝拓地二萬餘里。輿圖之廣，古所未有。近時詩人見諸吟詠，每覺新警。長洲褚筠心學士廷璋《伊犁》句云：“海氣萬重吞麗水，山容三面負祁連。”《阿爾蘇》句云：“東縈姑墨千年磧，南走于闐一綫河。”《雅爾》句云：“塞月已寒三葉護，邊風猶動五單于。”《烏魯木齊》句云：“山圍蒲類分西谷，雲護沙陀拱北庭。”皆極雄壯。

3.44　閱歷多則世情自淡。余邑周光平有和章云：“近覺世情同嚼蠟，久將富貴等浮漚。狂奴故態君應笑，悮被虚名已白頭。”

3.45　前見翁覃溪方綱所選唐詩，錢蘀石爲之評，多言疊法。如謂杜工部“風急天高猿嘯哀，渚清沙白鳥飛迴”爲三疊句法之類，不勝枚舉。大概謂層折及實字多，句法遂得堅響遒勁也。考諸名家雖不盡然，然初學講求亦免薄弱之病，但恐入於堆垛耳。因閲《蘀石齋詩稿》，有《樂遊原》句云：“寧申岐薛亭臺里，車馬衣裳士女風。”知其得力有由。

3.46 南海勞莪野孝廉潼精時藝，工書説，著有文稿及《四書擇粹》行世。詩亦有清氣。五言《龍山寺》云：“地高平野樹，江浸夕陽霞。”七言《湘江覽古》云：“無邊芳草波光外，幾疊青山暮色中？”“美人自昔憐芳草，名士由來讀《楚詞》。”

3.47 吴蘭雪刺史詩名震一時。朝鮮金山泉水部得其《香蘇集》，攜歸建一龕曰梅龕，而供奉其集於中。每歲爲蘭雪作生日。張茶農大令《畫富春山圖贈山泉》有“從此年年生日時，梅龕可伴激翁詩”之句，蓋謂此也。亦騷壇雅事矣。

3.48 余游衡湘，有以詩送行者云：“君胡爲者昨日來，青燈緑酒歡無涯。君胡爲者今日去，挽斷征鞍留不住。君來君去總傷神，不如悠悠陌路人。”余驚爲名手，後乃知爲山左高南阜鳳翰詩。送余者託爲自作，餙一時觀聽耳。

3.49 近日人多求余作擘窠書，需墨頗多，家僮常無暇日，故余有《贈僮》句云：“磨墨催晨起，澆花誤晚炊。”見者每爲捧腹。

3.50 吾粤詩僧以跡删爲最。所著《咸陟堂集》五十七卷，板久漫漶，華林上人鈺鏜商之於余與熊篴江、曾勉士、黄香石諸君子捐貲復爲鋟板。其《彈子磯》云：“欲買丹青寫十洲，誰知莖草即璚樓？真山真水無人畫，笑煞當年顧虎頭。”此詩於集中風調最好。

3.51 余有《丫髻嶺》句云：“山亦學人語，雲常争鳥飛。”於高山境況頗謂能寫得出。及看嚴海珊《秋夜投止山家》云：“熊羆之狀乃奇石，鸛鶴有聲如老翁。”於夜境更覺駭人。

3.52 《怡雲詩草》乃沅江張蓴湖大令其禄所著。《金陵晚泊》云：“幾幅帆停白下門，棲烏點點入烟村。秦淮水倒三山影，玉樹歌銷六代魂。寂寞清溪江令宅，芊綿碧草謝公墩。渡旁打槳迎桃葉，坐對長干酒一樽。”全集中定爲壓卷。

3.53　《蕣石齋集》余最愛其《到家作》第二首云："久失東牆緑萼梅，西牆雙桂一風摧。兒時我母教兒地，母若知兒望母來。三十四年何限罪，百千萬念不如灰。曝簷破襖猶藏篋，明日焚黄衹益哀。"此等詩迥出古人町畦之外，學深功到，自然有此吐屬。句斟字酌家安得望其肩背？

3.54　粤俗呼内子曰老婆，未見有入詩者。番禺吕石驅堅《戲寄諸友人》云："論詩僾絮愁嬌女，説法偎床怯老婆。"亦足發粲。

3.55　吾邑胡豸浦亦常《踏車曲》，與嘉定謝文饒作狀田家之苦及縣吏之苛，大意相同。而胡作音節較勝，詩云："歷鹿歷鹿，水入車腹，不往則復。海遠於岸，中閒轉貫。水上天半，一半人汗。長腰環環，足繭車翻，暮滿朝乾。龜坼呀開，草死飛灰。誰省災？大吏回。催租誰？縣吏來。"

3.56　江南程范村部曹文正《咏錢王廟》云："三千客自知羅隱，四十州空問貫休。"人皆知其佳。余尤愛其《采石李翰林墓》云："天子呼來猶得謗，世人欲殺亦知音。"更爲奇警。

3.57　閨秀黄焦卿名巽，錢唐家應來孝廉紹壬室，著有《聽月樓稿》。《除夕》云："百年已過六千日，一飲會須三百杯。"《呈程十然丈》云："帷絳經言飛白字，殺青史筆比紅詩。"《雨後看山》絶句云："玻璃水鏡浄於揩，螺髻多從雨後開。無數青山青不夠，暮雲添出一峯來。"應來謂其喜學元人，真不愧元人手筆。

3.58　楊兼山大琛《咏秦宫》云："五丈旗飄複道寬，曉粧人試緑雲盤。虚懸照膽秦宫鏡，不見長城白骨寒。"用意最好。

3.59　吾邑談肖巖子粲工畫花卉，著有《古風今雨樓詩鈔》，詩多閲世語。其《上灘》五絶云："舟從石窟來，力挽汗如雨。亦有下灘時，篙師勿歎苦。"《下灘》云："飛濤奔白馬，不費一篙手。昨日曾上灘，苦辛猶記否？"

3.60　何竹溪五律喜學翁山。《湘中别友》云："羅浮一片月，飛入洞

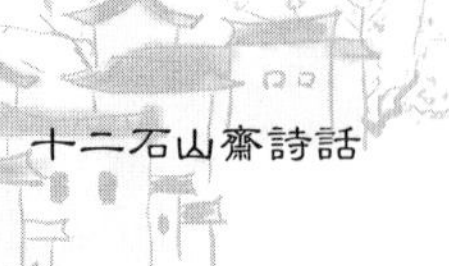

庭秋。客子動歸思，美人生別愁。此行回嶺嶠，殘夢尚荆州。多謝贈言者，離騷壓一舟。”

3.61 律中句法有生峭可喜者。湘潭張蓉裳句云：“折脚鐺炊糙米飯，高頭杖掛青銅錢。”又云：“穿林一星光有角，掛樹半月寒生毛。”錢蘀石句云：“早禾渴雨雨而雨，脩樹藏山山復山。”朱橡村句云：“殘星數點月將落，老屋一燈門未開。”吴荷屋句云：“風雲項藉霸才死，俎豆韓稜循吏生。”陳益齋句云：“古松奇似老名士，初月媚於新嫁娘。”魯星村句云：“護籬小犬吠生客，曝背老翁調幼孫。”劉芙初句云：“黑甜一枕蝶離世，緑净半塘魚在天。”陶季壽句云：“向人無語我偏敬，如柏不花誰敢嫌？”又云：“冷面向人客每駡，深山讀書妻不知。”李菊水句云：“慧業文人會成佛，血性男子須生天。”吴澹川句云：“抛五斗米就三徑，腹萬卷書手一杯。”王弇山句云：“千古江山風月我，百年身世去來今。”江松泉句云：“老蓮吹香酒初醒，白月挂柳魚跳波。”陳東浦句云：“老冰如石塞陰洞，積雪捲風埋壯夫。”鄭耕餘句云：“人皆欲殺今之白，我醉須埋昔者伶。”

3.62 劉禹上茂才靖，余同邑人。工擘窠書，深得李北海法，詩筆沈酣。《咏虎門》云：“小虎山連大虎山，百川潮入滙雄關。太平不用時防險，鎮海官軍盡日閒。”原本次句作“百川朝日”，收句作“緩帶將軍”。爲易數字，恨不起劉君於九京而質之。

3.63 近來達官多喜與僧人交游，以爲得事外遠致。僧亦喜交達官。鄭誠齋題畫詩云：“算來閒處莫如僧，若改緇衣我亦能。生怕達官牽率去，教人傳寫入溪藤。”

3.64 金孝繼願化絶代麗姝，爲船山執箕帚。又馬燦《贈船山》云：“我願來生作君婦，只愁清不到梅花。”蓋以船山夫人有“修到人間才子婦，不辭清瘦似梅花”句也。船山戲謝二律有“累他名士皆求死，引我癡情欲放顛”“擊壁此時無妬婦，傾城他日盡詩人”之句。可云善謔。

3.65 吾邑蘇古儕征君珥與羅石湖天尺、勞阮齋孝輿三人同舉鴻博。古儕及石湖因母老不赴，後與石湖北上謁惠天牧。天牧笑曰：“南海明珠同入貢乎？”歸愚見之攜往，半月不返。其見重賢達如此。翁覃溪《拜石亭雜詩》云：“清談銷盡蠟燈紅，强拉揚雲説六峯。絶倒不知春夜永，城頭敲落五更鐘。”謂古儕口吃，説里人六峯事，一座絶倒云。爲文長於序記，書法更精。求其文而得其書者咸誇爲二絶。性疎曠，不習威儀，行市中，袖果餌食之，且行且誦。大吏重其名，延見之。何西池導以拜起，凡兩日入見忘所導，其簡易然也。陳南賓仲鴻謂其詩有别趣而不輕作。今讀《安舟遺稿》，《松朗即事》云：“北道相招酌舊醅，如坭醉倒竹林隈。主人扶我出門去，記得叮嚀明日來。”“何時酒債負隣家，帘上書來再不賒。客至莫嫌情思薄，友人新惠古勞茶。”“舊侶飄零各一涯，愁來不忍啖魚蝦。菜傭知我慣嘗膽，故故齋前賣苦瓜。”一種率易處確肖其爲人。

3.66 吴縣潘星齋太史曾瑩爲芝軒相國之子，與兄春泉、弟黻庭並擅詩名，所著《紅蕉館詩鈔·曉起對雪有懷》云：“一夜愁無著，曉來清夢寒。”起得最超。五言如“青山古圖畫，流水小神仙。”“閒情寄明月，冷夢到梅花。”“鳥聲藏瓦隙，花影碎池邊。”七言如《霜角》云：“孤城涼墮三更月，絶塞秋生萬里寒。”《讀王井未茂才遺稿有感》云：“朱絃三歎静中得，黄鶴一聲天外來。”《題杜稼軒補天吟後》云：“事多缺陷天難補，詩到詼諧意轉傷。”《贈杜稼軒》云：“詩好絶無名士氣，身閒愛讀古人書。”《贈宋于庭學博》云：“文章短氣誰知己，山水多情自愛才。”《滄浪話别圖》云：“客夢慣依楊柳岸，離樽同醉杏花天。”《讀放翁集》云：“射虎南山虚歲月，牧羊隴右困英雄。”《滄浪亭圖》云：“買來風月最千古，占得湖山此一亭。”《秋水亭玩菊》云：“花影恰如人影瘦，風聲都帶水聲來。”俱精采，而最推絶唱，

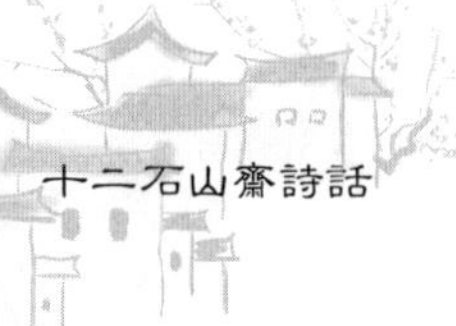

莫如七絶《歌者求題畫》一首，詩云："曉風殘月按紅牙，一種閒情感琵琶。話到孤山舊游處，笛中怕唱小梅花。"

3.67 從兄小厓生平作詩每不留稿。唯吴星儕記其《夜起》一首，已録入《嶺表詩傳》。近李蕚樓農部復憶其《塞下曲》云："萬里辭家戍朔方，盧龍塞外急邊防。樓蘭未斬烏孫在，除却思親敢望鄉？"似不減唐人。從兄諱邦俊。

3.68 吴星儕精子平、五星之學，其演禽尤稱神妙。乙巳夏四月己酉與余登白雲，望城中隱隱有怪雲起。星儕袖推一數，驚曰："翌日午時城中當有大灾。"果於庚戌日亭午，提學院前以賽神演劇遭回禄燒斃者千餘人。術亦奇矣，好作詩，諸體皆工，宫詞更爲沉麗。其《陳宫詞》云："望仙閣上隱囊支，結綺臨春複道馳。宵宴未終箋已擘，十人争上斷腸詞。""江東謡起不堪提，桃葉山前動鼓鼙。如此長江竟飛渡，休將勁旅比周齊。""辱井千年舊蘚侵，臙脂無恙事銷沉。麗華頭已將軍斷，差慰黄奴一片心。""一曲誰翻玉樹歌，青溪遺恨六宫多。蔣山羣鳥高飛盡，帝子魂歸更奈何。""紅粱新釀幾時儲，記否人間故國墟。一笑雞臺空怏怏，難忘三十六封書。"《宋宫詞》云："出居泣别六宫花，彈指君王幾怨嗟。一事他生須記取，此身休再到天家。"《北齊宫詞》云："周師十萬整貔貅，夜半旌旗繞晉州。報道大家奔鄴下，六宫還自唱無愁。"《後晉宫詞》云："失歡南北禍何勝，那有横磨劍氣騰。不管欒城今日破，君王内苑正調鷹。"《東晉宫詞》云："疑馬疑牛總莫憑，丹陽文獻已無徵。過江遺事垂垂盡，風雨陰霾十一陵。"《秦宫詞》云："一炬阿房亦可憐，渭流無恙鎖愁烟。白頭宫女隨風散，領略恩情卅六年。"《隋宫詞》云："雞臺一夢唤難醒，宇内嗷嗷不忍聽。火詔蒼黄三殿出，徵糧未了又徵螢。"《南唐宫詞》云："新詞唱罷《浪淘沙》，無限江山屬趙家。臺殿荒涼春已去，閒愁分付麝囊花。"《南漢宫詞》云："别有江山百粤開，興亡一例不須哀。此間國命原非短，已閲中原五代來。”“鴻都羞唤百蠻名，府號興王埒帝京。天地更能添五嶺，一時笑煞賀州城。”“別館離宫倐忽墟，籌邊諸將計原疎。美人未必能亡國，底事千秋怨媚豬。”“太湖仙石一時搜，九曜縱横繞藥洲。羽客丹成蓬島去，君王猶自戀封侯。”“霸氣茫茫五嶺銷，殘魂故主已難招。南州自擁原長策，不共錢鏐事僞朝。”《明宫詞》云：“闖賊縱横舊恨長，御魂應繞海棠香。六宫遍索紅顔少，亡國原非爲色荒。”

3.69　高雲士《額粉盦集》中有《雜書》數首。中二首云：“貧户衣布素，富家曳羅縠。貧户飽齏鹽，富家飫酒肉。東隣盛姬妾，修眉閉金屋。西巷緑窗婦，荆釵勤膏沐。”“娱老温柔鄉，要知同燕玉。造物本炎涼，貧富異寒燠。飲食衣服閒，未免私意蓄。始信天地中，至公惟色福。”又云：“天下名山水，半屬釋子居。雖歸寂滅界，日向勢力趨。翻嫌地深僻，出入增馳驅。朱門貴達者，心倦仕宦途。夢想烟霞窟，行當結一廬。終身不可得，托興成畫圖。始知稱意事，往往多齟齬。本來酸鹹異，其柰嗜好殊。吾欲語天公，易地以相須。”議論頗合鄙意。

3.70　雲士又有《讀書》詩云：“古人所遺書，亦有疵有純。往往泥古者，甘人云亦云。矮人而觀場，隨衆爲喜嗔。甚或會意錯，遂至乖所行。即使利害見，膠執難變更。凡此皆迂儒，謬用其聰明。讀書當有主，方寸自權衡。不爲古人惑，方可稱豪英。”“讀書有主”二句深得讀書之法。

3.71　古隱逸之流皆有所托以自見。君平以卜，子陵以釣，羅隱以詩，雲林以畫，青藤、六如以酒，眉公以妓，雲士自言以病，可謂奇創。所著《額粉盦集》於香山、玉局、放翁三家爲近。洪稚存太史賞其“一歲訪僧如隔世，萬山圍佛盡低頭”句。陳廷慶則賞其“秋深樹似將髡叟，夜静山如入定僧”句。余謂究不如“華嶽西來横黛色，淮徐東去走河聲”“極浦秋深鴻鴈下，

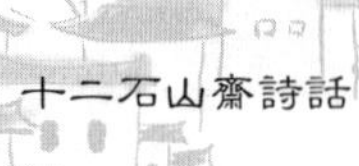

大江月黑蟹螯肥”“小縣荒來千户少，亂山深處一官寒”“占來艷福仙應妒，悟徹情禪佛亦愁”“墨點花陰雙六譜，紅銷鐙影十三絃”“臥榻平分山翠落，蓬窗半被竹枝遮”“覽鏡自知無我相，著書空代古人憂”等句，更爲清警。

3.72 雲士之配若玉有《貽硯齋詩稿》。洪稚存太史爲之序，極賞其“流水杳然去，亂山相向愁”句。惜余未見其集。雲士《自題〈額粉盦聯吟圖〉》云：“平生健筆鼎能扛，爲有蛾眉勢也降。要識名姝原第一，敢誇國士本無雙。迴文織就鴛鴦錦，繡佛題成翡翠幢。二十四番吟不盡，層層新緑上雕窗。”“擊鉢初終粉未乾，居然閨閣峙騷壇。詩逢同調才爭艷，曲到雙聲和亦難。牙管香生花燦爛，銀釭紅照影團欒。却憐題罷增惆悵，冷煞清江月一丸。”可見閨幃唱隨之樂矣。

3.73 直隸布衣尚無尚學孔康熙間遊洛豪，於詩不拾前人餘唾，破屋三間，采藿自給，無妻子。汪舟次太守贈以金，不受。歿之日，以詩集付其友孫扶蒼及劉洙曰：“此即吾嗣也。”二人葬之北邙山，題曰：“詩人尚無尚墓。”張紫峴以詩弔之，有“窀穸歸天地，詩篇作子孫”句，與吾邑鄭白渠付詩草於凌蘗洲同一曠達。

3.74 香山黄翼堂廣文紹統，香石中翰父也。所著《仰山堂集》中有句云：“才人奢名不奢福，饜飫六籍天亦妒。”我輩失意時讀之，自然尤消怨釋。

3.75 近人以《海天樓詩鈔》名其集者有二：一爲番禺鄭棉州棻，一爲新城喻伯基榮生。鄭作咏古七律三百首，每咏十首，繁縟中稍失之庸；喻作兼古、近體，淡遠中稍淪於弱。姑摘其佳者。鄭作《洛陽咏古》云：“六堪畏少賢臣表，三不開傳宰相名。”《錢塘咏古》云：“鳥喙心殘終喪越，蛾眉恩重竟亡吴。佞骨已銷長脚相，忠魂猶愴剪頭仙。”《維揚咏古》云：“五賢祠耿千秋月，四相堂徵一品花。”《荆楚咏古》云：“蛟龍割據人終老，豚犬昏庸我亦嗤。”《巴蜀咏古》云：“豈有天心迴木馬，終憐地險失金牛。”“摩訶鋭氣摧擒虎，節度前身信臥龍。”喻作五言云：“窗開三面水，春備四時花。”“蟬嘶涼在樹，魚戲暑消池。”“鳥聲朝還樹，蝶夢午留花。”七言云：“官能裨國何嫌小，交到忘年始覺真。”“雲勢低隨江勢落，風聲遠挾浪聲來。”七絶云：“楊柳垂條花滿枝，不知春到已多時。幽齋近得消閒法，日注漁洋一卷詩。”

3.76　邵康節“美酒飲教微醉後，好花看到半開時”、徐朗齋“有酒休辭連夜飲，好花須及少年看”，同一飲酒、看花，而用意各有其妙。

3.77　朗齋名嵩，金匱人，爲健菴尚書之後。《玉山閣集》中尤多雋句。如“人閒思對酒，樓小不藏秋”“江還京口濶，天入海門低”及“醉來舊事關心事，人入中年憶少年”“幽榻琴書偏愛夜，異鄉風月不宜秋”俱堪膾炙。

3.78　程玉樵方伯年丈德潤《二禺祠》一首氣格高渾。詩云：“帝子真仙去，南來遂不還。偶經三峽水，相對二禺山。遠想羲皇世，高風伯仲閒。神祠今仰止，終古此童顔。”

3.79　林子牛名夢斗，龍溪人。美鬚髯，善談論。所著《雪巖詩鈔》，樂府似勝其餘諸體，未造自然，惟“看石蹲疑虎，行潭倒見人”“身猶混俗癡難賣，詩不如人祭亦頑”兩聯稍穩愜。

3.80　《賜書樓集》乃胡豸浦手自訂定，故詩雖少而精。後人爲之續刻，未免蘭艾雜糅。因憶鄭板橋自書集後云：“板橋詩刻止於此矣。死後如有託名翻板，將平日無聊應酬之作改竄闌入，吾必爲厲鬼以擊其腦。”語近怪誕，究不可妄非。

3.81　佛山爲四鎮之一。前人鮮有詠及者。余詩云：“舟車雲集此天涯，半是僑居半故家。福地争雄三大鎮，汾江環衛四條沙。衣冠佳氣標南海，忠義名鄉掩季華。城祖五仙山祖佛，上游遥控更堪誇。”佛山原名季華鄉。

3.82　佛山無山，無以爲游眺之所。余與吴樸園、唐冠山、陳雲史、

廖顧廬、何蘭皋五孝廉，郭仙航、邵心根、羅澗泉、莫鹿賓、吴星儕五茂才暨張雲根道人輩，得鶯岡一小邱，培以土石，亦足望遠。各攜植花竹、芭蕉，合數百株，近已成蔭，暇則觴詠其間，結一社名“觴詠社”，分題同賦，得詩漸多，擬梓其詩爲《觴詠集》，未知何日始能畢願也。

3.83 河東君墓在拂水巖下，即耦耕堂故址，日久就湮。嘉慶己巳，錢唐陳退庵作宰虞陽，爲之修葺樹碣，一時題詠甚夥。其佳者推孫子瀟太史原湘絶句七首。詩云：“迴首龍華小刼前，舊家往事總如煙。春山留得蘼蕪塚，銅狄摩挲二百年。”“更無蛺蝶化湘裙，應有鴛鴦護水紋。絶似六如亭畔路，緑榕陰下葬朝雲。”“稻香樓上事如何，絶代迦陵誄筆多。一片巢湖春水碧，更無人弔顧横波。”“棠梨如雪落紛紛，春燕歸來又夕曛。應與琴河增故事，第三橋畔柳娘墳。”“渲染烟雲愧逸才，桃花零落點青苔。風流誰是朱公叔，曾寫娥媌小影來。”“艷情一樣重南朝，走馬春城夢未消。珍重使君能好事，殘碑曾與立吴綃。”“使君雅望古韋丹，爲政風流得暫閒。何日重脩秋水閣，再來援筆寫青山？”退菴曾脩吴冰仙女史墓。冰仙名綃，琴河人，善繪事，墓在東門外，故第六首及之。

3.84 常談有絶風雅者，但未經名人拈出，便多忽畧。桂陽吴東湄鯨《杪秋舟中》二絶云：“兩岸新霜變菊花，鯉魚風起雁行斜。更看浮白魚争唼，九月寒江已落霞。”自注：“是日滿江飛蛾浮白。榜人云：‘今歲當早寒也。’余問故，曰：‘落霞早耳。三落霞，水始冰。魚食霞，乃歸涎不復飢云。’”次絶云：“湍駛前舟勢欲横，眼看攲側客心驚。却憑背指灘心石，争轉波花軟處行。”自注：“前舟簸蕩，時却語余舟曰：‘灘心槽落石出，波花太硬，可右轉波花軟處下也。’”

卷四

4.1 《職方外紀》西人言：“繞地過一周，四匝皆生齒所居。”是地形本圓也。陳泗源謂“東西測景有時差，南北測星有地差，皆與圓形相合”，是地方之説非也。然鮮見於詩。南海何報之夢瑶咏云：“地形如懸毬，天樞如轉軸。循環無端倪，團圞相攢簇。氣周物亦遍，附地億萬族。上下無定名，衆輻輳一轂。各自上其首，各自下其足。此疑彼倒懸，彼謂此横屬。何處爲四夷？何處爲中國？偶爾有梁魏，妄自争蠻觸。伯翳著《山經》，地下人不讀。”

4.2 村塾小兒讀書率多大聲狂叫，聒耳不堪。秀才家讀時文往往如此，每不惜氣竭聲嘶，而不知其有損無益也。余最愛誦彭忠肅龜年《讀書吟示子鉉》云：“吾聞讀書人，惜氣勝惜金。纍纍如貫珠，其聲和且平。忽然低復昂，似絶反可聽。有時静以默，想見紬繹深。心潛與理會，不覺泳歎淫。昨夕汝讀書，厲響驚四隣。方其氣盛時，聲獨亂狂霖。倏忽氣已竭，口亦遂絶吟。神疲神自昏，思慮那得清？安能更雋永，温故而知新？永歌詩有味，三復意轉精。勉汝諷誦餘，且學思深湛。”又唐盧仝《寄男抱孫》詩亦云：“尋義低作聲，便可養年壽。莫學村學生，麤氣强叫吼。”味此二詩，可得讀書之法矣。

4.3 鎮洋沈方立孝廉端與弟安成俱有詩名。其《送弟之山左》云：“家貧無舊業，所至輒依人。難得故鄉聚，况兼多病身。薄游增意氣，行路飽艱辛。老輩吹噓力，還期汨沒伸。臨別不能語，離魂黯自傷。持家無健婦，掩涕爲高堂。骨肉偏分散，關河正渺茫。殷勤囑杜宇，催汝早還鄉。”覺真情、真性溢於楮墨之閒。[1]

【校記】

[1] 此則於津圖本作："余讀《歸愚自訂年譜》，校閱禦製詩本中有《大鐘歌》句'道衍儼被榮將命'，歸愚改'榮將'爲'榮國'。上曰：汝所改幾處俱依汝。唯榮將本黄帝時鑄鐘人，汝誤會道衍封榮國公也。蓋古書原讀不盡，有我知汝不知者，亦有汝知我不知者。餘本盡心校勘，不必依回云云。足見皇學之博，尤徵聖心之虚。"

4.4 《紫竹山房集》云："文生于情，而文足以達情者莫過於詩。言情之詩又莫善於近體。篇止五十餘字，境窄則難以旋身，韻忌用險怪字，字少則難以副意。有能稱意以出、旋身自如而又兼節奏之妙，如古之作者，落落不過數人。七言律之難如此。"

4.5 吾邑簡夢巖鈞培所著《覺不覺軒詩鈔》頗多佳句，如云："情當久客原多感，事到隨人便覺難。"又"小雨樹無將落葉，輕寒菊有未開花。"皆工。至《河南雜興》絶句云："清波宜月復宜烟，留得遊心夕照邊。待種千條萬條柳，半藏鴉影半鳴蟬。"丰神尤屬綽約。

4.6 王漁洋《秋柳》四首，和者如林。錢蘀石《宜亭新柳》六首，論者謂可與之頡頏，而和者尚少。余戲和之有"一樣鶯聲百樣懷"句，鄭雲麓年丈謂語妙不可多得。稿爲友人攜去，記憶不全，今猶怏怏焉。因記簡夢巖句云："興來景物頻拈得，亡去詩篇欲補難。"洵不誣也。

4.7 沈方舟爲紅蘭主人客，其室人朱道珠遥寄故鄉山水圖，主人作詩有"應憐夫壻無歸信，翻畫家山遠寄來"。方舟旋歸，當時傳爲佳話。然余讀道珠《寄遠曲》云："恨少垂楊柳，殷勤繫玉鞍。夕陽鴉背煖，春雪馬蹄寒。入世逢迎拙，依人去住難。癡兒啼向我，昨夜夢長安。""獵獵風初勁，沈沈雨未闌。因憐兒被薄，轉念客衣單。棲燕將雛苦，征鴻失侶寒。居家與行路，同是一艱難。”“聞説燕臺路，生涯亦可憐。恥彈門下鋏，誰乞廣文錢？久客非長策，歸耕有薄田。一棺痛慈母，急爲卜牛眠。”則方舟之歸非盡一晝之力矣。

4.8　方舟母柴静儀亦能詩。其《最用濟》云：“君不見侯家夜夜朱筵開，殘杯冷炙誰憐才？長安三上不得意，蓬頭黧面仍歸來。嗚呼世情日千變，駕車食肉人争羨。讀書彈琴聊自娱，古來哲士能貧賤。”一門風雅，足令千秋艷羨。

4.9　詩用古人姓名能渾融無跡，亦可免“點鬼簿”之譏。如陳雲伯《書〈平海紀畧詩〉後》云：“鈴聲久識甘興霸，劍術争傳聶隱娘。”張茶農《題宋高宗中興應瑞圖》云：“艱危國勢同元帝，參錯天心負九哥。”秦留仙松齡《雜感》云：“屯邊戍久推充國，納土功甯比竇融。”《荆南春日感懷》云：“登樓有客依劉表，使粤何人下趙佗。”嚴修人允肇《諸將雜感》云：“不信蒯通能相背，可無孫武善攻心。”“漢廷却悔封雍齒，巴郡終須殄隗囂。”王文恭公項齡《喜湖南諸路大捷》云：“百粤風烟通馬援，八公草木走苻堅。”“早擒孟獲趨滇水，急斷盧循入廣州。”張歷友篤慶《明季詠史》云：“顧厨品藻矜名字，牛李升沈密網羅。”“陽球尚未尸王甫，曹節偏能殺李膺。”“南還不少黄潛善，留守空爲宗汝霖。”“空餘跋扈桓宣武，豈有勤王温太真？”湖北金豫齋檢討德嘉云：“酒邊歲月陶元亮，詩裏乾坤杜少陵。”“途窮阮籍狂呼飲，天放虞卿老著書。”山東馮大木廷櫆云：“范叔漫言天下士，杜陵空望眼中人。”“折腰未敢攀陶令，攘臂何須笑晉人？”海寧查初白慎行云：“田横客已辭窮島，樂毅功難敵謗書。”“鮑叔有情貧敢諱，向平多累出偏遲。”曹儷笙太傅《詠司馬相如》云：“才子同時誇武帝，美人知己有文君。”阮芸臺相國云：“閉門豈是陳無己，懶讀將同邊孝先。”驅使處但覺呼吸通靈。余亦有《贈馬訓庭都督》句云：“滿座賓朋孔北海，四時絲竹謝東山。”

4.10 《花田》詩多風流旖旎。惟湘潭張紫峴九鉞咏云：“誰知萬古塚中魂，飛作三更頭上雪。”鮮有如此奇崛者。其《登采石謫仙樓放歌》云：“借我峨眉萬古之明月，照我長江萬里之孤舟，醉我樽中千斛之美酒，坐我青天百尺之高樓。”起勢突兀，聞爲十三歲作，更奇。

4.11 人壽固難，而五代同堂者尤難。乾隆間命彭元瑞等檢《四庫全書》古來見元孫者有幾。據奏，自唐迄明凡六人。彭有誌事詩云：“六逢唐宋元明代，疊衍來帰仍耳人。”

4.12 無錫秦小峴侍郎司臬吾粵時潔己愛民，公餘仍耽吟咏，招邀賢俊，屢爲詩酒之會。一時張南山維屏、黄香石培芳、吴雁山應逵、劉月鋤廣禮、家蓼圃炅、張無山思齊、馮子坦士履時相過從。所爲詩一禀唐法，而五七律尤雄健。《荆軻墓》五律云：“一死報燕丹，如卿亦大難。酒徒從此盡，易水至今寒。擊筑歌聲古，招魂俠骨殘。惜哉疎劍術，孤負白衣冠。”《文信國祠》七律云：“天留正氣作星辰，滄海横流繫此身。風雨厓山思帝子，衣冠柴市泣纍臣。北枝夢冷梅花月，南國啼殘杜宇春。異代孤忠鄉後進，從公碧血化青燐。”結聯蓋謂明李忠文邦華也。忠文自經於信國祠，得此收束通首俱振。

4.13 族伯戢菴四十後始成進士，自言會闈時與大興朱文正相國同號舍，時公年才十八，伯素謙下，見其少年卓犖，文既成，就正於公。公曰：“君文必入彀，但題旨吃緊處尚未明了。”因爲改收句云：“要非仁守之功不及此，蓋題爲知，及之首節，須繳重仁守句也。”後果以此句得簸。文正詩亦恬淡可喜，如“書生何有銅鑄柱，宦跡或可山留龕”，又“文章金薤重，富貴白衣輕”等句，皆世所傳誦。

4.14 南昌李又川湖撫吾粵時，婦孺皆知其廉明。余特愛其詩筆博大，曾見其《咏天竺寺》云：“曼陀香雨三千界，絃管春風十萬家。”又巡撫貴州，入境口號云：“雙旌遥指貴陽城，紫蓋紅旗夾道迎。自愧書生當重任，不知何以答昇平。”抑然自下之衷，尤令人挹仰不盡。

4.15　鄭板橋燮性極真率。其詩跌宕，自喜集中有句云：“秋風白粉新泥壁，細貼羣賢斷句詩。”亦雅亦新。

4.16　家弼亭泉字崇簡，工時文，詩亦清矯，如“木落屋依平地出，霜空人坐一天寬”，句法甚超。

4.17　許積卿五言：“酒户撑愁濶，詩才破悶驕。”“濃雲遮日急，弱樹捕風忙。”“骨從貧後傲，眼向冷中高。”“檐霜欺月色，庭葉聚風聲。”七言《次韻二樵見懷》云：“吟邊落葉依人住，愁外寒江繞夢流。”《對梅花作》云：“畫作圈兒翻似易，詩除雪字大爲難。”俱戛戛獨造。

4.18　嘗讀史至《荀卿孟子合傳》，心殊不慊。後人亦鮮有論及，惟東坡極詆荀卿，稍快人意，然未嘗發摘史遷之失也。扶山太夫子《孟子》詩云：“功甯下神禹，傳恨合荀卿。”實發前人所未發。

4.19　客中苦况消息不欲聞之家人，其苦爲尤甚也。山陰丁息園甡《病中》詩云：“藥爐茶竈結清緣，賺得閒身整日眠。不忍家人知客病，裁書只説健於前。”余在道州時，值陳夢生歸里，有云：“强從離席餞同鄉，扶病裁書費酌量。萬種羇愁權閣筆，平安兩字慰高堂。”亦是此意。

4.20　“古來明月三分少，天下瓊花一樹多。”咏揚州者此最鮮艷。詩爲程澂江作。

4.21　詩中説詩，亦甘苦自道之言，足供玩味者。吴縣吴巢松慈鶴云：“詩到開天真有力，仙能行地合通靈。”番禺方静園秉仁云：“臨風展簟玲瓏牖，待月尋詩曲折欄。”合肥高筠村卓云：“花當極盛愁風雨，詩到干名失性情。”桐城劉孟塗開云：“半生卷裏名山句，一夜燈前四海心。”舒城闞蘿岑云：“老猶多累難言達，詩未能工早得窮。”金華方鐵船元鵾云：“詩無真意羞存藁，友不深交懶致書。”許賓亭養弼云：“病緣戒酒偏思飲，窮不工詩亦費吟。”

歸安徐雨亭溥云："交論古道原求淡，詩到能傳不在多。"番禺田西疇上珍云："如能聞道何妨老，若果工詩敢怨窮？"嘉善黄退菴凱鈞云："花發先呼嬌女看，詩成念與老妻聽。"又云："故人詩好久能記，自種花開倍可憐。"鄂文端（鄂爾泰）云："除却詩篇何有癖，獨于山水不能廉。"歸善葉西村適云："酒曾罵座狂多悔，詩欲驚人癖未除。"海寧查初白云："詩貪記憶關心讀，話到蒼涼制淚聽。"滿洲高東軒（高斌）云："會心每以臨流遠，得句偏於對客多。"潛山丁星樹珠云："日中睡至如相約，酒後詩來似有期。"袁子才云："學書未就求人苦，佳句雙全割愛難。"又云："物須見少方爲貴，詩到能遲轉是才。"漢軍蔣臨皋龍年云："位因卑處才難見，詩到能窮句更新。"常熟陸秋玉元浤云："酒於愁處終難醉，詩到窮時亦不工。"高芙沼其倬云："酒狂尚憶同諸子，詩瘦無妨自一家。"

4.22 "漢朝終始在三巴"，陳獨漉《咏蜀中》句也。"有明終始在金陵"，趙渭川《咏金陵》句也。論古皆極有識。

4.23 守錢虜固不可爲，即一切好尚之物亦當置之度外。洪稚存詩云："人生天地間，各各私所有。未知室中物，屬客百年否？""百年"二字可作醒夢鐘聲。

4.24 錢籜石有《出東林六七里望廬山》絶句云："連峯出雲雲半開，奔渠捲雪響春雷。雲中屈曲明如玉，都自天池頂瀉來。"余以爲不減東坡《望湖樓》作。

4.25 詩寫實境最忌庸俗。吴穀人"雙竹罱泥和蜆上，一繩界水種菱多"、錢籜石"出城樓閣連山起，對岸人家兩郡開"、翁覃谿"春社雞豚桑葉雨，晚陽籬柵菜花風"、沈歸愚"人家臨水花爲市，僧舍沿山石作梯"、方子雲"一院緑天栽竹地，滿身紅雨折花人"，何嘗有半點塵土之氣？

4.26 吾粵水患，肇、廣二州爲甚。近日下流壅塞，尤屬可慮。隨園《大水行》云："端州夜半聲洶洶，羚羊峽水圍城中。天公更爲水張勢，排雲駕雨號狂風。民廬不見見屋脊，厨灶掀舞如飛篷。羡爲魚鼈身猶活，化作蟲沙頃刻空。衆官拒水如拒賊，竹篭衣袽四門塞。衣冠了鳥負土忙，金錢亂擲蛟龍得。晉陽未滅城幾板，王尊立水已三日。短衣赤脚出門望，蝦蟆瞠目坐樓上。將軍棄馬盡乘桴，士女非鳧齊踏浪。萬户炊烟傍午無，頭搶足躅争相向。"悽愴情形説得淋漓暢盡。每一誦讀輒心悸者累日。

4.27　詩用加倍寫法更警。吴江徐虹亭太史釚《十八灘》云："萬壑千峯送客舟，槎牙怪石水交流。嶺猿莫更啼深樹，只聽灘聲已白頭。"余《遠戍詞》云："辭家遠戍夜郎西，匹馬匆匆夕照低。遊子自知行不得，鷓鴣休更盡情啼。"皆加倍寫法也。

4.28　詠物不粘不脱，盡人皆知。至名手能借此自寄性情，則工矣。袁子才《詠杖》云："年來孤往常無路，海内相扶尚有君。"吴穀人《春草》云："青袍似我休相妬，白髮如渠亦易生。"嚴海珊《梅花》云："老氣直教無我敵，清名頗亦畏人知。"

4.29　《道德》五千言以清浄無爲爲本，而世言神仙者，動稱其服食之奇、居處之勝，是仍以富貴動人也。南海曾絅堂文錦《雜詩》云："五城十二樓，金銀爲宫闕。毋乃富貴鄉，便是神仙窟。玉樹交琪花，瑶臺映璇室。胡爲洞天中，亦尚阿堵物。持此詢仙人，至竟主何説。"

4.30　李滎陽公畋《題馬嵬》云："肅宗迴馬楊妃死，雲雨雖亡日月新。終是聖明天子事，景陽宫井又何人？"吾邑陳挺夫大令應魁《過馬嵬坡》云："生生世世誓皆空，御輦西行倉卒中。長樂歌殘香粉罷，范陽烽急羽書同。六軍似虎驪頭緑，一命如花委落紅。紂妲幽褒成底事？三郎終覺是英雄。"二君左袒明皇。至袁子才則云："到底君王負舊盟，江山情重美人輕。玉環領畧夫妻味，從此人間不再生。"趙甌北則云："馬嵬一死諸軍退，妾

爲君王拒賊多。”再則云：“張均兄弟今何在？只有楊妃死殉君。”則又左袒楊妃矣。

4.31 吴中兩布衣：一爲吴縣陸子調鼎，一爲長洲顧燕謀承。陸隱于畫，顧隱於酒。陸著有《梅葉閣詩》，顧著有《素行居詩》，蔣生沐爲之合梓。子調《題畫》詩云：“莫問前塵與後塵，且教料理苦吟身。買山無計青山笑，却寫青山賣與人。”燕謀《登番山亭》詩云：“一邱[illegible]古城隈，榕木陰中曳杖來。海上白雲閒似我，隨風飛過越王臺。”神韻俱好。

4.32 南海游芷洲孝廉蒼育，詩筆清秀，人多傳誦。其《素馨》七律云：“夢冷紅雲玉不温，賣花聲裏許招魂。美人死亦爲香草，情種生原有夙根。故國夕陽迷瘦影，野田朝露泣啼痕。一抔賸有劉家土，未忍埋名即報恩。”

4.33 女校書能詩，自薛濤、馬湘蘭、張喬之外，工韻語者殊屬寥寥。近時如奚茜紅絶句云：“絲管聲中欲暮天，蘭橈争水正喧闐。尋常一樣江城月，看到秦淮分外圓。”陸調毓《立秋前一日送汪雪峯歸里》云：“勸歸常似鳥啁啾，一唱驪歌反淚流。怕問前期搔白首，何堪後夜即清秋？幾年歌管樓臺客，一夕風濤舴艋舟。欲望征帆惟頃刻，江干不敢暫回頭。”竹香《春夜懷人》一律云：“簷鐸聲聲玉漏遲，丁東入耳最凄其。剛愁酒醒誰相伴，恰喜燈明影不離。芳草堤邊留舊恨，垂楊屋角挂新絲。此情難向人前訴，只有菱花鏡裏知。”卞時《寄所歡》云：“不恨離多恨夢癡，夢中攜手説相思。一聲鐘動鴉啼樹，又是柔腸欲斷時。”王翹雲絶句云：“雨急風狂勢欲傾，呼僮急取傍檐燈。奔來檐溜如溪響，隔着窗兒唤不譍。”高凰卿病中自畫蘭竹，題絶句云：“裊裊湘筠馥馥蘭，畫眉筆是返魂丹。旁人漫擬圖花譜，自寫飄蓬與自看。”

4.34 家雲津茂才漢工畫山水、花卉，詩亦情詞婉轉，耐人咀嚼。如《桃葉渡》云：“名士亦曾憐愛妾，美人畢竟負情詩。”《西湖有懷韓蘄王》云：“精魂莫上棲霞嶺，大樹無枝向北邊。”《宫怨》絶句云：“長門夢醒最銷魂，夜静垂簾印月痕。愁對金籠白鸚鵡，至今猶説舊時恩。”吐屬一何秀雅！

4.35 南漢奢華，吾廣遂沿成俗，笙歌恒徹夜不休。余《南漢宫詞》云：“笙簫檀板徹羊城，歌舞當年擅兩瓊。怪底仙湖五百丈，至今猶遍管絃聲。”

4.36 熊蔗泉觀察學驥《秦淮雜詠》云：“秦淮三月畫簾開，便有遊人打槳來。燕子不歸春又暮，幾家閒煞好樓臺。”李嘯村葂《青溪口占》云：“粉牆紅掃落花塵，一帶樓臺樹影昏。雨細風斜簾未捲，縱無人在也銷魂。”同一樣悽惋。

4.37 詩有眼前景況而説來極有味者。王家駿句云：“衣因亂疊痕常縐，書爲頻翻卷不齊。”陳古漁句云：“却恐好書輕看過，摺將餘頁待明朝。”説盡吾輩讀書之態。

4.38 南海周靈椒子祥近以其《眠琴書屋詩草》介霍香谷茂才屬余點定，詩筆極清。《答友》云：“非我安知我，惟吾亦愛吾。愁來天地窄，病久性情孤。默坐通禪悟，長眠稱懶軀。北窗差不寂，梅鶴伴清癯。”《寄家采芩松年》云：“到門芳草色，滿眼是相思。別夢五湖水，春愁二月絲。杯深微凍減，骨瘦苦吟知。愛爾西堂夜，清詞早見貽。”《村居》云：“溪流之折入桑麻，獨木橋邊三兩家。覓句短廊貪賸月，懷人深院惜飛花。舞風簾隔巡簷燕，嚙雨苔延篆壁蝸。老去頗諳幽趣味，漸能止酒不顛茶。”《和族姪敦原》云：“我輩不妨高閣束，阿誰合賦小山《招》？一龕蘿月自瀟灑，半榻琴書不寂寥。漸息機心容閉户，慣尋詩夢輒通宵。狂歌白日驚風雨，遥和松濤答海潮。”俱佳。

4.39 連州大雲洞歷來遊覽題壁名刻甚多，惜無題洞榜者。寺僧聞余至，慫慂請書，余因篆“大雲”二字付之。篆體多瘦硬，此獨腴潤，取其便於石工也。余詩有“酒緣多病減，書借好山傳”，蓋謂此。

4.40 番禺蔡樹百孝廉蕙清，現官大理寺丞，豪爽磊落，每寄興於詩酒，古體最擅長，七律亦健。愛其《由洛陽至翼城二首》云：“爲訪名園過洛陽，

華林梓澤已全荒。君王自問蝦蟇聒，臣子爭誇狗馬强。灑淚金人纔怨别，傷心銅狄又知亡。鵜鶘關上千盤路，曾是當年百戰場。”“此去河汾扼要津，雄關移後地形新。樞榆蟋蟀思唐魏，風雨殽陵弔晉秦。面目漸更非故我，山川如識笑陳人。途中何事堪排悶？落日殘碑訪老民。”又《巴陵乘風至武昌》云：“洞庭東望楚雲垂，平衍能容大瀆趨。巨舸得風奔勝馬，小洲没水縮成龜。濤翻赤壁尋遺鏃，日落黄州憶好詞。鸚鵡不歸仙鶴去，武昌城外雨絲絲。”其好句，五言如《送張芷堂出宰古浪》云：“萬山圍一縣，八月已重裘。”《舟中》云：“潮生添水勢，帆飽壯風聲。”七言如《湞江舟次》句云：“野鳥偶來銜澗果，石人隨意戴山花。”俱莊雅可誦。

4.41 先兄雲裳好購字畫，曾得墨梅一幀，筆法蒼勁，上題二絶云：“瘦於修竹淡於蘭，枝北枝南春正寒。昨夜有人横玉笛，白雲飛過碧闌干。”“幾枝老幹透疎香，殘月無痕鶴夢涼。畢竟林逋風味淡，千秋配食水仙王。”欵題“銕瓢道人”。考道人周姓，名農，烏程人，兼善篆隸飛白。詩學中唐，如“斷雲隨鴈落，疎雨隔橋晴”“淡烟横野浦，涼月上孤舟。”“沙湧無邊月，河流百丈氷”等句，於大歷十子中最近錢郎。嘗客維揚，笥鞋桐帽，遍尋高逸，適遇張老薑布衣鏐工詩善畫，尤長銕筆，隱居春草龕。銕瓢訪之，題其壁云：“亂草亂烟裏，茅茨三兩間。編籬分小徑，疊石當真山。畫筆秋來瘦，詩篇老去删。甯爲守窮餓，塵事不相關。”兩人風尚可以想見。

4.42 銕瓢事跡，王柳村《羣雅集》“小傳”、陳無軒《寓賞編》、周鄭堂《小山茨隨筆》、奚榆樓《方屏山居雜識》、孫山橋《清暉閣閒話》、張曼仙《客窗記事》、戴怡園《甕牖清談》、淩泊齋《覺龕詩話》，朱醉痴《桐井齋雜記》、王二樵《掃籜龕筆談》俱畧序其梗概。而簡括詳明，莫如郎文臺《弔故友銕瓢道人诗》。诗云：“道人前身何物化？平生只耽詩與畫。銕幹氷花觸手成，筆底春風自開謝。遍賣梅花數十年，腰積百貫青銅錢。歸來買山瘞老母，梅花都付松楸閒。道人心事亦已足，一朝羽化南山麓。太白山人意氣同，窀穸峨峨相對築。菴内歸雲入夜黄，墳前宿草經春緑。棠梨花下故人來，酹酒招魂時往復。苦雨凄風掩墓門，畫友詩人一齊哭。吁嗟乎！道人一生遽如此，無數梅花抱香死。舊畫新詩遍處搜，篋中袛賸零星帋。吁嗟乎！何日吟魂控鶴來，化作梅花萬樹山頭開？”使銕瓢有知，誦此詩可無憾矣。

4.43　文臺名葆辰，湖州人，著有《桃花山館吟課》，詩筆清麗。如《吴門客中》云：“花捎孤客眼，春動故鄉心。”《瓜洲曉渡》云：“篙聲上潮水，旗影出城風。”《游棲霞寺》云：“泉聲三月雨，雲氣六朝松。”《田家》云：“十里半親串，一村無富貧。”《黔中》云：“人家就地忽高下，山色撑天各淡濃。留賓呷酒[illegible]筒碧，唤婦舂糧稗子紅。”《送春》云：“不知歸路定何處，還問留君能幾人。”《姑蘇臺懷古》云：“讐主十年嘗膽去，美人一笑捧心來。”《北上留别汪生》云：“未能免俗無如我，可與言詩獨有君。”《秦淮竹枝詞》云：“水闕東畔板橋西，紅袖青衫一隊迷。五色玻璃三百盞，水晶簾外上燈齊。”“送客江干路幾千，石城東望水如烟。恨他銕索三千丈，只繫危樓不繫船。”《遊仙詩》云：“碧柰花開手自拈，春霄宫裏饌新添。蓬瀛莫道無滋味，嘗着嵰山雪也甜。”俱有風味。

4.44　十二月立春常事耳。唐人云：“江春入舊年。”造語獨奇。十二月多寒亦常事耳。而江夢亭句云：“嚴寒凜冽非無意，不許江春入舊年。”

4.45　新會張雲根天桂性雅潔，常以磁盆貯雨水烹茶，云甚甘美。曾記張二喬校書《春日山居》云：“二月爲雲爲雨天，木棉如火柳如烟。烹茶自愛天中水，不用開門汲澗泉。”想風雅人每有此種好尚。

4.46　南海余兆昌女長珍玉、次尊玉，俱工書畫，能詩。珍玉《話别》詩云：“窗前疎雨淡烟青，吟罷愁聽惜别聲。山静樵歌日半午，水寒漁唱月三更。雲邊野店花同宿，天外孤身鳥伴行。君去長亭回首望，一江秋水

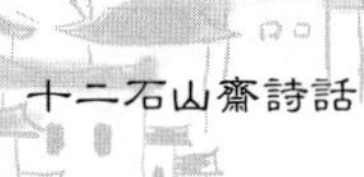

晚霞横。”尊玉《秋夜》絶句云：“遥天霽色浄如冰，菊影籬邊玉露凝。蛩笛聲聲螢火亂，月明光映夜窗燈。”

4.47 題畫詩須得題外遠致乃佳。金壽門《題畫杏花》詩云：“香驄紅雨上林街，牆内枝從牆外開。惟有杏花真得意，三年又見狀元來。”《題畫馬》云：“芳信傳來第幾番？雙蹄踏遍杏花殘。怪他蹀躞春風裏，騎過吾家兩狀元。”蓋一爲金德瑛，一爲金甡也。落想便奇。又《題老馬》云：“玉轡金韉錦作鞍，嘶風嘯月渡桑乾。而今衰草斜陽裏，只作牛羊一例看。”則又感慨係之矣。阮儀徵相國《題金帶圍花開宴圖》云：“老圃秋容儘自誇，春風何事弄繁華。誰知誤殺蒼生處，即是四花中一花。”大處落墨，尤有體要。

4.48 沈歸愚詩體格博大，至《田家雜興》一首逼真王、儲，乃知作家無所不可也。詩云：“白雲護山林，紅葉隱茅屋。門前跨板橋，户後羅修竹。牛閒繫道旁，磨癢向古木。是時秋氣高，霜重秔稻熟。老農顔色喜，早晚食新穀。惟苦欠文墨，舉動成鄙俗。今年幸有秋，送子入書塾。”

4.49 漵浦嚴樂園廉訪如熤詩能以才運法，著有《漢南集》，所言皆關於民生國計，誠得興觀之旨。秦小峴題其稿云：“仁愛出至性，譜作瓊瑶詞。其他富篇什，高言絶等夷。雲山發韶濩，大雅庶未衰。但願書百本，一振聾與癡。”則樂園詩可知矣。其《從軍行》有云：“南山古陸海，耕作半流人。擾擾而爲賊，禍患相頻仍。千里天府地，安危仗大臣。但能擇守令，黄巾皆良民。”可謂知去莠安良之本。至律句有奇闢者如《輓白河令黄補堂殉節》云：“怒激神靈轟霹靂，哀生風雨祭頭顱。”《懷竹浯静軒七塘諸君》云：“抵掌風生天下事，掀髯鯨吸手中觴。”有艷麗者如《答禹峯見寄》云：“五月鶯花殘白社，一簾烟雨冷青氊。”有團鍊者如《明山懷何一》云：“山近摩圍冬足雨，地連巴僰晝横烟。”有清利者如《移館東齋簡何一》云：“吴頭楚尾江湖夢，鴈叫猿啼雨雪天。”皆屬可傳。

4.50　樂園尤長於詠史，自魯仲連至戚繼光止，約百餘人。如《魯仲連》云：“千金擲去還存趙，一字争來已却秦。”《李耳》云：“柱史文章師法律，關門歲月祖神仙。”《三閭大夫》云：“臣罪不嫌讒鄭袖，王明底事惑張儀？”《信陵君》云：“事去英雄耽酒色，時危兄弟起猜疑。”《平原君》云：“三千士盡甘秦帝，十九人誰定楚盟？”《李斯》云：“半世身謀倉内鼠，一生相業筆中刀。”《項羽》云：“八千子弟傾秦社，百二山河奉沛公。”《張子房》云：“名士經綸三寸舌，興王社稷一戎衣。”《周絳侯》云：“按轡軍中伸將令，鳴鐃天上下奇兵。”《衞大將軍》云：“長揖可能容汲黯，敝裘終解識任安。”《趙營平》云：“從古安邊關相業，許誰不戰屈人兵。”《揚子雲》云：“華藻大都無烈骨，艱深那得即奇篇？”《班定遠》云：“臨危智勇成奇績，到老英雄念故鄉。”《曹孟德》云：“兩字孝廉多是詐，一家父子最能文。”《諸葛武侯》云：“草廬規畫三分國，斜谷艱難六出師。”《陶太尉》云：“中朝竟被清談誤，大業還須戮力成。”《謝太傅》云：“夷吾江左遷都議，安石淮南破敵師。”《文中子》云：“聖賢文字存《中説》，王霸經綸異《論衡》。”《郭令公》云：“老臣閒散成勳業，家主癡聾絶忌猜。”《陳希夷》云：“聖主欣瞻龍日表，先生不讀老莊書。”都有見解。至《詠岳少保》云：“禾黍何人慟汴京，漫將叩馬怨書生。北來師相懷奸慝，南渡君王忌父兄。半壁江山吴越老，六朝基業宋梁成。將軍未識朝廷意，苦練如山節制兵。”尤爲集中矯矯。

4.51　吾邑陳聖取世和詩極鍾鍊，如“旅人今萬里，孤子又三年”及“母在鷓鴣行不得，貧來杜宇怨當歸”皆不拾人牙慧。

4.52　“競渡端陽一例沿，鼕鼕浪裏鼓聲喧。夾江士女紛如蟻，試問何人痛屈原？”此南海邵心根茂才堅《觀競渡作》也。人人意中之言，却無人説出。又有《大科峯觀雨》五律云：“雲氣淡空碧，山光失衆青。不知下方

雨，俯視但冥冥。睨日峯頭掛，狂雷澗底聽。陰崖與陽谷，想像會羣靈。”寫高山陰晴不定之景最幻。其他佳句，五言如《晚步》云：“屧聲拖月緩，衣影逼溪寒。”《翠巖》云：“梯巖神更王，聞瀑意先涼。”《山行》云：“水侵石氣冷，雲壓松陰低。”七言如《暮春》云：“積陰忽喜月初上，小飲時嗔花未開。”《遊羅浮》云：“啞虎夜蹲崖畔石，怒龍晴吼壁閒泉。”《送何倬山侍任休寧》云：“閒衙習静同幽壑，異地承歡即故鄉。”《漫興》云：“酒因嗜飲藏難久，詩已成逋索亦寬。”

4.53 族叔介眉體弱善病，坐致困阨，嘗自紀貧病呈諸同人，五首聯接一片，語皆沈痛，中有“一家骨肉雙流淚，萬種情懷半斷腸”“家貧空説多文富，面瘦何曾衆口肥”等句，俱警鍊。

4.54 吾粤沙田壅塞，下流西潦一來，上流隄防每被冲決，而富户漁利成税，日積日多，其患不知胡底。予邑蘇小峯藩領元芬《沙田行》云：“山田高，潮田低。山田與潮田，苦旱苦潦恒不齊。近乃積沙亘巨海，千畝萬畝區東西。尾閭不洩患淤塞，上流空築防與隄。沙田之利日益廣，潮田之害無已期。水鄉水國半滅沒，更憂窟宅成龍蛇。我聞神禹治水首疏瀹，四海爲壑殊白圭。曲防害鄰有深戒，齊桓霸者猶能知。商鞅拓地病戰國，草萊盡闢民流離。矧復築沙石犖确，我疆我理圖肥私。里豪一奪動百頃，以强凌弱空猖披。白楊成樹訟不結，公門兩造皆長羈。吏胥中飽隸敲扑，妻子鬻賣仍難支。殃人自殃理則有，請君看此沙田詞。”寫得盡致。

4.55 香山何方水孝廉其英詩筆簡老，而律格尤勝。其《登青羊驛戍樓》云：“鷓鴣聲急雨初收，憔悴征衫獨倚樓。一髮遠天歸路失，千山殘照異鄉愁。仰人衣食憐黄口，疑我存亡泣白頭。秋老登高一搔首，時危身賤寄邊州。”力厚思沈，最耐諷誦。他如《登潼關城樓》云：“南來岳色千家碧，北走河聲萬堞寒。”《京口渡江》云：“六朝雲樹愁邊酒，百粤鶯花夢裏家。”《生朝棧道》云："功名蹭蹬成雞肋，歲月消磨總馬蹄。"《南歸作》云："舊業已荒仍作客，故交零落不成歸。"俱有精意。卒時其族人桂圃輓以詩云："大雅元音沈粵海，精魂廟食到函關。"以官寶雞時有惠政，縣民立生祠祀之也。夫亦非虛譽矣。

4.56 錢唐家山舟學士之子諫庵富於著述，不屑爲舉業文。學士顔其堂曰"清白"，即以"清白士"自號，並名其集。《五十初度自述》云："翻經紬史雙單日，却軌看梁五十春。最怕朋儕呼貴胄，每嫌姓氏附詩人。"可想見其品概矣。有《泛湖口占》云："南屏山色最霏微，一抹紅霞帶夕暉。貼水鐘聲飛不起，和烟載得滿船歸。""到處茶坊閒酒家，瞢騰多是賞繁華。無人更向東門去，閒煞連畦野菜花。"意態亦自翩翩。

4.57 尹文端公《和張南華遊近華浦》云："落葉蕭蕭拂面飛，韶光轉眼已全非。披裘尚覺寒侵骨，野老人多未授衣。""婦子嬉嬉列短壖，嘉禾搬載滿漁船。自來邊地農桑貴，綠柳黃花不值錢。"大臣胸襟與文人意趣，吐屬自是不同。

4.58 尹文端公於金陵使院因舊室三楹製如半舫，遂顔曰"不繫舟"。有"自去自來何罣礙，就深就淺聽沉浮"及"帆欹莫更爭迎水，櫂短何堪認作舟"之句，可與"不繫園"並傳。

4.59 杜詩"風含翠篠娟娟淨，雨裛紅蕖冉冉香"，上句風中有雨，下句雨中有風，人知此等句法甚少。惟新建裘文達公曰修全仿其意，有"竹涼似有瀟瀟雨，荷淨微生嫋嫋風"。震澤張鴻勳棟有"空山木落散秋影，孤館月明生夜涼"，亦得此法。

4.60 夏月飛霜，千古僅見。余讀春融堂《勞歌集》，有《四月十五日大雪》詩云："又遇長贏日，還看雪雹零。"《五日》詩云："峯浮殺氣雲常黑，雪壓薰風草半青。"又有《六月初二日雷雪》詩云："一聲兩聲雷迅烈，千片萬片雪飄瞥。紫電如虹數道來，烏雲黑霧時明滅。空際惟聞風嘯號，眼前忽失峯凹凸。豈惟廬帳懼簸揚，直恐營牆旋毀裂。怪事荒唐夙未經，袄神鬼伯争奇譎。”又《六月初三日雪》詩云：“暑已當三伏，寒終凝六花。”豈西藏風景與中土異氣耶？抑天兵所臨，爲殄滅鯨鯢示警耶？亦可異矣。

4.61 余族兄絅堂雲錦與吴樸園孝廉交最久，一日見其摺扇上書二律句云：“夜色冥濛四野平，戍樓纔報漏三更。微雲散盡天如洗，碧水分流月有聲。千里江湖初客路，一船燈火故人情。湞江北望鄉園隔，棖觸離愁夢不成。”“月鎖澄江樹鎖烟，孤舟人話故鄉天。知君壯志凌滄海，顧我離愁滿畫船。詩骨衹應同賈瘦，酒豪空自愧張顛。遊蹤又有姑蘇約，何日相逢訂夙緣？”乃《夜泊英德舟中夜話作》也。諗爲樸園仲子桐谷作，急索其稿觀之，有《感遇詩》八首最爲沈着，如：“有兄遠宦五千里，獨我閒居三十秋。”“唾手功名偏蹭蹬，到頭歲月又蹉跎。”“入世既無諧世技，依人空有傲人才。”他如《晚泊上聶寺》云：“水識人情淡，雲憐客路長。”《蓼花》云：“繁華有限春何在，點綴無多景亦幽。水國生涯應似我，江天冷艷亦憐渠。”《静寄東軒夜話》云：“詩於老處分王伯，酒到豪時識聖賢。”俱清超拔俗。樸園可謂有子矣。桐谷名尚懋，道光癸卯副貢。

4.62 騷人墨客與余未晤，輒以書札往來。李敬之《書王熙甫詩卷後》云：“相慕不相識，惟應夢見之。何期把君卷，中有贈余詩？”李少鶴《贈友》云：“學在登科後，書來識面前。”恍爲拈出。

4.63 香山黄香石中翰所著《嶺海樓詩鈔》，《望羅浮》一首逼近少陵。詩云：“飛盡千峯雲，兀突矗天外。浩浩元氣通，上與真宰會。作鎮雄百蠻，翕闢仙境大。偉哉盪吾胸，騁眺入青靄。”其他佳句五言如：“灘聲寒入石，山色凍連雲。”“山光連海白，石氣到天青。”“稚孫偷學畫，戇僕誤撿書。”“龍歸山挾雨，剎古樹飛泉。”“開門見殘月，行客起朝餐。”七言如：“半世知音難相馬，十年浪迹又奔牛。”“山如好友沿途送，官似澄江澈底清。”“隔岸人呼秋水渡，倚樓僧看夕陽山。”至《讀武侯傳》云：“天心已定三分國，王業何關八陣圖。”《咏留侯》云：“豈有英雄耽辟穀？不遭夷僇即神仙。”尤有見地。

4.64 周以豐，吳縣諸生，有絶句云：“晚風吹雨百花殘，不典綈袍買醉難。還是去衣還去酒？費人斟酌是春寒。”劇饒風致。

4.65 以詩論詩，俱自言其得力也。吳蘭雪《荅栗園論詩》云：“絶跡飛行應萬里，冥心獨造始千秋。”《答時帆》云：“鑄成五字皆神力，傳到千秋只性情。”又自記云：“天地閒氣不常有，才力所限難强争。”非此中深造，安能道得親切？

4.66 國朝巡幸，興利除弊不一而足。乾隆庚子南巡，上幸花神廟，問所祀何人。或對以李衛，衛總督浙閩時塑其像於花神中，東樓二女，其所最寵者。上曰：“衛本賈人，何敢狂悖？”即命毁其像，重塑花神祀之。王蘭泉時扈從，因紀以詩云：“雲作衣裳玉作鈿，蕙幃春暖更清妍。如何瑶島如花女，却伴傖奴五十年。”

4.67 賭博昏迷，至有以妻爲注者。江南諸生劉某娶妻焦氏，才色雙絶。劉嗜博無厭，家産蕩盡，竟爲匪人誘質其妻。妻憤自縊，作《絶命詞》十章，中一章云：“忍拚膚髮博芳名，身重從教性命輕。地下一言郎記取，休從彦道再輸嬴。”悽惋動聽。有好牧豬奴戲者讀之，當思返矣。

4.68 “多病悔辭家”，合肥蔡月樵句也。遵化周伯衡亦有句云：“多病欲辭家。”説來尤覺深婉。

4.69 臨川樂蓮裳《蜀岡詠》云：“月觀風亭被綺羅，南朝金粉得來多。幾船簫鼓迴殘照，三月鶯花稱艷歌。儘有海波熬白雪，只須湖水敵黄河。豪華亦自關形勝，枉笑夫差罪阿麼。”揚州咏古，此首音節最勝，結處不歸罪吳隋，

尤屬弄筆狡獪。

4.70 德清許積卿宗彦《寄家信書後》云："山頂人聲山脚膺，水西月影水东生。岸上簦牽波上柁，家中人繫客中情。"句調創自白太傅，而意味迥别。三句襯一句，極似古謡，以絶句行之，體格得未曾有。

4.71 顧立方"蝶夢不離花"、王蒲衣"雲氣不離身"，人多取顧句，余獨愛王句。

4.72 伍柳門燕堂，余邑諸生。《村居雜興》絶句頗有逸致，詩云："瓜蔬佐飯稱農家，兩頓饔飧願匪奢。却爲澆愁難禁酒，慳囊時解買魚鰕。"

4.73 雨湖師嘗向余誦同邑蘇赤崖炳南《宫怨》詩，謂其含蓄藴藉，雅近唐音。余適成一首，質之於師。師謂允堪伯仲，因全録之。蘇詩云："寶釵空憶舊時恩，白玉墀前蘚有痕。轣轆羊車何處駐？薔薇花落又黄昏。"余詩云："水晶簾外月黄昏，玉管銀筝久不聞。倚遍雕欄望雙闕，東風徒戀石榴裙。"

4.74 錢塘陳退庵大令論詩，謂於唐人取法許丁卯，宋則林君復，明則高季迪，國朝則施愚山，故評國朝詩人以愚山爲第一，而黜漁洋爲凡近，未免過偏。退菴詩多至數千，大抵麗藻有餘，古香未足，然綺思壯采壓盡時流矣。其《隋宫遺址》七律云："南朝芳草沒陂陀，重向荒宫弔阿麼。寶帳殘珠埋瑟瑟，畫堂團扇寫羅羅。四時花月《迷樓記》，九曲淒涼《水調歌》。一片雷塘新漲碧，春來依舊學横波。"《高堰道中》七絶云："滿天風月滿襟霜，迴首清淮舊夢涼。又是江南好烟景，有人家處有垂楊。"豈非驚才絶艷？

4.75 嗜好最雅者，書畫之外，莫如金石。嘉興張叔未孝廉廷濟羅列商周秦漢及近代金石、象齒以至瓦甓、磚塹、版榦、甆漆諸物於清儀閣中，各系以七律。又爲永寧元年甎、建安二年弩機作壽，俱紀以歌，可謂騁文字之奇趣者。階州邢澍贈以詩云："鳥跡蝌文屢費猜，娓談終日倚深杯。笑余奇字無多識，翻向門生載酒來。”“名篇五十摭星娥，閣號清儀積古多。虹月滄江《書畫舫》，由來家世説清河。”

4.76　長白達誠齋榷使（達三）好吟詠，莅吾粤時常與博羅何湘文南鈺、番禺劉樸石彬華、南海謝澧浦蘭生三太史相唱和。五言如《重赴張城道上》云：“曉色散無跡，秋光淡有痕。”《曉發王家峪》云：“月隱遥峯樹，烟生曉炊家。”《溪上》云：“静水沉虚碧，遥山抹嫩藍。”《青石梁道上》云：“一逕憑空鑿，千車盡力争。”《舟中》云：“危橋通縴路，曲港泊漁舟。”七言如《居庸關》云：“雲迷古戍人烟少，月落深林虎跡多。”《春柳》云：“青帘酒煖遊人醉，紅粉樓高燕子飛。”都有一種清氣。

4.77　蔚州魏環溪尚書象樞粹于理學，故其詩自有真氣。《抵蔚》云：“一官勞日月，雙淚出關河。”《見母》云：“嘻笑偏多淚，風霜不忍言。”《丙辰除夕守歲》詩云：“兄妹經離四五載，親知相對兩三人。”《送錫伯長兄歸里》云：“田園無恙心何憾，手足多殘淚欲傾。”説來何等懇摯！

4.78　余邑張逸芳廣文琳詩筆清雋，所著《玉峯詩鈔》多可摘録之句。五言如《秋興》云：“官嗤雞棄肋，名愧豹留皮。”《白雲洞》云：“瀑飛聲挾雨，壁立勢干雲。”《官山阻雨》云：“波聲疑坼岸，風力欲飛舟。”《舟過榴花村》云：“白浮雲湧墖，青聚樹圍村。”《遊東郊》云：“山光浮野潤，海氣抱村寒。”《馬墟口道中》云：“山多雲釀雨，峽急浪搏沙。”《東安道中》云：“荒厓騰虎氣，密箐聒鴞聲。”《宿破寺》云：“壁坼憑蘿補，簷斜仗樹支。”《經架石寨》云：“磴仄雲迷足，厓隤石夾身。”《古雲》云：“沙多田亦石，水淺艇如膠。”七言如《宿永泰寺》云：“庭爲無林全受月，院因依岫半棲雲。”《拄杖》云：“世路險夷常伴我，老年行止半憑君。”《春日閒居雜興》云：“不談朝市雌黄少，每對雲山大白浮。”《海陽道中》云：“風旋雲作迴波勢，石激灘騰怒瀑聲。”皆不愧爲山澤之癯也。

卷五

5.1 余素不喜奕，然奕以消閒也。如東坡云“勝固欣然，敗亦可喜”，即奕亦何害？每見近人對局，勝敗將分，争呶不已。嚴海珊《觀奕歌》有云：“輸攻墨守窮所思，蟬蜕槁木飛游絲。計出萬全子欲落，旋復改悔移置之。閒亦得利南風競，暗計通盤主必勝。蔓延河北收鄧禹，迅掃江東下王濬。一刼乘虚遇反攻，將敗未敗頰發紅。項筋暴起大於箸，此讐不報非英雄。”爲局中人寫得窮形盡相矣。

5.2 厲樊榭《秦淮懷古》《悼亡姬》諸作，人皆賞其工於言情，要其寫景處亦令人玩味不盡。《西溪曉起》云：“開門殘月在，下見數峯雪。雪際生白雲，窅暎不可説。”《夜宿松寥閣》云：“深松耿禪燈，江黑疑有雨。平生託宿處，奇勝此堪數。微聞金山鐘，漸辨瓜州路。海色與西風，又將陳跡去。”《五月渡太湖》云：“千古繁華地，茫茫浸遠空。猶傳澹臺墓，不見吴王宫。一鳥墮寒鏡，衆山移釣篷。如聞習流戰，零落藕花紅。”《晚步》云：“水光知月出，花落見風行。”《秋日平山堂餞行》云：“天清隋苑樹，秋蕩海門烟。”《晚秋夜雨有懷故園》云：“背燈三峽水，欹枕九江船。”《西湖采蓴曲》云：“曉光蕩漾膩風烟，夜色微茫冒水月。”《重遊洞霄宫探大滌洞天》云：“一峯陰現一峯晴，天柱中央翠於掃。”《自金華至永康道中》云：“澗仄泉疑翻白鷺，雨深松欲化青人。”《雨後坐孤山》云：“小艇净分山影去，生衣凉約樹聲來。”《遊智果寺》云：“竹陰入寺緑無暑，荷葉繞門香勝花。”《雨後南湖晚眺》云：“湖雲倒破山一角，水葉亂摇風四圍。”

5.3　人當作客：偶遇親朋，每殷勤過訪；居同鄉里，反多疎畧。此種心情，余亦不解。前人吟詠，少有及此。吾邑楊匡山子均《淮陽園寄胡兼山》云："憶昔滄洲兩載羈，山城風雨共題詩。如何歸後家林近，不及當年作客時？"

5.4　仲父中翰公《無怠懈齋詩》刊行後，拙集《紫藤館詩》亦付梓。南海李孟夔孝廉鳴韶在陳雲史孝廉文瑞座上一見，即愛不忍舍，明日致札於雲史云："青厓先生詩品高淡，恰肖其爲人；福草古體遒勁，近體更多佳句。聞足下雅與梁氏有故，能多方爲弟求一本否？不然恐弟效蕭翼，故智則足下所有，不能無巧奪豪偷之患。"雲史傳其札來索詩。余誠不敢當此譽，然嗜痂之癖，世亦未嘗無其人也。

5.5　余讀《聽鐘樓詩》，有《雨中遣興》句云："老年筋骨識陰晴。"不解所謂，後聞一老者云："天寒陰雨，四肢欠適。"乃知其煞經閱歷也。

5.6　《聽鐘樓稿》爲元和韓東生是升著，乃侍郎崶之父也。不矜才，不使氣，閒有着意設色之句，如："斷雲連石色，絶壁繡苔斑。""樹罨千重翠，雲蒸一縷烟。""沙鳥銜烟下，溪雲挾雨寒。""句向閒中得，情於淡處深。""白雲滿岫雨吹面，紅葉落衣風打頭。""衍《易》自能安性命，讀書原不爲功名。""年衰最苦詩腸澀，量淺難禁酒政嚴。"而最凄慘者莫如："聞説淮黄北，流亡不忍看。賣兒喧午市，斫柳代朝餐。"最真摯者莫如《送從姪觀赴泰和幕》云："妻病難爲别，家貧賦遠征。親知都袖手，骨肉總關情。託我詞含痛，憐渠諾敢輕。風波曾飽歷，眠食慎前程。"

5.7　言情之作最足動人。金匱楊蓉裳芳燦《寓感》云："少日人誇咏絮才，華年如水苦相催。獸環銅澀花樓閉，鳳腦香銷黛帳開。記得小名書玉冊，曾因歸夢到瑶臺。蕊珠幾許游仙伴，不爲多情不下來。"所著《芙蓉山館詩》中有《紅柳》四首，纏綿悱惻，堪與《黄牡丹》《赤鸚鵡》並傳，不獨《鳳齡曲》爲時傳誦而已也。詩云：

“柳色偏嬌紫塞春，推烟唾月送行人。傷心定染壺中淚，拂面空隨陌上塵。冶葉恰宜縈茜袖，柔條可解綰斑輪。小蠻巧按紅兒譜，併覺今朝舞態新。”

“惆悵江鄉別路遥，無緣移傍赤欄橋。春風百結垂珊網，煖日三眠擁絳綃。底事施朱工作態，却看成碧總無憀。抵他南國相思樹，一種纏綿恨未銷。”

“纖纖小小愛穠華，掠削新粧欲妬花。漢殿漫懸連愛縷，楚宫曾繫定情紗。頰痕欲暈迎朝日，眉黛纔匀映曉霞。腸斷紫騮空躑躅，朱樓十二是誰家？”

“落絮應同嗛雪飛，燕支山下見依稀。啼殘怨血巴鵑去，舞倦香襟越燕歸。艷影易迷三里霧，蒨絲不上九張機。漫誇汁染宫袍色，如此風姿合賜緋。”

5.8 汪後來云：“詩本性情，讀其詩而其人之性情見矣。故其詩瀟灑者，其人必闓遂；其詩莊重者，其人必敦厚；其詩飄逸者，其人必風流；其詩枯瘠者，其人必寒澀；其詩悲壯者，其人必磊落；其詩峻潔者，其人必清修；其詩幽怨者，其人必拂鬱。譬如桃柳松柏，望其枝葉，便知其根本。假如未老言老，不貧言貧，無病言病，此老杜之家竊。不飲一盞而言三百杯，不捨一文而言散百萬，此太白之家竊。皆不足以道性情也。”余愛其發“詩中有我”之旨最透。

5.9 南海麗敏惠尚鵬《出居庸關》詩云：“天險重重繞戍樓，材官飛騎夜鳴騶。危樓旭日鐘聲動，重照中原十六州。”余《河池》詩云：“大軍乘勝擬防秋，下詔班師不少留。南渡無多收復地，一時甘棄十三州。”彼幸其得，我恨其失。兩朝功罪，俱于言外見意。

5.10 以母訓子詩有真率可喜者。錢塘柴季嫻詩云：“野雀從南來，翩翩思擇木。感此主人賢，飛鳴集其屋。才地非獨優，處卑願亦足。新城耿華年，都御史庭柏。”《母徐氏》詩云：“家内平安報爾知，田園歲入有餘貲。絲毫不用南中物，好作清官答聖時。”德州田比部雯母張氏《示兒》詩云：“一部《楞嚴》户晝扃，木魚竹仗倚圍屏。老人自覺修齋好，不爲兒曹講佛經。”

程鄉許貞婦詩云："髫髮垂垂善笑颦，書聲深夜過比隣。長來莫取封侯印，願作耕田識字人。"皆能深知大義。

5.11　嘉應吴石華孝廉蘭脩《大同寒食作寄呈祖母》云："風雨又寒食，其如萬里何？松楸痛邱隴，涕淚隔關河。白髮饔飧減，黄泉骨肉多。那堪傷麥飯？老眼一滂沱。"語極沈痛，令人不堪卒讀。

5.12　五律魄力最難雄渾。陽春譚康侯《咏銅柱》云："飛將下天來，横戈瘴霧開。南交見銅柱，東漢失雲臺。裹革平生志，攀鱗不世才。如何傷薏苡，千載使人哀。"此作余以爲不減翁山。

5.13　蘇東坡謂夫人"春月令人和悦"之語爲詩家絶妙詞藻。袁蘀庵韜玉爲吴郡佳公子，詞山曲海，擅絶一時。偶出飲歸，月下肩輿過大姓門。其家方宴客，演《霸王夜宴》。輿夫云："如此良夜，何不唱繡户、傳嬌語，乃演《千金記》耶？"蘀菴狂喜，幾墮輿，此亦絶妙詞藻也。

5.14　詩有極淺易而極真者。高要莫耀山元伯《端江舟中》云："未覺一年爲客久，翻嫌十日到家遲。"余歸自衡湘，始知其妙。

5.15　耀山詩筆近陶。《石灣月夜》云："夜半霜氣濃，流光射篷背。推篷一仰視，月色浄如溉。天遠羣嶂出，碧極雲不礙。山明塔影瘦，灘急水光碎。人家隔沙渚，白到竹林内。荒雞一聲來，寒燈静相對。"《新築小園》云："身世苦形役，一勤百不荒。藐兹灌溉地，卒歲同皇皇。春來種瓜蔬，秋至築禾場。時復率婦子，拮据不敢康。老母扶杖來，指揮高樹旁。人生無長少，艱苦須備嘗。"其淡永處近人不可多得。

5.16　吾粵海錯最多，而珍奇之品每因地而異。如鰕，常物也，出自羅濛峽爲奇。雙枕凸起，色艷如丹砂，故名丹枕鰕；背有金線，自項至尾，又名金線鰕。甲輭味鮮，峽中數丈外便不可得。南海邵齛屏成章賦六絶句以紀之。余愛其中二首云："更聞知雨又知風，却與長鬚國不同。怪煞嶺南風物志，

如何當下失羅濛。”“江干秋入黍離離，稻侶蘆羣逐水湄。愛爾蛋烟蠻雨内，澄潭深處少人知。”

5.17 瓊山符駱妻黎瑜娘、妾蘇薇香俱能詩。瑜娘《留别》絶句云：“繞欄濃艷四時開，都是區區手自栽。此去鶯花誰是主？故園猿鶴不勝哀。”微香《懊恨曲》云：“蓮藕抽絲那能長，螢火作燈難久光。薄幸相思無實意，可憐蝶粉與蜂黄。君何不學鴛鴦鳥？雙去雙飛碧沙沼。蘭房自居尚抛捐，何況風流雲散了。大堤兒女抹翠蛾，貴財賤德君知麽？夭桃穠李雖然好，何似南山老桂柯？悠悠萬事回頭别，堪歎人生不如月。月輪無古亦無今，至今幸照丁香結。”

5.18 漁洋生平不喜和韻。余祖其意，凡索和之作每不留稿。惟十齡時仲父青厓以《粵臺餞别圖》命題，用祁尚書春浦年丈索畫原韻，有“濃烟濕雨寺旁寺，遠塔孤帆洲外洲”句。仲父謂通體自然而洲韻尤峭，故姑存之。

5.19 家石癡樞工畫山水、花卉，詩筆亦超。有孔生者與某優兒相善。優忽辭孔歸衡陽，孔因邀石癡及同人在珠江賦詩贈别。石癡即援筆云：“昔自衡陽來，今返衡陽去。風送衡陽舟，目斷衡陽樹。”衆爲閣筆。其詩蓋脱胎于番禺王震生《長安道》所云“妾本長安兒，生長長安道。生不識長安，夢是長安路”之作。

5.20 律句借對每覺靈活。方子雲“斷碣苔封天子筆，廢壇春繡地丁花”、吴孟舉“山深木客通名字，日煖慈姑種子孫”、葉筠潭“負弩未酬司馬志，思家空對杜鵑啼”、方文輈“貧家苦趣多男子，樂府傷心病婦行”、董俟庵“但遺異書供《硯北》，不妨野語聽《齊東》”、顧立方“偶思服食求雲母，漫擬填詞付雪兒”、魏善伯“窮愁久愧牛衣婦，兵法終慚馬服君”、畢秋帆“蕩槳珠娘歌月子，彈箏盲女問年庚”，皆用此法。

5.21 唐人詩：“黄鶯住久渾相識，欲别頻啼四五聲。”舒雲亭作宰平湖，招諸詩人倡和，臨别作詩云："芳草青青送馬蹄，垂楊深處畫樓西。流鶯自惜春將去，銜住飛花不忍啼。""啼"與"不啼"各具妙理。

5.22　句中疊用數目字，無堆垛之迹者，如陳獨漉云："半樓月影千家笛，萬里天涯一夜砧。"吴縣陳友竹堅云："孤城背嶺千家暝，萬派朝宗二水分。"南昌楊子載垕云："千里寒江一飛鳥，半山斜日兩歸人。"漢軍高乘亭玥云："三十年中雙鬢改，七千里外一身歸。"番禺金蘿香菁莪云："千里寄來詩兩卷，一燈看到漏三更。"番禺許揚雲遂云："孤磬入雲雙洞響，百花臨水一溪香。"嘉興高青華孝本《咏武夷山》云："九曲初通三島近，萬山遥拜一峯尊。"吾邑佘兼五錫純云："萬壑水聲千樹雨，一樓人影四窗風。"鄒平張蕭亭云："一卷《離騷》千日酒，三春花鳥四圍山。"先四兄熾山《詠烟波釣徒》云："日月雙懸三殿迥，江湖萬里一舟輕。"余亦有《夜渡湘江》句云："夢回五嶺人千里，月湧三湘鴈幾聲。"

5.23　詠酇侯詩頗少佳搆。扶山太夫子詩云："翊漢争秦鹿，追亡破楚猴。一身功萬世，三傑等千秋。矢石何勞冒，圖書賴早收。關中諸宿將，讓爾出人頭。"最爲包括。

5.24　李雨村督學吾粤時巡試肇慶，以《春日田園襍興》試士。陽春劉薌谷世馨時年十五，詩云："紅棉作絮雨霏霏，漠漠沙田一鷺飛。芸罷薯苗烟靄晚，桄榔村外唤牛歸。""一溪流水好桑麻，牡蠣牆圍四五家。昨夜小園春雨過，短籬開遍佛桑花。"大爲雨村所賞。

5.25　三水張雨山茂才大猷素耽吟詠，嘗夢遊至一室，扃甚固。有納之者，詢之，云："此詩人白樂天院公扃，後無復至者。"覺而異之，從此詩益進。録其小詩二首。《横塘曲》云："少小横塘住，門前柳兩三。望郎郎不至，花落板橋南。"《古别離》云："隄上送行人，人行留不住。私語怨東風，錯生楊柳樹。"絶似崔國輔。

5.26 太傅明珠亭臺之勝甲於一時。唐東江孫華有《怡園雜咏》十四首，如：“樓頭花萼連藩邸，地接枌榆總舊勳”“流水游龍非馬尉，赤墀青瑣異王根……一籬纏結花爲障，四面叢攢柳作城……如雲駝馬常彌野，落日雞豚自一村。”寫繁華景象如繪。

5.27 邵康節先生謂删後無詩，殊不盡然，但少陵而外集中求合乎“興觀羣怨”之旨者，原屬寥寥。後人向字句上描摹月露風雲，誠如先生所訶矣。

5.28 高要陸春圃樹英宰鹽城時以水災罣吏，議行戍伊犁。所歷塞外風景，悉以韻語傳之。其《天山》一首尤爲雄渾，詩云：“奇山豈受中原縛，走出窮邊始大觀。羣峭摩天連不斷，層厓積雪暑猶寒。烏孫赤坂瞻雲拜，馬邑龍堆倚劍看。恰與逐臣行有約，朝朝飛翠送征鞍。”置之《昌黎集》中，幾於神似非形似矣。

5.29 番禺林月亭孝廉伯桐所著《秋樹山房詩稿》，平易處最近元白。其《農謡》云：“一人耕，十人食，農夫安得有餘力？十人耕，一人田，農夫何者爲豐年？天上地下，無牆無瓦。朝朝暮暮，露處田野。有婦能饁餉，日中汗流赭。有兒能驅牛，田中泥沒踝。驅牛復驅牛，牛行但低頭。高車怒馬誰遨遊？賈人有稚子，奴僕皆風流。”所謂老嫗皆能解也。

5.30 作詩點化經句固難，運用《四書》得現成趣味尤尠。吾粵重陽後尚食魚生，取鱻魚作膾，和以品味，絲者、屑者、濡者、葅者，一時並下，美逾常珍。番禺金藝圃作五古紀之。愛其結處云：“朶頤翻解頤，誤把《孟子》讀。魚我所欲也，生亦我所欲。”可謂生新，無庸腐氣矣。

5.31 《春江花月夜》詩題極艷麗，故唐人後鮮有再着筆者。吾邑温南垞汝驤咏云：“金波瀲灧浮空碧，皓魄流輝同一色。鼓棹何人作浪遊，臨風有客永今夕。春江兩岸月華明，千樹萬樹綴瓊英。遥空處處輪光滿，極望迢迢鑑影平。輪光鑑影夜如晝，東船西舫相偎就。探花多半爲春忙，玩月同來聽更漏。探花玩月兩無厭，春去春來樂事添。南陌共開桃李宴，畫樓齊上水晶簾。此時對花兼賞月，花月相歡情莫竭。江畔頻將羯鼓催，夜深休遣銀蟾沒。獨憐好花不常妍，獨憐好月不常圓。月缺花殘終寂寞，悠悠江水送流年。”此詩似可步武。

5.32　任心齋兆麟所著《簫譜》謂，簫即今直吹之笛，而以女弟子沈蕙孫《寄懷清溪夫人》三截句叶爲夾鐘、仲吕、無射調，洵屬韻事。詩云：“無那相思托玉簫，垂虹一曲路非遥。春來緑水溪邊漲，何日輕帆趁暮潮。”“黄鶯百囀最關情，曲港桃花漲欲平。爲報春光容易老，聽殘紅雨到清明。”“羞看乳燕語雙雙，情緒懷人那肯降？寂寞梨花寒食夜，夢隨流水下吴江。”

5.33　人必有翛然之志，然後有翛然之境。番禺謝漁璜光輔舉孝廉，後於西溪卜築亭屋，顔曰“鷗波草堂”。既成，系以詩云：“卜築沿溪好，波光繞岸斜。船歸時繫柳，水漲課澆花。静閲江雲變，閒聽蛋唱譁。杜門塵事遠，風趣近漁家。”“問訊東隣叟，漁舟昨夜歸。撈鰕供客饌，調鮓進慈闈。身世添蓬鬢，行藏付釣磯。開窗逢舉網，劇喜鱖魚肥。”讀此覺衡門泌水志趣尚在。

5.34　拐帶之害，吾粵流弊日深。偶閲常熟王東溆應奎《柳南詩鈔》，所詠《箬包船紀事》，有同令人髮指者。詩云：“有船鋭其首，以箬包裹之。名爲箬包船，聚泊疑茅茨。浮家無定所，忽湖忽江湄。居貨挾土産，擅技兼卜醫。中有無良者，行乞同殘黎。詎料豺狼心，所志竊童兒？神咒與餅餌，紿兒兒輒迷。牽引至船中，毒手恣所爲。或爲擢其目，或爲擺其肢。或屈曲其體，如籧篨戚施。形骸幾變盡，父母居然疑。清晨負之出，索錢號九逵。夕仍負以入，傾倒囊中資。數倘有不充，攢刺加鞭笞。苟延此殘喘，性命危如絲。有時更肆惡，視彼軀幹肥。入之人鮓甕，飽啖若餔糜。吸兒腦與髓，嚼兒肝與脾。從此筋骨强，便堪耐刀錐。更聞藏秘器，賣以療尫羸。一七爲

神膏，索值恒不貲。淫人祈長生，食之甘如飴。又聞湖海濵，茫洋有神祠。神曰抽筋母，此輩所皈依。重午暨仲秋，廟門搴靈旗。羣船競祭賽，以兒爲牲犧。祭罷飲福酒，狼藉骼與骴。年來迭敗露，官長胥周知。勿問所從來，立斃陳其屍。謂足抵兒命，此外無窮治。不究其本根，徒然剪旁枝。官長法深刻，胡獨偏仁慈？其毒仍滋蔓，其故難尋窺。誰爲采風者，聽我歌此詩？”

5.35 唐人“可憐無定河邊骨，猶是春閨夢裏人”爲從軍者言之；鄂文端“聞道將軍期馬革，幾人真箇裹屍回”爲將帥者言之。俱悲涼感慨，議開邊者尚敬聽焉。

5.36 劉青田《深慮論》謂，天下之禍患每出於所備之外。使起前人見之，多覺其無爲。余《三户津》詩云：“葛公亭北濁漳濵，曾記東兵此渡津。一笑長城空萬里，不知三户已亡秦。”

5.37 余邑吴月湖茂才璧工畫，詩亦清，愛其《送譚大》五絶一首云：“昔君送我返，君情如我何。春風轉相送，飄亂柳絲多。”

5.38 余鄉閒俗尚紫姑卜。每歲暮及元宵即爲之，不許男子窺伺。用筲箕一被以服如人形，横一竹坐其上，兩端以童女一人舁之。其神降則竹重而能摇動。《陸放翁集》中有《箕卜》詩云：“孟春百草靈，古俗迎紫姑。厨中取竹箕，冒以婦裙襦。豎子夾扶持，插筆祝其書。俄若有物憑，對答不須臾。豈必考中否，一笑聊相娱。詩書亦閒作，酒食隨所須。興闌忽辭去，誰能執其袪？持箕畀竈婢，棄筆臥牆隅。几席亦已徹，狼藉果與蔬。紛紛竟何益？人鬼均一愚！”乃知其來已久矣。

5.39 香山黄蔭芳妻楊如梅善屬文能詩，工奕精書。年六歲，父遣就塾，甫一年即卒業《四子書》《女孝經》及《毛詩》。父以“花陰堪避暑”命對，即應聲曰：“繡閣不知寒。”其幼慧如此。同邑方竹孫繩武題其《寄遠》詩後云：“人如秋水心逾淡，詩比梅花韻更清。浣罷薔薇月中露，隔簾應拜女先生。”

可謂傾倒之至矣。

5.40　田家情事必淺易方真。泰州宫友概太史鴻歷《村居店女兒行》云："村店女兒年十六，黑鴉羣中一白鵠。野花隨時插半髻，葛袖苧裹新結束。倚門望見官人至，轉過牆坳不回避。官人肩輿入草廬，問有午飯餉客無。答言阿爺往輸賦，瀝米旋炊誤行路，壺中有茶吃茶去。"余愛其風味特勝。

5.41　論古貴乎有識，方令古今首肯。黄岡杜茶村濬《咏淵明》云："淵明純醒人，生平未嘗醉。悠然見南山，酒中有真意。"《張睢陽》云："一死動天下，睢陽與常山。唐室再造功，吾必曰張顔。"《文文山》云："文山欲成事，死事非其欲。所以柴市前，一任炎午哭。"論列數公，最爲平允。

5.42　杭堇浦《題陳元孝遺像》五首雄壯悲涼，足稱絶唱。而其父巖野先生一生忠節，彪炳千秋，詠者却少。惟《涵青堂集·謁陳大司馬祠》云："殉國家先破，亡軍骨亦灰。官仍明主賜，祠就故山開。近海濤聲壯，當秋木葉哀。何堪瞻拜日，一一送愁來。""榆林烽火報，天作衆知難。一旅聲能壯，孤臣死已安。戰衣餘血淚，疏草載心肝。勒石原多事，遺民即史官。""何意求完卵，孤兒亦至今。詩書留一脉，天地豈無心？名早通青瑣，官曾拜羽林。每聞論舊事，猶憶受恩深。"與杭作各具勝槩，同垂不朽。集爲南海羅曉園植三著。家蘗亭謂其詩典則風流，可以獨樹赤幟，誠爲篤論。

5.43　袁子才《馬嵬》詩云："莫唱當年長恨歌，人間亦自有銀河。石壕村裏夫妻别，淚比長生殿上多。"崇慶何希顔明禮《題壁》詩云："一自紅塵進荔枝，遠山也學畫蛾眉。勸君莫譜《淋鈴》曲，多少夫妻别此時。"意調相同，俱耐諷誦。

5.44　吴荷屋中丞，人知其善書，而不知其能畫。曾見其所作《望雲圖》筆意縹緲，得三王家法。樸園孝廉謂官黔藩時，親病思歸，先寄示余者。名人題詠甚夥，中有王二樵瓛二絶句最爲切當。詩云："油然雲影藹然思，寫

出無聲絶妙詞。寄語次公堅後約，分明一卷補笙詩。”“暫乞閒身亦太難，逕邀殊遇遂承歡。一時盛事傳寰宇，敢作尋常畫本看？”蓋外官請假省親自中丞始，故詩中備及之。二樵，吴興諸生，學問淵博，尤精金石之學云。

5.45 族叔介眉素善飲，今年近五十，氣質稍弱。因有句云：“薄酒入腸偏易醉，好花着眼亦忘情。”羸人情事頗道得出。

5.46 南海郭仙航茂才泰舟工書嗜酒，喜吹鐵笛，詩筆清峭。五言如：“庭虚多受月，樹大不離風。”“檐低先就晚，屋老易成秋。”“安静無風樹，精神得月花。”七言如《中秋》云:“前身是月鬓同白,老眼無花心尚明。”《漫興》云：“壯志尚如童以後，狂言每在醉之餘。”《鴉影》云：“緑蘿村外晚餘照，烏桕橋邊秋始波。”

5.47 吴川林新珊大令聯桂著有《見星廬詩稿》。余愛其寫景處每於人所忽畧者着想。五言如：“江隨諸嶺轉，舟挾兩崖奔。”“雨細秋聲濕，宵長戍鼓訛。”七言如：“摇棹激浪水翻水，刳竹導泉山過山。”“漁燈入水星浮出，山影沈江樹倒生。”“争渡人喧鄉語雜，打魚船過市風腥。”“夜市客遊燈影裏，宵行人語犬聲邊。”“江沈夜氣山無影，棹擊流光月有聲。”“殘曛在樹天如醉，盛暑蒸人地有烟。”俱佳。至《運河雜詩》十首中有云：“糧船高如樓，貢船大如廠。客舟厠其閒，小者如甕盎。客船遇糧船，客船不敢上。糧船遇貢船，糧船不敢搶。鑼礮兩堤迎，堠柝中夜響。貢船壓糧船，糧船壓客槳。客槳無地容，遁入蓮花港。余時踞貢舟，一笑成遠想。”寫運河逼窄處，無語不警。

5.48 韓文“伺候公卿之門，奔走形勢之途”爲干進者言之。嘉善黄霽青詩云：“朝向府中趨，暮向府中謁。借問客何爲，終日恒卒卒？晴亦不得休，雨亦不得歇。了鳥笑衣冠，瀧涷憫騶卒。從官不自由，何如夏畦暍？出則事公卿，禮數豈敢忽？惟嗟民事疎，曾莫益毫髮。但云忍須臾，終愧此閒月。”

居官者當聞而汗下。

5.49　江南有鳥，于春夏之交繞村飛鳴，其音若“家家看火”，又若“割麥插禾”者。江以北聽之則又曰“淮上好過”，山左人名之曰“短募把鋤”。其實一鳥也。黄霽青因作《禽言》四首云：

“家家看火，蠶房下鎖。明燈在右，熏籠在左。蠶娘倚籠背燈坐，栗爆貓跳愁煞我。家家看火，割麥插禾。”

“趁天晴，腰鐮磨。過三辛，梅雨多。飽喫蒸餅唱秧歌，老農老農勿蹉跎。割麥插禾，淮上好過。”

“淮上那得過，河隄破，有工作，土塊蘆柴盡奇貨。鹽糊塗，莫問課，愛惜錢刀有幾箇？”

“淮上好過，短募把鋤。爾身無田，爾口待餔。連年麥收歉，到處求傭奴。耙犂爾給牛爾租，大田有望爾勿蕪，短募把鋤。”

“鹽糊塗”三字乃吴下諺。

5.50　黄霽青所著《詩娱室集》中有《海上謳》一首，筆最老蒼。詩云：“春申浦口水怒號，浮雲蔽天白日高。何來野哭聲嗸嗸？五尺欲下參戎刀。參戎得何罪？惟以擒盜故。小民安敢議？大府獄已具。大府謂參戎，誣良以邀功。胡爲鹿指馬，國法所不容。參戎平日身手好，誓殺么麽如殺草。樓船不死死牘背，自分頭顱終不保。紙錢十萬空城中，可憐難贖楊參戎。”余不知參戎爲何人，然以功獲罪，具見言下。至音節頓挫，誠集中壓卷之作。

5.51　霽青太守之父退庵亦能詩，著有《友漁齋集》。其《小山園看菊即事》云：“風吹客鬢何妨短，霜逼花頭未肯降。”《枕上喜晴》云：“雲可歸山無變態，鳥先得氣有歡聲。”《小山園遣興》云：“深林聽鳥有新語，僻徑敲門惟故知。”俱清潔。胞弟子未亦有《百藥山房詩稿》。《社日》云：“客都别去花爲伴，春到濃時草亦香。”《草閣》云：“溪邊雲隔前村雨，

樹杪帆飛別浦潮。”皆有家數，可謂一門風雅矣。霽青名安濤，退庵名凱鈞，子未名若濟。

5.52　《落花詩》名作如林，寄意處多落跡象。吴中沈皎如女史五律一首别見超脱，詩云：“笛裏誰家怨？吹來總斷腸。六朝春夢短，終古别愁長。天地老烟景，江山空夕陽。尋芳歸路晚，贏得馬蹄香。”真所謂“才人合讓掃眉人”矣。

5.53　蘇東坡琵琶詩爲古今絶唱，以聲音之道微妙，甚難抒寫耳。近時尤寄湘女史有《聽琵琶》一絶云：“切切嘈嘈撥不停，清江一曲思冥冥。分明十五年前事，倚馬涼州月下聽。”貼切中寓慷慨，余欲倚聲和之。

5.54　景平者宜用奇筆寫之。嚴海珊《富陽舟曉》起句云：“曉色能移山，置之烟雨裹。”頗能於平見奇。

5.55　和平徐曉初部曹旭曾有“虹懸秋澗斷，雲閃亂山多”“野水浮孤棹，春潭浴亂星”“流泉争赴壑，野碓驟聞雷”“天遠雲歸疾，山寒馬去遲”等句，爲時所賞。

5.56　吾廣婦女每於上元後一日結伴入廟，争拾燈帶，以爲添丁之兆。其年得子，下年則還，名曰“拾燈”，又曰“還燈”。近来燈様更多，製爲人物之形。昔以紙而今以帛，五色斕斑，粧點故事。每燈一座，琉璃百盞，費輒十金，豪侈相競。余邑何古巢松《拾燈詞》云：“觀燈齊赴上元期，南里姑娘北里姨。大半舊年新嫁婦，拾燈歸去怕郎知。”

5.57　宫詞如王建、花蕊夫人皆擅一時之名，其詞俱尚綺麗。至黎美周《天上宫詞》，落想更屬奇幻。詩云：“玉天妃子盛粧餘，環佩玎璫曳紫裾。昨夜宴闌新有命，紫微宫裏掌文書。”“太微宫内散靈符，樂託來朝古丈夫。班罷徑同香案吏，天門東去看投壺。”

5.58　吴荷屋中丞家有賜書樓，藏書甚富。余嘗於其架中得手鈔詩一卷，首尾不繫名姓，中有《平山堂五律》云：“太守二千石，先生六一翁。江山自平遠，花木最玲瓏。不夜燈成市，回波曲惱公。斯人與風月，大半占淮東。”《贈上人》云：“能喫苦人惟老佛，不談禪處有高僧。”《草堂》云：“人立斜陽看壁影，鳥穿微雨破溪光。”《小兒女》云：“窺人半面劇多態，喚母一聲嬌可憐。”《弔岳忠武王墓》云：“湖上騎驢人是將，窗東縛虎婦能奸。天下二分乾叔姪，將軍一恨小江山。波沈白馬潮猶怒，天奪黃龍酒太慳。”《春柳》云：“橋畔若無分手路，樓頭應少斷腸人。”《留別諸同好》云：“才人總是貧爲累，天下無如別可憐。只覺名心抛撇易，尚餘情累掃除難。”《寄内》云：“語經追憶關心痛，情到聰明入想痴。”俱有意味。詢之樸園，知爲王笠舫稿。笠舫名衍梅，會稽人，嘉慶丁卯中丞典試浙江所得士也。時有才子之目，性嗜酒，辛酉選拔入都。廷試路過蘇州，友人送佳釀二罈，即返棹不赴試。後成進士，都中鉅公咸以鼎甲期之，殿試時猶帶宿醉，策書潦草，竟置三甲，以知縣用。中丞每深惜之云。

5.59　湘潭張紫峴大令少時以《燕山八景賦》得名，詩更鬱盤雄健，直逼少陵，近來詩家當爲首屈一指。其五言佳句如《南徼》云：“蠻刀吹鬼髮，洞錦作戎衣。”《渡河晴望》云：“天浮關樹下，秋入海門青。”《渡洞庭湖》云：“九江爭雪入，萬木踏風來。”《渡滹沱宿真定》云：“天風吹鴈急，秋色老關多。”《登雨花臺》云：“鴈破千江入，鳥銜六代飛。”《晚渡揚子江》云：“江帶殘春湧，山浮夕照平。”《越銅井至萬峯臺》云：“濤浮二月去，花上萬峯行。”《從貴定行至平越》云：“無天唯有地，不雨亦生雲。”七言如《雙塔寺》云：“莊蹻關前雲散盡，梁王臺下海飛來。”《亦資孔驛》云：“天摇絶徼星辰大，月下深山鼓角悲。”《董公祠》云：“驕王經術空勞奉，武帝虚名豈愛才？”《金山》云：“塔湧古今來日月，江從天地乞丹青。”《過汴宫舊址》云：“江南花石空成刦，汴野宫人更有行。”

《望羅浮》云：“山水至今遲白袷，英雄從古誤丹砂。”《歃血臺》云：“水過蕭梁嗚咽盡，山從宣歙畫圖開。”《廿四橋》云：“簫聲自古有明月，酒醒誰家多曉風？”至七絶《邯鄲曲》云：“叢臺百尺玉闌干，美女西風寶瑟彈。萬古漳河流不盡，只今明月照邯鄲。”《送朱質有還廣陵》云：“扶桑花落碧雞愁，人别昆明天上秋。直下孤帆一萬里，青山流盡是揚州。”《周宫行》云：“十萬黄金壯士收，美人城上著兆鍪。黄河不識宫牆路，只帶殘鴉繞汴州。”真不減供奉、龍標矣。

5.60 吴星儕《陳橋驛》詩云：“百年積弱遺南渡，一夜回軍誤北征。忘却燕雲圖禪代，遠謀畢竟未分明。”歎開國規模之狹也。吴白華詩云：“青谿關路黎州外，鑿塞紛勞紙上談。天水七朝邊患少，爲將玉斧斷雲南。”美開國經畫之善也。太祖任功乎？抑任過乎？

5.61 英夷之攻沙角也[1]，陳都督連陞殉節。都督故有馬，爲賊所得，飼之不食，棄之，悲鳴而死。嗟夫！馬可謂知義矣。三水歐陽雙南茂才鍇《義馬行》云：“有馬有馬，公忠馬忠。公心唯國，馬心唯公。公殲羣醜，馬助公鬭。羣醜傷公，馬馱公走[2]。馬悲馬悲，公死安歸？公死無歸，馬守公屍。賊牽馬怒，賊飼馬吐。賊騎馬拒，賊棄馬舞。公死留鎊，馬死留髁。死所死所，一公一馬。”

【校記】

[1]“英夷”於津圖本作“英逆”。

[2] 津圖本作“馬駝公走”，底本與訪佚本均作“馱”。

5.62 黄在庵玉衡爲虚舟先生子，由編修擢授浙江道御史，有侃直聲。後庚辰歸粵，歿於信州。盛子履輯其《安心竟齋詩集》，與譚康侯、張南山、黄香石、林辛山、吴秋航、黄香鐵詩合刊之，名“粵東七子”。詩筆清曠，如出水芙蓉，不事雕飾。其《凉棚》句云：“當空自樓閣，變態幾炎凉。”《雨中招同人集寓齋》云：“荔牆痕滑蝸斜旋，花院香沈蝶懶飛。”《與秋航夜話感舊》云：“難將大藥回元鬢，但恃羣書忍赤貧。”《懷劉三山》云：“身還有母何輕許，詩解窮人定愈工。”

5.63　趙師雄夢梅花美人，其事最韻。扶山太夫子冒雪訪焉，詩云：“茫茫香雪夢，艷羡到而今。爛醉已千古，梅花空一林。美人何處去？寒氣逼重衾。日暮仙山籟，猶疑翠羽音。”詩與事同韻矣。

5.64　粵人能遊五岳者，自馮魚山太史後惟吾邑陳焕嚴體元。所著《五岳遊草》各系以圖記，復綴以詩。其《登南岳》云：“氣吞江漢浮千里，勢壓荆襄峙四封。”《登東岳》云：“九曲黄河横一綫，半輪紅日躍三更。”“闢闔陰陽天柱石，升沉日月海門潮。”《登北岳》云：“平開日月三千界，高壓燕雲十四州。”“東西地拆燕秦境，經緯星分畢昴精。”《登中岳》云：“伊洛澗瀍三面繞，陰陽風雨四時和。”“晷卓九霄臺滅影，巖呼萬歲石能言。”《登西岳》云：“百丈懸厓天一綫，千尋垂綆鐵雙鉤。”“萬層雲磴迴心石，百步天梯擦耳崖。”俱極雄邁。

5.65　三水家鐵珊廣文麟英詩頗具氣格，著有《所不能齋詩》數百首，藏其宗人篤山茂才家。最愛其《詠岳陽樓》云：“春滿岳陽樓，神仙醉上頭。氣吞雲夢小，勢遏洞庭流。欲探寰中秘，同爲物外遊。那堪大江水，浩蕩送行舟。”又《祀竈詩》亦别饒風趣。詩云：“千門爆竹兒童譟，臘月家家人祀竈。先生無錢市杯酒，一炷清香慚自告。神之來兮乘雲車，目其睅兮腹其皤。岸幘大袖烏皮靴，高牙大纛氣峩峩。我聞人言神最靈，年年此日登天庭。簡閱善惡投帝閽，賞罰頃刻侔雷霆。稽首竈神前致詞，此理茫茫安可推？但願甑塵神莫笑，但願鼎飪神調治。齒牙不食五侯鯖，頗憶當年烹伏雌。平生

媚竈本無術，此意或可天翁知。神聞大笑目瞠眙，黑風颯颯飄靈旗。”他如《出門行》云：“鞍馬如龍擂大鼓，紅燭氍毹夜歌舞。壯士衝冠氣吐虹，昨來射殺南山虎。主人上壽黄金盆，醉來上馬復出門。出門四顧，短髮蕭騷。江深月黑，野曠天高。主恩欲報知何報，慷慨悲歌看寶刀。”猶有古音。至《古風》五十餘首，力追漢魏，得其神似，惜不能盡録也。

5.66 李湘筠大令嘗以便面索書，請録舊作。余爲録詠古二首，《朱仙鎮》云：“十二金牌倉卒催，英雄無計挽傾隤。黄龍儻痛諸君飲，白雁何緣萬里來？一塊肉貽厓海葬，兩宫車賺朔方回。郕王異代同懷惑，終仗公孤幹濟才。”《韓侂胄》云：“宗臣遠竄南方去，機速房中任指揮。印綬竟孤三省重，頭顱僅贖一關歸。蒼黄舉事才偏拙，徼倖成功計已非。繆醜議和君議戰，濟奸相類跡相違。”後華荔生文梳見之，歎賞不置，即偕湘筠過訪，并袖其稿，求余訂定。愛其絶句云：“潑墨天容吝晚晴，冷吟微醉未分明。年來别有閒愁緒，不種芭蕉聽雨聲。”

5.67 番禺黄蒼厓喬松與黄香石、張南山、譚康侯、林月亭、段紉秋、孔熾庭創建雲泉山館於白雲濂泉間。伊墨卿撰記勒銘，稱爲“七子詩壇”，可謂佳話。所著《鯨碧樓詩鈔》能直抒胸臆，依傍一空。《木棉》十首，其中警句如：“南國繁華偏霸氣，東風藻繢大文章。”“海市夜開懸寶鏡，仙山春宴集明璫。”“孤臣血淚塗丹壁，才伯精靈聚寶幢。”語極博麗。

5.68 兵凶戰危，故古人深以爲戒。王蘭泉《勞歌集》中句云：“令嚴誰敢争先後，路險安能卜死生？”“銜枚千騎穿雲棧，踏雪三更剷石樓。”“碉樓遥出前山霧，堠火齊明半夜燈。”“連雲殺氣居人少，下瀨軍烽列竈多。”“圍向箐林深處合，人從矢石隙中行。”“負嵎賊已同狼顧，穴地人方等蝨行。”“芻糧載道傳呼急，礮石凌空激響巖。”蘭泉屢與戎行，故言之親切如此。

5.69 臨川李韋廬《晚春病起》云：“病起憑欄小坐時，宵來一雨漲芳池。

落花流水關情思，説與沙鷗總不知。”番禺田貢庭《夏日曉起》云：“忽睹新荷緑滿池，却憐春去已多時。杜鵑啼盡枝頭血，燕宿雕梁總未知。”意調畧同，味皆雋永。

5.70　南海陳雲史孝廉工小楷，有率更《醴泉銘》神骨，詩不多作。《孤山晚泊》云：“樓閣參差燈上下，笙歌嘹喨水東西。”《題吴樸園别墅》云：“雙橋柳引啼鶯路，一水門開放鴨圍。”《清明將歸先寄白雲洞諸友》云：“雲懶不嫌歸洞晚，泉流翻笑出山忙。”《郊遊》云：“有花便到忘賓主，與我同行即弟兄。”而最新穎者莫如《水潦即事》云“草閣江深忘入夏，野漁罾聚忽成村”、《水退喜賦》云“黿盤地滑鋪新土，鶴子基乾坼舊磧”兩聯。吾粤名堤曰基，水漲則於堤上再築小堤，名曰“鶴子基”云。

5.71　余不好殺生，亦不喜放生，嫌其無益也。陽春譚康侯《放生羊樂府》云：“清晨入古寺，蘭若開靈囿。兩角彎環白羊瘦，金字雙牌懸耳右。中間年月已漫滅，尚識姓名書某某。我聞某公在日勢莫倫，富擬王侯谷量畜。金張公子相弟兄，五侯俠少争奔走。椎牛擊鼓會衆賓，滿堂紅蠟光如晝。鸞絃鳳竹雜笙歌，駝羹乳酪餘膻臭。萬羊鼎鑊一羊生，便祝主人千歲壽。送來古寺十萬緡，寺僧頂指頤隱肩。佛前跪拜令君壽，楞伽多羅聲沸天。甯知親戚骨肉間，寒無衣與襦，飢無糜與飦？君不見古時上留田，牛羊日夕生寒烟。”讀“萬羊鼎鑊”二句，令人失笑。

5.72　昔人謂催租敗興。余初不以爲然，及遊采石，登蛾眉亭，咏云：“謫仙仙人已仙去，蛾眉山賸蛾眉亭。蛾眉亭閲幾興廢，此山萬古浮蒼青。”適黄岷山大令催飲，醉酣輟吟。又登西樵，與同人分咏云：“七十二峯巒，大科峯最尊。插天一千丈，拔地十三村。”適家人走報從兄小厓凶問，愴懷累月，至今數年欲續成而不可得，始信潘邠之言不余欺也。

5.73　《霜紅龕集》爲陽曲傅青主先生著。余書其後云：“少持氣節壯

傳經，三晉儒宗賸典型。早夢黄冠賜天帝，肯居紫省拜朝廷？生殊張際心彌痛，死等劉因目不瞑。南有亭林西二曲，草茅著述並遺馨。”

5.74 袁簡齋句云：“學書未就求人苦。”豈知應人之求其苦尤甚？莆田郭蘭石太史句云：“閒裏忽忙是善書。”陽春劉薌谷廣文句云：“書應人求盡日忙。”余書欠工，然求者殆無虛日。因亦有句云：“詩債纔完字債催。”

5.75 余邑歐祖詒章世善書畫，工吟詠，年未三十卒。其叔父劍村廣文葺其遺稿，名《一鱗集》。余愛其《澄海中秋夜寄懷弟經世》詩云：“客裏逢秋感慨頻，西風偏上苦吟身。且看三五夜中月，初作一千里外人。朋友路遥音信斷，弟兄情重夢魂親。離愁此夕知何似？應似孤鴻住海濱。”

5.76 錢塘周蘇門大令向青所著《勾麓山房詩草》七絶最多。如《十國春秋・詠吴》云：“一時三十六英雄，誰向揚州築故宫？帳下魚龍東海鯉，楊花落盡李花風。”《北漢》云：“稱姪當年辱有因，是何天子是何臣？英雄惟有楊無敵，猶認劉崇作主人。”又《姑蘇懷古》云：“茄花委鬼禍方深，如此江山漸陸沉。七里山塘五人墓，姓名原未入東林。”《柳敬亭》云：“敬亭山色遠横烟，扇底桃花萬口傳。唱到開元天寶曲，傷心豈獨李龜年？”此數章聲情特勝。

5.77 “北風十二月，雪下如亂巾。實是愁苦節，惆悵憶情親”，鮑照《學古》句也。桂陽吴東湄《悼亡》詩云：“星回雪夜一周天，淚盡全家祀灶先。從此真成愁苦節，那堪還慶小團年？”用來彌覺悲愴。

5.78 臨川李穆堂尚書紱以文章雄一時，其論方正學十族之事謂“正學與齊黄二公身秉國成，無故發大難之端，能發不能收。一死僅足以塞責，且‘十族奈何’一語，詞氣粗厲，激此慘禍。吾自盡忠，九族何辜？十族更何辜耶？”論似有見，然未免刻待古人矣。詩多未脱擊壤習氣，惟句有清穩者。五言如《梅心驛》云：“澗疑前渡水，雲似故鄉山。”《西隆道中》

云："河聲終日怒，山氣四時陰。"《雨夜》云："山摇燈影裏，人在雨聲中。"七言如《汴水》云："邗溝八百全栽柳，殿脚三千總是花。"《秋山學圃》云："夕陽千樹鳥聲寂，涼月一亭花影深。"《抵漢口尋大兄不值》云："作事十年多落魄，思家千里獨銷魂。"《梅田洞》云："年深鍾乳多成石，日暮歸雲併作山。"《九松山望密雲諸塞》云："二十四關多險阻，三千年事幾興亡？"《落解》云："本無門第妨齊睥，自是文章誤牧之。"仍不失爲雅音。

5.79　臨津吴伯翔大令名鳳卸都昌篆，都民爲張燈三日，燈各題字，備極揄揚。大令紀以詩云："燈火樓臺自昔聞，萬民此日更紛紛。鄱陽湖上添風景，預把元宵贈使君。"真仕宦中留别贈行佳話。

5.80　長白觀梅林榷使（觀棨）詩極清朗。余讀《挂月山莊詩》，最愛其"有福看花貧亦好，無因謝客病方閒"之句。

5.81　《素問》言男子得少陰八數，故八八六十四而精絶；女子得少陽七數，故七七四十九而天癸絶。第老夫、女妻常有生稊之慶，若老婦、士夫鮮有生育者，况老夫、老婦哉？奉新宋梅生廉訪鳴琦初生之時，其父慕劬年已六十，母亦五十，故梅生小名百一。慕劬答友人贈詩云："霜雪年來滿鬢姿，哪堪餘力豢豚兒？阿娘不解多男累，五十添兒也道奇。"

5.82　宋梅生廉訪所著《心鐵石齋詩》卷帙頗多。如："霜知欲曙花愈潔，風到無聲力自微。""交脱形骸成爾汝，事從閱歷悟因緣。""生來福澤端由命，飽看湖山不碍廉。"集中此數聯爲最佳。

5.83　《味雪樓詩草》爲宋婉仙女仕鳴瓊著，梅生妹也。《春夜憶家》云："桃雨關山梨雨夢，越鄉心事楚鄉愁。"《寓金華府容照樓》云："半輪皎月千層霧，一派湖山萬里烟。"《送别大兄荆嶼返潯陽》云："人情輾轉三更夢，世事輸贏半局棋。"《自嘲》云："誰當歌哭誰當笑，半悮聰明半悮

痴。”《自感》云：“識字已增天地刼，逃禪未有女郎途。”詩品應在乃父、乃兄之上。

5.84 唐人宫怨含情掩抑，節短韻長，故耐吟諷。豐溪徐白舫太史謙《玉階怨》云：“玉階花又落，微步獨徘徊。珍重青苔色，曾經翠輦來。”《春宫怨》云：“閒掃新粧學内家，玉簾窣地水紋斜。長門不識春深淺，開到東風第幾花。”庶堪步武。

5.85 桐鄉馮留士訓導嗣京，有《還鄉泛震澤》一絶云：“閒身未遂五湖遊，領畧風光客裏舟。三疊吴歌千疊浪，亂帆如雪下蘇州。”著有《因樹屋詩稿》。

卷六

6.1 詩有得一篇或一語即能名世者，如鄭鷓鴣、崔鴛鴦、謝蝴蝶、袁白燕之類，不勝枚舉。近時江南崔不雕孝廉華《舟中送別諸子》云：“白蘋江冷人初去，黄葉聲多酒不辭。”時目爲崔黄葉。歷城王秋史進士苹有句云：“亂泉聲裏纔通屐，黄葉林間自著書。”漁洋亦目爲王黄葉。錢塘家午樓大令夢善《秋草》云：“馬散玉關肥苜蓿，月明青塚冷琵琶。”時呼爲梁秋草。滿洲祥蘗圃觀察（祥鼐）《酒帘》云：“送客船停楓葉岸，尋春人指杏花樓。”李雨村呼爲祥酒帘。東莞祈珊洲部曹文友《出郭》云：“一夜東風吹雨過，滿江新水長魚蝦。”漁洋呼爲祈魚鰕。余邑張玉洲孝廉錦麟《湖心亭》云：“三面青山四圍水，藕花香處笛船多。”時目爲張藕花。管水初一清《春日即事》云：“兩三點雨逢寒食，廿四番風到杏花。”史文靖公呼爲管杏花。平湖張鐵珊雲錦《咏紅葉》云：“賜緋不信寒山徧，衣錦還推大樹能。”其舅陸陸堂呼爲張紅葉。又《春草》云：“櫓摇細緑過芳渚，簾捲遥青入畫樓。”方文輈又呼爲張春草。山陰吴修齡有句云：“鴈將秋色去，帆帶好山移。”人因呼爲吴好山。揚州張哲士《咏胭脂》云：“南朝有井君王入，北地無山婦女愁。”人呼爲張胭脂。何竹溪《漱珠橋題酒家壁》云：“半夜渡江齊打槳，一船明月一船人。”余戲呼爲何一船。

6.2 茶有社前、雨前、火前之名，其來舊矣。近有稱“明前”者，謂清明前所采也。光山胡雲坡尚書有詩紀之云：“桑苧風流勝酒仙，嫩香浮椀月侵筵。摘來寒食山頭蕊，贏得新名占雨前。”後之好事者當補入《茶經》。

6.3　“因材器使”四字最屬用人活法。顧迂客嗣協《雜詠》云：“駿馬能歷險，力田不如牛。堅車能載重，渡河不如舟。生材貴適用，慎勿多苛求。”詮發最爲明透，吾願操衡銓者常書之座隅。

6.4　神仙虛幻本不足信，而求仙者惑焉，皆緣欲心未浄，結爲妄想。常熟汪東山殿撰有句云：“桃源自是人間世，却遣童男問海山。”又“神仙不作兒孫計，一任張巡慟哭來”。皆蘊藉有味，妙不説破。

6.5　亡友南海李瑶林錫恩，椒堂觀察可蕃之孫。幼失怙，十一歲過青步灘，有“水花争作雨，石氣欲生雲”句，爲時傳誦。年二十卒，卒前一夕，余適寓羊城，夢其偕一衣冠人來告别。余驚醒，泫然曰：“瑶林必下世矣。”次日果聞凶問。惜無子，詩稿散佚。甲辰秋，余過其墓，題詩云：“四山黄葉落紛紛，抔土荒涼對夕曛。嗣續無人慈母老，墳前一過一悲君。”

6.6　吾邑温秋瀛比部承悌爲篔坡侍郎之子，夙承家學，詩近宋人。《泰安道中》云：“一徑人行窄，雙輪石上飛。”《吴山秋眺》云：“浮烟團井邑，放眼小江湖。”《舟中漫興》云：“灘邊急雨珠千點，竹裏誰家屋幾間？”《岳武穆祠》云：“千秋精爽在，野老説遺忠。頑鐵銷奸魄，靈旗颭故宫。一門同義烈，諸將亦英雄。坐壯江山色，馨香俎豆崇。”語意極精鍊。

6.7　古人敗闕亦不可被他隱瞞。周漢荀龍藻《詠史》云：“佛老爲道蝨，厥理自古彰。彼先三綱滅，何以訓四方？蚩蚩文中子，胸無尺度量。哆口三教一，仁義日以傷。妄充兩廡祀，春秋備蒸嘗。吾思黜其主，以爲儒宗坊。”此與東坡《論荀卿》同一巨眼。

6.8　神仙之説眩惑已久，力闢其妄，人猶不解。楊蓉裳詩云：“神仙不可求，蓬壺渺無際。世不見神仙，與死何以異？辟穀厭芻豢，生世欲何計？纍纍古人墳，半作耕耘地。”可謂要言不煩。

6.9　李韋廬“自知生計拙，多與舊交疏”，較孟襄陽“多病故人疏”句爲更入情。

6.10　錢唐汪松溪汝謙製畫舫於西湖，曰“不繫園”，事甚雅而名甚佳。覺《書畫舫》後又添一詩料。

6.11　先大夫刊送《經驗良方》，復製六合定中丸分惠鄉閭。余述先志，亦刊《良方類鈔》，和合甘露茶、萬應膏應付病者。與吴星儕輯《嶺表詩傳》，又自輯《紫藤館雜録》及筆記聊以自娱，非著作也。滿洲吴晚亭中翰有句云：“濟時技拙聊行藥，學古疑多敢著書。”可謂實獲我心。

6.12　潞河有船名“楊柳青”。其名頗雅，張茶農却不喜之，賦詩云：“生憎楊柳爲離别，何事船名楊柳青？悽絶潞河三百里，朝朝風雨似長亭。”是從雍陶《情盡橋》詩“自是改名爲折柳，任他離恨一條條”翻出。

6.13　羊城光孝寺菩提初爲六祖手植，今則非舊本矣。其葉漬浄，所存根絡如紗，可以寫字，可以障燈。余邑胡遠浦洪有“色空悟到原無樹，機杼誰知别有家”之句，似甚穩愜。

6.14　李百藥論詩曰：“唐詩涵藴深遠，比興居多；宋詩據事直言，敷陳大半。要皆合乎《三百篇》之旨。”分别唐宋，此最公當。

6.15　詩用“如”“似”者，昔人曾譏放翁。譚誨亭句云：“雲横遠岫衣千摺，水落平橋帶一圍。”竟省“如”“似”二字，最屬可法。

6.16　興縣康茂園中丞精堪輿之學，藩吾粤時欲改遷貢院，已相度地基，緣遷擢不果。餘所改作多奇驗，粤人猶能言之。其詩亦清妙。《登焦山》云：“浮玉摇天碧，迴瀾障海門。人從初地入，峯到上方尊。吴楚當軒合，雲山遠水吞。我尋高士宅，三詔石猶存。”

6.17　四川柳端自言爲成都諸生，道光癸卯來粤訪友不遇，資斧乏絶，丐食羊城，作《感懷詩》三首，中一首云：“海外風霜白髮催，望雲心事已如灰。六旬浪跡幾千里，一日愁腸十二迴。行旅者番真鹵莽，升沉到底費疑

猜。途窮漫作求人計，誰向王郎賦莫哀？”又有句如“五夜暗流思子淚，幾時能動返鄉身”亦警。三年落拓，無有過而恤之者。丙午春，從姪愛樹見其詩，歎爲才士，贈數十金使歸。不數日耗盡，歸竟不果。豈其命固應如是耶？抑賭蕩有以誤之也？

6.18 厲太鴻有《自石湖至横塘》詩云：“楞伽山頂濕雲堆，[illegible]桃花出廢臺。萬頃吴波摇積翠，春寒來似越兵來。”祇是弔古常話，説來異樣出色。

6.19 王穀原《秦淮絶句》云：“紈扇桃花細字明，黑頭江令見須驚。瓊枝玉樹根長在，觸着東風會却生。”“瓊枝玉樹”雖雅而陳，解此用法，無陳非新矣。

6.20 《思不辱齋集》爲分寧萬和圃侍郎承風著，古、近體氣格稍弱，惟絶句尚有風味。《雨後武陵道中作》云：“水滿陂塘稻滿畦，緑荷斜漾柳條低。雨停沙岸無泥滓，一路輕陰護馬蹄。”《青山白雲》云：“前山雲接後山雲，雲白山青靄碧氛。山自迷離雲自繞，飛泉一道渺難分。”

6.21 蔚州魏環溪先生云：“余生日例不敢受祝，亦不敢狥俗爲人祝。曩在都門，乞壽詩者泛焉，酧之而已。竊思孔子之學，十年一新，所謂‘自强不息’，法天之健也。世人生日年一遇，不過歲月之常。其可祝者，道德文章因年而進耳。若以絶未有之事粉飾鋪張，不顧人之所安，直笑罵矣。祝云乎哉？”余愛其言，因於生朝口號云：“卅年墮地竟何如，花甲光陰半已虚。夢死醉生成底事，得閒且讀及時書。”

6.22 番禺海中有白蜆塘。每當春暖，白霧彌空，土人知爲白蜆落也。余有句云：“宿霧濛濛飛蜆陣，新雷隱隱汕魚花。”土人謂魚卵爲“魚花”，以其粘藻荇之間，狀花故云。

6.23 截詩須層折自然，方得唐人家數。長洲沈得輿侍郎《送楊曰補南還》云：“去年春盡同爲客，此日君歸又暮春。最是客中偏送遠，况堪更送故鄉人？”四層意一筆齊寫，不事雕琢，自覺黯然。

6.24　詩中説科第易落庸俗。張船山句云：“一第如棋亦偶贏。”馮子良句云：“科第如詩得偶然。”得此雅喻，便有别趣。

6.25　作詩運事，兩兩比勘，則議論自出。江南郁東堂《韓侯釣臺》云：“王孫昔釣長淮流，釣竿一擲重瞳愁。赤龍得水上天去，鍾室酧功付刀鋸。漢家青史兩釣臺，千秋獨爲韓侯哀。何如客星早歸釣？一别東都更不來。”以此形彼，自不單薄。

6.26　《塞下曲》難出唐人範圍。江南史胄司云：“明月中天秋氣清，令嚴刁斗最分明。前山夜半雕翎響，知是官軍射虎行。”特從旁人指點，自工於避就。凡套襲題宜知此訣。

6.27　吴苑詹湘亭大令應甲《柳絮詞》云：“弱不禁風祇趁風，來時漠漠去濛濛。多應盡是離人夢，飛滿空江烟水中。”詠絮詩多矣，此却有趣。

6.28　詹湘亭大令昵一秦淮女伶曰“磬兒”，姓姚，色藝冠絶一時。湘亭每哦詩，磬兒即倚歌和之，積詩數十章，曰《扇底新詩》。有云：“秣陵春暖百花香，夾岸疎簾隱曲房。昨夜停舟河上問，桃根桃葉是同鄉。”又“桃花蛛網挂詩瓢，愁煞春江上早潮。竟欲抽帆渡揚子，送郎雙屐到金焦。”二絶最爲清麗。磬兒與湘亭有終身之約，後旋病卒，年才十九。湘亭葬之吴閶門外桐涇之原。王鐵夫爲誌墓，其夫人曹墨琴書碣。鐵夫詩所謂“明霞舊説吴興墓，涼月重尋菊婢墟。留與千秋作憑弔，鐵夫題志墨琴書”是也。亦韻事矣。

6.29　世俗以四月八日爲浴佛節。按周莊王十年四月八日悉達太子生，即釋迦佛也。以夏正考之，實今之二月八日。《遼史·禮志》所載甚明。《遵生八箋》亦曾辨及。家莔林中丞於是日設齋，集里中諸君子爲春日增一勝緣，因紀以詩云：“向榮卉木各欣欣，生面筵開實舊聞。佛誕自應歸夏正，花朝恰已近春分。幾人好事還如我，一飲無名且問君。米汁依然入文讌，西方定起吉祥雲。”

6.30 福州陳恭甫太史壽祺著有《絳跗草堂詩集》，吴蘭雪謂其七律直與梅村抗衡，頗爲過譽。《咏淮陰侯》云：“假王獨恨圖齊急，良史終明背漢誣。”自有見地。

6.31 七絶用疊字之法，自有一種天然情韻，耐人諷誦。如伍鐵山《竹枝詞》、金繪卣《鷓鴣塘》、魏善伯《江頭别》、鄭豐麓《甘灘打魚詞》是也。余《浦城旅懷》詩云：“千里離家客浦城，思家無日不愁生。相思樹上相思鳥，偏攪相思夢後情。”蓋倣此法。

6.32 東坡謂絢爛之極乃造平淡。陶詩之難學者在此。仁和宋左彝大樽《學古録》極意學陶，然貌合神離，不如《牧牛村舍外集》自存本色爲好。其《邗江雜詠》云：“蜀岡詩酒傳名勝，隋苑烟花戀帝家。明月二分分占盡，平山堂與玉鈎斜。”

6.33 余買黄司農永祺故宅，改建紫藤館，蒔花養魚而外，日惟閉户把卷、巡簷索句而已。拙疎之性衹堪自適。因有詩云：“十二闌干幾度憑？年來風味頗堪矜。詩難割愛如妻子，書有清談即友朋。臨沼静看魚漸上，叩門還喜鶴能膺。一階紅日教全隔，先唤園丁引紫藤。”

6.34 詩有似翻而實非翻者。如江都鄭楓人澐有句云：“翻因爲客久，較勝别家難。”山陰女子王端淑《感懷》云：“容顔似草怯經秋，弱柳癡心戀白頭。每笑唐人詩意淺，反云少婦不知愁。”俱用實寫，非故翻也。

6.35 “淚兼花作雨，愁似草逢春。”此華亭高謖苑層雲《故園》句也。從老杜“感時花濺淚”化出。雖不及杜之警鍊，却近宋元名句。

6.36 余邑俗尚柚燈。將柚去瓤，外鏤山水、人物、亭臺、花草，窮極工巧。上燈後觀之，幾如讀畫，亦雅玩也。劉擴之充廣咏云：“四面皆圖畫，中涵一火青。有香兼有色，如月又如星。”

6.37　元稹聞白太傅左降司馬，寄云：“殘燈無燄影幢幢，此夕聞君謫九江。垂死病中驚坐起，暗風吹雨入寒窗。”樂天云：“他人尚不可聞，況僕哉？”閩縣許儉農潤舟《泊劍津懷亡友劉復庵》云：“分手齊安隔數春，何緣龍劍合延津？可堪風雨孤舟夜，白髮盈頭哭故人。”一則悲生，一則傷逝，合并讀之，俱爲酸鼻。

6.38　寫景最要貼切，令讀者如見其山川、風物、氣候方佳。如四川雅州有“天無三日晴，地無十里平”之謡。金匱杜凝臺中丞玉林句云：“春盡林香猶作瘴，雨餘山氣不全晴。”改置他州便覺減色。

6.39　羅江東《贈雲英》詩“我未成名君未嫁，可能俱是不如人”，感舊也；沈台臣《贈湘烟》云“傷心一種天涯客，卿是飛花我斷蓬”，暫遇也。俱於無關合處生出關合。

6.40　余邑馮孟龍官性好奇，精字學，書法近鍾，人多寶之。所爲詩戛戛生新，不落俗派。其中《秋登樓望雨》起句云：“山雨月如醉，海風秋送香。”《珠江》云：“紅潮暗落夜漁天，緑樹陰穠珠石邊。啾嘆霞臺誰得月？滿江風送賣花船。”

6.41　曲江廖柴舟詩一時推爲名手。愛其《題子陵釣臺》云：“七里灘聲千仞磯，高風今古共崔巍。漢陵寂寞雲臺圮，始信功名讓布衣。”又《送别》云：“芳草離魂兩欲迷，官橋柳覆小亭低。行人忍向春風别，多少流鶯不敢啼。”

6.42　温飛卿《咏蘇武》有“回日樓臺非甲帳，去時冠劍是丁年”。是以逆挽見長，非以丁甲見長也。然後人祖用亦有出色者。如李巖山《感懷》云：“漢廷近詔寬三甲，蜀道何年鑿五丁？”潘稼堂《贈錢飲光》云：“久矣泥塗書亥字，凄其衰白感丁年。”鄭荔鄉《哭伯兄》云：“可能華表歸丁

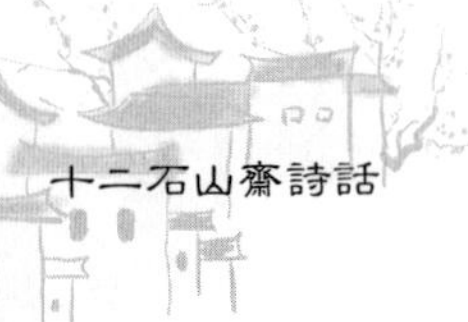

令，無分詩筒寄卯君。”陸羲華《和孫相國大兵剿苗屢次克捷》云：“笑談自蘊胸中甲，步伐頻申巽後庚。”繆子長《友人過訪》云：“坐上清歌聞《子夜》，人生行樂及丁年。”鮑覺生《太白》云：“天遣長庚紓國難，世稱夫子作詩狂。”樂蓮裳《讀史雜感》云：“老羸庚癸流亡盡，婦女丁壬燼蕩餘。”祝止堂《平緬甸》云：“默咄何難防戊巳，支祈不過守庚辰。”陸秋玉云：“人間歲月仍從甲，物外漁樵不算丁。”吴脩齡《洛陽》云：“龍首西通子午谷，鴨頭東下甲庚溝。”尤西堂云：“牽牛磨蝎雌雄甲，玉馬金雞先後庚。”彭子贊《書屈陶合刻後》云：“對酒不忘書甲子，懷沙空自歎庚寅。”桐城張樹彤《五日潤州》云：“五絲誰續庚寅命，雙槳人過丁卯橋。”方朴山云：“坐守庚申憐隻影，重來甲子當初生。”朱竹垞云：“舊日詩篇忘甲子，老年書法誤丁朋。”

6.43 嘉應顔鶴汀崇圖詩學放翁，時有神似。其《别某》云：“滿江烟月人千里，三月鶯花酒一杯。”《旅夜》云：“千山黄葉家何處，萬里寒江客未歸。”《旅感》云：“老去愁無兒女累，秋來喜得弟兄書。”《秋夜飲緯武閣》云：“久客一身多懊惱，長貧雙鬢半凋殘。”

6.44 鄧湘臯顯鶴詩筆與程春海相頡頏，故《北湖酧唱詩畧》合爲一卷。其《贈别王香杜大令東歸》五首中有云：“未死神已敝，妄託詩能窮。文章自載道，不僅言語工。起衰復誰責？吾思廓清功。”讀此知湘臯之造詣矣。

6.45 自來詠劉先主鮮有愜意者。江南劉孟塗開一首最爲奇肆。詩云：“能教王佐出隆中，百戰纔收取蜀功。半世依人同旅客，一生知己是奸雄。兵戎婚媾丹陽宴，骨肉君臣白帝宫。今日故居遺跡盡，不須恩怨説江東。”

6.46 何孟門不喜翁山詩，目爲鹵莽，嫌其少含蓄耳。然格高氣清，筆超力健，如幽燕老將，爽颯逼人。綜閲全集，知其得力于李、韓居多，一題到手，俱能自抒懷抱，令千載後讀其詩知其遇，如見其人。宜乎［劉］張（《國朝詩人徵略》卷五十八）阮林謂“國初以來稱騷人，無過番禺屈大均”，意必有所見而云矣。阮林名聰咸，江南桐城人，嘉慶十五年舉人，有《傳巖詩集》。

6.47 何鞏道字皇圖，香山人，大學士吾騶子。遭亂，徜徉自廢，著有《樾巢稿》。鈕玉樵稱其律細詞清。如《春夕》云：“水邊對月難尋影，樓上看花盡見心。”《歸至鐵岡》云：“下瀨船從波底起，臨崖鐙向樹頭懸。”《懷李東苑》云：“愁中生計沈杯底，夢裏功名到枕邊。”《宿準提閣寄陳元孝》云：“流螢入雨能爲火，凍瀑臨風不化氷。”《咏簾》云：“每當月到通花氣，不待風來作水痕。”《白石道中》云：“桃花雨暗烟村路，楊柳風寒野渡人。”俱新穎。

6.48 婁縣馮憪庭布衣梲工書，歷遊封圻幕府，如佟吉圖方伯、張覲臣中丞、鄂毅庵相國皆後先禮聘。憪庭少時即留心經濟之學，而飢軀四出，又喜與齊、秦、燕趙豪俊交遊，故陰陽、星律諸書靡不考究。其詩淡而彌永，頗有得於陶公。其《穫稻》云：“穫稻乘天霽，腰鐮露欲晞。今秋真得歲，數日已忘飢。野雉驚人起，田烏作隊飛。風光悦餉婦，采菊笑言歸。”《雪後過旁老故居》云：“卧柳斷橋烟自冷，短牆殘草燕空飛。”《送春》云：“東京舊夢迷紅雨，南浦新愁繞緑烟。”皆有逸氣。

6.49 滇南雞㙡菜，明熹宗嗜之。歲馳驛以獻，惟客魏得分賜，雖張后不得與也。張度西咏云：“翠籠飛擎驛騎遥，中貂分賜笑前朝。金盤玉筯成何事？只與山厨伴寂寥。”評者謂與老杜“西蜀櫻桃”一種作法，中含諷刺，非比尋常賦物。余謂其本老杜《贈花卿》意而反用之，只作調侃語耳。

6.50 王漁洋先生謂唐絶句俱入樂府，誠爲卓見。觀《清平調》及“旗亭畫壁”諸作，儼如元人南曲、北曲矣。《石洲詩話》引東坡《陽關曲》三首，謂非一時及因一人一事而作，特以聲調與右丞“渭城”之作相符，因總襲其名，爰録其詩，詮釋其平仄，竟如詞之有譜可填。後人欲仿其體，須細究其音，

不獨《陽關》一曲爲然也。

6.51 番禺王邦畿明末隱居西樵山爲僧，著有《耳鳴集》。釋澹歸謂其詩“諸體皆工，其五七言律足奪王孟之席”。王阮亭賞其“雲低滄海樹，潮上夕陽城”“曙色寒山外，秋風古渡前”，謂爲殊近錢、劉。余最愛其《戊子歌》，得《三百篇》遺音，歌云：“歲維戊子，月建乙卯。飢饉爲灾，多食不飽。當胃腕閒，如虛若燥。小婦不量，多病又惱。薪貴於玉，人賤於畜。一家萬錢，一妾斗粟。見于陌者，藤形瘇足。路有死人，白茅不束。濯濯者山，明星粲粲。吁嗟廣厦，雕梁拆爨。鳩居鵲巢，主人鼠竄。不能鼠竄，朝夕供飧。雖則供飧，猶怒不繁。束刀入市，奪民之食。駕言行邁，擄民供役。千里不飯，中道絶息。娥娥者粧，羅列成行。幾微失意，飲劍以亡。或撻未死，逐出路旁。見者吞泣，不敢匿藏。莫高匪山，莫卑匪履。行行行行，必有終止。民之憔悴，莫甚於此。哀哀蒼天，亂何時已？”

6.52 娼樓妓館，所在多有。吾粤附城以水面爲優，水面數處復以迎珠街、沙面爲最。迎珠在南門外官渡頭，俱浮家泛宅，鱗次比櫛，如巷曲可通往來。沙面在城西外，中起一沙洲。妓婦以板築屋，窮極粉飾。余俱有詩咏之。《迎珠》云：“大沙艄夾大横樓，詞唱包心調馬頭。水自送聲風送色，水風無日不夷猶。”“沙艄”“横樓”俱船名，即妓女之所居也。所唱之詞名曰“解心”，又曰“包心”，調曰“馬頭”，又訛曰“馬蹄”。《沙面》云：“傍水迴環矗大寮，教琵琶熟教吹簫。坐燈時節如花貌，一縷魂先蕩子銷。”妓樓大者名曰“大寮”。上燈後坐以待客，名曰“坐燈”云。

6.53 凡庸瑣題，必須有新意，方得超妙。徐台臣《送春》云：“客舍長安十丈塵，閉門終日苦吟身。一花一草何曾見，却道今朝是送春。”

6.54 詩貴沈着，吴縣董［僧隱］隱僧（《國朝詩别裁集》卷七）闇詩云：“遠遊當歲暮，爲養反離親。貧士千秋恨，依人萬里身。”何等沈着！

6.55　自來詠素馨花多指南漢美人，罕有兼及南詔段素興者。余詩云："生移名字結芳緣，死有香魂戀墓田。南漢美人南詔主，千秋一樣藉花傳。"

6.56　世説唐明皇羯鼓催花，羣花盡放，惟牡丹不發，故獨貶洛陽。諸暨施瞻山廣文滄濤《絶句》云："一任西園羯鼓頻，不隨黄紫鬥芳新。輸他饒有鬚眉氣，笑煞羣花盡婦人。"可爲牡丹生色。

6.57　吏部藤花廳藤爲明吴匏庵手植。其花榮落關係本部陞轉。乾隆辛酉，花忽憔悴，冢宰甘公薨於椅上，手猶執筆未落。丙戌，花忽齊放，侯官何念修逢僖由郎中直陞少宰。何《詠藤花》六絶句有云："曾從粉署爲郎日，看到氷廳判事年。"當時傳爲佳話。吾邑自温篔坡侍郎移植以歸，各園林始繁其種。余庭前手植一株，夏日濃陰擁蔽，異香馥郁，遠勝緑天矣。

6.58　越之沼吴，詩家多説成"西施有以報越"，不知西施受越恩淺，受吴恩深，斷非樂於亡吴者。袁簡齋詩云："吴王亡國爲傾城，越女如花受重名。妾自承恩人報怨，捧心常覺不分明。"不以報怨屬之西子也。吴星儕詩云："響屧廊空長緑蕪，樓臺終古艷姑蘇。傾城自是佳人事，歌舞無心已沼吴。"拈出"無心"二字最爲平允。

6.59　寧鄉袁峴岡曜所著《吾吾廬草存詩》，余僅愛其《章江夜泛》頷聯云："虚舫滿懷風露氣，遥堤早劃水天痕"二語。

6.60　作詩須有我在。會稽陶石湖明經章焕《過借風臺》云："浪沙淘盡古英雄，猶説周郎破敵功。家近扶桑歸棹遠，借風不願借東風。"

6.61　白帝城詩，以余所見姚江徐敬璲炎一首爲最。詩云："一棹西來攬舊都，夕陽滿地草荒蕪。英雄魂魄三分業，辛苦江山六尺孤。丞相表忠長有漢，夫人捐節早無吴。斬蛇漫論興亡案，白帝稱名亦偶符。"

6.62　程春海侍郎古體鋪敘明暢，有白太傅遺響。其佳句如："寒烟一雨便沈屋，落葉萬鴉同渡江。"尤瘦硬通神。

6.63 余少作散佚者多不記憶。偶訪馮厓介先生，見其所書便面有《楊柳枝詞》云："半縈細雨半縈烟，畫出春愁二月天。閒向柳波潔盪槳，不緣話别也纏綿。"相與歎賞。先生徐曰："此君舊作也。"余不禁啞然。先生書名重一時，凡所倣二王及褚、顔、歐、柳諸家無不神似。年七十餘尚鬻書自給，有暮夜之餽，恒婉卻焉，洵有守之士矣。

6.64 白沙先生詩，論者謂其風韻少減。如"沙水東西兩石橋，夕陽飛馬剪山腰。不知酒興還多少，一路春風吹未消"，亦何嘗不風韻耶？

6.65 洪稚存太史云："晉陶徵士潛，詩家第一流也，然家柴桑而官彭澤，蹤跡所到不出數百里焉。"余謂有陶公之天分庶幾可以勿遊。不然恐胸襟不盪，所見者尠耳。

6.66 壽州鄧林屋太史旭《戲贈僧家》詩云："下閣看山日幾回，松濤杉浪碧成堆。老僧不肯開窗牖，只怕青山入户來。"直是幽絶。

6.67 江南朱念祖受新《吴宫詞》云："君王自愛傾城色，却忘人從敵國來。"浙江祝豫堂維誥句云："館娃歌舞歡遊日，忘却西施是越人。"從子光大詩云："種蠡謀竟倚傾城，一笑夫差别有情。盡日愁眉圖霸越，姑蘇猶自唤蘘卿。"意議俱同，可謂唤醒夢夢。

6.68 律格奇創最新耳目。金藝圃《棲霞嶺謁岳鄂王墓》詩云："天使將軍竟渡河，黄龍痛飲勢嵯峨。兩宫不日都迎復，一檜何人敢議和？凱入朱仙臣事盡，生封鄂國主恩多。無端十二金牌下，遺恨南枝空浩歌。"此題名作如林，故特爲奇格以制勝，而氣雄筆健，無飣餖軟弱之病，想亦生平得意之作也。

6.69 "少時分袂走塵中，馬上驚看白髮同。四十二年重一面，夕陽鞭影又西東。"此扶山太夫子《重晤伍格軒》詩也，最近李庶子。

6.70 吾邑温篔坡少司馬汝适所著《攜雪齋詩鈔》有"日氣穿雲下，山光擁樹來”“花欹紅蕊散，樹古緑陰稠”“粉牆延竹影，青砌踏松枝”“四山青入目，一水緑連村”“山中朽木能蒸菌，水面微風偶聚萍”“衣裳半濕非關雨，雲樹相連不辨山”“雲多遠態能添岫，荷有新香不待花”“澗飲斷虹收雨氣，夜迴天籟發松聲”等句，皆自然名貴。

6.71　張度西《雜興》句云：“水國多温瘴，山城起渴霞。”“渴霞”二字甚新。

6.72　莆田郭蘭石太史尚先督學四川時，在先兄雲裳刺史案上見余《蜀道》詩，疑爲唐人絶句。詩云：“過得拔蛇山，征夫鬢已斑。不知前夜夢，那解到鄉關？”後詰知爲余少作，乃曰：“此子後來必以詩名。”

6.73　卓文君之所以可傳者，多謂其風流放誕耳。香山麥柳池愔咏云：“四壁蕭蕭雪欲來，典裘夜共醉香醅。漢朝天子臨邛令，一代何人解愛才？”愛才之難，古今同慨，安得不讓此女子彪炳千秋？豈真以私奔作美談耶？

6.74　歷來選家意見不一，或取老朴，或取沖淡，或取穠艷，或取雄健。究之，志和音雅，不失風騷之旨，斯爲正聲。余與星儕本此意以定《嶺表詩》，未知有當焉否也。

6.75　人當危險之際，雖甚惶迫，亦須排解，方不驚亂。钜鹿楊猶龍方伯思聖《入棧紀行》云：“强顔慰僮僕，談笑輕波瀾。中情默自傷，何能駕羽翰？”

6.76　唐人“鼇身映天黑，魚眼射波紅”狀海上險怪，可謂奇創。吴縣惠半農侍講士奇衍爲七言云：“鯨眼常明無月夜，鼇身能使不帆風。”聲情似更生動。

6.77　南海林迪園紹光由户曹出知安陸府，潔己愛民，修舉廢墜，閭閻烝烝向化。緣緩於趨謁，大吏以才地不相宜劾之，士民供帳、祖道溢於郊坰，故其《罷官》詩云：“盃擎父老心猶古，淚灑輿臺意亦傾。遮道臨歧復私語，公今此去不分明。”蓋紀實也。

6.78 徐侶梅女史叶英，南海人，遠嫁於浙，以不得於其夫，流離落拓，遂之京師，入睿王府中專事吟咏，後乃歸粤。聞其詩數千首尚在王府。余從其母家諸姪及諸戚處搜得詩三十首，又詠梅詩一百首，擬爲刊刻以行。其《在粤寄懷睿王妃》云：“解卸宫粧過五湖，羅浮深處結茅廬。草遮石磴尋碁局，雲鎖柴門看藥書。鳳閣龍樓詩思渺，松風水月道心虚。嫦娥最是憐梅瘦，寫入漁樵影便疎。”又云：“九重仰望目低垂，春草春雲萬里思。有淚怕聽長夜雨，無聊且看别時詩。承恩幾度因花早，琢句多從待月遲。金鎖玉魚休令閉，更容清夢入瑶池。”可云清麗。至《寄外》云：“燈花卜盡已無期，浪迹天涯到幾時？黄口忍抛兒女小，白頭應念舅姑衰。千行柳眼青誰盼？百結蓮心苦自知。歲歲授衣人萬里，斷腸空譜《鷓鴣詞》。”未免聞者傷心矣。

6.79 三水林開先太史承芳，前明萬曆朝官參議，工散體文，詩學蘇陸，所著《竹窗稿》未付梓，故近人罕有知其名者。五七律多佳句，五言如《題張相國閒處館》云：“竹光圍遠翠，梧露滴新凉。”《夏日玉署即事》云：“藤陰全覆石，澗溜半穿池。”《寒居》云：“閉門寧解事，高枕自多違。”《下第發都門示山童》云：“愁裏看春色，天涯當故人。”《玉峽》云：“虹拖千澗雨，龍挂半峯雲。”《送曾大司空歸江左》云：“隱非慙聖主，出豈負青山？”《金山》云：“天浮三楚色，地湧九江潮。”《吴山》云：“磴紆山路細，寺古野僧稀。”《岣嶁山房》云：“野橋低避石，曲澗半迎扉。”七言如《寶善亭納凉》云：“息心榻静焚香後，解帶人閒罷講初。”《瀛洲觀水》云：“浮空影動三山色，到檻涼生八月潮。”《同諸子飲黎惟敬水竹居》云：“嬌花覆石紅猶濕，乳燕穿簾舞更斜。”《九日登高》云：“萬里關津通朔氣，千家砧杵動秋風。”《浮邱》云：“南國浮雲看劍外，西山晴色落杯前。”《雨中諸子過訪》云：“湖海百年甘浪迹，乾坤何處更掄才？”真炎洲翡翠、渤海珊瑚，探擷不盡。至《少年行》云："城東遊俠膽氣豪，吴鉤皎皎明秋濤。白晝探丸夜走馬，報酧恩怨輕鴻毛。豈知世路翻靡靡，滿眼論心總相似。五陵回首少年塲，許史金張竟誰是？可惜飄零美且都，俛首終成轅下駒。但令肝膽終能在，好爲西征北射胡。"尤有古音古節。

6.80　拜月詞多喁喁兒女語耳。番禺周鑑亭暢咏云："酒熟青缸月滿郊，芳樽操向拜簷坳。農書語勸兒孫讀，莫負清光照草茅。"凌藥洲謂，玩月中人知此樂者蓋寡。

6.81　種蓮者多以藕姻家。吴樸園孝廉戲取蓮子爲種，浸以瓷盆，葉大如錢，花亦芬馥，置諸案頭，頗饒致趣。因自爲《小蓮花》一首，徧索同人題和。余題云："香風吹上碧窗紗，池館陰陰錦檻斜。難得新詩題滿壁，一時都和《小蓮花》。"

6.82　吾邑張葯房太史錦芳詩筆清粹，與同邑黎二樵、黄虛舟、番禺吕石騆稱"嶺南四家"，又與欽州馮魚山、同邑胡豸浦稱"嶺南三子"。其初入都，嘉定錢竹汀、河閒紀曉嵐見之，目爲奇士。馮魚山謂可接武曲江，宋芷灣謂讀之令人心醉。《四家詩鈔》謂與二樵一奇一正，旗鼓相當，莫分伯仲。其《湘水》一首云："不盡三湘水，來從八桂林。遠循衡嶽麓，直下洞庭深。天地餘秋色，帆檣入暮陰。竹枝與蘭葉，終古動哀吟。"格律逼肖長庚。

6.83　吴門徐拙齋朝彝有末疾，足攣不能動，日僵臥，獨兩手差能搦管，著有《夢恬書屋詩鈔》。七絶最工於言情。《聞鵑》云："三千里外無家客，八九年來抱病身。猛聽一聲春去了，江南多少未歸人。"《憶西湖》云："十一年前泛畫橈，舊遊重憶最魂銷。不知萬樹垂垂柳，緑到西泠第幾橋。"《送友》云："魄落途窮易感恩，吾儕須慎百年身。一言持贈君牢記，莫便逢人訴苦貧。"《得兄鐵華書賦寄》云："魚雁他鄉久不逢，忽傳消息到潙峯。

可憐十五年來别，才接家書第二封。”

6.84 小兒戲弄，情態不一。曾記陳授衣《田家樂》云：“兒童下學惱比隣，抛墒池塘日幾巡。折得松枝當旗纛，又來呵殿學官人。”可謂描寫入神。

6.85 事奇而詩亦因以奇。《春融堂集》中有《鐵女祠行》。序云：“唐時有孫姓者業冶，以非罪獲重辟，將刑。其二女痛父冤，投爐而死，化爲鐵人。有司以聞乃釋其父，並賜祀以旌之。”詩云：“似鐵非鐵容模糊，似血非血形焦枯。迫而視之乃兩姝，灼爛靡有完肌膚。當時痛父嬰刑誅，九閽虎豹誰能呼？以死殉父明父辜，騰騰烈燄方歆噓。連袵一擲輕錙銖，下飲鐵汁如醍醐。冶神驚爆争趨扶，肉耶骨耶知有無。鐵心鼓鐵成鐵軀，躍冶宛爾凝雙趺。旋活死父驚鄉巫，嗟哉剛烈鐵不如！後世重與鑄金俱。”

6.86 秋氣一到，景物俱覺蕭索。楊荔裳《即事》詩云：“小病經時鬢懶梳，薄寒庭院鴈來初。湘簾一樣垂垂影，著到秋風分外疎。”不獨春氣爲詩人所覺也。

6.87 王胄“庭草無人隨意緑”，妙在“隨意”二字。方子雲“緑苔作意上堦生”，“作意”二字更妙。

6.88 吴星儕最工詠史，而性謙沖，恒歉然不自足，所爲詩每有突過前人者。余常勸其付梓，星儕輒以未能自信謝。其《沙陀行》云：“李亞子，沙陀起，掃蕩烽烟載三矢。李鵶兒，死不死？獨惜魏州僧，捧來傳國璽。諸侯血戰爲唐家，王自取之王誤矣。得天下，吾十指。失人心，從此始。”《湘東王歌》云：“湘東王，悲乎哉！侯景死，于謹來！樊鄧旌旗已蔽日，君臣唱和詩壇開。新吟未就火光起，破碎山河乃如此。吁嗟乎，山河破碎竟如此！十四萬卷書，可惜歸燒毁。”議論、魄力俱到。

6.89 茶陵彭公維新原藉湖南祁陽，世傳其幼鬻梨園爲伶，然遇書輒讀。後至茶陵富室某家演劇，公登場，主人識其俊傑，爲贖身，留與己子共筆硯。

公賦性敏慧，出筆如老宿，即以女妻之，遂以茶陵籍入庠。康熙丙戌，館選，官至户部尚書、協辦大學士，清介立朝，世稱石原先生，著有《墨香閣集》。其《江行雜咏》云："十里青蕪覆白沙，層層竹樹蔽人家。東風不解留春色，吹盡桃花與杏花。"《萬昌舟中》云："瀧江一葉信高低，對束層崖望轉迷。濃緑徧山人寂寂，杜鵑花裏鷓鴣啼。"風調劇佳。

6.90 題贈之詩最難稱心而談。吴蘭雪《題沈飴原詹事郊居圖》云："雲雖出岫高無礙，鶴已乘軒貴不知。"《題張淥卿潭西捉醉圖》云："暮景園林花事少，歡場涕淚酒人多。雄文放膽疑天問，綺語銷魂怕佛訶。"《題林蕙纕夫人遺像》云："錯嫁文人原薄命，早醒塵夢即游仙。"《書彭甘亭譔觴館詩後》云："宋祁修史今紅燭，羅隱論詩尚白衣。"《書張度西陶園詩後》云："萬里江山飛逸氣，百年壇坫主雄才。"《題湯若士玉茗堂》云："桃李私門爛漫開，名花耐冷此親栽。登科恥借冰山重，抗疏身投瘴海來。猛虎就殲資鬼力，美人將命殉仙才。平生大節詞章掩，四夢流傳亦可哀。"

6.91 新警之句《伴香閣集》中最多。五言《夜泊》云："雲過月西向，潮來江倒流。"《朝爽閣》云："風聲生石腹，空翠落窗櫺。"《度小烏稽圖》云："地高雲不度，磧迴日難低。陰洞熊羆蟄，窮邊木石頑。"《途次口號》云："雲白遥疑水，風寒欲亂晴。"《舟次》云："石争雙派水，雲鬥兩來風。"《獨行》云："春烟和野色，夜雨變溪聲。"《道中寄内子》云："河冰堪躍馬，風力欲飛人。"《登梅岡作》云："日寒過午淡，江遠與林齊。"《登金山》云："萬古不知地，全山如在舟。"七言《題西園海漚亭壁》云："香篆舞來檐際斷，水痕圓到岸邊無。"《覆釜山》云："大江水濶征帆小，曠野沙平去鳥低。"《山村》云："山閒土厚村無井，湖上田磽米有砂。"《暮春》云："山高雲自能欺日，雨久天還一試晴。"《寄友》云："貧疎杯酒愁腸覺，春入陰晴病骨知。"《春日有感》云："才華解折詩人福，富貴能

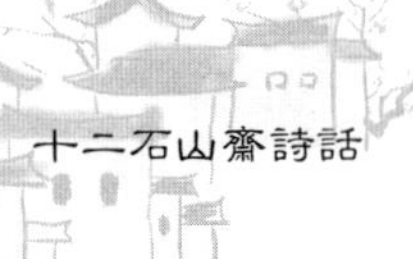

移造化權。”《正月十五日夜》云：“燈燄低知來日雨，梅花遲憶去冬寒。貧家好節因循過，歸夢殘宵潦草完。”《勾曲山》云：“雙峽東江吞楚蜀，萬峯送雨落淮徐。”《送聞錦峯之吳門》云：“事皆如願愁何有？天遣多情死亦甘。”《過山寺》云：“廢巢鵲去鳩争宿，老樹心空草寄生。”《遊觀音門外諸勝處歸作》云：“鐘聲不受千花隔，天氣翻因一雨和。”《溪上書懷》云：“落葉蟲鏤微似篆，急流雨入不成紋。”《秋夜獨酌自遣》云：“油渾燈炷成花易，蔬老山厨具饌遲。”《獨立》云：“每生妄想憑佳夢，自取閒愁負好春。”《鎮海樓》云：“急水與天争入海，亂雲隨日共沈山。”《宿石匱村店題壁閒》云：“年荒行店收燈早，村小居人葺屋低。”《舟次即目》云：“潮初出海如雲白，月乍離山抵日紅。”真“雲山經用始鮮明”矣。

6.92 慈谿任月坡大令荃歷宰三水、大埔，多善政，著有《鴻爪集》。其《赤壁》一首最佳，詩云：“樊川秋老荻花肥，渡口閒雲無是非。欲問前朝征戰事，大江東去鵲南飛。”

6.93 暴富貴人每有一種村氣。歸安劉厚齋《驟得藏鏹》句云：“萬金獲俄頃，一夜愁安置。”袁子才《館選還家》句云：“嬌癡小妹憐兄貴，教把宫袍着與看。”皆不覺流露。

卷七

7.1 道光甲辰春，返自衡湘，道經清遠，購得蠟石十二。色皆純黄，巨者高二尺許，小者亦廣徑尺。有峯巒體，有陂塘體，有溪澗瀑布體，有峻坂峭壁體，有巖壑磴道體，俱極奇趣。因仿坡公“壺中九華”法，以七星巖石盤貯水，蓄於庭前，頗愜素癖，并顔所居曰“十二石山齋”。因紀以詩云：“衡嶽歸來遊興闌，壺中蓄石當烟鬟。登高腰脚輸人健，不看真山看假山。”

7.2 余嘗謂嶺南之山：羅浮峰嶂如仙子，連州灘峽如壯夫。而入粤詩人詠羅浮者則多，詠連州者却少。緣其地僻，不恒至也。戴醇士侍郎熙《訪粤集》寫連山之勝，可謂盡致。其《楞伽峽》云：“積水化爲石，石勢皆下俯。突兀夾兩厓，顛倒懸萬乳。擎出飛空泉，灑作满天雨。交滙奔巨雷，倏忽過强弩。盤盤蒼藤掛，瑟瑟寒薢舞。翡翠鳴啁啾，蛺蝶見三五。我欲躡其巔，山風落如斧。恐有會鍾龍，來攫跑泉虎。歸當挾睡仙，脱漏重游補。”他如《龍湫潭》云：“當其初出時，衆水相排擠。意欲尋鉅海，昂首左右睨。磯石嗔怪之，出力挫其鋭。水急乃起立，猖狂肆吞噬。”《石螺灘》云：“怪爾空洞腹，風濤日吞吐。細剔脉絡出，久礪鋒鋩露。”《石鐘巖》云：“遂扳龍蛇宫，一照靈怪穴。嚴冷不可久，毛骨沁氷雪。出洞鐘韻杳，忽覺世路熱。”《青蓮汎》云：“怒湍出芒角，齧石成空嵌。”《進連州江》云：“厓谷有怪雲，石瀨無安流。”等句俱奇警。

7.3 戴醇士侍郎五古既勝，而七律有一氣揮斥、卓然可傳者。如《出按高廉雷瓊鄂士將歸就試省署話别》二首云：“幾時相聚忽相違，離合匆匆淚暗揮。我自獨浮滄海去，君須早趁便風歸。到家即覓雙魚寄，度嶺常愁隻鴈飛。歷歷江山猶在目，舊題詩處認依稀。”“四千里外路重尋，十八灘頭水未深。好向庭闈傳我語，勉加餐飯體親心。漫天春雨愁難別，指日秋風聽好音。執手互辭還互送，垂楊多處一沈吟。”

7.4 長白毓奇爲漕運時頗著政績，性耽吟詠。余讀其《静恬軒詩草》，古、近體微嫌薄弱。有《郊行雜詠》一絶，情致甚好。詩云：“紅菱紫蟹足南鮮，幾處高樓醉管絃。遊子不知春晝短，日斜還上潤河船。”

7.5 顧茂倫、吴漢槎選國朝絶句，止選錢牧齋、王阮亭、汪鈍翁三家。後百餘年來工此體者推吴穀人錫麒。其《咏虎邱》三首中一首云：“虎氣銷沈鶴市荒，東風容易客迴腸。真娘墓上年年柳，畫了春愁畫夕陽。”《八月十四日查小山招同人載酒出露安門至草橋飲於丁氏野圃》八首中一首云：“宛然大酒肥魚社，各具壺觴各主賔。占得一方苔最厚，緑濛濛地坐詩人。”丰神絶世，可以接武三家。

7.6 “十户中人産花燈，一夕看此錢塘章。”豈績句也？令我歎吾廣上元燈節之侈矣。

7.7 益陽湯海秋郎中鵬詩文皆自成家數。余愛其《贈内》句云：“智慧太多眠食減，艱難如許笑愁兼。”《憾别》云：“少蒙鄉黨壺飧惠，今望賢能子弟來。”《憶陳堯農》云：“老見雪霜猶雨露，淡於農圃况公侯。”《撥悶》云：“韜養材華且癡鈍，折除時命是扳援。”《閉門》云：“才能受謗有餘福，詩不閉門無苦心。”《潘星齋紱庭招飲》云：“公子能招天下士，蒼生永繫尚書家。”《登樓》云：“四塞河山千鳥外，萬家風雨一秋聲。”

7.8 南海張棠村太守業南著有《師竹山房詠史》，自秦穆起至史可法止，共二百首，其中君臣賢佞不一。鮑覺生謂其氣格沉雄，筆力蒼老。宋芷灣謂其豪邁。吴荷屋謂其胸羅萬有。究之，通首完善者殊屬寥寥，其中精警工錬亦有足取者。如《范蠡》云："六千君子同歸馬，八百稽山且種魚。"《信陵君》云："刎頸可憐人白髮，報恩難得女紅裘。"《鄧禹》云："有子十三分一藝，行年廿四冠諸臣。"《嚴光》云："一竿魚釣浮江月，千古羊裘老客星。"《阮籍》云："眼兼青白狂猶在，口不雌黄道亦窮。"《周處》云："不忘君親真至性，能兼文武是全才。"《周遇吉》云："錬膽大如姜伯約，得妻勇比宋韓蘄。"

7.9　咏韓蘄王詩少有純璧者。青浦王述菴司寇昶詩云："蘄王古廟近城東，殘碣猶書舊日功。半壁江山經血戰，一家婦女盡英雄。中朝冤獄悲三字，絶塞蒙塵痛兩宫。驢背歸來無限恨，靈旗日暮捲秋風。"聲情激越，允推杰作。

7.10　將軍福增格鎮吾粤時有句云："五陵裘馬無知己，四海交遊得幾人？"洵閱歷之言。

7.11　前人寓言有直破其説，轉覺爽快者。金匱楊笠湖刺史潮《觀巫山神女》云："神女祠前落日曛，千秋禹蹟異傳聞。君王一夢渾閒事，何處山川不出雲？"余亦有《詠桃源》云："水碧山青説避秦，桑麻雞犬總紅塵。桃花亦是人閒樹，却笑漁翁再問津。"

7.12　梅湖盛匏仲太鏞《訪友不值留題》云："十年避地此棲遲，把臂豪遊憶昔時。爲愛衡門琴酒趣，臥君草榻贈君詩。"想見韻人無事不饒風致。

7.13　詩有用本姓映合者，亦覺天然湊泊。毛西河選《浙江閨秀詩》，獨遺山陰王氏。王氏有女名端淑，寄詩云："王嬙未必無顏色，怎奈毛君下筆何？"恰有此事料運用。江南沈白漊受宏《送毛亦史入都》云："毛生初作平原客，莫便輕他十九人。"如此着意不落送行套語。

7.14　論列古人，須識古人避就出脱處。其能自成家者，縱體卑格弱，仍有一種勝人筆墨。

7.15 婺源王葑亭通政友亮著有《金陵雜咏》一卷，計山川、城市、第宅、古蹟、人物，約二百五十餘欵。古、近體隨意抒寫，皆有雋永之味。《石子崗》絶句云：“一道石如鶩卵積，兩行松作蛸毛紛。岡頭客戀幾家酒，岡脚人耕六代墳。”不言憑弔而憑弔之情自深。《梅花水》云：“老僧掃葉爲煎茶，一琖嘗來正足誇。香在鼻尖甜在舌，不知是水是梅花。”《舊院》云：“三百年中此狹斜，帕盟盒會衆争誇。芳情到底銷難盡，幻作籬根姊妹花。”《上新河竹枝詞》云：“人家以外有沙灘，十里周遭盡屬官。非陸非舟君記取，竹籬板屋是闌干。”俱新趣。

7.16 人生貧賤憂戚，退一步着想，自覺怨尤俱化。杭堇浦云：“地下故人頭尚黑，不須惆悵鬢毛斑。”劉孟塗云：“男兒三十休言困，謝傅當年未出山。”俱識得此意。

7.17 古人謂受恩多則立朝難。計元坊詩云：“人方危苦時，薄施輒感德。自昔奸雄輩，持此羅上客。蔡邕依董卓，有才而無識。受恩旋殺身，士貴能挺特。所以孟夫子，餔啜戒樂克。”商寶意云：“名心未了難遺世，晚景無多怕受恩。”閻峴亭云：“天下不妨知己少，古來惟有受恩難。”徐商侯云：“失意自憐生計拙，不才深悔受恩多。”

7.18 烏程董楚望衡《渡清源關》句云：“重關亦復能羈恨，古榷從來不税愁。”余邑馮介厓達昌《汾江竹枝》云：“風月自來無税例，滿船裝去復裝還。”

7.19 宜川劉石生漢客，語多奇拔，有“暑隨大火西流去，秋比黄河北地來”句，著有《物菴集》。

7.20 余在道州時與宛平趙小魏慕野、湘潭張勉亭士勤、曾璧人如璋、侯官林子俊其英作送春會。余詩云：“細草池塘漲緑波，杜鵑聲裏奈愁何！年來送盡春如許，難遣天涯客恨多。”

7.21　詩忌纖巧，然有議論驅駕亦自無礙。如吾邑何不偕絳《咏泰山無字碑》云："秦帝東封出奉符，天孫碑碣倚雲孤。當年尚未經坑火，此日如何一字無？"亦何嘗覺其纖耶？

7.22　黄陶菴云："聖賢千言萬語，説的是我心頭佳話，立的是我的心上妙方，不必另竭心思。舉而措之，無往不效。而今把一部《四書》當作聖賢遺留下富貴的本子，終日誦讀惓惓，只爲身家。譬如僧道替人念消灾禳禍的經懺一般，絶不與己相干，只是賺些經錢食米來養活此身，把聖賢垂世立教之意孤負盡了。仔細思量，能無笑死、愧死？"喻石農句云："論古仍須識時務，讀書原不爲科名。"袁子才句云："但看手澤應思我，莫爲科名始讀書。"俱可謂善讀書者。

7.23　吴江貢生倪弁江室人沈蕙玉《同聲歌》云："在天莫爲雲，雨落難上天。在地莫爲影，日暮愁棄捐。"較《長恨歌》"在天願爲比翼鳥，在地願爲連理枝"，意更深婉。

7.24　查初白《咏蟻鬥》云："國手圍棋分黑白，兒童鬥草計輸贏。轉頭一笑全無爲，不解當場抵死争。"争名争利者可憬然悟。

7.25　張船山太守在吴門蓄一妾，於其夫人遊虎邱時故使相遇，於可中亭畔晤談許久，而夫人未之知也。船山因賦詩云："秋菊春蘭不是萍，故教相遇可中亭。明修雲棧通秦蜀，暗畫蛾眉鬥尹邢。梅子含酸都有意，倉庚療妬恐無靈。天孫冷被牽牛笑，一角銀河露小星。"真韻人韻事。

7.26　侍姬展翎賦性靈妙，侍余書畫，亦畧有解悟。余齋壁懸有管夫人《風蘭圖》，偶舉筆學畫，即能神肖。余笑題其上云："潑墨揮毫樂不疲，畫蘭十載已成痴。侍兒也學儂操管，風葉風花仿仲姬。"

7.27　翰生參戎擬咏太白樓，謂甚難着筆，囑余爲之。余亦因循未有以應也。今閲會稽童二樹《抱影廬詩》有云："山川長護此精靈，百尺高樓應紫冥。倚馬才華稱絶調，騎鯨心事感頹齡。胸中自可無詩聖，天上何曾有酒星？莫咏王孫舊時句，夜深恐觸臥龍聽。”幾於“崔顥題詩在上頭”矣。又有《五人墓》云：“直道行吾是，危機中爾身。自然成節俠，不必在經綸。只此二三子，居然千萬人。要離墳近處，抔土亦嶙峋。”亦無懈可擊。

7.28 崔顥《黄鶴樓》詩膾炙人口。余在吴荷屋中丞家見其所藏歴朝墨搨，有宋太宗御書此詩。首句“黄鶴”作“白雲”，六句“芳”作“春”，七句“鄉關何處是”作“江山何處在”，未知孰爲原稿。意宋去唐不遠，大内必多真本。姑録之，以俟攷古者。

7.29 化州橘紅老樹一株，在箭道，久枯。近官于署内園植之，亦僅敷正需而已。本境民閒無橘也。蓋家有橘一株，則報花、報實、報風、報雨，刻刻防護，舉室不寧，而胥吏又緣爲索詐，故見芽生皆拔去，恐遺子孫之禍。四方鬻者悉從廣西造成，至州用印，官得微利，加圖識票記者倍之。吾粤市肆僞造者亦不一，皆柚青所爲也。臨川李歉夫夢松《重遊粤東雜詩》云：“聞説化州産異橘，化州今已一株無。若教老樹花重結，一顆輕黄一串珠。”

7.30 南宋留忠宣公正客惠州，戀西湖之美，因家焉。應惠州舉，晚歸隱，日遊湖上。其宅在湖北下郭村，今爲民舍，猶以府園稱。吴志高詩所謂“喬木尚存丞相宅”是也。劉扶山太夫子有《丞相宅》詩云：“千年喬木已無存，野草萋萋下郭村。湖北三朝閒矍鑠，閩南一脉溯淵源。卿緣異姓殊宗室，宅變民居號府園。王謝堂前雙燕子，至今猶認舊家門。”第五語蓋用范仲黼論留、趙二公處變不同之意，居然詩史。

7.31 李長吉《宫娃歌》有“放妾騎魚撇波去”句。註家謂“騎魚”二字甚怪，或傳寫之訛。若依文釋之，想即乘舟之意。余謂詩詞多離奇變幻，《騷》《莊》二家更多，正不必鑿求也。吴蘭雪《題謝里甫太史畫卷》云：“丹崖翠壁虚無裏，快雨清風頃刻閒。我爲新涼貪午睡，夢騎仙蝶也遊山。”

又《題小紅雪樓圖即送蔣小榭之官粵中》云："夢騎仙蝶從君去，飽看羅浮萬樹花。"又爲《夢騎仙蝶看梅花歌》。想騎蝶事甚韻，故集中再三致意歟？

7.32 吾邑陳拙補孝廉勤勝有《題友人幽居》十六首。余愛其《蕉鹿亭》云："幽篁安在哉？此亭今卓卓。世事夢中夢，一夢何時覺！"《非我臺》云："物我兩無着，渾然浩無際。汝形非汝有，是天地委蜕。"《非魚臺》云："誰道吾其魚？誰云魚是我？莫教變服遊，恐上漁人舸。"《知不足齋》云："河伯滙百川，見海爽然失。一得漫自多，境界層層出。"《達生亭》云："形骸本外物，嗒然隱几臥。蜉蝣寄天地，此意誰參破？"《狎鷗坡》云："動誇機變巧，枉自勞心力。禽鳥安我拙，各自適其適。"

7.33 梅花神韻最難描寫。南海王平水蒤"四山雪霽白成水，萬樹花開香在天"、余邑劉擴之"空山有此夜何寂，隔水對之人自寒"俱不爲《疎影》《暗香》所困。

7.34 歙縣方子雲與袁簡齋激揚風雅，詩壇争長，著有《伴香閣詩》，中有云："漁樵來往能行意，仙佛虛無易得名。""花事雨多俱寫意，俗人交淺易忘名。""也知佳句原關命，偏是庸流每忌名。"三押名字俱妙。

7.35 義山《馬嵬》詩膾炙今古，然終以馬牛雞虎爲病。余謂若并在一聯便可無弊，但此等句法甚難。惟山西李石農中丞《堅白齋詩集·咏淮陰》云："蛇蟠大澤龍能斷，鹿死中原狗又烹。"《武侯祠》云："畏君如虎走司馬，似水得魚來臥龍。"及連平何頃波深齋《喇穆台》云："萬馬龍驤雲結陣，千駝魚貫月連營。"俱覺警鍊。

7.36 申笏山云："草堂貲要隨時蓄，垂老依人畢竟難。"黄蔭亭云："半生對影多慚怍，垂暮依人負弟兄。"莫矖山云："兼程敢惜驚眠早，一飯方知作客難。"查初白云："計疎更事多成悔，身賤依人自覺難。"作客依人真自古所歎。

7.37 張南山選録樂蓮裳《緑春》詩，謂爲玉溪《無題》、冬郎《有憶》之類，不知"緑春"爲吴蘭雪之姬。姬岳氏，名筠。蘭雪《緑春詞序》云："緑春，山西文水人，隨母僑寓京師。姿性慧麗，能左手書，授以詩，輒倚聲誦之，妙合音節。余初詣姬居，值曉粧，貽碧桃一枝，姬受而簪於髻。俄有奪以重聘者，姬恚甚，謂其母曰：'兒已簪吴氏花矣。'歸時年甫十五，後五年而亡。"蘭雪有《聽香館悼亡詩》十五首。首章云："冷煖相依僅五年，不應草草賦游仙。早知一病無醫法，何苦三生種夙緣？嫁日歡娱如夢裏，殮時明麗倍生前。定情詩扇教隨殉，誰誦新詞遍九泉？"中有"廿四花風蝴蝶瘦，一雙人影鷺鷥閒""雙頰斷紅疑中酒，一梳濃緑怕銷雲""心力無多愁易盡，聰明太過福難消"之句[1]，蓮裳蓋和蘭雪作也[2]。

【校記】

[1]"之句"於津圖本作"等句"。

[2]"蓮裳"至本條末於津圖本作："又按，蘭雪與蓮裳交誼最久且厚。蘭雪壽，蓮裳母夫人詩云：'臨川有賢母，其子能文章。與吾同歲生，居復隣東鄉。論交如弟昆，拜母同登堂。君母及吾母，麗若姊姒行。'則《緑春》詩爲和蘭雪作無疑矣。"

7.38 蕪湖許小琴少尹嘗以《南唐古梅圖》索題，并袖其尊人耕餘先生遺稿見示。愛其《金陵道中》云："丁字簾前笛韻長，石頭城下草痕荒。明珠步障飄零盡，衹有秦淮水尚香。"[1]

【校記】

[1] 此則爲津圖本所無。

7.39　小題刻劃莫妙於韓。近見錢籜石《罱泥》一首云：“昨夜看天色，共説今朝晴。我船篷已卸，雖雨擔罱行。兩竹手分握，力與河底争。曲腰箝且拔，泥草無聲并。罱如蜆殼閉，張吐船隨盈。小休柳陰飯，烟氣船梢横。吴田要培壅，賴此糞可成。楊園《補農書》，先事宜清明。”只八十字而神情繪寫如生，前後復有閒筆掉弄，不落獃滯一派。

7.40　龍旦雲之虬爲凌藥洲門人。藥洲《嶺海詩鈔》摘録其五言句，摹倣過多，惟“樽前遇客多青眼，海内論交半白衣”二句頗磊落不羣。

7.41　詩用經句不可爲法，然善用者亦自有趣。如會稽胡西垞《咏蓼花》云：“何草不黄秋以後，伊人宛在水之湄。”宋芷灣《咏木棉》云：“祝融以德火其木，雷電成章天始春。”吴晦亭太夫子《孫夫人廟》云：“大邦有子吴稱舅，中國無人蜀是王。”俱堪玩味。

7.42　吾粤人多好食檳榔。南海程周量官兵部時，王漁洋時與入朝，戲贈云：“趨朝夜永未渠央，聽鼓應官有底忙？行到前門門未啟，轎中端坐吃檳榔。”彭羨門《嶺南竹枝詞》云：“妾家谿口小迴塘，茅屋藤扉蠣粉牆。記取榕陰最深處，閒時來坐吃檳榔。”

7.43　汾江爲商船雲集之區。河道逼狹，往來多用小船，有名佛山西者，最輕便。余《早發》詩云：“聲亂一村雞，平橋曉月低。鄉關未了夢，留續佛山西。”蓋指此。

7.44　道光癸未，江浙水灾。震澤王澹霞之佐捐千金賑卹，因作紀事詩十餘章，并繪圖徵同人題咏，彙輯成書，名曰《繪水集》。其中名作極少，惟唐蓌伯壽萼絶句頗有意味。《風暴》云：“狂飈揭屋浪呑扉，絶訝蛟龍破壁飛。十萬飢鴻同雨泣，更無全瓦代油衣。”張仲雅雲璈樂府頗見聲情。《倒戽水》云：“田乾戽水入，田没戽水出。倒行而逆施，其計未爲失。戽之僅得一寸涸，不戽豈但一尺溢？戽不戽，總如一，水浸苗頭已三日。”《入城告》

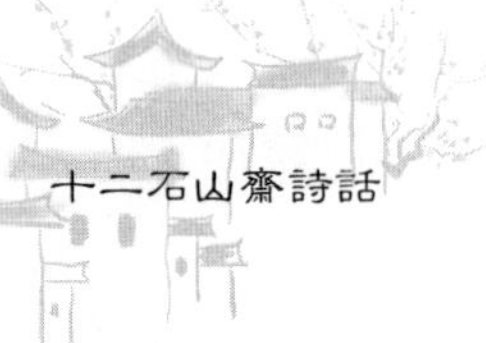

云："呼天不譍呼父母，冒雨冒風冒水走。走向城中來告災，盡是茫茫喪家狗。吏言告災非一方，縣主前日早下鄉。"王湘锜《觀潮禽言》頗有致趣。中一首云："脱袴脱袴，以付質庫。買苗補青是先務，身上無襦且莫顧。水來再漫田，遷延到白露。此時更向誰人訴？我錯我錯，脱却布袴。"

7.45 《鐵橋漫稿》爲烏程嚴景文學博可均著。《青谿》七絶一首饒有晚唐風味。詩云："桃葉飄零玉樹凋，滄桑半壁話漁樵。多情最是青谿柳，摇曳風枝送六朝。"

7.46 江寧舊有轎税。女子道經城門，每爲搜税者所苦。後聖祖南巡，伍君璽奏請，遂捐其税。故嚴鐵橋《題君璽像》云："從俗從宜荷國恩，春風古道口碑傳。放他士女知多少，安穩肩輿過白門。"

7.47 沈方舟詩最精鍊字。歸愚先生選録已一一摘出。其來吾粤時曾有《下潮陽》云："似聞風雨作，前有大灘來。一氣雙江合，孤城百粤開。鰲身移島嶼，蜃口出樓臺。倚棹懷湘子，橋成力大哉。"却有豪宕之氣，起法不減"不信滔滔者，洪荒直至今"。豈全集藏少弋家，歸愚未及見，故不入選耶？

7.48 錢塘陳雲伯大令著有《西泠懷古集》。上自帝王，下及隱逸方外，凡生長斯土及宦遊流寓者，俱系以古蹟，或懷，或弔，或訪，至五百餘首。其中繪藻相宣，宫商叶應，美不勝收。姑摘佳句，足供諷誦者。如《江上懷東方朔》云："遠從徐福求三島，笑謝侏儒飽一囊。"《萬松嶺郭公泉懷郭景純》云："情深紅粉三升豆，名重青烏一卷經。"《葛嶺懷葛稚川》云："是處深山堪避世，一車行具此移家。"《錢塘懷褚允》云："一卷鈐韜供戰伐，兩家勝負入縱横。"《化度寺懷朱彦和異》云："嘗將金穴銅墀去，拾得青絲白馬來。"《江上懷任昉》云："琴尊南國蘭臺聚，風雪西華葛帔寒。"《江上懷杜少陵》云："攬鬢白感鄜州月，濺淚紅悲蜀道花。"《孤山寺懷齊君房》云："一夢炊粱誰富貴，百年畫餅此功名。"《稽留峯訪許玫許現墓》云："人爲忠臣憐孝子，天留遺塚傍名山。"《沙河懷宋廣平》云："六井謳歌先李泌，兩朝經濟並姚崇。"《龍泓洞懷陸魯望》云："華陽有客言逋客，甫里逢君訪隱君。"《六一泉懷歐陽文忠公》云："山水自來宜我輩，文章從古有神交。"《壽康宫詠光宗》云："宫中竟有張良娣，朝右曾無李鄴侯。"《杭州懷李忠定公》云："激勸六師同寇準，敷陳十事過姚崇。"《衆安橋弔施全》云："未肯漆身同豫讓，何須匕首學荆軻？"《皋亭弔劉錡》云："浴鐵敢驅全國騎，背嵬不讓岳家軍。"《葛嶺洪忠宣公祠》云："馬角無靈悲雪窖，龍髯有淚灑冰天。"《石壁山懷虞忠肅公》云："犒士醉傾銀鑿落，懸軍氣奪鐵浮屠。"《方家峪懷張宣公》云："仁義之中見經濟，科名以外有文章。"《智果寺弔陳忠肅公》云："草木尚能留氣節，兒童猶解話科名。"《水南半隱懷鄭鞠山所南父子》云："種鞠有籬懷楚澤，畫蘭無土感湘潭。"《杭州懷湯東甌王》云："廟祀當年重吴越，功名開國並徐常。"《三台山弔于忠肅公墓》云："林静尚聞鸜鵒語，波寒愁見鷺鷥閒。"《杭州懷唐六如》云："太白夜郎同此謫，小紅春女定何因。"《斷橋懷顧華玉》云："地當和靖青山麓，人似坡翁赤壁舟。"《西湖懷湯若士》云："神仙身世應迴首，兒女姻緣易斷腸。"《岳墳懷陳老蓮》云："影沈魚國香先覺，涼剪鷗波夢未圓。"《城東懷許元孝》云："佳客清談原有味，中年學佛亦多情。"《數峯閣弔六君子》云："雪涕千秋編合傳，招魂四壁畫《離騷》。"《錢塘弔顧忠節公》云："官守本因城社重，姓名輸與岳于鄰。"《武林懷黄藜洲》云："世外烟霞秦甪里，壁中絲竹魯靈光。"《東園懷毛稚黄》云："雪後人家如北苑，晚來烟景似南湖。"《天香方丈懷惲南田》云："故國蘅蕪公子佩，空山蘿薜客兒亭。"《冷泉亭懷潘頊耕》云："歸田自慕陶元亮，修史何如宋子京？"《昭慶寺懷毛西河》云："談詩刻意摹唐韻，講學深心傲宋儒。”《蘇堤懷尤西堂》云：“才人樂府聞中禁，名士文章抵《大招》。”《武林懷趙申喬中丞士麟》云：“澤周四境江湖海，政比三賢李白蘇。”《方家峪弔李笠翁》云：“花天月地張三影，翠舞珠歌鮑四絃。”覺上下數百年，縱横數千里，凡詞人墨客、孝子忠臣、軼事芳蹤皆助此老筆歌墨舞之樂。

7.49 考据家多短於言情。若太原閻百詩所註《四書釋地》與酈道元《水經注》可謂後先輝映。乃其絶句云：“簟紋如水曉驚秋，推枕尋釵搭臂韝。郎困宿酲猶未起，一簾微雨看梳頭。”風韻何等動人！

7.50 吾廣科甲以倫氏爲盛。文敘，會元、狀元；子以訓，會元、榜眼；以諒，解元、進士；以詵，進士，却少探花。東鄉吴蘭雪自言祖儀元進士，子裕榜眼，伯宗由解元中明初狀元，亦少探花。因系以詩云：“倫家科第似吾家，蕊榜三名望豈奢。却待兒孫完盛事，老夫原不稱探花。”

7.51 水行最厭者，莫如過關。余邑何介峯太史惠羣《放關謡》云：“天明放關關撤鎖，關吏立侍關官坐。官唤商船先過關，船中百貨堆成山。船頭敲鑼尾打鼓，著靴上船吏如虎。大聲向人來索錢，口中呶呶作官語。商船放罷放客船，關吏打篷驚客眠。纔踏船頭吏却立，但見船中書一篋。”頗有古歌謡音節。

7.52 桐城方引除正瑗《咏古鏡》云：“絶代應憐顔色少，六宫曾識舊人多。”不粘不脱，意致自佳。嘉興女媛吴若華云：“閲世興亡疑有眼，辨人好醜總無聲。”更爲藴藉。

7.53 吾邑何小範孝廉仁鏡詩頗淹博。余愛其《咏貝多葉》云：“貝葉繙西經，經成馱白馬。菩提本無樹，經從何處寫？未離文字禪，詎得稱般若？從來佛教空，浮名未能舍。灾梨更禍棗，頌偈供撏撦。何如付秦火，一炬刦灰赭。不材種樗櫟，無異舍梧檟。吉貝亦西來，衣被遍天下。”至《次蘇鈞磻贈别韻》云：“别君翻恨識君遲，醉後狂言醒後知。末路才人多托酒，古來名士例工詩。談惟風月應無恙，癖到烟霞不受醫。經幾蹉跎書未著，字慚還欠辨終葵。”尤覺自然。

7.54 新奇沉麗之句最易奪目。若清微淡遠，人多忽畧。歸安嚴修能元照自評其《柯家山館詩稿》，謂“里有女奇醜，撫鏡自照，知其醜之弗可以飾也，屏粉黛，絶華炫，椎髻布衣，謝媒而勿嫁”，此亦自成體格者。余愛其《靈隱紀遊》次首云：“吾愛飛來峯，樹木窮殊相。嶙峋起方寸，夢寐不暫忘。造物工力奇，未易尺寸量。咄嗟彼何人，椎鑿徧青嶂。名姝受鑽灸，恨事不可償。山靈悔飛來，千載生惆悵。安穩住天竺，至今定無恙。”寄興遥深，得風人之旨。

7.55 余嘗在鄭雲麓都轉座上見程少山小楷一幅，録近體三十餘首。書既工麗，詩亦清新。愛其《莫愁湖》二絶云：“春愁鄉思兩模糊，怕憶家山好畫圖。剛把西湖抛撇了，又教儂見莫愁湖。”“幼婦新詞四壁收，至今争説舊風流。美人不是無情物，未必當時竟莫愁。”少山名晉，杭州諸生，善書法，楷行篆隸靡不精妙，尤工鐵筆云。

7.56 家蘗亭太史《入峽》詩有“月親高峽燒，星夾遠江燈”之句，遍索同人和之。陳獨漉和云：“野燒難分月，江星不礙燈。”何孟門追和云：“野燒侵山月，波星漾渚燈。”三押燈字俱妙，而陳似較勝。

7.57 唐俊公觀察榷九江，關客有投詩者輒免其税，名曰“税詩”。吴蘭雪有《留别廬山自書紀遊詩後》云：“一别名山已夕曛，四仙五老送殷勤。嚴關自喜輕裝過，不税新詩税白雲。”“税詩”“税雲”俱極新雅。

7.58 人雖好色，未敢施於筆墨[1]。袁子才則明目張膽言之[2]，若恐以不好訾之者。故其詩有“半生非病不孤眠”及“似汝瓊枝來立雪，一時愁殺後堂花”等語[3]。内外交好[4]，無所顧忌，曠縱已極，願有才者以此爲戒。

【校記】

[1]“未敢施於筆墨”於津圖本作“未有不自諱”。

[2] 津圖本“袁子才”前有“惟”。

[3] 此句於津圖本作：“故其詩有‘半生非病不孤眠’‘水雲深處抱花眠’及‘既愛詩書又種花’等語。”

[4] 津圖本作：“又多外遇”。

7.59 李雨村極推尊子才。所選詩話，子才事跡居其二三，幾成傳敘，適足生厭。大抵雨村所欲言，而子才已言之；雨村所欲爲，而子才已爲之，故不覺津津有味。然子才長處，雨村未及其一；子才短處，雨村已逾其數。東坡《荀卿論》云：“李斯之刻酷皆荀卿高談異論有以激之也。”吾于子才亦云。

7.60 蘇州薛起鳳《對雪》云：“天風剪水水争飛，飛上寒山辮石衣。一夜雪深迷磵道，不知何處叩巖扉。”杭州吴飛池《澶州雜詠》云：“晨光黯黯樹依微，雲帶炊烟濕不飛。多少人家秋色裏，滿天風雪漫柴扉。”二詩神韻正復相似。

7.61 南海布衣徐青臣啟勳以詩謁余友星儕於羊城。星儕曰：“君詩經遊粤西而壯，可謂得江山助矣。”青臣竊自喜，欲編其《粤西游草》付梓，未全抄，遽卒。卒之日，家人問身後事。青臣曰：“我死，子雖幼，家粗足給，無可言。顧自念一生心血盡耗於五七字。若泯泯無傳，目不瞑矣。倘得以余詩抱呈梁福草先生，庶幾有以傳我。但恨生平素未謀面，死後又以知音望人，深自愧耳。”越日，其戚歐陽湘南茂才往弔，家人以此語告，湘南即攜其詩來示予。予聞而悲其志，恐無以傳青臣也。青臣詩，七古多學李、韓，粤西諸咏尤佳。《大藤峽》云：“我乘百斛舟，來上大藤峽。排山倒海驅蛟鼉，仰視青天一痕掐。此身忽如墮深井，日色無光眼界狹。層巒疊嶂赴一江，朶朶芙蓉向空插。山勢愈以峻，灘勢愈以高。石骨横過江，如龍如巨鼇。如虎磨兩牙，如蟹張雙螯。凛如戈矛，森森列水口；湍奔激盪，奮起掀天濤。風雷白晝生峭壁，飛澇相淶聲怒號。其中十里九灘，十灘九險，難悉數！拔其尤者，碧灘紅石雙油槽，舟行咫尺不得力，失勢一落輕鴻毛。冬寒水濺，江急風顛。波心人至，石罅船穿。相去其間不能寸，俯視但見危根、利齒相鉤連。始知禹跡亦有不到處，連峯亘塞東南天，低昂起伏紛蜿蜒。不然龍門積石開鑿既已遍，何惜此地不與疏瀹安？奔川巨靈不及擘，祖龍未暇鞭，天生險阻留窮邊。嗟爾遠客來胡然？昔聞羣猺據此作巢穴，殺人江頭日流血。憑恃險隘其誰何，潯州柳州路阻絶。當時羣賊如蠭紛，平之誰？蔡將軍。將軍戰死賊巢裏，將軍有子勇如兕。誓報父仇雪深恥，眼光忽作飢鷹視。斯時見賊不見己，殺賊如蜎馬不止。奪父尸還血裂背，掃穴擒渠報天子。於今兩峽無刀兵，只餘灘瀧日夜聲。訇訇風檣，上下神魂驚。安得盡剷怪石一使峽路平？我欲上訴真宰，煩五丁乘風夜半騎長鯨。”《舟中望柳州諸山》云：“我從大江駕巨鼉，鯨呿鼇擲揚清波。逆挽海水洗兩眼，看山直到黄灘河。遥望柳州城，四面山陡絶。蔚然深秀中，窅窱露巖穴，深者凹如高者凸。羣山萬壑何崔嵬，疑是岳鎮龍分胎。峯峯離立少依傍，日色照耀千瓊瑰。嶄巖石室閃光怪，陰森危厂藏風雷。壯觀眩銀海，生面開窮邊，羣龍戲水争蜿蜒。馬鞍突起勢拔地，鯉魚卓立高撑天。獅蹲象伏各異態，筋摇脉動相回旋。我疑散花仙女偶遊戲，江頭密佈瑶池蓮；又疑女媧鍊石備不用，五色爛漫生雲烟。謝公屐齒未及到，柳州小記多無傳。天生異境在人世，使我目動心茫然。憶昔路過大藤峽，二山如門勢柴立。崩崖下瞰百丈谹，危根刻削横流中。一片蠻皮露石骨，未免赤立嫌太窮。及到武宣遊，眼界忽開曠。秀峙青螺峯，岊嵲翠微

嶂。葱葱鬱鬱氣自佳，離奇未若兹遊壯。何當絶頂開雲關，振衣千仞窮躋攀。高呼羣仙駕鶴還，拍肩挹袂烟霞閒。遠遊萬里不稱意，灘聲日夜悽心顔。雲歸日落衆壑暝，篷窗兀坐興長嘆。”

7.62 簡齋《奉寄樹齋侍郎領威遠大將軍印》云：“我輩尚將儒者待，朝廷久當重臣看。”蘭雪《題韓桂舲中丞入覲省親圖》云：“朝廷已借名臣重，膝下仍將孺子看。”措詞俱婉約有體。

7.63 金陵爲千古繁華之地，至南朝則不止“諸臣半醉”“天子無愁”矣。張度西《秦淮殘柳詞》緬舊院之流風，弔前朝於逝水，聲韻最屬纏綿。王漁洋《秦淮雜詩》而後，此爲雅音。摘録數首云：“舊事傷心問碧流，數株况此曳殘秋。無情最是西風緊，釀出江南一段愁。”“長板橋邊最可憐，嫩於春水弱於烟。如何肯向西風裏，委盡芳心與暮蟬？”“桃根桃葉去迢迢，艇子歸來隔暮潮。死外驚心惟有别，更無人惜短長條。”“舊院荒蕪朱雀航，物猶如此劇淒涼。傷心更有丁張在，不獨瑯琊大道王。”“十丈秋千斷索飄，飛塵深鎖赤欄橋。宛君眉黛香君眼，都付青溪一夜潮。”“淝水尚書夢已醒，眉樓無處問飄零。白門柳劇何人唱？多少吴娘掩淚聽。”“天地無情草木悲，千年憑弔向伊誰？如何送客勞勞樹，不管興亡管别離。”“滿逕霜華鴈度遲，溪風夜半酒醒時。南朝頓老風流盡，莫倚琵琶唱《柳枝》。”

7.64 天地之大，無奇不有。吴蘭雪刺史云：“余少讀太白詩有句云：‘獨立天地閒，清風灑蘭雪。’因以爲别字，今張介侯大令來言，四川屏山縣蘭花雪後大開，始知空谷之姿雖在歲寒，亦能吐氣，但須得其地耳。因賦詩以寄意。”中有云：“介侯爲我談往事，曾向屏山作仙吏。嚴冬大雪滿深山，山裏芳蘭争吐氣。遣人移劚動千叢，徧植衙齋盆盎中。全家日住衆香國，妙比梅花更不同。”

7.65 陽湖孫淵如觀察星衍爲一時名手，以余觀《雨粟樓集》不逮所配王夫人《長離閣集》。夫人名采薇，字玉瑛。《七夕悼姊》云："愁年不共生年短，死日方知別日佳。"《三月三日》云："吹夢夜風先到樹，弄愁寒雨不妨花。"《寄外》云："夢餘捲帳人疑在，書去尋愁語轉多。"三用"愁"字俱好。

7.66　孫淵如有《試香》一律云："辟寒簾底漸氤氳，石葉拈來取次焚。銀燭暗隨灰一寸，繡衾虛借煖三分。離愁似爾都成縷，幽夢從他欲化雲。曾爲如蘭人坐對，錦裀幾日罷重熏。"想因悼内而作也。

7.67　偶閲頤道堂《書無名氏詩後》云："嘗於廢紙中見鈔本《無名氏詩》一冊……句法沉博絶麗，足以壓倒一切。""或云：'虞山蒙叟之作。'"然其句如"桃葉春流亡國恨，槐花秋踏故宫烟。""烟月揚州如夢寐，江山建業又清明。""一生花月張三影，雨鬢滄桑郭四朝。""南渡衣冠非故國，西湖烟水是清流。""滄桑朝市開新局，烽火邊關覆舊棋。""神愁玉璽歸新室，天哭銅人別漢家。""文章金馬霜前淚，故國銅駝刦後人。""老有心情依佛火，窮無涕淚灑神州。""豈應滄海揚塵日，重話蓬萊獻賦時。"又何其似眷眷舊君也！

7.68　韓慕廬宗伯事業、文章，一時推重，其詩亦清絶，所著《有懷堂稿》。如《乙丑元日》云："浮生應有三無奈，拙宦其如七不堪。"《輓冒巢民》云："風流咳唾真名士，離亂滄桑一黨人。"《送桐城相國歸里》云："禁中楊柳風流在，溪上芙蓉卜築貧。"《送東山修撰歸虞山》云："青楓江水秋兼月，紅豆人琴詩亦禪。"皆名句也。

7.69　同邑家茂才枚《題黎美周先生〈黄牡丹〉詩後》有云："聞道揚州鄭子真，殺身亦已共成仁。可憐賓主皆奇節，只愧當年校藝人。"詩本長古，節録後四語作七絶，居然史筆。

7.70　孟子釋《北山》之詩曰："我獨賢勞也。"獨字最屬悽慘。故人當勞苦患難之際，得二三友朋慰藉，亦可稍舒懷抱。張度西《别東川》詩云：“榴花時節解征鞍，落盡黄榆下塞寒。爲有故人回首在，并州仍作故鄉看。”“執手山前話轉長，歌詩雅奏費遥望。君心更逐天邊月，一路相隨下太行。”最得自寬之法。

7.71 姬妾多則家事每相推諉。武進徐尚之書受《題添香夜讀圖》云：“只有貪心未肯除，雙鬟列侍竟何如？桃根桃葉休相妬，一唤司香一校書。”處置極妥。

7.72 何漢槎少尹守正赴任福建時索余書數十紙，舟泊汾江相待。忙迫中字閒舛誤，因記方子雲句云：“酒因賒得缾難滿，書爲催成字易訛。”

7.73 徐昌基字闓伯，爲元和諸生，著有《愛日山房詩》，年如李長吉而殂。妹名幽貞，字安荼，工駢體文及詩，適顧氏，早孀。徐尚之題其書後云：“敢誇佳傳高愍女，轉累才名盛孝章。妹有傳文兄著集，任從夭死任從孀。”亦可哀矣。

7.74 近人吟稿未梓者，雲根蒐蘿頗多，時有佳句可録。鶴山勞圓浦廷珠《大田村阻雨即事》云：“澗水白環屋，田秧緑進門。”《登閲江樓遠眺》云：“百粤關河憑鎖鑰，二樵風雨逼簾櫳。”同邑家勉之佩瑶《山行》云：“暮雲投廢寺，老樹傲層臺。”新會阮竹潭榕齡《聞雁》云：“縱有離情寫幽怨，未嘗遲暮向人啼。”同邑廖伯雪亮祖《過耒陽懷龐士元》云：“下僚自古多奇士，敵國從來少薦書。”

7.75 余課諸姪多以詠古命題。介朋《詠于忠肅》詩云：“誓守謀成息衆喧，頓令北狩有歸轅。沃心早破高宗惑，湼罪翻銜武穆寃。社稷史應書再造，陰霾天總付無言。石誅徐徙終罹罪，曾有旌功表奪門。”愛樹《朱仙鎮》詩云：“那須嗟廢十年功？臣志君心各不同。直抵黄龍期痛飲，尚餘飛鳥便藏弓。一時火詔來三殿，萬里冰天賺兩宫。至竟君親何日返？偷安非獨負孤忠。”二詩頗能稱題，故録之。介朋名世和。愛樹名植榮。

7.76　龍溪嚴太乙仙藜工畫法，著有《野航詩鈔》。鄭雲麓年丈爲之付梓，如“鶯歌緑樹聲侵院，人立紅橋影在池”“山犬隔花知有客，石泉繞座不妨鐘”，琢句頗雅飾。

7.77　南海李椒堂先生可蕃由編修出任湖南糧儲道，有《舟夜聽雨奉懷伯兄西園》詩云：“一官匏繫動經年，回首家鄉隔暮烟。老去弟兄猶遠别，愁來風雨不成眠。秋風羹飯懷張翰，春草池塘憶惠連。此日孤蹤勞悵望，夢魂越歷幾山川？”因懷伯兄而念伯兄懷己，一結欵欵情深。

7.78　文水武蘭圃廷選年五十始學爲詩。人皆以高常侍擬之。其五言句有云：“道旁官柳暗，郊外暮天低。”“青春有去意，白髮不留情。”“詩工通籍後，貧在罷官前。”“木落疑山瘦，潮迴訝海乾。”“年豐魚米賤，官好吏胥貧。”七言句有云：“山勢千重緣路轉，江流四面抱城來。”“山頭征馬數行鴈，河下行舟幾葉萍。”“每於殘局獲全勝，間或豐年有歉收。”鴈因風緊歸偏早，月爲雲多出故遲。”“三春雖有羣花放，二月從無幾日晴。”[1]

【校記】

[1] 此則於津圖本作：“武肅親王，太宗文皇帝長子，章皇帝親兄。征蒙古，平朝鮮，破流寇，定陝蜀，厥功赫然。墨爾根王忌之，誣陷以死，葬沙窩門外。順治八年，勅賜碑文。十五年，復爲立碑，加謚曰武。墓旁有松一株，生具靈異，老本直上，柔枝四垂，周圍架以朱欄，廣可數畝，俗呼‘架松’，洵奇觀也。張荼農詠云：‘功大多遭忌，恩崇特易名。蒼蒼墓前樹，屈曲達忠貞。覆地千枝厚，垂天一蓋平。靈風宵鼓動，殺賊有餘聲。’詩頗悲壯。”

7.79 番禺馮子良大令詢《揚州題壁》詩云："緑水紅樓十里遥，歌聲處處暗魂銷。市頭豪傑樓頭妓，愁絶江南兩管簫。"余姪愛樹每好誦之。其七言律佳句如《登蓬萊閣》云："一郡山川萊子國，十洲風土葛天民。"又"三千徐福童男女，五百田横舊主賓。"《京口》云："城郭蒼茫餘鐵甕，山川迢遞入金陵。"《姑蘇》云："兒女痴魂仍響屧，英雄末路偶吹簫。"《玉山樓春望》云："雲霞今古浮雙闕，花月東西隔一濠。"《買隱園贈陳七秀才》云："身世向平婚嫁後，雲巒荆浩畫圖中。"《病中》云："病思成佛王摩詰，憂恐傷人盛孝章。"皆雅令可諷。

7.80 武進黄仲則少尹景仁七古規模太白，嘗以賦太白樓詩得名，其七律句法每有獨造處。如《金陵雜感》云："花月即今猶似夢，江山從古不宜秋。"《旅夜》云："荒城月出夜逾悄，小閣燈殘水忽明。"《贈萬黍維》云："半生蹭蹬因能達，百樣飄零只助才。"《春日客感》云："人間别是銷魂事，客裏春非望遠天。"《言懷》云："不禁多病聰明减，詎慣長閒意氣消？"《送陳理堂歸江南》云："從來易水難爲别，除却江南不算春。"《武昌雜詩》云："三春無樹非垂柳，五月不風猶落梅。"《黄州》云："隔岸武昌猶有樹，下流彭蠡漸無津。"《落花》云："半生每恨尋芳晚，萬事都傷得氣先。"皆不受古人束縛。至《余忠宣祠》七古一首直用全力表揚忠烈，硬語盤空，精神團結，又讀《兩當軒詩》者所宜細玩也。

7.81 五絶詩衹二十字，最難着筆，其貴有餘韻。人皆知之，不知未有詩之前當先有無限意境。陡下一句，可抵數十語，然後篇幅乃不覺短促。吴星儕《塞下曲》云："回首萬重山，征人還不還？可憐故鄉月，夜夜出秦關。"此爲得之。

卷八

8.1 漕運爲國家之大要務。自元初創爲海運，由劉河口轉海門之廖角沙，沿澳北上，計程一萬三千里。其後殷明畧開新道，由劉河至崇明之三沙放洋，其路較近。明代由灌河口至鷹游門，轉搬膠萊，又由黄河口出洋趨成山。今俱壅塞。道光丙戌二月，陶雲汀宫保澍改由上海沙船運赴天津，計程四千餘里，約二月餘即可達京師，且雇商船搬運，甚屬省費，誠爲千古漕務第一經濟。因爲《海運圖》以獻，作詩四章以紀其事，廷臣和者甚多。原唱平平，而和章中如賀耦耕長齡云："敢以度支煩國帑，未須營造待官船。"陳芝楣鑾云："濟川舟楫千年遇，聚米河山一例看。"徐漁莊夢熊云："刀布不愁征市舶，包茅兼許貢爻閭。"胡夷軒先達云："粳稻三吴輸正賦，泥塗十濲闢新渠。"淡星亭春臺云："水國蒲帆千里到，天家玉食萬方供。"朱闌坡琦云："蕩平十濲遵涂軌，遄迅千艘慶市閭。""殫心海運如河運，鼓力沙船又蛋船。"孫子瀟原湘云："自有重溟資轉運，暫停三策議河渠。"董琴南國華云："創局艱勞前箸定，重臣開濟萬民看。""百年沙線開新路，十濲波濤送尾閭。"屠琴塢倬云："梯航大好民情見，舟楫同資政府賢。"吴巢松慈鶴云："紫氣輙浮知效順，青翰飛渡本無難。"阮侯庭文藻云："十濲波澄沙線認，三山日麗畫圖看。"皆紀實也。

8.2 余仲父中翰公性恬淡，不樂仕進，嘗對人誦沈小如句云："面目直同厮養卒，親知還説宦遊人。"亦熱中者一服清涼散也。

8.3 小如歸安人，名長春，有《讀漢高本紀》云："肘腋未聞除産禄，

腹心只辦醢韓彭。”韓彭醢戮，人皆知漢高爲失計，不知産禄不除，幾危漢社，尤非智也。此意少人道及。

8.4 小如詩有極真切者，如“拙計共知官職冷，癡情還冀子孫賢。”“拙宦坐看同輩少，清貧漸使故人稀。”有極沈痛者，如“焉得人間無屺岵，可能泉下有門閭。”“九原兄弟垂雙淚，十載功名困一氈。”“垂老星霜愁病半，無多骨肉死生餘。”有極工巧者，如“大都世事皆風馬，莫笑官階似土牛。”“烏頭終古難生白，馬腦何人預别黄？”“敢將怨李恩牛事，都作藏蕉覆鹿看。”

8.5 世傳桂林山水甲天下。遊覽者謂山甲天下，水不能甲天下。二者兼之，其惟吾粤之連州乎。余兩次經遊所過湟水三峽則石筍參天，萬山層疊，伺立江滸，濃翠逼人，故有“亂峯撐日上，一水破雲飛”之句。及抵楞伽峽，懸崖幽洞奇詭萬狀，石乳半空下垂，大半如風吹敗荷，倒挂山腰，水光摇動，欲下不下。故余《題畫不如樓》云：“舟入楞伽縱目初，傳來夢得語非虚。千鬟萬笏供憑眺，信有青山畫不如。”又初至洸口，見亂石横江，灘聲澎湃，舟夫足繭胸瘇始能挽上一灘，由此至連，灘瀧甚多。余有《英州行》云：“四百里灘，五百里瀨，行十二日，不見平地。絶壁俯視，危崖怒盤，欲墜不墜，心怯膽寒。灘聲鳴雷，灘勢撼石。亂篙齊下，得尺則尺。上灘恐艱，下灘多患。噫吁嘻哉！暮雨潺潺。”皆實道其境，然筆墨孱弱。山水有靈，竊恐笑我。

8.6 連州北城外有北山，山澗迂曲，怪石森聳，參差倚伏，莫可名狀。中有亭四：曰燕喜，曰八覯，曰聽泉，曰流杯。泉聲丁東，娱耳悦目。山下翠柏、蒼松，濃陰茂密，一野寺隱其中。余《題寺壁》云：“亂石一溪水，空山四草亭。蕭蕭林裏寺，僧懶不聞經。”

8.7 臨川李歉夫夢松著有《南韶連紀事詩》，寫山水秀峭，語多奇崛，誦之勝于讀畫。其《舟過龍頭影》云：“突石衝江昂龍頭，狰獰勢欲吞行舟。”《白洋水口》云：“齊力舟行急，幾疑岸倒流。雲移山脚動，風捲浪花浮。”

《三峽頭》云："疊嶂作屏藩，萬峯相交互。一石亘江心，灘聲咽不住。"《大理峽》云："湟水破山來，峽頭如立壁。萬竅氷裂痕，滿山大理石。厓上緑雲飛，上渾空天碧。厓下森長牙，下齧蛟龍脊。幽奇變萬端，靈風生篷席。去去從此深，鸞鶴聲拍塞。"又《和萬宫允承風律句》云："十萬鼇頭撑岸脚，百千氷柱碍烟篷。"《楞伽峽》云："巖上雲深緑，巖下水澄泓。山水鬱元氣，萬古涵空明。"

8.8 李歉夫又有《惠潮嘉紀事詩》。其《舟過將軍甲》云："一石立江干，擐甲攘雙臂。怒目睨江水，江風揚盔翅。灘聲響鐲鐃，轟如鼓角吹。將軍神欲飛，揮戈驅鬼魅。丈夫志萬里，一經非所事。近者海匪騷，勞展水軍幟。扣舷作短歌，慷慨思鐵騎。但看石下潭，蛟龍不敢肆。"具有懷抱，非僅作行程記也。

8.9 覺羅文敏公桂芳沒於鄂城，曹儷笙太傅夢其至，把袂曰："我與公皆理安寺僧，今先歸矣。"太傅愕然而覺，凶問適至。所著《敬儀堂詩集》中有《題湖山秋霽圖》云："前生我亦到西湖，坡老風流今在無？秋水平堤山繞郭，幾回清夢總模糊。"則公生前已自覺身異性存矣。

8.10 敬儀堂最長於應制。其《恭和御製遊金剛窟普樂院諸勝境元韻》云："浄域多羅藏，瓶鉢寄林壑。天仗拂雲過，春巖翠如削。峰峙黛螺頂，地插金剛脚。爲民祈福來，福錫與民樂。稽古迦葉佛，銀書欣有托。世界本清涼，不使一塵着。三乘證禪心，六飛勤治畧。黄圖梵唄聲，直與頌聲作。"《和松窗聽泉》云："秋深花事未全闌，偶向溪邊駐玉鞍。矯矯虬龍争石瘦，泠泠琴筑落階寒。性能孤立誰堪擬？學貴逢源作是觀。萬象澄清歸藻鑑，早參妙諦入毫端。"其他五言如："石亂泉聲咽，山多野氣沈。""路危聲鑿石，城古色同山。""沙昏人語亂，野濶樹聲多。"七言如："漬雨舊苔隨處緑，飽霜之樹可憐紅。""心醉國事衰猶壯，身報君恩死亦生。""一色刀光漫

地白，萬條燭影射天紅。”俱非凡響。

8.11 覺羅恒慶乃文敏公桂芳之父。其《懷荆堂詩稿》直逼香山、放翁，如“危厓斗削人難立，鳥道雲侵馬不前”“弟妹空教縈夢寐，干戈未許樂園林”“庸才敢怨功名薄？善病非關道路窮”“楓葉半林依矮屋，塞鴻幾點破寒烟”“山從陡處翻忘險，水到平時又覺遲”等句皆工。至《讀〈桃花扇傳奇〉》五律一首尤警鍊。詩云：“往事真如鑑，詞源瀉若流。英雄輸狎客，俠骨出青樓。四鎮惟餘忿，孤臣枉設謀。天心應厭亂，盜賊竟封侯。”

8.12 楊杖鳩擕芳，余同邑人，詩筆清秀。《村家》云：“江村久不到，夾道盡垂楊。野水白平岸，藕花香滿塘。偶然逢老叟，相與入前莊。坐對一樽酒，漁歌起夕陽。”《送家韶五之梧州》云：“之子粵西去，悽然無限情。貂裘看欲敝，馬首忽長征。落日蒼梧道，秋風博白城。前途應有遇，慷慨説生平。”《山居》云：“茅屋高峯下，峯峯恰對扉。出門何處去，倚杖看雲飛。草露濕芒屨，松風吹葛衣。幽禽啼不住，知我久忘機。”《山村》云：“老樹荒村路，踈籬野蔓生。長年花作曆，深夜鳥司更。社酒當春熟，沙田及雨耕。始知千載下，仍有避秦民。”俱有意味。

8.13 杖鳩又有絶句堪咀嚼者。《題畫》云：“天外數峯青，峯峯雨初止。一片濕雲低，江風吹不起。”《秋夜》云：“竟夕疑風雨，蕭蕭夢不成。前山無限樹，并作一秋聲。”《畫鴈》云：“一片瀟湘入望微，蘆花開後故飛飛。知君亦是無家客，密雪濃雲冷不歸。”《珠江舟中》云：“一棹相依鴈翅城，《竹枝》歌向醉中聽。月明人影闌珊夜，幾處香風賣素馨。”《藥市》云：“路入朱明藥氣浮，山中那箇識韓休。何姑雲母鮑姑艾，笑問遊人買得不。”《珠市》云：“蚌胎探出水雲沾，橋畔擕來大小兼。一斛明珠百斛米，不須留得壓香奩。”後二首爲竹枝體，俱卓卓可傳。因《藍田山房稿》未梓，故多録之，庶不至湮沒耳。

8.14　嘉慶初年，吾粵一時有三怪之目。蓋謂邱應奎爲貌怪，劉華東爲文怪，崔弼爲詩怪也。今觀《珍帚編集》，其古體近李白，才氣頗覺縱橫，近體則貪用典故，多駁而不純。至《咏信陵》絶句云："博徒豈少毛公輩？不見平原着眼看。"《入峽經飛來寺》云："百尺牽從雲裏過，一篙撑入壁間行。"《維揚雜咏》云："六朝羅綺留裘屐，三楚烟霞入杖勝。"《石門懷古》云："五朝舊作蠻君長，九郡新登漢版圖。"則殊覺大方。

8.15　滿洲明忠烈公（明瑞）《送弟瑶圃使烏斯藏》云："寒分百戰袍，渴共一刀血。"語極新警。《元夜》云："陌上晚烟飛素練，渡頭殘雪踏銀沙。"猶有武勁氣。至"騷客興隨秋水遠，故人書報菊花開"，又何其雅淡也。

8.16　人到中年，見兒童誦讀，未有不艷羨者。姚姬傳鼐曾有句云："但使體中還少壯，更偕兒輩向詩書。"莫耀山亦云："老知讀書趣，貧切教兒心。"

8.17　吾粵園林多尚盆樹，屈曲枝幹以爲奇古。余嫌其矯揉造作，失自然之性。番禺凌竹巷嘉遇《盤樹詩》云："園客善矯揉，盤樹争奇勝。新坭擇堅腴，古瓴侈潔浄。安排次第巧，纖緑交掩映。不惜剪拜勞，俯仰云使稱。奪彼卓拔質，强與戚施病。木雖曰曲直，過乃非本性。寄言同心人，萬事順天命。"直能先得我心。

8.18　張水部《送人之桂州》云："有地多生桂，無家不養鼉。"李韋廬《靈川道中》云："有田皆種稻，無路不穿松。"句法雖同，而虚擬、實寫用意自别。

8.19　蒲留仙《聊齋志異》一書盛行海内，而不知其詩筆更清，如云："名士由來能痛飲，世人原不解憐才。"想亦阮步兵之塊壘待澆也。

8.20　仁和宋德恢咸熙《思茗齋詩鈔》有《送人》詩云："不受人憐者，誰知偏傍人？艱難文字賤，憂患别離頻。往事留禪榻，豪情半水濵。送君無所語，只是勸安貧。"可謂得"贈人以言"之旨。

8.21 嘉善黄蘭舟若濟《舟行即事》云："泛泛舟行過午天，快心事總不能全。輕帆正喜乘風疾，難禁吹來舵尾烟。"較東坡"耕田欲雨刈欲晴，去得順風來者怨"，意趣彌永。

8.22 隨園云："咏史有三體：一借古人往事抒自己之懷抱，左太冲之《咏史》是也；一爲隱括其事而以泳歎出之，張景陽之《咏二疏》、盧子諒之《咏藺生》是也；一取對仗之巧，義山之'牽牛'對'駐馬'、韋莊之'無忌'對'莫愁'是也。"余謂對仗之巧亦偶然湊泊，未可定爲一體。後來塗澤家以此擅長，究不可爲典要。若奉爲程式，必入魔道矣。

8.23 吴蘭雪《閒居有述》云："唐策萬言劉諫議，漢廷一疏賈長沙。文章至此關天運，進退何人爲國家？"不盡諉之天，不盡責之人，持論甚好。

8.24 實事寫來便有奇趣者，韓東生《陽江道中》云"换魚村店酒，牧豕蛋家船"、《贛州》云"賣書客踏螭頭舫，擔水婆穿犢鼻褌"，吴蘭雪《翠巖寺》云"鐵鑊千僧飯，銅瓶十丈花"、《黔中雜咏》云"花苗舊俗惟跳月，茅屋新年競插香"皆是。

8.25 陳元孝《題畫》云："深山深處有人争，擬寄閒身畫裏行。日掩柴門無箇事，碧溪黄葉一聲聲。"是以虚景作實境。吴蘭雪《村居雜詩》云："溪園老桂百年栽，深緑遮檐晝不開。行過石橋回望久，始知身自畫中來。"是以實景作虚景，而能各極其妙。

8.26 眼前情事借詠物以抒寫，倍覺大方。畢秋帆《咏春草》云："得時便占行人路，托足難當貴客門。"馮古浦《在西林相公席上咏牡丹》云："詩到清平能動主，花雖富貴不驕人。"程澄江《咏木芙蓉》云："不逢春日偏能醉，開到秋江尚未遲。"余《咏婪尾春》句云："置身富貴何須早？娱老繁華莫厭遲。"

8.27 古來詠月者多，而詠月華者則少。平湖陸陸堂《月華歌》云："九野無纖雲，孤鏡磨青銅。西南月角，忽吐一端。白層叠紅黄，紫緑碧自天。直下垂相去，不知幾丈尺。廿四道光一迴旋，但見寶月不見天，半空摇曳流蘇然。”

8.28　謝照山名光國，番禺孝廉，著有《寸岳樓吟草》。其《咏嚴子陵祠》云：“卓卓嚴夫子，桐江一釣徒。羊裘臨大澤，天子笑狂奴。此事世猶議，斯人今已無。高山與流水，千載客星孤。”清空拔俗，一氣揮灑。他如《閒居雜咏》云：“辭本分官腰免折，食家常飯腹頻摩。”“綺語未忘難選佛，愁心乍脱便登仙。”俱新雅。

8.29　滿洲舒雲亭以“性愛登臨同謝傅，志存温飽愧王曾”得名。余謂不如“世間難得惟知己，天下傷心是别離”二句更爲自然名貴。

8.30　吾邑關豜于貢好擬古，未免過於摹仿，反失面目。余祇取其抒寫性情者，如《初秋病起》云：“溽暑炎蒸夜，初秋覺爽新。病餘仍作客，歸計更愁人。白髮高堂老，青衫板屋貧。那兼椎髻婦，終日瘵眉顰。”《詠懷》云：“秋老風霜苦，春生水石温。百年争日月，一醉失乾坤。”“計拙詩翻好，途窮事減繁。從來鴻鵠志，不屑寄籠樊。”《秋江送别》絶句云：“黄葉聲多酒尚斟，清秋送客碧波潯。樽前何物能相贈？風滿長江月滿襟。”風致亦好。

8.31　閨情之作多屬寓言，不必視爲綺語也。安慶魯鳳藻《有贈》云：“攜得芳枝返故村，悔將玉貌共花論。低聲還向小姑囑，阿母跟前莫要言。”陳夢湘《嘲某》云：“畫鸞衫子裉輕紅，料峭春寒豆蔻風。雙髩亂雲堆未穩，日高猶是背人攏。”中州吕樹村大令公滋未老而乞病，有勸其再出者，乃作《老女嫁》云：“自製羅紈五色裳，晶簾低捲繡鴛鴦。不如小妹于歸日，阿母殷勤爲理裝。”“檢點新粧轉自思，於今花樣不相宜。嫁衣肥瘦憑誰剪？羞問隣家小女兒。”

8.32　太白樓有楹聯云：“我輩此中宜飲酒，先生在上莫題詩。”不特見班門弄斧，抑亦着筆甚難也。吾粵大埔饒桐陰慶捷《泊燕子磯題詩》云：“五岳稜稜不可捫，斯人浩氣至今存。如何山月江風夜，但作詩天酒地論。牛渚磯頭梅影亂，蛾眉亭外水花昏。踏春遊客渾無事，閒説仙人醉緑樽。”筆意浩落，不愧作者。

8.33 生前富貴，死後埋沒，反不若文人學士令人欽仰不已。吾邑何不偕《西湖曲》云：“試上山頭奠桂漿，朝雲艷骨有餘香。宋朝陵墓皆零落，嫁得文人勝帝王。”語似調侃，實爲至言。

8.34 余以石爲山，亦有以陸爲海者。鍾陵王晚壑家有小園，顔曰“晚壑舟園”，外尚餘隙地，小築數椽，可以課孫。謂雖歷仕途，不忘壑處，因紀以詩云：“儂家壑裏舊藏舟，底事江湖汗漫遊。他日歸來課孫子，一窩安樂是良謀。”

8.35 李穆堂尚書云：“凡拾人遺編斷句而代爲存之者，比葬暴露之白骨、哺棄路之嬰兒功德更大。”顧俠君選《元百家詩》，夢有古衣冠者數百人拜而謝焉。吾邑温謙山輯《粤東詩文海》，自漢迄今千有餘家，爲書近二百卷。書成，夢古衣冠人千百爲輩，持卷再拜而去。乃知闡微發幽正深人感佩，後之操選家勿專慕盛名而忽畧微賤也。

8.36 南海家禹廷兆麟詩筆甚清，咏古每有新意。《巢父》云：“爰有巢父，古稱高士。聖君與言，尚洗其耳。異端惑世，想由此始。”《王右軍》云：“人愛右軍書，我服右軍智。一醉誑王敦，此事豈容易？”《介之推》云：“始忿而終矯，圖名殃及母。年年寒食時，試問安心否。”

8.37 禹廷性好遊覽，所到之處俱有吟咏。如《翠巖》云“秋樹花多白，霜厓草半紅”、《聽瀑樓》云“日落鳥争樹，山空雲滿天”、《潮水廟石》云“黛色盤根瘦，泉聲徹骨清”、《白雲雙溪寺》云“流水落花雙澗繞，夕陽秋樹一庵深”、《大通寺》云“春樹緑沈金粟界，天花紅墜木棉風”、《鳳城青雲路口占》云“八橋野色排空濶，萬頃風光捲地浮”“山氣欲吞將落日，樹聲争報未深秋”等句俱警鍊。

8.38　本朝功業顯赫而能詩者，一爲高文良公，一爲鄂文端公。二公謙恭自下，正復相似。文良公詩云：“詩外更無餘事業，酒邊時作小淹留。”又云：“宴罷白沈千帳月，獵回紅上六街燈。”文端公詩云：“手理亂絲須用緩，方醫惡疾不妨奇。”又云：“垂老餘功惟補過，多生結習賸憐才。”猶見古大臣風度。

8.39　近來窯器以年窯、唐窯爲最佳。年窯爲年羹堯所製，唐窯則唐英所製也。南滙吴白華總憲《省欽詩》云：“唐窯近出抵璠璵，持較年窯或未如。笑我兩年滯賔幕，不將雙眼挂陶書。”陶書蓋唐所撰。

8.40　東坡謂“春月令人和悦”爲詩家妙語。余謂天地之景原無一定，隨人感觸而成，嘗有《春月》詩云：“春宵花事勝如秋，皓魄當空我自愁。古月應憐今月老，不知照白幾人頭。”

8.41　短章全以一二字見意。袁景文《題蘇李泣别圖》云：“猶有交情兩行淚，西風吹上漢臣衣。”番禺方九谷《妾安所居》云：“廣殿多秋風，蟋蟀鳴幽闥。欲下玉階行，總是昭陽月。”“漢臣”“昭陽”數字何等含蓄！

8.42　人各有所長，用材者不可因其一長信爲兼長也。南海招桐坡鳳來《雜感》云：“工虞水火職，古聖猶分司。德行與政事，十哲各有宜。奈何後世官，六部多兼之。只聞叩首謝，幾見捫心辭？位高雖云喜，藏拙須自知。黄霸爲丞相，聲名損舊時。後世治不如，古皆由於此。”

8.43　小兒學語，世多教以詞曲，間有文理，亦少意義。余欲選長短句教之，却少淺易近情者。新會黄春坡玉貞《母雞引雛謡》云：“母雞喔喔，雛雞嗌嗌。羣來牆陰，以啄以食。羣雛飽，羣雛嬉。其母腹饑，羣雛安知之？母翼大，羣雛寒有賴。雛毛稀長來，那得長相依？”真足教孝。儻得此種

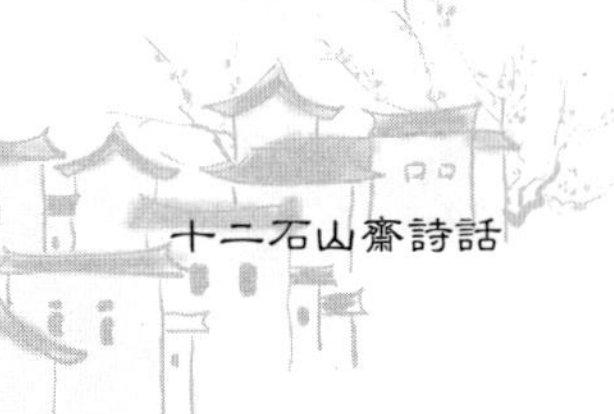

百十首爲幼時讀本，却佳。

8.44 問梅、問菊俱於無情處着情，雖文士之癡懷，亦韻人之深致。三水歐陽小蓬孝廉冠《問梅》詩云："縞鶴歸來半夕陽，孤山林静月昏黄。釵横荳蔻香魂冷，夢盡江南何處鄉？"似温飛卿艷情之作，妙不入纖。

8.45 黎二樵有"短長道路供離别，少壯交遊半死生"之句，爲方竹孫所賞。余亦有句云："弟兄老死幾逾半，朋友論交尚罕新。"凌蘗洲謂爲閱歷真語。

8.46 唐詩"孤燈燃客夢，寒杵擣鄉愁"極意鍊字，尚嫌入纖。近人王又曾句云："寒燈孤艇懸鄉夢，白日清江照髩絲。"似較大方。

8.47 吾邑李抱真孔脩爲白沙先生高弟。其墳在西樵雲路村，鄉童進學者必禱祀焉。南海何報之《謁墓》二詩最爲深穩。詩云："石磴雲深鳥唤春，孤墳寒食紙灰新。九京容我尋高士，三疾如公是古民。死有名山堪葬骨，生無奇服不驚人。當時誰信流風遠，歲歲蘋蘩采澗濱。""人生不朽最難言，好附青雲逐驥奔。處士壟成王失貴，先生墳在社長存。江門久已垂千古，雲路今來是一村。更有豐碑文字好，樵翁時爲拭苔痕。"

8.48 報之爲雍正初年進士，富於著述，旁通百家，有《莊子故》《皇極經世易知録》《賡和録》《醫碥》《紺山醫案》《算法迪》《三角輯要》《移橙餘話》《匊芳園文鈔》《詩鈔》。時元和惠公提學吾粤，最相愛重，詩尤擅名。羅履先謂其鍊不傷氣，清不入佻，中藏變化不一。其中佳句如："夜静風鳴壑，山高月墮林。""叢祠森鬼氣，老樹聳人形。""兩年花濺淚，幾夜酒禁愁。""酒懷多日減，花事一春微。""陰厓多積雪，幽壑半留雲。""古詞三婦艷，新月兩頭纖。"七言如"六籍争吹孤竹管，百家人饌五侯鯖""愛蓮亭畔看花様，拾翠洲邊唱《竹枝》""持畫故伸寒具手，論詩偏肯冷官頭""賣符菓縢蟲猶篆，擣藥巖虚鳥自舂""風案曉繙書裂幅，雪窗夜臥被生稜"等句俱新警。

8.49　新會吴子庸俊常與何報之、仝時著有《讀史吟》，爲詩百三十餘首，代舉數人，人舉數事。其體或近或古，或長歌或短節，格不一也。而興會淋漓，莫不神傳叔敖、筆鑄平原。余愛其《咏陳壽》云：“治書當論世，方識史才高。志自名三國，何曾帝魏曹？興亡存紀曆，禪代見絲毫。千載不相諒，君心應鬱陶。”拈出具有卓識，可掃後來無限謬談。

8.50　家子潮有《九日》詩云：“登高一望思茫茫，繞郭山光接水光。昔日壯遊今老大，西風腸斷白雲鄉。”猶有唐音。子潮名江源，南海人，善丹青，嘗爲先從兄小厓追寫小影，形神逼肖，筆亦奇矣。

8.51　丙午仲春，陰雨連旬。族叔介眉《即事》句云：“餘寒遲草木，積雨短光陰。”短字最鍊。

8.52　尹文端公《恭和御製出閶門遊支硎寒山諸勝即事雜咏》云：“繁華不是皇心樂，底事笙歌滿畫船？”較唐人“不是宸遊玩物華”，更有意味。

8.53　香山何亨齋天衢著有《不寐齋詩草》。其《蘆花》五律爲時所傳誦，起四語云：“疑雨全非雨，如妍轉不妍。無人有人處，一水一橋邊。”自屬超脱。至《鴻門詠古》云：“兩國主臣俱智勇，一家骨肉半恩讐。”真精湛出色矣。

8.54　新會鍾鳳石啟韶詩多奇語。如“隔水雲如詩思懶，遇風船學酒人顛”“送笛有風皆過柳，到橋無水不生灣”皆不落尋常蹊徑。

8.55　道學人咏風情詩仍不脱道學氣。吾邑温質坡侍郎《和逸羣弟采蓮詞》云：“杏子單衫映玉顏，香風吹送水雲間。采桑别有秦家女，不似輕舟盡日閒。”

8.56　吾邑楊覺亭方教《山居》句云：“種柳臨門深作幔，鑿厓分瀑瀉成簾。”《夢中作》云：“酒當豪氣人增壯，詩到奇時鬼亦驚。”《荒徑》云：“蔓草慣拖行客屐，斷林微露老農家。”俱有放翁筆意。

8.57 邵青門云：“詩之名家皆學古人而各得其性情所近。自漢魏六朝、三唐至宋元明人之作，皆有可學有不可學，視吾自得何如爾。苟吾之詩學既成，無論其爲漢魏六朝，爲李杜，爲三唐，爲宋元明詩，皆可使之就吾之爐冶而皆不能爲吾病；吾之詩學未成，無論其學漢魏六朝，學李杜、三唐及宋元明，皆足以病吾而皆未必有當於詩。何則？其自得者尠也。”又云：“夫詩，藝也。然要其至，則天人兼焉。有人而無天，終身爲之，未必其至也；有天而無人，率然至之，未必其皆至也。”族叔介眉平日嘗持此議以論學。要之，學聖賢、學文藝，其事雖不同，而其趨一也。

8.58 律句之創，祝止堂最多。如：“功德言從何處立？畫詩書且一身藏。”“漢試籒書九千字，唐升禮部《十三經》。”《翰林辨事》云：“肯抛冊府詩書畫，忽學官箴清慎勤。”俱是。因記懷寧余少雲亦有“玉川[1]搜腸五千卷，鄴侯過眼三萬籤。”黄梅黄梧岡有“今我心還同故我，舊人色似勝新人。”大興翁覃谿《贈錢籜石》有“奔流萬里河之曲，上下千年漢以來。”滿洲高東軒有“固哉此叟詩無味，老矣其人心可憐。”[2]彭甘亭有“四七星辰見光氣，八九雲夢吞心胸。”皆奇。

【校記】

[1] 津圖本作“玉村”，粤音相近之誤也。

[2]“滿洲高東軒”至此前於津圖本作：“長沙耿湘門有‘病與老如膠見漆，懶逢閒似芥投針。’”

8.59 家應來所著《兩般秋雨盦隨筆》謂無題詩與香奩詩界若鴻溝。李義山之詩，無題詩也；韓冬郎之詩，香奩詩也。蓋無題之什不必盡寫情懷，而香奩之篇則竟專作膩語，至閒情風懷，則指實事矣。辨别最爲分明。余謂二體皆言情之作，娓娓動人，見之每不忍釋手。張南山先生欲彙近代無題及香奩諸詩，取陸士衡語名《緣情集》，與余洵有同心。余更欲彙集咏史一體，令古人事跡流傳無墍，似勝於艷情之作也。

8.60　余遊西樵，最喜白雲洞，以其境奇且無登陟之勞也。吾邑楊南村《翽羽》五律寫得最好。詩云：“劈開雙石壁，透出一層天。瀑瀉高翻日，花飛不計年。懸厓危閣矗，迴澗斷橋連。遺像白雲子，蒼苔老鬢邊。”

8.61　偶訪長洲陳玉函，見壁上《題鄧尉山》詩，歎爲奇才。詩云：“探幽覽勝興飛騰，破曉攜笻絶頂登。雪意濃於三月雨，梅花高似六朝僧。太湖西去涵空濶，吴縣東來閱廢興。擬訪孤墳酹仙尉，玉壺寒重酒方氷。”後始知爲余友吴星儕作，竊自喜賞識不謬。

8.62　悼亡詩哀惻動人，多屬私情之作。雨湖師《吞聲吟》云：“一番内顧一傷神，中饋先銷石火身。念我雙親年漸老，羹湯調劑倩誰人？”明發之思隨處流露，與兒女情長者迥别矣。

8.63　林淇瞻名斐，嘉應人。有《過石峯徑》云：“石罅憑安屋，茅檐亦種花。”於田家風景最肖。畫家寫得出却説不出。

8.64　“流傳人事惟因恨，奇麗天生未許同。”此固始吴其濬過歸州懷昭君及三閭而作也。士之懷才而阨遇者讀此二語，可以泯怨尤矣。

8.65　眼前情事，掇拾不盡。吾邑陳復齋之女《除夕吟》云：“病久愁多只自憐，新春宿雨送殘年。兒童未解囊空盡，膝下猶争爆竹錢。”

8.66　吴蘭雪紀夢詩云：“寒溪沙水太清泠，何處飛紅點斷萍？笑坐仙舟花一瓣，不知是我是蜻蜓。”足與莊周蛺蝶作後人詩料矣。

8.67　吾邑李真吾良弼《咏博浪椎》云：“誤中副車雖未死，中原逐鹿自兹始。當時誰敢攖其鋒？六國不如一孺子。”詞調雖平而識見極好。其子嵩年亦能詩，有《登白雲山絶頂口占》云：“身在白雲中，不見雲起處。有

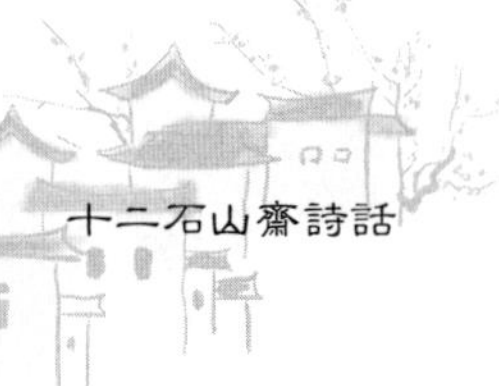

人在下頭，説我升天去。”《送春》云：“一年一度送春回，春事無多去又催。如此匆匆如此别，明年休更放春來。”“百年三萬六千日，計得春光九百旬。莫怨離多春事短，當春還有未歸人。”

8.68 錘鍊之句貴於無跡。吴蘭雪句如“壯懷雙鬢負，家累一肩難”“好詩消歲月，羈夢落江湖”“春草停征騎，邊雲念倚閭”“愛才關性命，譚藝析淵微”“世味中年淡，天倫樂事稀”“看雲銷世慮，飲水悟仙書”“磵松根化石，崖瀑凍懸氷”“酒教中婦釀，詩就冷官尋”“石氣巖扉濕，苔香洞壑幽”“門閭老人淚，氷雪異鄉情”等句俱極渾成。

8.69 《嚴陵釣臺》名作林立。番禺馮世衡銓二十字識見最超。詩云：“競悔從龍晚，飄然竟獨行。雲臺皆將相，何處着先生？”此即天下有道，某不與易意。評者謂與范文正論《蠱》之上九同意，似尚隔一層。

8.70 家柳衢見余所著詩話，凡有近作必來就正。余謂：“足下虚心如此，不患不傳，愧余不能傳足下之詩耳。”其《和友人春感》云：“似醉心情行坐臥，無聊生計畫詩書。”《春日寄人》云：“羊頭富貴天應笑，雞肋鄉園客懶歸。”誠非率爾操觚者。

8.71 德慶温莊亭承恭喜談兵。樸石太史謂其激昂之氣時露於詩。如《咏巫峽》云：“水似從梯上，天真坐井觀。”《川東道中》云：“路多通嶺背，人半住林間。”《九成臺》云：“湖海有人牛馬走，笙鏞何處鳳凰來？”《姜平襄侯》云：“信國入元心有宋，包胥復楚哭無秦。”俱極錘鍊。至《曲江祠》云：“劍請胡雛悔欲追，淒清雒谷笛風吹。姚崇宋璟開元相，死後君王記得誰？”尤爲獨造。

8.72 番禺女史張芬字誦先，號黍庵，爲張海門明經之女，幼耽筆硯，嫻於吟咏，適吕石驅學博。著有《蕉窗咏》，家章冉訓導廷枏梓以行世。其《和石驅夫子感志詩却寄》云：“浮生往跡類飄蓬，摇落誰能繫晚風？多病多愁遲歲月，半因吟瘦半因窮。”“登山臨水足逡巡，巾幗由來縶一身。痛飲狂歌須放浪，不知天地我何人。”陳仲卿謂其無脂粉氣，無柔媚態，洵非過譽。惜其老寡無子，有女適人，亦以貧死，憔悴困苦。工詩之窮，豈女子亦猶然耶？

8.73　《緑窗遺稿》乃高明女史楊氏著。有《簪菊》句云：“幾回顧影同卿瘦，合有旁人笑我狂。”與兒復元同步《唐伯虎集》後。《花塢聯吟韻》云：“雲護酒帘名士社，風敲詩鉢解元祠。”《不寐》云：“歸夢迷山月，鄉心繞石城。”俱有格局。其夫劉墨池瀾精堪輿術，有《紫府寶鑑》行世。

8.74　體格奇創者須有繩尺方可。張度西《康烈婦謝氏女歌》云：“女不可名婦也而可名，不見謝氏之女，歸執夫喪，衰絰成夫塋；婦不可名女也而可名，不見康氏之婦，免喪七日，餓死而全貞。腐儒曰：未成爲婦也而可成，不見有司入告，天子許其旌。”此合傳體而脱胎經句，故不入於怪誕。

8.75　《皇明世説》載楊升庵登眺山寺見雨霽虹霓，下飲澗水，得句云：“渴虹不飲玉池水，斜日横分蒼嶺霞。”後閱《莊子》，改“睨日”。韓光愈謂“‘渴虹’‘睨日’，古今奇對”。余謂“若用斜字，便覺減色”。吴蘭雪《題楊米人太守海南游草》云：“人魚拜浪千帆雨，仙蝶遊山四季花。”若改人、仙二字有何意味？乃知一字之下煞費經營也。

8.76　沈蕙孫女史有《貞女峽擬韓》云：“怪石觸龍尾，龍怒與石戰。以尾決江水，衝石石中斷。石斷勢益猛，江水縮一线。行人過此峽，疑有風雷變。擺石萬瓦裂，下與饞龍咽。其險也若斯，蜀道何足算？”雖不及韓之高古，然奇警處自不猶人。

8.77　蕙孫非以描擬見長也。其《讀詩》五古中有句云：“後世爲文藻，古人爲性情。”可謂識詩之原。所著《繡餘草》有着意錘鍊者，如《阻風黄浦》云：“潮聲飛雨白，風色挾沙黄。”有自然雅淡者，如《小齋夜坐懷諸姊妹》云：

“琴聲佇落月，秋意對寒泉。”有不着跡象者，如《秋寺》云：“石林殘雨響，樵徑亂雲低。”有絶好風調者，如《寄孟韓外兄》云：“南浦緑波人别後，小樓紅雨燕來初。”有工巧生新者，如《春晴》云：“天意釀花疑夏五，人家劈柳送秋千。”有着色濃艷者，如《真娘墓》云：“三尺鴛鴦空有塚，千秋雲雨本無臺。”《東晉》云：“立國應憐螳後雀，浮江共識馬中龍。”《北齊》云：“地上生蓮妃子步，堂中種柳小兒吟。”

8.78 奉新宋澹思司城鳴珂《南川草堂詩鈔》有《北征雜咏》云：“弋陽城小聚人烟，城下編茅屋數椽。曉市水聲喧笑語，賣蔬齊渡太平船。”土風儉樸，寫來入畫。

8.79 句調複用，詩家一病。偶閱宋蓀侶廣文《味經齋存稿》，有《題顧横波畫卷》詩云：“浣雲香閣舊時春，碧草青苔硯作塵。一樣流傳歸墨寶，魏夫人後管夫人。”又自製《並頭蓮歌》既成，醉後復成絶句云：“蓮花脩到豈無因？作賦何須定洛神。十萬嬌娃低首處，邢夫人傍尹夫人。”語雖工巧，而數見亦覺不鮮。

8.80 臨津吴伯翔太守名鳳所著《竹庵詩鈔》微嫌粗率，惟《詠羅昭諫墓》七律一首頗具史筆，詩云：“羅生自昔號江東，古墓江西晚照紅。下第羞稱前進士，討梁真作大英雄。服官在越應將隱，不遇於唐亦効忠。數卷詩歌一抔土，磯山憑弔仰清風。”

8.81 竊用前人名句，縱命意稍異，亦笨伯一流。潘師仲《詠桓宣武墓》云：“生初枉自呼英物，身後教誰歎可人？”何等靈活！黄仲則《詠桓宣武》亦云：“却緣温嶠推英物，便認王敦作可人。”殊覺索然。

8.82 福州家茝林中丞所著《退菴隨筆》云：“古樂府亡於東漢，漢魏之樂府亡於東晉。今之作樂府不過以長短句之古詩當之。不知古詩有樂府，律詩亦有樂府。《舊唐書・音樂志》所載《享龍池樂章》十首皆七言律詩，沈佺期之‘盧家少婦’一詩即樂府之《獨不見》，而謝偃《新曲》、崔融《從軍行》、蔡孚《打毬篇》又俱是七言長律。今人既不知其音，又何從辨其體？今之編詩集者必以擬樂府數篇弁於卷首。讀者或嫌其不似，又或嫌其太似。雖以王漁洋之通才，而所自定之《精華録》亦不免落此窠臼。竊謂今人作詩不妨借古樂府之題寫我胸臆，而體格字句則且以‘不知爲不知’置之。若必鉤深索隱，刻意摹仿，正如查初白所譏‘帋上不見有一字’者，亦何益之有哉？”

8.83　題贈詩，余最愛吴蘭雪。若《古香樓遺稿》亦堪頡頏。如《贈吕三秋嵐》云:“老成風骨英雄氣，名士文章幼婦詩。”《贈范階平父執》云:“功名愧被疎狂誤，經術知緣静躁分。”《寄懷唐山王茗厓明府》云：“吏飲一杯廉讓水，堂開四面雨晴山。”《寄懷平鄉韓錦瀾明府》云：“友難急於三日火，官貧惟有一房山。”《寄懷鉅鹿孫禹橋明府》云：“一官坐抱吟邊膝，半榻旁無酒後鬟。”《追叙荆門胡學山刺史舊事》云：“一家八口盤中蓿，萬里孤雲塞外書。”《寄嚴荻雲表弟》云：“雄談麈鬥三更健，險韻鋒鏖五字酣。”《贈三河少府程二斐園》云：“心思細入三分木，意氣高懸百尺樓。貧能任俠真奇骨，熱不因人是素心。”《感朱大尹鏡三》云：“一封白簡民環泣，萬口青天帝動容。”《感家處士允仁》云：“故園飦粥千頭橘，絶塞星霜萬里駝。”《贈張船山》云:“一雙簇錦團花手，百萬金戈鐵馬聲。”《贈楊雲珊》云:“歌詩庭院珠璣落，啄粟階除鳥雀馴。”《贈孫淵如觀察》云:“顧影一身成骯髒，照人四面是烟霞。”《贈李怡庵鹽使》云：“鸕鷀夜捧紅綃袖，鴝鵒朝酣白練裙。”《贈懷吴荷屋侍御》云：“仙骨身無名士氣，貴游座有布衣交。”絶去應酧泛話。

8.84　林月亭孝廉《揚州》一律不愧名家吐屬。詩云：“遠水通淮凍漸消，風流往事付寒潮。二分明月開珠箔，一路垂楊到板橋。晝静有人方顧鏡，

夜闌無客不吹簫。竹西亭外春如夢，合爲尋詩撥畫橈。”

8.85 截句多從虛字取神韻，亦有實字能運掉者。方子雲《宴客揖山樓》云：“葡萄美酒緑盈甌，盡捲湘簾客正酣。十二紅闌樓四面，斜陽西北月西南。”姚姬傳《山行》云：“布穀飛飛勸早耕，春鋤撲撲趁初晴。千層石樹通行路，一帶山田放水聲。”

8.86 詠木棉最難着筆。南海陳韞堂瑩達詩云：“十丈珊瑚十丈霞，千紅萬紫挹高華。英雄氣餒佳人淚，歲歲春風第一花。”

8.87 太原裴子光學士謙著有《竹溪詩草》，題多庸腐么麼，未窺門徑。惟《詠范蠡》云“廿年雪恥强於越，三徙成名富定陶”二語頗能渾括。

8.88 朱德恢《思茗齋集》有《蕪城懷古》云：“羡他璧月照瓊枝，若箇鍾情祇自知。千古風流誰第一？鏡中曠達井中癡。”又云：“蕪城依舊鎖烟霞，莫問當年帝子家。到處畫樓遮欲遍，更無人識玉鉤斜。”《雨後》云：“雨聲初住水平谿，門外楊花濺作泥。睡起提壺沽酒去，亂山青過板橋西。”集中七絶，余最愛此三首。

8.89 嘗見孫戒菴制府爾準《泰雲堂詩集》，《番社竹枝詞》八首有堪資聞見者。

詩云：“囤居新製向人誇，圓頂扶闌似覆艖。不信春深無瘴癘，山柑門外已開花。”註云：“生番作室曰囤居。木椽竹牆，蓋以茅草兩大扇合爲屋頂，狀如覆舟。其前廊以竹木爲橋，拾級以登，周以闌楯。山柑花開則無瘴。”

其二云：“行歌按節共相舂，縹緲聲傳第幾峯？曉夢醒時渾不辨，乍疑編磬與編鐘。”註云：“舂米刓巨木爲臼，高二尺許，空其底，旁竅三四孔，擊以杵，左右上下按節旋行，歌以相之。將旦，邨舍丁東之音遠聞，颺若疎鐘清磬，不辨爲何聲也。”

其三云：“身手由來善射生，竹枝弓弩不須檠。蟳窠落地誰知得？出草先占鵻雀聲。”註云：“竹枝爲弓，藤苧爲弦，漬以鹿血，堅韌過絲革，粘雞羽爲鈴，用以射鹿，名曰出草。將出，先聽鳥聲占吉凶。鳥白尾，番語曰番在，即鵻雀也。”

其四云：“反復書宜玉版牋，佉盧遺製左行偏。年來楚楚青衿子，誦得《葩經》第幾篇？”註云：“習紅毛字者曰教冊，用鵞毛管，剡其端，蘸墨横書，皆左行。紙厚如帛，反復書之。東螺貓兒干社有薙髮出應童子試者，居然冠履能誦《毛詩》。”

其五云：“貓踼班身刺繡紋，嘴琴私語月中聞。自緣野處行多露，愛着藤皮白紵褰。”註云：“貓踼，未娶者之稱。肩背手足皆刺花繡文，熏黑烟以爲美觀。嘴琴狀如小弓，以竹爲之絃，以絲扣於齒，爪其絃以成聲。或竅其中二寸許，釘銅片，彈以指，如昵昵私語。男女相遇，男彈嘴琴挑之，意投即野合，各以私物相贈。歸告父母，乃迎娶。半線以上多楺藤皮爲褰，色白如苧，曉行以禦草露。”

其六云：“檳榔送罷手隨牽，紗帕車螯作聘錢。問到年庚都不省，數來明月幾回圓。”註云：“合婚有禮榔，以白金爲檳榔形。貧家則用乾檳榔，富者以紗帕爲聘。加溜灣等社有用車螯者。問名，皆不知年歲，但記月圓幾度耳。”

其七云：“步節金鐃按隊行，都盧詞句不分明。誰知十六天魔舞，却似魚山梵唄聲。”註云：“酒酣，婦女連臂蹋歌，似梵唄，語不可曉。每一節齊咻一聲，以鳴金爲起止。”

其八云：“樹底秋千似紡車，佛桑花放及春初。争看裙袂飄颺起，一隊神仙下碧虚。”註云：“番女有渺綿氏之戲，大畧即所謂秋千也。以‘渺’爲飛，以‘綿’爲天，意以爲飛天耳。每風和景明，椎髻簪花，靚粧麗服，招邀樹底，争爲此戲云。”

此數首寫番俗較詳，可補《番社采風圖考》所未備。

8.90 金鐀孫文靖公云："昔見黎二樵以古錦袱裹所作詩，塗這不啻再四，終不愜意，輒削去不録。檢其初稿，實佳作也。後刻《五百四峯堂集》多與原稿不同，意甚惜之。頃見荷屋方伯出示二冊，中多未經改削之稿，可寶也。"緣題三絶句於後云："女蘿爲帶載蓉旂，奇服山阿世所希。火繭冰蠶都不御，仙人只著六銖衣。""嘔出心肝太好奇，良材半向爨中遺。誰知古錦囊中句，初寫《黄庭》恰好時。""蟬韻桐音十八篇，玉溪擬罷更樊川。零珠斷璧皆懷寶，遺集誰收沈下賢？"此二冊尚存吴氏筠清館中，暇時當借抄而梓行之。

8.91 《醫統》云："痘症始於馬伏波征武溪蠻，染此疾歸，名爲虜瘡。後有神痘法，痘汁納鼻中，呼吸即出。其瘡較自出者畧稀，然亦有因而致斃者。"近日吾粵邱浩川得海外牛種法，小兒存活頗多。孫戒菴制府謂疾從海外來，須以海外法治之。故其《贈浩川》詩云："夾白靈丹信有神，不仝吹鼻太酸辛。阿難悟後都無染，掃盡天花不着身。""陳聶傳書始李唐，曾聞痘種自蠻邦。可知根蒂非中土，須得龍宫海外方。""烟霏每使鼻成齇，侑酒徒矜琥珀濃。賴有靈丹能保赤，稍償流毒阿芙蓉。"

8.92 湘潭張蓉裳家榘《横陽山輿中雜詠》云："青綾帕首錦靴新，粧束都非畄俗淳。何事羅敷笑相避？書生原不是官人。"饒一趣字。

卷九

9.1 南海李石泉先生可瓊與兄次雲、弟椒堂俱入翰林，仕至山東轉運使。性恬澹，少宦情，太夫人歿後即不復出。每過余十二石山齋則曰：“余三十年宦途況味，不如今日坐此逍遥也。”詩不多作。記其與余仲父青厓同賦浴日亭和東坡韻云：“到處滄溟共一天，扁舟蕩漾溯黄灣。曾經浙海觀朝日，更向焦門看暮山。萬里風烟迴客夢，百年詩酒破愁顔。何如曝背東窗下，拄杖閑閑十畝閒？”句如《贈鄒太守》云“漢代循良二千石，竇家風範十三經”、《贈徐配五明府》云“人如野鶴三分瘦，官與梅花一樣清”俱佳。

9.2 李山儂茂才宗岱爲石泉先生孫。年未弱冠，丰神韶秀，聞吾友星儕善詞賦，即師事焉。詩筆妍麗，曲肖其人。《珠江詞》云：“琉璃千點照江濵，越女齊歌水調新。隔岸燈光小如豆，賣花船載賣花人。”又句云：“猿聲斷續月千里，鷗影浮沉烟一汀。”“天地清閒鷗占盡，關山悲壯馬馱來。”《古意》云：“春來郎亦來，春去郎亦去。送春還送郎，忙煞垂楊樹。”

9.3 黎二樵工畫山水，生時未甚見重。二樵每畫畢，輒狂呼曰：“五百年後必有識者！”歿後不二十年，寸縑尺素，海内珍若拱璧矣。南海謝澧浦太史《題贛州袁氏所藏二樵扇面冊子》云：“妙手人推老鄭虔，關心猶慮死無傳。於今碎錦争收拾，何必遥遥五百年？”

9.4 劉觀亭《題邯鄲吕仙祠》絶句云：“富貴功名轉瞬過，吕仙仙枕夢如何？自從留下封侯事，惹得人人瞌睡多。”風趣獨絶。

9.5 丁飛濤《聽舊宫人彈筝》云：“銀甲斜抛鴈柱飛，玉熙宫裏尚依稀。

不須彈到《回波曲》，説着先皇淚滿衣。”於渾成中見風神，求之唐人亦不多見。

9.6 酒本以舊爲佳，而古人却重新酒。杜詩：“樽酒家貧只舊醅。”是以舊爲歉。白詩：“閒留賓客嘗新酒。”“新酒客來方宴飲。”皆以新爲妙矣。

9.7 名花佳果多可釀酒，而善飲者轉以爲嫌。屠琴塢太守詩云：“食單説與晚來添，筍蕨盤飧罯要兼。淮白魚肥河鯉賤，只嫌酒味百花甜。”

9.8 琴塢太守《經桃葉渡泛舟入青溪》詩云：“紅板橋西打槳回，一溪一曲好樓臺。年年流水東流去，只有斜陽問渡來。”《訪南園遺址》云：“已無池館屬平章，剩有啼鴉噪夕陽。南渡江山幾華屋？半閒堂與許閒堂。”

9.9 前朝留京士大夫多覔妾于上新河，謂之小蘇州。王東田太僕《竹枝詞》云：“茅檐雖小慣藏春，底事蛾眉不耐貧。一擲黄金輕遠去，小蘇州半屬徽人。”

9.10 金華方鐵船元鵾官户部主事時有句云：“吏抱牘來教押尾，官同案坐怕横肱。”寫司員上衙時，情景逼真。又有“飯香遲食覺，睡味早行知”十字，亦妙。

9.11 詩令人笑易入打諢。趙雲崧《水閣看競渡戲作》云：“水樓坐看兩游龍，過者争疑美在中。聊與諸君供一笑，捲簾露出白頭翁。”

9.12 城市人家多跨街而晒衣袴，過者每跼促不堪。趙雲崧詩云：“積雨初晴衣共晒，街懸窮袴裲襠多。老夫不受淮陰辱，也復低頭胯下過。”

9.13 蒲州吴蓮洋徵君雯客天津主張魯庵方伯家，嘗言志曰：“我家中條山下，環以玉溪之水。倘置圃鄭谷之口，構草堂十餘閒，有樓眺遠，有亭納爽，有屋貯書，院種竹數百挺，黄梅數十株。面雷首，肘太華，徜徉終老足矣。”魯庵笑不言。居數年告别，張不留。比抵里門，見廬舍頓改，皆張公爲構植，一如其所願。故蓮洋《寄魯庵》詩云：“最愛王官谷，勞勞托輿長。

人家瀼西宅，風景輞川莊。慷慨成高隱，艱難就草堂。買山原所自，高誼不能忘。”近世如此知交，想亦絶少。

9.14　趙秋谷以非日觀演劇被劾罷官，遨遊南北，亦主魯庵家，嘗歲暮薄游津西之楊柳青，忽感慨然謂同遊曰：“日久須歸家矣。”同遊怪之。秋谷曰：“受恩深處便爲家，歸遂閒堂耳。”堂爲魯庵建以延納名流者。趙有《天津喜晤老友吴天章兼贈所主張君》句云：“走訪吴先生，因識張公子。能爲詩人作主人，此士定知不凡矣。况復接座來，觸事皆可喜。開軒解衣裳，留客披圖史。”賓主之雅，殊足千秋也。

9.15　讀書健忘，文人通病。袁簡齋云：“不先詣客來還答，最喜看書過亦忘。”黄退庵云：“藥非自製終難信，書却貪看奈健忘。”

9.16　彭湘南《秦淮口占》云：“秦淮河畔亂沙汀，芳草魂生六代青。春去雨中人不惜，杜鵑啼與落花聽。”桐溪女士王仙御《偶興》云：“山中古木葉還青，山下漁舟釣晚汀。夜静月明人不見，自家歌與自家聽。”吴松亭《秦淮夜泊》云：“難遣秋宵遠别情，半堤柳影半河星。誰家倚檻吹横笛？盡訴鄉愁與客聽。”馬掬村《攜歌童泛舟秦淮》云：“笙和笛響入青冥，雲縱無心也暫停。一曲歌喉珠一串，美人妒殺倚樓聽。”袁蘭村《題友人梅花讀書圖》云：“剔盡銀燈一點青，暗香隨月到疏櫺。新詩吟就無人解，唤醒梅花讀與聽。”五押聽字俱好。

9.17　《惜抱軒集》爲姚姬傳著。其《出池州》云：“桃花霧繞碧溪頭，春水才通楊葉洲。四面青山花萬點，緩風摇櫂出池州。”《濟寧城東酒樓憶亡友馬牧儕》云：“汶河垂柳萬枝輕，把酒高樓對馬卿。十四年來兩行淚，春風重過濟州城。”《道院對牡丹觀前賢遺墨》云：“低徊往迹感猶新，安得前賢共此辰？消受落花春盡雨，天香寒滲白頭人。”

9.18　“舊時王謝堂前燕，飛入尋常百姓家”已不勝興廢之感。張文貞

公玉書《過金陵某將軍營》云："六纛雙旌隱畫扉，月明霜白路人稀。燕歸不識將軍壘，猶認烏衣舊宅飛。"措語更耐尋思。

9.19 延祥寺載上人能詩工畫。余遊羅浮時訪之，迷路，適得一樵夫指引，因成詩云："不識延祥寺，羅浮第幾峯。言尋詩衲去，偶與老樵逢。爲導數林竹，兼穿萬壑松。白雲無際處，遥指一聲鐘。"

9.20 陳師道云："學詩如學仙。"程俱云："談詩如談禪。"皆屬妙喻。

9.21 趙肅徵《題園林》絶句云："疎泉累石置亭臺，欲奪天工不計財。閉户四時花鳥换，主人曾見幾回來？"汪鈍翁《初置山莊》絶句云："縛帚旋除蛛網浄，插籬每護藥苗新。老夫到老不曉事，曾幾何時作主人？"俱曠達之語。

9.22 山谷詩最多創體。如《宿道遥觀》詩專用字之偏傍一樣者綴合成句。"逍遥近道邊，憩息慰憊懣。草萊荒蒙蘢，室屋壅塵坌。僮僕侍偪側，涇渭清濁混。"此屬一時遊戲之筆，不必奉爲程式也。

9.23 老年人耳中常作風雷聲。王葑亭太僕詩云："無眠但聽耳中雨，有酒不銷頭上霜。"極是工穩。

9.24 武林錢玉魚善畫山水、人物，曾繪元微之"水晶簾外看梳頭"詩意，懸其齋壁。時已年老，常患耳鳴，自謂："時而蟬琴，時而蛙鼓，時而箏琶競奏，又時而車馳馬奔。洪濤、巨雷萬籟俱集，莫可名狀。"一日晨起，忽聞嚶嚶微吟自畫中出，若女郎作歌。其詞可譜曰："人傳郎在小花溪，無數流鶯夾岸啼。遮莫好春花隔斷，東風扶夢過棠梨。"自是而耳鳴亦頓愈矣。

9.25 天津周月東焯癡於吟咏。嘗夜歸待渡，徘徊獨吟，忽得句云："呼船人不應，水應兩三聲。"不覺狂叫，失足落水，見者匿笑。《咏罌粟》云："米價年來貴似珠，誰拋罌粟滿平蕪？不知囊有糧多少，能足蒼生一飯無？"其生平抱負已見。

9.26　張青立大令靖少以“詩成五字崔黄葉，話到三生杜紫薇”得名。嘗冬月與友飲于酒肆，醉歸，月下渡浮梁，誤水爲地，墮河中，同人驚救無及。忽逆流而行，於二里外上岸，迷離不知誰拯之也。衆聞信，扶公於寺，衣皆氷，衆環伺恐其死也。稍甦，索帋筆書云：“夜半歸來月滿頭，凶成滅頂竟何由？請君且莫增惆悵，我輩猶堪競上游。”雖曰得全於酒，亦可謂置死生於度外矣。

9.27　咏忠烈詩最難飄逸。繆星池《過嵇侍中祠》云：“緑樹陰陰愴客情，荒祠猶認侍中名。夕陽一帶紅牆影，似是當年血染成。”

9.28　德州田彦威同之《趙北口感舊》云：“燕南趙北路迢迢，往事何堪問柳條？只此公車風雪裏，十年三過十三橋。”彦威爲山薑先生孫，詩法以王新城爲宗，有攻新城者即攘臂與争。其篤信謹守如此。

9.29　英煦齊相國（英和）《次孫錫祉入翰林示以詩》云：“只防極盛難爲繼，漫説登瀛爾獨遲。”自云：“吾家四入詞垣。先文莊公年十九，余年二十三，奎照年二十五，奎耀年二十一，錫祉年二十七。”按徐松作《唐登科記考》，溯唐三百年中，惟蔣挺、子洌、孫餗三代爲翰林學士，徧考無四代者。本朝惟吴興嚴氏五世翰林。都城無四代翰林者，相國四世五翰林。成哲親王爲書“祖孫父子，兄弟翰林”八字額懸於門，可謂極科名之盛矣。

9.30　黄唐堂《渡河》詩云：“兩載梧岡逐鳳飛，簡書催我出京畿。揚帆已入江南境，只是經過未是歸。”薄書鞅掌每有此種情況。

9.31　林茂之古度，福清人。明社屋後，流寓金陵，常紉一萬曆錢於衣帶閒。吴陋軒嘉紀贈以詩云：“桃花李花三月天，同君扶杖上漁船。誰家酒壚可賒飲，一錢先與人傳看。酒人睇視皆垂淚，乃是先朝萬曆錢。”黄俞邰虞稷詩云：“八十才名遍九州，先朝遺老至今留。聽談舊事開元載，早識詞人萬曆秋。藜杖尋詩荒徑外，松風坐客小樓頭。乳山咫尺能招隱，我欲從之一溯游。”於此可想見遺民惓惓舊君心事。

9.32 閩中書肆每翻刻詩文以逐利，訛字最多。杭大宗《福州竹枝詞》云：“梨口從來號印筐，百番將樂紙猶光。書棚到處貪翻刻，俗本麻沙遍學堂。”

9.33 羅陽曾鯨堂廣文鏞《江上夜望》詩云：“潮回月上浪堆空，孤嶼奇情何處同？恍惚菱花千百萬，翻飛倒湧海天東。”江心見月，微波一動，每有此大觀。

9.34 詩本天籟，《三百篇》之韻豈嘗有本？二百六部之分一何多事！昔人謂沈約韻書爲濫得名，非無所見而云矣。曾鯨堂喜種菊，有彭縣令過訪，留題七律，韻用一東，中間錯用二冬。鯨堂因次其韻，戲成一律云：“丁冬花喚作丁東，試問東冬若箇濃。四矢果應分縱送，一狐何據别戎茸？《唐風》鑿鑿原通沃，周《雅》雍雍本叶豐。自是詩人吟不錯，秋英落豈異春紅？”

9.35 吾粵每當春末夏初婆訶啼，則鰣魚出。余《初夏口占》云：“風景江鄉入夏宜，紅棉飛絮柳絲絲。隔江陰雨婆訶叫，正是三黎出水時。”粵名鰣魚曰三黎。

9.36 甘竹灘下鰣魚最肥，合以苦瓜烹之，味更甘美。南海胡稻香句云：“晚風甘竹岸，涼月苦瓜時。”自工。

9.37 唐虞以詩教冑子，是詩之來已久，特至周而體格始大備。後人善脱胎者，便成名家。如屈子兼風雅之體，故怨誹而不亂；杜工部雅多而風少，情韻稍遜矣；韓吏部頌多而雅少，往往曲中寓直；白太傅風多雅少，第長於言情。其餘諸家又本屈、杜、韓、白而變化之，等於自《檜》以下矣。

9.38 雲林山水不畫人，所南畫蘭不着土。二公滄桑遺老，感愴自深。桐城孫量如宏《過倪雲林祠》落句云：“應與所南同俎豆，遺民心事畫中傳。”拈出甚好。

9.39 李又皋茂才拜彤，鶴山人。句有：“談心酒每難招客，酬世詩常悔署名。”“江水倒涵臨岸塔，山雲斜壓飽風帆。”“古渡夕陽連别墅，小橋流水接神祠。”俱近清雋。

9.40　番禺潘釣石正衡家本富豪，而所爲詩工愁善怨。有《春愁》一律云：“愁倚春窗對鏡奩，强扶苔露上鞋尖。一分花事二分月，卍字闌干丁字簾。青瑣晝寒飛燕燕，紅樓人遠夢鶼鶼。又從岑寂添惆悵，風捲棠梨雨打檐。”愁怨處仍不脱鉛華也。又《船屋山莊雜詩》云：“賣花聲逐賣餳簫，深巷横塘又板橋。一雨乍晴晴忽雨，寒温無定是春朝。”緣情綺靡，庶幾近之。

9.41　錢牧齋晚年托佛，欲自湔釋，但大節已虧，懺悔何及？吴江周孺仍孝學書其集後云：“歸老空門結浄因，落花時復餞離人。出魔入佛超然處，欲浣朝衫一斗塵。”不加貶斥，婉約可思。

9.42　吴縣韓其武騏《題趙承旨畫蘭》云：“花花葉葉帶春風，出自王孫揮灑工。猶有遺民作《心史》，也將餘墨寫幽叢。”以所南一襯，意味自覺淵永。

9.43　黄心壺玉瓚，新會人。句有“芰菱三畝水，牡蠣一窰烟。”“榕鬚拂水活，篙眼出泥圓。”“荒村茅屋野雞唱，古廟石橋流水寒。”俱刻意求新者。其《送陳續齋》絶句云：“執手何堪話寂寥？長隄折柳自魂銷。君如相憶多佳句，好寄横溪第二橋。”

9.44　嚴石帆學博光禄《送友歸石門》絶句云：“骨肉乖違各一方，浮萍蹤跡信茫茫。憐君已作無家客，不敢尊前問故鄉。”

9.45　臘月廿四俗言灶神朝天，祀灶者皆焚黄疏於灶前。仁和蔣秋吟太史詩《年疏》句云：“念妄恐難通帝謂，空勞齋戒到新春。”

9.46　《文選》言相如奏《長門賦》，陳皇后復幸。正史不載其事。嘉應李繡子太史詩云：“上陽花草易黄昏，拜賜真珍欲斷魂。奏賦焉能回主眷？阿嬌終古閉長門。”

9.47　何義門先生，人知其粹於儒學，蔚爲文宗，不知詩之議論亦卓犖

不羣。《金陵懷古》云："寥落寒雲蔽舊京，歌殘玉樹聽淒清。并無鐵鎖沉天塹，遽見金輿出石城。一馬尚能龍變化，千門誰使草縱橫？烏衣巷陌尋常在，可是夷吾浪得名。"

9.48 番禺黄石谿子高工篆書。有絶句云："黄蜂隊隊雀查查，辛苦年來爲種瓜。悔不莊頭村裏住，一生衣食素馨花。"莊頭村爲素馨生長處。今村前彌望皆花，勝於菜圃也。

9.49 張南山與宋芷灣在楚北同賦《江夜聞楚歌》。張云："四愁本是吾家物，不聽清商鬢已絲。"宋云："如何一副千秋淚，不唱吾家大小《招》。"俱有意味。

9.50 禎州姚非漁飛熊《罾魚》絶句云："罾舉溪頭鳳尾多，瓦盆貯酒試高歌。不愁今夜仍風雨，借得鄰船一領蓑。"

9.51 尤悔庵句云："生年不滿百，夢寐居其半。"袁子才《詠床》云："一夜送人何處去？百年分半此中居。"

9.52 《隨園詩話》載蘇州黄子雲，號野鴻布衣，能詩。有某中丞欲見之，黄不可，題一聯云："空谷衣冠非易覯，野人門巷不輕開。"余閲野鴻《長吟閣集》，此詩乃沈大德潛偕山塘諸公過舍之作。起聯云："鴈行樹底數公來，拄杖升階一揖迴。"既曰"升階""一揖"，則非不見可知，且其時歸愚尚爲秀才，又安有所謂中丞哉？子才蓋未得其詳也。

9.53 琉球國每稱華人爲唐人。按唐太宗征琉球國，人畏服，稱天朝爲唐朝，人爲唐人，至今不改。黄野鴻隨其師徐葆光奉命冊封琉球，有《中山紀事》詩云："淵淵鼉鼓引龍軺，使節争看自九霄。士女口碑沿習久，中華仍説大唐朝。"

9.54 長洲宋南園郎中聚業《南陽》句云："真人白水生文叔，名士青山卧武侯。"人皆愛其對仗工巧，不知實從閻古古《題漢高廟》"中興十世生文叔，後起三分託武侯”脱胎來也。

9.55　吴穀人《葛嶺》詩云：“絶壁蒼茫石氣青，舊時師相盛園亭。圖書小押壺盧印，韜畧高談蟋蟀經。白鴈風來秋易冷，襄陽礮打夢難醒。可憐徹夜笙歌樂，换得杭州曲子聽。”論者謂其獨具風趣，而秋壑一生罪狀惜尚未能舉要也。余《詠賈似道》云：“浪蘸繁燈沸管絃，師臣朝罷泛湖船。軍書自秘襄城諜，妓樂長開葛嶺筵。半壁陸沉多寶閣，一時粉飾《福華編》。誰憐事去罹奇慘？爲弔空庵古木棉。”

9.56　江禹吹衡，鈍翁子也，負才早死。其《漁燈》一絶云：“月落空江露氣浮，蘆花深處宿漁舟。寒燈映水繁星亂，夜半潮回帶影流。”

9.57　從來院本多演稗官小説，近尤影響。杜撰茫無端緒，而負販傭夫言之津津有味。趙甌北詩云：“故事何須出史編？無稽小説易喧闐。武松打虎崑崙犬，直與關張一樣傳。”“簽段流傳本不經，村伶演作繞梁音。老夫胸有書千卷，翻讓僮奴博古今。”

9.58　趙秋谷晚年放浪，好北里遊，常客津門西郭。有妓名蕊枝者，慕趙名，翩然詣寓求書便面，光艷動人。趙填《蝶戀花》詞贈之，相訂後期。適妓爲有力者所主，僅得於他所叙舊，數語而别，猶持所書便面，容色憔悴，非復曩態。趙爲惆悵者久之，作二絶云：“烏鵲秋前報好音，人間不信月終沈。如何兩度臨滄海，不見輕泥蘸客襟。”“照水閒花偏有艷，先霜病葉已難支。三年好在青春夢，悔作重尋杜牧之。”

9.59　元和石能高隱於市。《江上》云：“春山春水碧迢迢，病起扶筇過野橋。幾日不尋江上夢，東風吹長杜蘅苗。”風調劇佳。

9.60　吴縣朱平津家瑞《曉行》詩云：“曉雞纔唱趣登車，拂被霜寒似月華。還喜夢魂清不減，臥遊山閣詠梅花。”僕僕長途者誰解領此風味？

9.61　方九谷《環書》有云：“人性明則氣清，性昏則氣濁。到死時清

者上升，濁者下降。有生時宰相王侯，死後不如乞丐；有生時寒士卑官，死後直登台斗；生前日短，死後日長。欲得死後天爵，須修生前天爵。”《松心日録》云：“九谷此論亦足鼓舞人向善之心，然君子爲善，不求邀福於生前，遑計升天於死後。惟‘生前日短，死後日長’二語驚心動魄，足以勸善懲惡、扶忠誅奸，即以秦檜言之‘東窗陰謀取勢一日，西湖長跪抱辱千年’。他如王莽、曹操、董卓、李林甫、盧杞、蔡京、嚴嵩之流，載入史鑑，供文人學士之笑談；演出戲場，受野老村氓之指罵。生前日短，欲不短而不能；死後日長，求不長而不得。吁可畏哉！”余愛其論俱精警，正如暮鼓晨鐘。鎮洋彭甘亭句云：“榮枯境何常，名在抵壽考。”金華方鐵船句云：“未必考終非夭折，由來世議即天刑。”皆此意也。

9.62 鍛鍊精工，易入纖小，所貴大力斡旋耳。黄州李子谷載遥《贈閻古古先輩》律句云：“涪水瀾空劍影殘，睢陽日落馬烽寒。鞠躬詎肯輸諸葛？斷指終期報賀蘭。笑我從軍紅抹額，憐君送客白衣冠。生平慷慨無人識，醉後高歌《行路難》。”博麗沈雄，斷推此種。

9.63 人生歲月原屬無多，作事因循，徒傷老大。方鐵船句云：“今晨惜昨晨，明日惜今日。萬事類如斯，能禁幾悠忽？”揆文端句云：“百事未成虚遣日，一年堪惜又逢秋。”讀此不禁慨然。

9.64 吴文簡公《襄秋吟》云：“落葉滿秋山，征人久不還。一聲何處鴈？應向玉門關。”殊似唐人。

9.65 顔文忠勳業爲書名所掩。慶雲劉也僑大令東里《過諸滿顔魯公故里》詩云：“蔓草斜陽弔故居，平原一旅戰功餘。如何勳業成閒事，只解争傳紙背書？”

9.66 姚嶽峯承謙《留别鳩兹》云：“梨花楊柳認前溪，盡日東風逐馬蹄。竹裏杜鵑啼不住，别離人在板橋西。”《道中紀事》云：“桑陰鳩語遍郊疇，人爲桃花小逗留。山外畫樓溪外樹，春風二月到廬州。”聲韻俱佳。至《塞下曲》云：“刁斗聲沈曙色微，將軍出獵雪花飛。仰天欲射關門鴈，只恐征人望信歸。”更爲深穩。

9.67　廣州仙掌石爲九曜石之一，横卧學院署内池東，老榕踞其上。石上有米元章詩刻。翁覃溪督學吾粵時，搜求不得，有句云：“不知米家詩句刻何處，想在老榕巨根内。”又云：“未知老榕脚下字，後來誰則伐我墓？”道光六年冬，學使翁邃庵浚九曜池，因截榕根數尺，濯而出之，得五絶一首。其文云：“九□石：碧海出蜃閣，青空起夏雲。瑰奇□怪石，錯落動乾文。米黻熙寧六年七月。”凡六行三十一字。

9.68　小兒讀書，每讀未半卷，而字多漫滅。金谿楊馭岳天禄詩云：“開卷悠然見聖賢，爾今何獨苦殘編？只能會得書中趣，糟粕無庸在眼前。”真善代解嘲。

9.69　鎮洋畢秋帆尚書於辰州病亟，傳取草笠自戴，顧所愛姬曰：“我是牛郎，卿是織女。我當歸位，卿亦相隨。”後姬送櫬至武昌，亦旋病卒。當時傳爲佳話。余有詩云：“癡女騃牛証舊緣，今生富貴宿神仙。銀河千古傷離别，此去應還二萬錢。”

9.70　南海吴香泠刺史林光，以名進士歷宰鉛山、吉水諸縣，多著政績，詩喜學白香山，題余十二石山齋云：“割取羅浮四百峯，飛來十二碧芙蓉。米家書畫仇池穴，都與詩人作正供。”

9.71　古今姓名相同者不一。大興徐香垞太守鑑知興化府時，有同姓名者署永定興化鄉巡檢。太守調以詩云：“今仲舒同昔仲舒，名相如亦實相如。郭淮可占汾陽地，李秀傳疑北海書。可有小冠能别否？竟同大諫獨何歟。苦吟《寒食》飛花句，與此韓翃或是余。”

9.72　宗正菴誼《子規》云：“曾爲越客與吴棲，惆悵東風怕汝啼。今

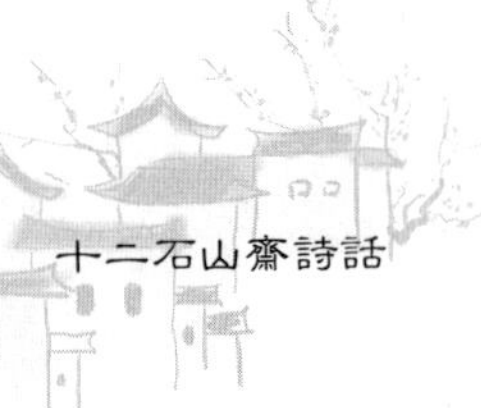

日老歸茅屋下，要啼啼到日平西。”

9.73 漢《疏廣傳》云：“廣歸鄉里歲餘，子孫竊謂其昆弟老人勸買田宅。廣曰：‘賢而多財，則損其志；愚而多財，則益其過。’”所見獨大。漢軍英文肅公《夢堂集》中有句云：“老來筋骨知風雨，身後田園累子孫。”葢本此意，而文肅清介立朝，即此亦可想見。

9.74 甲申闖賊陷寧武關，周總兵遇吉戰死，其妻督婦女巷戰，矢盡，亦死。魏敏果公象樞詩云：“大呼高帝出城闉，三百年來此一身。帳下投醪多戰士，軍前拔幟是孤臣。裹尸不愧真男子，擐甲曾聞有婦人。若使將軍猶未死，彗芒那敢近中宸？”筆力最爲雄健。後來李玉洲“辭家戰士無旋踵，報國將軍有斷頭”庶堪嗣響。

9.75 前朝史閣部孤忠報國，而河山半壁卒就傾頹。其失在出鎮揚州，致左右無人，權歸馬、阮，故滅亡如此其速也。迨閣部揚州殉難，尚有謂其騎白騾去者。以公節烈照耀千秋，豈不知城亡與亡，竟惜一死耶？吳縣沈石均磐詩云：“元老宜參帷幄籌，誰令分閫鎮揚州？廟堂決勝全無策，宰相臨戎豈自由？百戰餘生終殉國，九原遺恨在同舟。至今嗚咽邗溝水，遍繞蕪城哭未休。”吳星儕詩云：“涕泣河山暮氣成，東南半壁莫扶傾。餘哀欲訴高皇去，垂象翻愁上將明。直以頭顱勞子固，空將意氣感興平。可憐百戰揚州死，尚說騎騾倉猝行。”二詩議論各有特識。

9.76 沈得輿欽圻爲歸愚先生之祖。有《後咏史》云：“江山何止割鴻溝？白馬青絲尚未休。貂到續餘惟狗尾，侯當封處總羊頭。不容黨錮逃張儉，只許烟花選莫愁。況是龍蛇互相鬥，元戎若箇賦同仇。”“東周東漢竟如何，消息傳來豈盡訛？嬉戲無如李天下，詼諧合有鏡新磨。摸金使者徵求遍，指鹿元臣煬蔽多。江畔野人空悵望，恐教荆棘臥銅駝。”南渡時事，二詩道盡。運用典切，屬對工穩，不減玉溪生詠史諸作。

9.77 杭堇浦《采菱曲》云："湖波灎灎不通河，櫂出瓜皮疾似梭。忽露雪肌菱樣白，買菱人少看人多。"

9.78 潮州吴六奇遇查伊璜孝廉於行乞時。後孝廉以參校史概事禍發，六奇力爲奏辨，得免，可謂感恩知報矣。杭堇浦《海城》詩云："畫禪書聖兩峥嶸,詩味還如醾酒清。不是感思吴順恪,孝廉何地乞餘生？"若爲伊璜幸也。

9.79 海城萬花塘多桃花，乃常撫軍舊植也。杭堇浦詩云："金塘春暖漲晴沙，翠岫參差隔岸遮。一百里中紅不斷，桃花水上看桃花。"

9.80 昔人以"柳塘春水漫，花塢夕陽遲"爲中唐神來之筆。秀水朱鼎鋐《雨後放舟》句云"春寒花信晚，水漲野橋低"二語亦佳，所著《豐巖詩鈔》風格多類此。

9.81 賢王祠在三岔河口香林苑側，中祀怡親王，雍正十三年奉敕建。先是三年，王承旨查修畿輔水利，奏開滄浪，青縣、減水二河並各建滚水石壩，由是衞河入直沽者其勢少殺。四年，復奉命營田天津賀家口、何家圈、白唐口、葛沽、泥沽等處，共營成稻田六百二十三頃八十七畝。逾年所營稻田或一莖三穗、雙穗不等，特疏進呈。故汪槐塘徵君《津門雜詩》有云："樏檋頻垂度土功，嘉禾雙穗報年豐。議勳自合崇禋祀，不爲天潢私剪桐。"

9.82 吴縣沈田子畯工五絶。《送别》云："别路風光早，江南芳草天。人心似春色，千里逐君船。"《瀟湘曲》云："楓落早鴻過，洞庭無限波。相望終不見，只是白雲多。"

9.83 羅殖庭瑞徵著有《愚谷存稿》。其《春日馬山郊行》絶句二首云："渡頭芳草亂鳴蛙，策杖閒尋石徑斜。好是斷橋流水岸，東風吹落木棉花。""荒涼曲徑白雲封，行繞青山路幾重。蒼翠滿天人不見，數聲風雨落長松。"又《郊行》云："緑樹濃陰繞徑斜，竹籬茅屋野人家。兒童飽飯渾無事，閒數門前橘柚花。"

9.84 查他山《敬業堂集》中有《花朝晴示僧道楷》絶句云："初日烘雲碎作霞，討春人競出江涯。老來不喜閒桃李，别約山僧看菜花。"又《上巳後五日同園看花》云："山桃含笑海棠妍，素柰香清亦可憐。小雨乍晴晴亦雨，今年天是養花天。"此二首余每好誦之。

9.85 山川變遷，弔古者徒襲前文，每多失實。如漢陽鸚鵡洲淪沒於江，無復昔日"芳草萋萋"矣。長洲陳右原學泗《鸚武洲弔古》後半律云："一抔已沒蛟龍窟，千古誰憐鸚武詞？欲采江蘺迷處所，暮烟洲渚水瀰瀰。"

9.86 甘泉謝佩禾堃善書畫，能詩，兼工詞曲，少孤苦，隱於市，後遊揚州。阮仲嘉爲延譽於當路，於是陶雲汀、曾賓谷、鄭夢白、麟見亭諸公皆與定交，詩名遂噪。著有《春草堂集》。《詠後晉》云："啗酥名已重諸侯，更割幽并十六州。一棄奚車一囊藥，閼氏山畔六宫愁。"《南漢》云："紅雲讌罷感滄桑，曼倩詼諧最擅長。二四羊頭來白雨，一時愁煞小南强。"《楊花》云："春光團結撲衣多，和雨和烟繫緑波。亞字闌干舟一葉，琵琶低唱畔兒歌。"俱屬雅音。

9.87 白傅長裘、杜陵廣厦，千古艷稱。而汪莘詩云："西湖日日可尋芳，樓上憑欄意未忘。斫取荷花三萬朶，作他貧女嫁衣裳。"胸次尤屬奇絶。

9.88 方于宣諂事孫可望，爲撰國史，言帝星明於井度，三牋勸進。後可望降本朝。于宣上書錢邦芑，謂願糾義旅禽可望。邦芑荅以詩云："修史當年筆削餘，帝星井度竟成虚。秦宫火後收圖籍，猶見君家勸進書。"

9.89 劉雨湖師《詠彦章》句云："未必良禽能擇木，可憐烈女不更夫。"悲其失身，表其忠勇。二語已括王鐵槍一生。

9.90 錢湘舲三元棨遊邗上時，於謝未堂座上品評揚州諸妓，以楊小保爲元，顧霞娱爲榜眼，楊高三爲探花。趙雲崧調以詩云："酒緑燈紅紺碧紗，江鄉此會最清華。科名一代尊沂國，絲竹千年屬謝家。拇戰酣摧拳似雨，頭銜艷稱臉如霞。無雙才子無雙女，並作人間盛事誇。”

9.91　少年入學苦於父師拘束，及爲官又慮案牘勞形。趙雲崧《歲節》詩云：“戛釜家家爆字婁，糟床茅酒亦新篘。兒童放學官封印，樂過蒼鷹脱臂韝。”

9.92　寧都彭儀庵學博雲鴻《戍婦詞》云：“人言郎是封侯相，三十年來記不真。”不怨深於怨矣。

9.93　余邑羅二愚惠敷《悼亡》詩云:“朱絃已絶獨愁余,怕説當時共起居。此去不知魂魄在，斷無消息達雙魚。”“楊意頻年愧未逢，青燈累汝共終窮。即今夫壻真淪落,莫向重泉達老翁。”又有《春盡》絶句云:“風光九十嘆如梭,醉傍花前唤奈何。一領春衫那忍换?酒痕不及淚痕多。”强半皆傷心語也。

9.94　真州蕭娘製餻餅最有名。人呼爲蕭美人點心。袁子才曾覔以餽某中丞。中丞寵之以詩，一時競多唱咏。余愛趙雲崧二絶云:“帶得脂香價便高，一奩粉餌入風騷。美人手段才人筆，補出劉郎九日餻。”“一技成家動貴游，遂憑食譜姓名留。蘇東坡肉眉公餅，此女公然另出頭。”

9.95　何曉峯其晃《鼉江度歲》云：“不辨身爲客，何鄉是異鄉。悲歡隨俗轉，甘苦一身嘗。虎跡侵官驛，蛇涎積女牆。故園除夕宴，應共憶殊方。”《再過銅鼓灘》云：“汎濫仍如此，遥天目力微。長風吹夢斷，奇浪擁山飛。征鳥愁難渡，歸心恐遽違。翻憐三島外，帆影往來稀。”

9.96　長洲畢心耕永仁《殘荷》絶句云：“纔見凝粧映水紅，旋驚殘葉颭西風。池塘一歲榮枯事，盡在沙鷗冷眼中。”

9.97　明人多疎於韻學，雖名家亦多誤用。國初名流如梅村、西堂輩皆不甚切究。己未宏詞科施愚山以奸韻降等，錢唐王嗣槐以失韻黜落，皆偶失檢點，不在此例也。

9.98　嘉興冷啟敬謙明初爲太常司協律郎。世傳其仙去，府治東北碧漪坊建祠祀之，里人禱夢多驗。余讀其《題燕肅山水卷》詩云：“依稀廬岳高僧舍，彷彿商山隱者家。我亦抱琴來谷口，白雲深處拾松花。”確有仙氣。

9.99 常熟楊瑶島慕道，聞勾容笪在辛侍御重光隱匡廬，即裹糧入山。路極險，見一石洞，洞内鋪松毛，知爲道家脩煉處。候數日，絶無聞見。一夕夜半，忽聞風聲，一黄毛人飛至洞中，端坐不語。楊知爲侍御，即叩求長生之術，忽見金光四射，仍閉目不語。楊再懇，始云：“爾根基不厚，可即出洞，毋獲天譴。”語畢，竟飛去。楊悵然而返，始知侍御已証仙班。侍御集中有句云：“百年容易過，萬事總難工。”早有出世之想。其他佳句如“雨入千山暝，雲生五月涼”“人家依岸轉，河水抱城流”及“千峯遠抱金陵氣，萬井低浮鐵甕烟”，皆雄健可傳。

9.100 伊犁有氷山，爲適葉爾羌要道。夜行者每聞下有絲竹聲，又聞有唱子夜歌者。洪稚存太史詩云：“達板偷從宵半過，筝琶絲竹響偏多。不知百丈氷山底，誰製齊梁《子夜歌》。”

9.101 劉澄齋太守錫五詩才豪放，居史館時常與曹儷笙、盧南石、曾賓谷、陳湘南諸公相唱和。《咏蔡忠襄祠》一首最爲悲壯。詩云：“捲地西風萬馬馳，驚心獨木與支持。孤軍不障全河水，舉國争傳陷洛時。福禄孱王愁命酒，沙蟲戰士僅留皮。小南門火連天起，慷慨吟成絶命詩。”自注：“忠襄名懋德，浙江人，明末以僉都御史巡撫山西。闖賊陷太原，公自縊三立閣下，祠在閣側，公昔講學於此。”

9.102 尹北窗先生繼娶夫人，貌極類前夫人。澄齋太守調以詩云：“纔到人閒廿二春，龍華小謫悟前因。偕爲金母司觴使，續作仙郎對案身。鏡裹花開先後影，梁間燕踏去來塵。數宵恩重知多少，半爲新人半故人。”

9.103 澄齋太守《洪山雜詠》云：“里門南去碧迢迢，芳草如茵馬足驕。衝破曉烟人不見，笛聲吹過水西橋。”

9.104 余嘗有“飽看怪石當遊山”句。後閱陳友松集中有《題雅宜山房》詩云：“庭前叠石擬層巒，邱壑何嫌地未寬？會得南華《齊物志》，一拳也作泰山看。”

9.105 桐鄉鈕西齋太史汝祺《西湖雜詩》云：“日午波光一倍明，晚風柳外正鶯聲。青山只合圍三面，要放東湖月出城。”

9.106 錢牧齋《贈别故侯家妓人冬哥》云：“繡領灰飛金谷殘，向人紅袖淚闌干。臨歧莫悵青娥老，兩見仙人泣露盤。”“天樂荒涼禁苑傾，教坊凄斷舊歌聲。臨歧只合懵騰去，不忍聽他唱渭城。”汪覺先《於杜茶村座上見故宫人》云：“浣花溪上話殘春，詩句文章老更真。酒半一聲《河滿子》，不堪重見孟才人。”滄桑遷變，感愴自同。覺先名志道，錢塘諸生。

9.107 文昌人能閹母雞，養成毛羽即類雄雞。會稽任福泉兆麓詩云：“天開異想入非非，養得黄雞沒骨肥。不識如何回造化，能教雌伏變雄飛。”

9.108 任福泉集中佳句頗多。余最愛其“肯容我醉惟添酒，怕與人争不下棋”二語。

9.109 錢唐樓于湘錡《春日歸泊閶門》云：“年年蹤跡感飄蓬，冷落柴門烟雨中。燕子歸來迷舊壘，桃花何處笑春風？”寫無家之况，可云哀艷。

9.110 長白佟蔗村（佟鋐）家世顯貴，脱屣軒冕，放情山水閒，僑寓津門西郭，娶姬人趙氏（字艷雪，色藝兼擅），築樓貯之（名“豔雪樓”），相與唱和其中。艷雪有《和蓮坡悼亡》句“美人自古如名將，不許人閒見白頭”，爲時所賞。錢塘汪槐塘徵君沆詩“樓頭艷雪瑩於玉，每課新詩到日西”蓋謂此也。

9.111 南海朱廷光《新晴晚望》一首和輞川却似輞川。詩云：“春雨洗四郊，青山浄無垢。草木帀晴嵐，清風動谷口。靄靄川雲生，涓涓冽泉走。曳杖一逍遥，餘暉挂高柳。”

9.112　婺源王香圃明經麟生爲東田太僕之子，著有《補梅書屋詩草》。《二月初五夜雪》一首氣格渾成。詩云：“空堦三寸雪，小閣一枝燈。夜色静如此，春風來未曾。榻虚衾似水，杯淺酒成冰。歸夢向何處？江樓最上層。”句如“風迴知岸曲，水漫覺潮生”“雲藏古寺鐘聲出，葉落空潭鴈影寒”“落霞浸水有餘色，遠樹過蟬時一聲”“花自多情還有信，人偏小别易經年”“春比少年還迅速，人如流水易東西”“晚渡語喧成野市，荒堤人聚走香車”俱屬清艷。

9.113　景東程月川含章初宰封川，旋登巡撫。其宦吾粵爲最久，所至多著政績。性尤惡訟，每作戒訟短歌，令小兒沿途歌之。歌雖近俚而聞者化焉。所著有《嶺南集詩》四卷。其句如《詠重洋》云：“千叢鬼火燒層浪，百萬神兵發早潮。”《江村》云：“桄榔葉戰秋風老，橘柚香添夜雨肥。”《詠包孝肅》云：“肯使鏡塵藏鬼魅，不教關節到閻羅。”《郡齋》云：“胡床自挂千年壁，蘭室空餘百本花。”《懷劉寄庵》云：“地鄰泰岳山多雨，酒酌任城月滿樓。”《讀蘇詩》云：“興來意氣全吞海，老去文章漸入禪。”俱佳。而《弔羅浮》詩更爲雄邁。時會匪陳本倡亂，殺掠居民，官軍薄之。賊據險朱明，古刹、仙踪蹂躪殆盡。詩云：“梵王宫殿月黄昏，慘淡西風落照痕。鬼火無烟燒佛骨，石人有淚哭沙門。飛雲頂上旌旗動，合掌巖前虎豹蹲。好助王師除賊子，崩崖折木困游魂。”

卷十

10.1 古無韻書，《三百篇》即韻書也。鄧簾筠制府廷楨謂古人爲詩，宫商滌盪，綺脉交錯，雙聲叠韻，自然成文。督兩粤時與番禺林月亭孝廉互相討論，著《詩雙聲叠韻譜》，曰錯綜，曰對待，曰絫句，曰單辭，分爲四目。如“彼茁者葭，壹發五豝，于嗟乎騶虞”，葭、豝、虞，正韻也；者、五，韻上韻也；茁、發，句中韻也；乎、虞，本句句中韻也；于、虞，本句首尾爲韻也。者、葭、五、豝、于、乎、虞又通爲一韻也，此錯綜也。織絍成采，左宜右有也。如“山有扶蘇，隰有荷華”，扶蘇，叠韻也；荷華，雙聲也，此對待也。和鸞雝雝，語必叠雙也。如“伊威在室，蠨蛸在户，町畽鹿場，熠燿宵行”，伊威，叠韻也；蠨蛸、町畽、熠燿，皆雙聲也，此絫句也。繁音促節，其比如櫛也。如“輾轉反側”，輾、轉、反，叠韻也；輾、轉、側，雙聲也，此單辭也。聲應爲文，不取諸鄰也。凡詩中雙聲叠韻處無不臚列。王氏《經義述聞》謂古詩隨處有韻，即叠韻之意，而未言其詳。錢氏《養新録》頗及雙聲，而衹舉其概。得此則音韻之道彌彰矣。

10.2 鳩江宋鷺山繩武所著《和平集》五律以氣格勝。《晚宿》云：“遠山銜落日，老樹暗荒村。下馬欲投宿，揮鞭頻叩門。燈光出茅屋，人影亂黄昏。野老相延入，殷勤酒一樽。”七律亦復雅健。《偕佟莘湄入都》云：“海門秋水正茫茫，野草全枯柳更黄。烏鵲啼殘千樹月，塞鴻衝破一天霜。村邊問酒心先醉，馬上還家夢不長。莫向西風頻下淚，長安原是别離鄉。”

10.3 邵青門人皆知爲長蘅，不知常熟邵陵亦號青門。有《西湖雜題》

云："不上歌樓即酒樓，暖風薰白幾人頭？敗荷殘柳無情緒，也管西湖十里秋。"

10.4 吾廣每歲二月十三日，士女多乘畫舫詣南海神廟燒香，家章冉學博廷枏詩云："蒲作輕帆桂作橈，紅閨女伴亦招邀。心香一瓣尋常事，忙殺珠江兩夜潮。"學博著述甚富，詩乃其餘事。

10.5 余仲父青厓中翰五絕最似王右丞。《訪友》云："雲起野橋西，層峯鎖隔溪。欲尋清秘閣，山鳥向人啼。"《晚晴》云："雲開山放晴，雨過江橫練。野寺晚鐘鳴，斜陽在人面。"

10.6 余齋爲南海程石臞先生可則蕺山草堂故址，初歸宋氏、黄氏，乃始歸余。故余自題十二石山齋云："疊石癡同東海迂，石齋吟嘯足清娱。此間舊是詩人宅，二百年前溯石臞。"大興邵丹畦方伯甲名題云："蕺山堂廢百餘春，池館樓臺愛斬新。昔有石臞今石圃，天留勝地住詩人。"謂余接跡前賢，愧不當也。

10.7 余又有自題山齋二絕云："蕭齋四面繞蘿垣，近市差堪避俗喧。鎮日編詩無箇事，藤陰滿地不開門。""洗竹澆花與課兒，幽棲偏有外人知。叩門過訪多生客，除却求書便寄詩。"

10.8 張笨山云："聽彈詞千萬語，説古事原原本本，非不破除人悶，然不如佳人一曲使人情移。絶句一體不可不時時學作，以造至唐人聲調之妙。"有《和小青》云："殘燈冷雨説窗紗，忽憶喬家憶杜家。兩兩癡情千古絶，夢梅夢柳夢梨花。"亦楚楚有致。笨山名霔，天津人，官中書，著有《帆齋逸稿》《欸乃書屋》《緑艷亭》等集。

10.9 樊鑑堂宗澄《常州晚發》云："霏微細雨暮春天，江柳低垂軟欲眠。一帶紅燈依緑水，靚粧人在畫樓邊。"吴念湖人驥《葛沽道上》云："海門東望葛沽隄，一路春風入馬蹄。水上桃花村外柳，紅粧多在畫樓西。"附郭行舟每多此景。

10.10　婁縣王思岡懋忠《贈柳校書》云：“一卷詩詞記囀鶯，重來曲巷共逢迎。挑燈莫唱開元曲，花落江南涕淚横。”與“岐王宅裏”“崔九堂前”作一種風神。

10.11　滿洲毓鍾山有《舟過静海即景》律句云：“輕帆高掛雉城東，收盡殘霞片片紅。淺水人看篙打月，逆流船與浪争風。三更入破戍樓笛，一字驚寒沙渚鴻。極目詩情最蕭散，漁燈明滅亂流中。”

10.12　弄麞伏獵，誤者不少。許秋厓中丞改漕督時道出長沙，例供儀仗，善化令某於官銜牌誤書“漕”作“糟”。中丞作詩云：“平生不作醉鄉侯，况復星軺速置郵。豈有尚書兼麴部，漫勞明府續糟邱？讀書字要分魚豕，過客風原是馬牛。聞説新銜已遷轉，武岡可是五鋼州？”時令已擢武岡刺史，故結句諷之。

10.13　道光二十二年㖞船闖入吴淞。陳蓮峰軍門化成率兵弁在塘堵禦，死之。宜興任太史泰詩云：“破浪乘風海道開，島夷五萬里能來。漫矜魏絳和戎利，争羡班超破敵才。七秩移官常握槊，三年籌筆獨登臺。陳平家世饒謀裕，未倒狂瀾趁早回。”按，百年前碣石總兵陳昂請防範英圭黎諸國，蓋禍患之萌久爲有識者所睹。結聯蓋謂此也。

10.14　永福黄莘田太令任放情詩酒。宰四會時，大吏以“飲酒賦詩，不理民事”劾之，解組日即將“飲酒賦詩‘不理民事’奉旨革職”十二字自旌其舟而返。性嗜硯，又喜與雛尼狎。所居有十硯齋，蓄雛尼十人。使各懷一硯，夜即抱硯而寢，謂硯襲陰氣，故常温潤如玉也。詩亦情致纏綿，别饒逸趣。《春思》云：“百折紅闌不見人，小池風皺緑鱗鱗。夕陽大是無情物，又送牆東一日春。”“橘花和露落青苔，鏡檻無風暗自開。涼月不知人已散，殷勤猶下畫簾來。”

10.15 《翁山文外》所載王義之行最捷，殆麥鐵杖之流乎！嘗自天津至居庸，一日來往八百里，因號八百里人。每當平沙曠野，欲止則直奔一樹，以兩手抱樹，其神乃定。抱樹不牢，則兩足又蹈空馳去矣。仁和蔣秋唫太史詩云："天津朝去杳無蹤，八百里人何處逢？祇有《翁山文外》紀，往來一日轉居庸。"

10.16 篆玉上人本仁和萬氏子，善鼓琴，有《題畫》絶句云："幾枝老樹絡枯藤，秋在林巒浄可登。空潤了無心外法，一痕山影淡於僧。"

10.17 桐鄉汪嘉穀母王氏有《憶母》絶句云："閒階愁種忘憂樹，繡户難生返哺烏。爲問女兒橋下水，東流幾曲到南湖？"

10.18 吴中錢岱勛從柳如是爲狎客。酒坐賦詩，多所捉刀，名之曰偺。柳歸虞山，偺亦從焉。故王笠舫《書虞山〈秋槐集〉後》有云："東林浪子擅風流，紅粉甘心嫁白頭。彭祖兒孫前狎客，捉刀同上絳雲樓。"納姬並納其私人，亦屬僅見。

10.19 李鳳岡太守威購得趙吴興真書《耕織詩卷》，韓桂舲尚書易以五百金不可，後聞葉雲谷農部好蒐羅墨寶，於七千里外寄贈之，并題七絶於卷後云："染翰齊眉管仲姬，丹青名筆又佳兒。嗤余愧殺藏公蹟，不與良朋待與誰？"今此卷藏余家寒香館中，筆法秀媚，誠可寶也。

10.20 本朝御前供奉十番有"月殿雲開"曲，每雨後奏之輒晴。武進趙億孫懷玉《灤陽雜詠》云："雨後斜陽愛晚晴，宫中法曲記分明。憑吹不用多絃管，月殿雲開只一聲。"

10.21 趙億孫《歸途口占》云："密雲不雨日光微，消受涼風試葛衣。一片青山兩行柳，亂蟬聲送客車歸。"

10.22 億孫嘗於除日祭詩，以東坡及賈長江畫像並懸於室，賦詩云："酒脯初陳樺燭然，閬仙端合配坡仙。精神敝盡聰明損，尚有詩多勝去年。"

10.23　翟錢江性嗜飲，有侍姬某，貌娟好而最孌。山舟學士題其坐禪小照云："繡幢也受閨人戒，米汁還將佛子瞞。却被筠翁寫生手，硬差此老上蒲團。"真雅謔也。

10.24　會稽潘少白諮邃于理學，著有《常言》二卷，可入宋人語録。所爲詩多清曠。如《晉陽道中雜詠》云："涼風厲素節，寒光動征衣。草木被原皋，清露隨陽晞。高天亦何涯，榮悴理則齊。羣生作華實，萬態迭新萎。"《金石古》云："堅糜淪，渝光輝，日月去已遠，悵然攬芬菲。徘徊千載中，獨立安所歸？"氣静神恬，足徵所養，惟近體詣力未至耳。

10.25　翁山晚年躭於酒色。論者疑其初終易節，不知乃信陵"醇酒婦人"意也。仁和沈麟洲大令元滄《題屈子詩外》云："匹馬三邊聽鼓鼙，吴鉤笑拂月初低。英雄末路憐紅粉，銷得香東與墨西。""笑他餘子競風騷，未許陳梁聲價高。一代才名兼意氣，海南沛上兩詩豪。"香東、墨西，翁山二姬名。

10.26　《旅堂詩集》有《吴梅村被徵入都》四律云：

"海外黄冠舊有期，難教遺老散清時。身隨杞宋留文獻，代閱商周重鼎彝。滿地江湖傷白髪，極天兵甲憶烏皮。重來簪筆承明殿，記得揮毫出每遲。"

"幕府徵書日夜催，宫開碣石待君來。歸心更渡桑乾水，伏櫪重登郭隗臺。花萼春回新侍從，風雲氣隱舊蓬萊。暮年詩賦江關重，輸却城南十里梅。"

"一尊雨雪坐冥濛，人在汪洋千頃中。老驥猶傳空冀北，春鴻那得久江東？榛苓過眼成虚谷，禾黍關心拜故宫。我亦吹簫向燕市，從今敢自惜途窮。"

"碧海黄塵事有無，此來風雪滿燕都。遺京節度新推轂，盛世朝廷倍重儒。花暗鳳池思劍珮，春深虎觀夢江湖。悲歌吾道非全泯，坐有荆高舊酒徒。"

悲其遇，復惜其才，詞意最爲婉曲。集爲錢唐胡介著。

10.27　沈歸愚《書吴梅村詩後》云："蓬萊宫裏舊仙卿，自别青山悔遠行。擬作栩陽《離别賦》，江南愁煞庾蘭成。"以子山比之，恰如梅村身分。

10.28 無錫女子王韻香能詩，後披剃於雙脩庵爲尼，法名嶽蓮。《詠團扇》絶句云："緑遜芭蕉輕遜紗，秋風愁不起班家。夜來攜向園中坐，欲撲流螢恐礙花。"

10.29 吴梅村《遇舊友》云："已過纔追問，相看是故人。亂離何處見？消息苦難真。拭眼驚魂定，銜杯笑語頻。移家就吾住，白首兩遺民。"起語神妙，不圖於"乍見翻疑夢"詩外又獲此創句。

10.30 《硯北齋集》中有《送友》絶句云："旗亭折盡柳依依，草色青分上袷衣。腸斷子規啼罷後，落花風裏送君歸。"集爲魏覲揚著。

10.31 會稽姚六賣絹爲業。娶妻甫一月，載貨而行，舟抵南雄，惑于游伎，盡喪其貲。隻身竄至羊城，獵食於相識家。眼鼻閒貼一刀圭藥，衆厭惡之，輒諱辨爲烟毒。蓋姚固嗜鴉片者也。未幾，鼻隆隆然，四周如紅綫。一日曉起，過友家盥漱，風觸其鼻，鼻隨噎墮，掩袂踉蹌遁去，夜半雉經而亡。王笠舫作《懲姚六》詩云："賣絹牙郎不自量，錯驚花艷大隄倡。非關郢客斤曾斲，自是蛾眉斧解戕。下鑿鴛鴦原有冢，上通烏鵲已無梁。十三樓畔垂垂柳，回首章臺一斷腸。"

10.32 陶雲汀制府《朱仙鎮鄂王廟》七律感慨悲涼，一時傳誦。詩云："故國西風問黍離，金牌遺憾動持危。兩宫冰雪孤臣夢，十載塵沙大將旗。輦道有山通艮嶽，虜庭無路奪焉支。長城萬里誰人壞？航海空教後日悲。"

10.33 星儕《南城早發》云："出城侵曉莫遲遲，好趁濃烟遍地時。便背長隄催馬走，離愁不遣緑楊知。"《村居》云："門外春摇萬柳斜，前村一角露桃花。未能盡把交游謝，又約詩僧訪酒家。"皆善用曲筆。

10.34 星儕《詠桓宣武》句云："半生功業藍田縣，一部笙歌白紵山。"《淮陰釣臺》云："劉項興亡關去就，彭黥醢戮共欷歔。"《金川門》云："登城莫問能飛燕，報國空聞喚視豬。”《長沙》云：“離次不堪猴作弟，破家真應馬無王。”《東莞伯故里》云：“金陵自有真人氣，珠海何勞大將師？”《文信國》云：“諸妓滿堂甘一散，二王航海竟無成。”《孟蜀》云：“兩代規模留《食典》，卅年風雅屬《宫詞》。”《吴三桂》云：“事去包胥空痛哭，時清欒布又縱横。”《金陵》云：“半壁殘山聊復爾，一年明月本無多。”《建業》云：“鼎足尚能尋舊壘，石頭終見豎降旗。”《坡翁》云：“一代齊名歐范陸，百蠻謫宦惠儋廉。”健筆縱横，上下千古。他如五言云：“山寒僧影瘦，寺廢鬼聲多。”“榕子落疑雨，藤陰涼隔天。”“松杉終古碧，風雨萬山寒。”“山摇殘燒斷，江浸亂星寒。”七言之“風狂柳絮無家客，春老桃花退院僧。”“才名跌宕張三影，身世飄零杜七歌。”“風約亂星隨棹散，波漂孤月入罾圓。”“萬山風雨枯僧寺，一夜波濤獨客燈。”“豕圈雞塒湯玉茗，筆床茶竈陸龜蒙。”“樓閣影低隨月去，灘瀧聲急入城寒。”“事多挫折俱成悔，詩少磨礲每不安。”“才緣短拙常依友，性喜疎狂愧作儒。”“門嫌近市宜長掩，樓爲看山始一登。”“貪睡每愁迎客起，得閒偏爲著書忙。”寫景言情，各具妙理，俱堪入摘句圖也。

10.35　奉新甘莊恪公汝來政事、德業見重當時，所爲詩亦復清真。其句如《謁伏波祠》云：“黑白謾勞污薏苡，丹青何必羨麒麟？”《歲盡》云：“年年作客風情苦，夜夜還家夢寐癡。”《信陽道中》云：“怪石縱嫌當路惡，溪流猶愛在山清。”《李家寨阻雨》云：“路危誰出移山力，雲暗猶懷獻曝心。”皆可味也。

10.36　唐以詩取士，而浣花翁竟不能博一第。余有《讀唐詩》絶句云：“律喜三唐欲問津，聲詩取士局原新。如何大筆風騷接，却是春官失意人？”

10.37　李椒堂先生《衡陽舟中即目》云：“竹籬茅屋野人家，古樹扶疎夕照斜。行盡湘南春欲老，滿山開遍刺桐花。”雅近宋人。

10.38 李瑶林沒後，余搜其遺稿。有《秋旅》句云："十年舊夢三更月，萬里行人一夜秋。"《漫成》句云："欲求知己無如我，不慣從人怕受恩。"《珠江贈小妓蓉卿》絶句云："推窓露立看嬋娟，蹙斷眉峰語可憐。妾是江波君是月，君團圓夜妾團圓。"瑶林姿容秀美，吐屬亦自風流。

10.39 深情人作無情語，其情愈深。成容若侍衞《送蓀友》云："人生何如不相識？君老江南我燕北。何如相逢不相合？更無别恨横胸臆。"《紅樓夢傳奇》指爲情種，洵然。

10.40 雪樵有《久别金陵寄女校書》詩云："雞聲帆影苦相催，燕子磯邊首重回。酒舫燈船明月夜，舊曾遊處夢常來。"是静極思鬧語。陳古漁《水閣偶成》云："秦淮十里畫船輕，水月燈光一片明。家在畫中渾不覺，夜闌翻厭玉簫聲。"是鬧極思静語。

10.41 吴澹村詩最瀟灑。《渡江》云："東來兩扇布帆輕，每遇風波夜轉驚。船底江聲篷背雨，旅人聽得最分明。"《春思》云："齊開畫閣倚笙歌，一樣簾櫳映綺羅。底事春風欠公道，兒家門巷落花多？"澹村名文溥，著有《南雅堂集》。

10.42 長洲蔣荆名楷《河堤曲》云："走河堤，風凄凄，黄雲黯黯落日低。沙邊叢樹半枯死，荒村無人鴉亂啼。走河堤，風凄凄。走河曲，風簌簌，填柴作岸蘆作屋。西風一夜鉅野流，魚頭赤子千家哭。走河曲，風簌簌。"愛其似諺似謡。

10.43 如皋冒辟疆《贈柳敬亭》云："憶昔孤軍鄂渚秋，武昌城外戰雲愁。如今衰白誰相問？獨對西風哭故侯。"家蕉林詩云："軍中軼事語如新，磊落寧南百戰身。爲問信陵當日客，侯門誰是報恩人？"

10.44 青陽吴七雲宗伯襄少客於淮，與阮虞再、劉再祈爲莫逆交。有《過淮訪再祈》二律云："破帆乘月過淮陰，小泊城西訪素心。入郭人都知舊第，到門僮尚解鄉音。面因久别真難認，話爲愁多不敢深。我昔天南頻北望，何堪向北又分襟？”“天涯攜手立須臾，如許離情半語無。十六年來雙鬢短，三千里去一帆孤。家還有母非遊子，貧即依人不丈夫。笑謝韓臺垂釣客，無勞分箸飯窮途。”

10.45　吴江吴漢槎兆騫以科場事戍塞外，後赦歸，旋卒，著有《秋笳集》。《三月十二日河上口號》云：“三月歸鴻滿塞天，流澌日暮尚淒然。自從身逐烏龍戍，不識春風二十年。”

10.46　常熟孫赤厓暘既遣戍，賜環後無家可歸。詩云：“歲歲還鄉夢，今朝夢始真。到家仍作客，無地可容身。山色迎人好，湖光入眼新。廿年成底事？悔不早投綸。”“弟妹何年别？盤飧此夕同。看來頭盡白，語罷淚俱紅。垂老重聞亂，還家舊業空。但能長聚首，不必問窮通。”“少小離鄉縣，何堪老大歸？出門童子問，見面故人稀。道路忘南北，溪橋半是非。青青山色在，猶到舊柴扉。”真覺悽愴獨絶。

10.47　真率之詩如周櫟園《詠靖公弟至》云：“荒城兀坐對燈殘，歸計先愁百八灘。爾又遠來余未去，高堂清淚幾時乾？”

10.48　善畫者詩亦多畫意。六安楊潤生用澥精繪事，有絶句云：“春水初生鱖正肥，小橋路曲近柴扉。腥風一陣林中起，知是漁人傍晚歸。”

10.49　天津道士王野鶴結廬傍三叉河，曰“香林苑”。老樹、古藤、奇花、異石錯置庭户。與張帆齋、龍東溟、周月東諸名士相唱和，四壁粘詩箋無隙地，人謂其齋曰“詩廠”。仁和蔣秋吟太史《沽河雜詠》云：“東風吹老香林苑，緑到丁沽第幾橋？野鶴已仙詩廠在，垂楊無語晝蕭蕭。”

10.50　吾粤木芙蓉有名爲“三日醉”者，以其初開色白，次日微紅，又次日深紅也。余詩云：“甕頭雀芋汁纔封，止酒年來興復濃。對此未能三日醉，秋江妬殺木芙蓉。”

10.51 賑饑雖盛典，多中飽於吏胥。崑山王攻玉蒼璧《童謡》云：“賑飢民，吏胥飽；飢民泣，吏胥惱。吏胥勿惱爾當喜，明府明朝糶官米。”

10.52 《捉搦歌》亦《竹枝》遺響。余邑陳古村孝廉份歌云：“瓜皮艇子長二丈，小姑十撑九不上。何如泊岸候潮長，免打江心逆流槳。”音節悠揚，恍與櫓聲相摇曳也。

10.53 香山伍鐵山瑞隆《竹枝詞》云：“蝴蝶花開蝴蝶飛，鷓鴣草長鷓鴣啼。庭前種得相思樹，落盡相思人未歸。”朱竹垞太史《西湖竹枝詞》云：“養魚莊説養魚肥，放鶴亭看放鶴歸。妾在鳳凰山下住，生來不見鳳凰飛。”乃全仿其格。

10.54 “憐余兄弟各西東，一處離情五處同”，長洲宋嘉升郎中句也。“茱萸明日重陽酒，五處登高各一人”，海寧查夏重太史句也。誦之增鴒原聚散之感。

10.55 孔東塘先生《桃花扇傳奇》一書著筆滄桑，借侯、李兒女私情閒作點綴，自是詞曲中絶調。當時長安扮演者歲無虛日，而寄園一席爲尤盛。名公鉅卿、騷人墨客駢集，至座不容膝，酒闌燈灺。故臣遺老或有掩袂唏嘘者。書甫成，日下傳鈔殆遍。忽一夕，内侍索其書甚急，適先生無繕本，乃於張平州中丞家覓得，午夜進入大内府。集中題詞皆一時名士，而田山薑數絶句最掩抑情深。詩云：“一例降旗出石頭，烏啼楓落秣陵秋。南朝賸有傷心淚，更向胭脂井畔流。”“白馬青絲動地哀，教坊初賜柳圈迴。春燈燕子桃花笑，牋奏新詞狎客來。”“江湖無賴弄潺湲，一載春風化杜鵑。却怪齊梁癡帝子，莫愁湖上住年年。”“商邱公子多情甚，水調詞頭弔六朝。眼底忽成千載恨，酒鉤歌扇總無聊。”“零落桃花咽水流，垂楊顦顇暮蟬愁。香娥不比圓圓妓，門閉秦淮古渡頭。”“錦瑟銷沉怨夕陽，低回舊院斷人腸。寇家姊妹知何處，更惜風流鄭妥娘。”

10.56　吴梅村《詠吴三桂》詩云："取兵遼海哥舒翰，得婦江南謝阿蠻。"哥舒翰本無遼海取兵事，獨桑維翰曾乞師於遼，殆梅村誤用耳。

10.57　吴江郭頻伽《湖上》詩云："一湖純浸四山陰，萬鼓鏗敲日照林。尚有數峯晴不得，又吹飛雨過湖心。"寫陰晴不定之景如畫。

10.58　前明逆藩宸濠妻妃沈江，後爲南昌人私葬。墓在隆興觀側，二百年來碑趺雖在而表識俱無。鉛山蔣苕生太史請於彭青原方伯復爲立碑，又作《一片石》傳奇演其事，一時題詞頗多名作。北平黄崑圃云："不作喁喁兒女詞，愛將名節譜烏絲。胸頭義烈肩頭事，每藉柯亭笛一吹。"秀水錢香樹云："翟服沈江志可哀，一坏私瘞認莓苔。插秧時節農歌好，可有金蠶出墓來？"錢塘宋桐門云："一時新曲艷西江，小部徵來盡擅場。聞道淺斟低唱夜，翠簾争認緑衣郎。"濟南趙吾山云："些只何勞遣越巫，新詞譜就一燈孤。他時笛裂歌聲咽，卿是人間鬼董狐。"

10.59　李笠翁詩能出新意，不欲就前人範圍，然味淺詞粗，多流放誕。同時如吴梅村、尤展成、丁葯園、余澹心諸先生力爲揄揚，今則人皆訾之。究之，平心而論，笠翁亦未嘗無完善之作也。五言律句如《賣劍》云："賣劍不賣俠，讀書甘讀貧。"《丙戌除夜》云："屋留兵燹後，身活戰場邊。"《不寐》云："無憂羨童僕，有夢到家鄉。"《智果寺避雨》云："寺寒人境暑，山雨下方晴。"七言律句如《旅病》云："旅病方知妻妾好，亂離更覺故人疎。"《野性》云："抱琴欲睡遣山去，對酒無朋呼月來。"《吴駿公别業》云："林逋客去唯調鶴，杜老詩閒即浣花。"皆無愧雅音。五七絶尤有獨造者。《夏日》云："愛坐清涼石，常教緑蔭遮。夜深明月底，一嘯落松花。"《山中送客》云："送君歸人間，遄行勿回顧。少頃白雲生，欲下山無路。"《上航驛伍使君送酒》云："列國通津古上航，棕櫚庭院薜蘿牆。詩成醉殺元暉酒，亭長扶人上驛床。"《賣樓》云："茅齋改姓屬朱門，抱取琴書過别村。自起危樓還自賣，不將

蕩産累兒孫。”《題王安節畫冊》云：“嵐居如海氣如潮，萬壑千巖盡欲飄。不是白雲穿牖過，誰知尺五即青霄？”

10.60 雲臺爲東南重地，本名郁洲山，在海中。周三百餘里，淮黄尾閭也。國初因海氛不靖，尚書蘇納海等奏請遷各島居民入内地，此山禁爲界外。康熙間復爲内地，後海漲沙淤，漸成平陸。昔靳文襄公謂，百年後將策馬上雲臺山，至今果然。常司馬建極《寄雲臺山僧》詩所云“見説蓬萊又清淺，波濤堆裏足桑麻”是也。詩本十首，其第二首最佳。詩云：“笑我風塵未即休，絲絲殘雪漸盈頭。難成今日還山計，妄作他年出世遊。半嶺白雲蕭帝寺，滿林黄葉贊公樓。秋來下榻還能記，卧聽松聲枕上流。”中如“屏開幾曲娑羅月，香散雙林貝葉風”及“胡僧許借逃禪榻，毛女應分拾翠崖”亦近晚唐。

10.61 屈翁山云：“今天下诗皆有委而无源，才雖具而無道以爲之本，故其詩不能縱横自得、蹈空獨行。稍擬議即成變化，以合於風雅。其僅善者，吾所知秦有一人、魯一人、齊一人、吴越三四人，吾粤則葯亭、元孝其傑出者矣。”

10.62 木棉唯吾粤有之。其樹雜茂林中，必高出於羣木，遇東風則紅玉漫天，闌珊花放矣。杭堇浦太史詩云：“最憐三月東風急，一路吹紅上驛樓。”星儕詩云：“怪得東風連日急，隔江催放木棉花。”

10.63 林子羽爲前明“閩中十才子”之冠。時紅橋有張氏女，家紅橋，因以紅橋自號，語父母曰：“才如李青蓮者事之。”邑子王恭盛飾求一見，不納。林投二詩，即以身許。王賄侍兒潛窺其狎，賦《酥乳》《雲鬟》二絶戲之。旋林遊金陵，唱《大江東》一闋爲别，又自金陵寄《摸魚兒》一闋，有“别離處、淡月乳鴉啼曙”之句，七絶有“歸夢不知江路遠，夜深和月到紅橋”及“日午捲簾風力軟，落花飛絮滿紅橋”等語。張寄林詩云：“衾寒翡翠怯秋風，郎在天南妾在東。”可謂兩情繾綣矣。迨林自金陵歸，張已卒，床頭有玉佩玦懸《蝶［怨］戀花》詞留贈。其詞曰："記得紅橋西畔路。郎爲來時，繫在垂楊樹。漠漠梨雲和夢度，錦屏翠幕留春住。"真玉折蘭摧，千秋同慨也。烏程嚴海珊詩云："銀屏桂殿露香飄，此去蓬山路不遥。濯濯泥人春月柳，東風吹不上紅橋。""花枝七寶障歌筵，只許聞聲已可憐。況是雲鬟人賦得，此才大勝李青蓮。""大江東去鴈南賓，翡翠衾寒幾度春？淡月落花歸有夢，崔徽已作卷中人。""争忍三山逐日行，今宵鐵磨照燈明。傷心待漏朝天句，併入叢殘玉珮聲。"

10.64　"單車倉卒入關中，頓起蕭蕭易水風。儻以漸離更豎子，不將秦始視桓公。藥囊縱有無且在，匕首何難聶政同？決策酬丹偏昧此，空教白日貫長虹。"此劉雨湖師《咏荆軻》作也。前人咏荆軻者夥矣。馮大木責其劍術之疎，劉繼莊誚其生刼之謬，屈翁山議及所副之非，王説作憫彼中心之義，然諸作皆未能包羅一切。此獨囊括前人而以翻空出之，中四語直是廿八字成句，格創氣雄，斷推傑構。

10.65　碭山汪元琛《金陵雜詩》云："青溪一曲鴨頭波，相約湔裙踏淺莎。雙槳月明桃葉渡，但聞人語不聞歌。"杭州何春巢《秦淮竹枝》云："蘭橈最是晚來多，萬點紅燈映碧波。我已三更鴛夢醒，猶聞簾外有笙歌。"羽士朱嶽雲《秦淮舟子》云："一年生計在烟波，金粉秦淮過眼多。那更捕魚江上去，可憐夢裏亦笙歌。"三押歌字俱妙。

10.66　商寶意太守得趙姬環娘，情好甚篤。姬卒後，寶意悼亡之作傳遍一時。余尤愛其《環娘至淮》詩云："迴身宛轉故依然，小别重逢似隔年。藥餌急須調病後，簪環親與卸粧前。但教好月常三五，豈惜春衣典十千？江北江南風正厲，護花人祝養花天。"

10.67　盧雅雨都轉見曾大會吴越名士六十餘人於紅橋陶篁村，有"誰識二分明月好，一分應獨照紅橋"之句，爲時所稱。後篁村《月夜憶揚州舊游》

詩云："扶胥海上露華新，那得笙歌畫舫春。楊柳紅橋今夜月，阿誰重憶舊詩人？"

10.68 海寧查蘗師岐昌爲初白先生孫，最工詠史。《秦淮雜詩》數首風調尤佳，余謂不減阮翁。詩云："烏衣名巷里名珂，夾岸亭臺貯翠蛾。流盡舊家簾幙影，秦淮依舊水如羅。""亞字低闌護板橋，大航燈影已蕭條。游人不管南遷事，一樣興亡話六朝。""玉樹金釵句極妍，丁丁新調試吴絃。袖中紅本都官伎，宫戲新呈燕子箋。""市隱園中樂事稠，白門柳曲記眉樓。彦回少日真名士，老去從人唱石頭。""鴨毛新漲白鷗潭，瀲灧波紋皺淺藍。殘月曉風楊柳岸，詞人低唱《憶江南》。""斷烟零雨莫愁湖，樂府流傳此地無。邀得閒人來汎艇，紅衣散處引雙鳧。""柳翠梅妍十六樓，任他蕭寂亦良游。顛花殢酒生來嬾，身是當年許散愁。""百花洲畔蹟全蕪，聞説天開似畫圖。桃葉一枝隨鏡轉，教人回首憶西湖。"

10.69 長洲蔣香度中翰廷恩題許伯兼《庚申詩鈔》云："一編快讀《庚申集》，七字重逢丁卯橋。"工巧獨絶。

10.70 仁和龔雪浦茂才澡身《西市》絶句云："無端清唱近橋邊，蜀錦吴綾色總鮮。畢竟坐中誰最好？阿紅今正十三年。""海棠紅襖藕絲裳，蟬髩蛾眉新樣粧。齊向寺中來拜佛，月初月半是朝香。""湖波瀲灧月昏黄，水面温柔别有鄉。酒意初闌燈未滅，調脂匀粉畫鴛鴦。""越河橋外緑楊遮，鞵樣船兒鴈字斜。都説今朝野菜會，田家兒女並簪花。"

10.71 雪浦弟深甫中翰湜身《皋亭看花》詩云："冶遊時節賣餳天，蠻榼都籃併一船。船上女兒歌《白紵》，十三纔學打鞦韆。""生憎潑火雨簾纖，水榭看花不捲簾。勸飲一杯娄尾酒，臉潮紅比舊時添。""皋亭二月春如海，杳杳仙津九折灣。身在畫中頻讀畫，徐熙花鳥郭熙山。""芳樽客試鵞黄釀，春漲舡回鴨緑明。花影滿身詩滿口，白蘋風裏聽流鶯。""蓑衣桐笠賣花翁，腸斷零烟碎雨中。深巷小姑初解事，背人簪髻一枝紅。”《吴中盪湖船詞》云：“六柱油船八扇窗，吴歌緩緩譜新腔。絶憐阿母勤梳裹，盪槳女兒丫髻雙。”“紅荷包繫緑烟筒，閒倚闌干賭酒慵。學畫蛾兒宫樣曲，内家粧束似吴儂。”“親擕刀尺手摻摻，新試鵞黄杏子衫。青瑣簾櫳關不住，微香冉冉送春帆。”“雀舫亭亭漾綺羅，輸他船小得春多。背人虎阜燒香去，但祝來生産苧蘿。”與雪浦洵堪伯仲。

10.72　南昌李慧卿女史小字晴霞，黄竹樓别駕配也。詩才清妙，嘗寄題余十二石山齋云：“聞説詩人宅，嵌空怪石多。樓臺環水竹，池館雜烟蘿。身世盡如寄，古今誰不磨？山齋叢著述，勉矣莫蹉跎！”深得“贈人以言”之旨。

10.73　余在陳雲史案上見有《春懷》詩八首，乃南海朱子湘大令次琦作也。愛其中二聯云：“抱膝敢言天下事，論心長待眼中人。”“料無儋石羸劉毅，浪許功名似馬周。”

10.74　鎮洋汪杏江庶子《書侯朝宗集後》云：“梁苑遺編迥絶倫，英名奇氣未全湮。少年濁世佳公子，垂死清流舊黨人。直以文章褫馬阮，肯將名節負吴陳？風流江左傳遺事，争唱《桃花》曲部新。”

10.75　方漁尊《送友赴秦》詩云：“行行匹馬向前途，秦晉雲山入畫圖。爲問灞橋亭畔柳，青青還似舊時無？”

10.76　宜興陳伽陵檢討維崧《小秦淮曲》及《紅橋詩》傳誦一時。《小秦淮曲》云：“廣陵城外小樓多，秋水盈盈剪越羅。記得昨宵樓上女，斷無人處注横波。”“老去心情不自持，板橋細柳一枝枝。誰將細雨零烟恨，説與東風小庾知？”《紅橋詩》云：“輕紅橋上立逡巡，緑水微波漸作鱗。手把柳絲無一語，十年春恨細如塵。”“一帶蕪城織野烟，三春板渚亂寒田。傷心錯到平山路，不獨江南事可憐。”“雨餘垂柳鴨頭緑，日落吴天卵色紅。

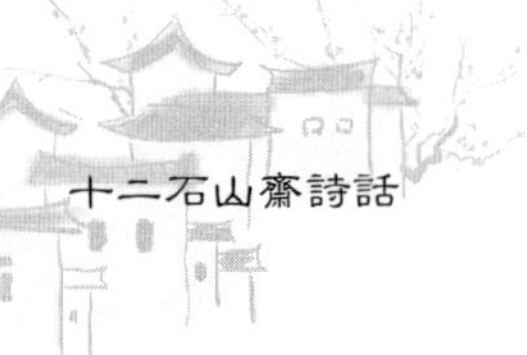

絶似儂家罨畫裏，幾層春水幾層風？”

10.77 崇禎癸未，湖廣巡撫宋一鶴敗後家屬沒官。其愛妾陳氏以色藝聞，門客王屋聘焉，謝參政上選先期娶之。徽州程奎《即事》詠云：“歌舞叢中度歲華，一朝忽去抱琵琶。前身定是烏衣燕，不入王家入謝家。”比例貼切，宜一時争相傳誦也。

10.78 何小範《粤東金石詩》十九首各有精采。録其五云：“訶林苑廢溯虞翻，六祖碑殘莫再論。畢竟菩提亦無樹，堪嗤髪塔記猶存。”“問奇何必到元亭？蘭森閏俱照眼青。武曌創空劉龑繼，龍龕新搨道場銘。”“衹存風度一間樓，墓道空尋土一邱。鐵鑄相公銅鑄佛，金身不壞各千秋。”“少時不識銅壺漏，日日來登拱北樓。笑煞大元延祐欵，幾行官職姓名留？”“東塔金殘西鐵灰，羊頭天雨忽飛來。鑾澄枉祝龍躬慶，兎骨難消石讖災。”

10.79 李長庚自謂“日試萬言，倚馬可待”，少陵又謂其“斗酒詩百篇”，而青蓮集中僅傳立進《清平調》三章。本朝嘉定張天扉庶子鵬翀《南華集》中，自敘和小阮《落葉詩》，自晨至午成上、下平聲七律三十首。沈文慤謂於坐閒見其《詠鴈字》律體詩，不半日上、下平韻俱就，歎爲絶倫。張文敏謂同奏事乾清宫門下，出漢製白玉羊與玩，南華即口占四十字，如宿構然。語次，殿角劃然聲震，各驚顧，乃四閹舁一大冰，繩斷碎迸。南華復口占四十字，俱歎賞不絶，當時競以謫仙呼之。故其《歸途偶記》云：“每來金殿號神仙，泛雪曾呼上御船。却笑黄門誇李白，還疑昨夜酒家眠。”

10.80 家敦宿茂才國書，余同邑人，歿後遺詩二百餘首，多志和音雅者。其句如“水落連山動，舟行挾石趨”“峽高懸月小，沙濶落星微”“二年人在烟嵐裏，千里家懸夢寐中”“水吞高峽波全白，木落空江葉半黄”乃極妍鍊。

10.81 番禺王蒲衣準性倜儻，喜彈琵琶，著有《琵琶楔子》，自謂得未曾有。嘗眷一妓名文玉，姿態艷麗，亦善琵琶。未幾，爲有力者所奪，不相見者十年。一夕忽訪王于城南客舍，相見悲慟，不禁“雲英今昔”之感。王作《琵琶曲》贈之云：“琵琶一曲赤欄橋，無限傷心在此宵。却憶江州白司馬，青衫紅淚不能消。”

10.82　《小陶吟草》佳句頗多。余最賞其“肺將成病猶耽酒，魂不禁銷亦愛花”之聯。集爲臨汾郭瞿仙别駕著，瞿仙名汝驄。

10.83　昔人詩云：“到底不知因色誤，馬前猶自買臙脂。”黄莘田《詠楊花》云：“到底不知離别苦，後身還去作浮萍。”如皋熊澹仙女史《詠春燕》云：“辛苦不知身是客，一春銜盡碧桃花。”皆仿其意。

10.84　一鏊上人俗姓魏，嘉興人，住持鳳鳴寺。會鄉民有與土豪争田者，縣令斷歸豪家。一鏊助鄉民，使控上官，遂得直。豪與令咸切齒焉，誣治之，且榜於通衢，有能持其私事者悉以告。數日無所得，將斃之於獄。一鏊獄中題四絶於壁云：“憨山覺範是吾師，梏拲鋃鐺笑不辭。莫怪世人皆欲殺，幾人曾見馬駒兒？”“七字詩名是禍胎，秦黄輩出盡奇才。傷心獨有灤山老，不入司空黨籍來。”“兵守圜扉斷往還，跏趺便當活埋關。平生倔强猶如昔，莫累窮交康對山。”“鍊得身心似死灰，頹然一榻沒塵埃。從今再見毘耶相，更有何人問疾來？”適令以事去，新令滿洲舒雲亭至，閲獄中見此詩歎曰：“此湘纍遺音也。”立爲平反。釋之，使返初服，復姓更名舒，字更生。其歿也，張蔬坪廣文哭以詩云：“賈島清吟負罪名，歸儒意氣尚峥嶸。獄中題壁人傳死，當代憐才天使生。肝膽輪囷猶可瀝，文章感慨不能平。只今少谷山人逝，誰是當年王子衡？”

10.85　合浦李仲節大令符清《平山堂雜詠》云：“春晴得得買舟來，折得花枝半未開？一陣香風橋上過，行人知是看山回。”“年少翩翩醉似泥，花陰飛騎蹴香蹄。奚童也識春光好，頭插花枝過水西。”“清溪引水曲通池，緑樹紅雲晚更宜。十里燈光珠萬斛，滿湖如看上元時。”“最早來游最早回，

回過湖口有船來。停橈叉手頻相問，山上桃花開未開。”聲韻劇是悠揚。

10.86 南昌萬孺廬承蒼《早入西城》詩云：“古巷柴門晏不開，獨行僻處少塵埃。道旁老樹淩空立，應怪輕車日日來。”未免塵勞者自悔矣。

10.87 余邑歐陽慎思明經達所著《無逸堂集》，羅石湖孝廉爲之校定，惜未付梓。其《上灘謡》云：“舟行向西，水流向東。舟欲避石，無路可通。日朗天空，雷鳴不已。船在石中，雷在船底。沒石飲羽，篙力如矢。一篙失勢，石如鋸齒。篙師撐頭，舵師撐尾。富貴貧賤，命懸舟子。”又有《梟溪曉發示家人》句云：“老離骨肉言多瑣，貧去家鄉别倍難。”《登南安東山寺樓》云：“雙城並峙東南控，一水中分晝夜流。”《舟泊高梁》云：“數家烟火成村落，一峝猺人戴羽毛。”《晚泊白沙》云：“谷口沈冥疑作雨，山頭濃淡半生雲。”

10.88 番禺許揚雲有“五字長城”之目。《湖心亭》云：“堂虛受風滿，水濶得天多。”《夜次弋陽》云：“隔村沈樹影，孤犬吠帆聲。”《舟上螺川》云：“山緑殘春草，禾荒久雨田。”《山寺》云：“石開門入月，僧臥榻依松。”《燕子磯》云：“靈鍾龍虎地，雄鎖帝王州。”《江舟早發》云：“沙月光留岸，蘆風響入船。”

10.89 寧鄉陶季壽章溈所著《嘉樹堂詩》，句如“草緑孤城閉，江開一艇來”“客子未投宿，山家已上燈”“月出烏棲樹，鐘鳴人到城”“一片雨初散，數峯雲又生”“一棹孤行處，萬山無盡時”“二更孤月上，十里一人無”，極冲淡自然。

10.90 亭州李鵠山中素《送人赴選》云：“丈夫出處須斟酌，不是封侯便退耕。”又《題四弟幕府齋壁》云：“百二并州雪一鈎，寒光曾指陣雲收。兒曹莫笑苔花厚，夜夜還能射斗牛。”語意最爲倜儻。

10.91 常熟馮服之行貞長於弓馬，旁及詩畫。當滇逆叛時曾佐某參軍幕府，出師有功。去之，又爲客報讐，槍法爲當時第一。晚年乃以經書教授。婁門李客山果懷以詩云："從軍依楚塞，亡命走山東。不屑論功賞，何妨老用窮？風霜吹短褐，湖海信孤篷。留得金槍在，沈埋芳草中。"

10.92　粉膩脂香之地不妨着艷冶之詞。儒源汪湘舲錕《秦淮雜詩》云："團團紈扇自輕摇，小繫香羅稱瘦腰。劇愛六街燈上後，家家簾下聽吹簫。""兩岸聽歌夜倚闌，淚痕畢竟爲誰彈？六朝金粉香猶在，楊柳風前妬小蠻。""秋水平堤泛畫橈，行來無處不魂銷。問誰打槳迎桃葉，只在秦淮舊板橋。""曲檻回欄十二樓，新涼一抹透簾鈎。雙鬟豆蔻年華小，解撥琵琶不解愁。"

跋

余門人孔編修繼勷跋余《粤嶽草堂詩話》云："吾粤之有詩話，自吾師《香石詩話》始，深爲翁覃溪先生所許，而發明七古詩法，尤有功學者。"然此特余少作，不甚經心。近見福草比部所撰《十二石齋詩話》矜慎持平，稱心而出，采摘既富，亦不泛濫，洵爲詩話中翹楚。香山黄培芳。

伯牙居蓬萊山間，聞海水聲鴻洞、禽鳥啼號而琴忽工，以山水能移情也。詩緣情而作，雖孺子之歌、里巷之謡，猶令聽者生感，況詞人韻乎？宜夫十二石山人以能移情爲真詩也。余嘗欲與之談詩，希聆言論風旨，顧道遠未獲過從。今味所著詩話，心目若有所開，即以此當西窗共話也可。道光丁未九月朔日陳勤勝跋。[①]

① 此二跋均爲底本所無，見於《梁氏支譜·藝文》"《十二石齋詩話》十卷"條下。

附録

梁氏族人所著與所刻書籍之序跋選輯

一、梁九圖、吴炳南《嶺表詩傳》

（一）《嶺表明詩傳》

詩何爲云傳也？謂庶幾足傳諸久遠而無疑也。何爲限乎？嶺表也。嶺表，余父母邦也。嶺表傳者何必詩？曷云《詩傳》也？傳不必詩，亦不必非詩也。何爲止録明詩也？吾粤風騷至明始盛也。漢時聲教初暨乎南海，遞及魏晉，聲詩不傳，傳者自張曲江始。曲江奮起唐代，並驅李杜。陳嵩伯、余襄公、崔清獻、李忠簡、羅希吕諸君子步其後塵，皆能自成一家，空諸依傍。唯由唐而宋而元，寥寥數子，未極大觀。至有明而壇坫之盛頡頏中原，孫仲衍、王彦舉輩五先生振響於前，黎唯敬、梁公實輩五先生接跡於後。其中如邱文莊、黄才伯、區海目、鄺湛若、黎烈愍、陳忠烈、屈華夫、陳元孝諸公皆曠世未易之才。三百年間以一隅之地，僻處天南而作者代興，俱無慚乎大雅，可謂盛矣！况上自縉紳隱逸，下及流妓青衣，悉譜其聲歌，裒然成集，可不謂難乎？惜傳述無人，不能家弦户誦，間有一二爲之編輯者，亦覺采擇未精。桑梓中餘韻遺風，幾莫有從而問焉者，則風流固將銷歇矣。爰不揣固陋，與梁子福草悉心搜輯，俾成是編。平濃奇淡，無美不收。唯平而不入於庸，濃而不涉於縟，奇而不失於怪，淡而不流於薄者取焉。而别裁僞體，不敢妄登，

嚴之又嚴，以防其濫。書成，得詩若干首，都爲六卷，第恐罣漏頗多，尚期大雅君子匡所不逮。道光庚子順德吴炳南序。

（二）《國朝嶺表詩傳》

余與梁子福草梓《嶺表明詩》成，剞劂氏即以《國朝嶺表詩》爲請[①]。因網羅撮録，擇其精者復爲一書，仍名曰《詩傳》，畢前志也。夫詩以言志，人各有其志，即人各有其詩。然非學問無以培其基，非性靈無以妙其用。語坦易者少藴藉，矜淹博者泥詞章。兼學問、性靈以言詩，庶乎真詩出矣。國家以實學造士，山陬海澨，文教遐敷。吾粤雖距京師八千里而遥，然食二百年和親康樂之休，凡學士大夫、山林野老，類能講求聲律，鼓吹昇平。唯其地由大庾抵瓊海，道里廣袤，采訪難周，姑就耳目見聞，亟爲登録。異日搜輯或備，再梓補遺。卷末擇録《紫藤館詩》《華溪詩》各若干篇，使得附諸賢後，就正於當代鉅公，皆非敢自謂其足傳也。是爲序。道光癸卯吴炳南題於仙城挹翠山房。

二、梁九圖《紀風七絶》

《國風》而降，變爲樂府。柏梁聯句，七言濫觴。至北齊《敕勒》之歌、隋帝《龍舟》之曲，實肇開長律半體。中唐《竹枝》《楊枝》等詞各操土音，自鳴天籟，巴童賨女，吴歈越吟，譜楚些之遺聲，備蠻舞之别調。隴頭流水，哀雜伊涼；塞外吹笳，豪逾燕薊。與夫採茶所唱、跳月所謳，邑乘間收、稗官附録，而神州莽莽，未克民俗周諳，抑亦藝林憾事也。癸巳暮春，梁彦武比部過訪，袖其先封翁福草先生所輯《紀風七絶》全帙見示。蓋國

① 《廣州大典》所收《嶺表詩傳》爲合刻本，明、清兩朝詩前各有書名、序言與目録，但每頁版心皆標有“嶺表詩傳”。《梁氏支譜·藝文》分作“《明嶺表詩傳》六卷”“《國朝嶺表詩傳》十卷”，與吴序所言相符，而二書單行本亦爲國家圖書館所藏。

朝直省暨邊徼皆備焉，披誦之餘，青海、朱崖、瀾滄、鴨緑、鼃豬、臺灣，相距萬餘里，宛納諸數卷詩中。我朝幅員之廣、文教之敷於此可窺一斑。是又闞駰《十三州志》、李吉甫《元和郡縣志》、前明《一統志》所略也。夫珍收雞蹠，愛割馬肝，六義别裁，五際疏浚，解題曷貴乎繁博？搔癢未倩麻姑，佩觿徒數其訛淆，樹骨孰師杜老？訪《襄陽》之耆舊，姓氏半湮；問《河嶽》之英靈，里居莫辨。韋莊《又元》之纂僅紀百五十人，《松陵》唱和之章不出三萬頃澤。喫檳榔者鄙駱粵，食蒟醬者遺牂牁。目論既拘彎供苦，隘疇及此，琅玕網海，蘭芷窮湘，攬西北之酒進蒲萄，盡東南而堂羅竹箭哉！爰勸亟付棗梨，並讎亥豕，特揭著述。大凡俾覽者識先生闕補輶軒，誼存文獻，力勤心厚，博采兼收。詩人有知，當亦慰方干之魂，下林鴻之拜也已。南海後學勞寶勝謹序。

先君性耽風雅，手輯國朝直省《竹枝》等詞千餘首，曰《紀風七絶》。咸豐甲寅之變，避寇轉徙，廬舍被焚，所藏書畫、鼎彝並舊鋟梓板付諸一炬。此稿以隨行篋獲存。事平歸里，重刻《十二石齋詩集》《詩話》《叢録》各種外，是編未及公同好，四十年來巾箱什襲，蠹蝕叢殘，誠恐先世揚扢之遺於茲廢墜。是小子責也，爰付剞劂。大清光緒癸巳仲秋子神儁謹識。

《紀風七絕》彙成一書，古所未有，必傳無疑。秋航吴梯識。[1]

三、梁九圖《十二石山齋叢録》

昔人有云："降德忘年，交情彌至。"僕生也晚，孤陋自慚，斗室中儲

① 此跋爲底本所無，茲據《梁氏支譜·藝文》録出。

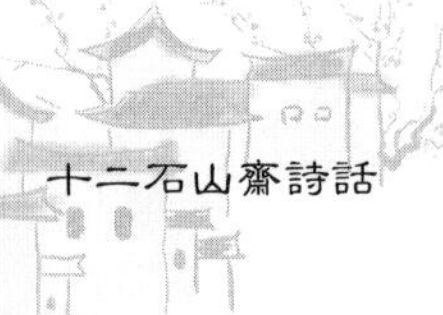

十二石。蒔花種竹之暇時，復喜爲詩歌。而騷壇名宿訪斯齋者，輒低徊不能去。或薦紳、顯宦、方外、閨閣之流，生平未面，亦題寄寵之。遺贈佳作日益以多，乃命梓人登之梨棗，隨得隨録，無拘後先。诗文後閒附拙箸數條，俾覽之者粗得諸公梗概。而僕異日把卷流連，又益歎友朋真同性命也。道光戊申九月石圃居士梁九圖。

福草比部天賦著述之才，英年纂輯已臻宏富，所輯皆佳。如《十二石齋叢録》以題十二石者爲經，末采所題之人平日吟詠爲緯，選擇精嚴，互見其美，與張南山《詩人徵略》異曲同工，體例並創，堪與共傳。香山黄培芳識。[①]

四、梁九圖《摘句圖》[②]

曩漁洋尚書嘗取愚山侍講詩爲《摘句圖》。余邇年閒居，朋舊多寄詩相質，其最欣賞者皆録入《十二石齋詩話》。而清詞麗句，每恨採擷未窮，别作此圖，俾廣藝林談助，但漁洋只取五言，余則兼收五、七字。摘裂之病，漁洋已先辨之矣。福草居士漫題。

五、岑澂《簹簩山人詩集》

簹簩山人姓岑名澂，字清泰，以字行，號鐵泉，南海人，居簹簩麓。簹簩，故西樵支山也。一日遊樵鐵泉，徘徊賦詩，因以自號。余曩譔《十二石山齋詩話》，鐵泉見之稱善，遂寄全詩相質。余采百餘聯爲《摘句圖》，

---

① 此跋爲底本所無，玆據《梁氏支譜·藝文》録出。

② 國家圖書館藏此書單行本爲余所未見。《廣州大典》所收《十二石山齋叢録》後附有《摘句圖》一卷，乃摘岑澂詩句而成，前後無序跋。此跋據《梁氏支譜·藝文》“《摘句圖》一卷”條録出。

旋來訪，乃與定交。憶鐵泉訪余於汾江草廬，年已五十有四矣。得風病，通夕仰臥，不可轉側，左耳拍拍如風雨，又常嘔血，動見鬼物。其說鬼則口講指畫，神色飛舞，外唯談詩，餘無一言。鐵泉家故貧，屢試不售，借籍昭州以攻，見擯。所識皆扼腕，鐵泉淡如也。老無子，以姪爲嗣。性喜遊，聞佳山水必赴，窮極幽勝乃返，深以未登五嶽、窺大漠、涉重溟爲恨。既久不得志，旗亭、花舫時爲賞勝之遊。然不諳聲歌，每酒綠燈紅，雙鬟啟齒，則唯聽之以目。酒酣往往擊劍，家藏雙櫑具，遊賀友人所贈也。離席揖客，短衣起舞，斫地歌老杜詩，聲淵淵出金石。賁禺鍾五曰："鐵泉短小精悍，壯懷鬱勃乃爾哉！"當鐵泉年十五六時，見有以詩倡於里閈者，自爾欲學，然無所師承，袛從故紙中摸索，又習聞宋腐元纖之說，非兩漢三唐不敢觀，以爲肖而像之則得矣。既而悔曰："此摹倣耳，詩之真諦不如是。"舍詩不作，終日凝坐，取前人詩默勘之，靜悟之，憬然曰："詩之真諦在是矣。"既又自愧其詩無新意，復舍詩不作，忽識"剝之"之旨，謂作詩以真爲主，以新爲貴，即當前情景，本之胸臆，剝之又剝，揉之鍊之，日久歸渾成，以自成一家，此究竟也。壯歲嘗從事古文之學，後棄而併力於詩，淬厲功專，數十年如一日。每自謂其詩無是處，再讀書二十年庶乎可望，惜老病不復得矣。生平足跡未踰楚越，然生長西樵勝地，又嘗遊西粵，南走桂陽、武溪，凡玀鬼山川、瘴鄉風雨，艱苦備嘗。加以半生落魄，輾轉依人，老尚飢寒，晚遭寇盜。讀鐵泉詩宜如何欷歔感愴也！前後成詩五千餘篇，其將歿之年刪存一千篇，囑余付梓。書成，乃爲之序。咸豐丁巳秋七月順德梁九圖書於十二石山齋。

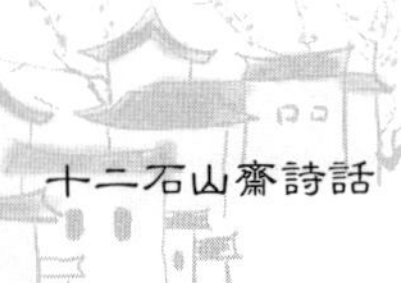

輓岑鐵泉先生

順德梁思問伯乞

藤館鴻泥跡未湮紫藤花館，家大人築。鐵翁常來寄寓，趨庭私幸見唫身。百年多病悲名士君素善病，兩月離居哭故人家大人哭君哀甚。埃館有妻扶素旐自羊城歸葬，墓門無子薦青蘋。中郎不作文姬老，代檢遺編淚滿巾。

寒雨飛花薄暮天，弔君詩就報重泉。等身自有千秋業，供祭何須十畝田？生入鬼門工語怪久客粵西，又自云見鬼物甚奇，死依雲洞儻成仙君嘗生壙於白雲洞。獨憐賤子蕭條甚，齎鏡慚無贈賻錢。

六、梁九圖《紫藤館雜録》

余闢紫藤館於汾江之西，儲怪石十二其中。外惟儲書，以石娛目，以書怡情也。汾江爲吾粤通津仕宦之所往來，商賈之所輻湊。余性寡諧，日唯閉户把卷流連而已，偶閲異聞，隨手自抄撮。間有所著，亦叢雜於編，積久成帙，謀付梨棗，以資談助。夫《齊諧》誌怪，《稗海》録遺尚矣。而小説家言，大雅所鄙，又增余愧。道光乙巳福草居士漫題。

七、梁九圖《佛山志餘》[①]

《佛山鄉志》舊爲李闇衷茂才譔，陳雲麓庶常、吴荷屋中丞先後重修之。其關於祀典、官署、鄉域、鄉學、鄉俗、鄉事、鄉防、鄉禁、人物、選舉、藝文、金石、雜録已備。若瑣事，志所略者，余詳焉。余居佛山二十餘年矣。故老所傳聞，文人所纂録，靡不隨手簽記。而余目親覩者，尤不厭覶縷述。識大識小，體各不同，然博引旁徵，義歸質實，亦庶幾爲志之餘耳。咸豐甲

① 此書尚不見傳本。茲據《梁氏支譜》録出。

寅浴佛日，福草居士梁九圖識於汾江草廬。

八、梁植榮《榕陰唱和集》

己未仲夏，自仙游回寓。公餘之下，與二三知己互相唱酬，既而舊雨紛來，新詩漸富，或郵筒索寄，樂此不疲。一載於兹得詩兩卷。今秋旋里，悵望停雲，何日重游，獲同觴詠，嘆無常於聚散，懼卷帙之飄零。因付棗梨，以誌一時攬環結佩之緣云爾。咸豐庚申重陽節順德梁植榮序於小鼓樓西。

九、梁植榮《壯勉齋宦游小草》①

爱樹司馬裒其宦閩以來所得古今體諸篇，將梓以行，屬柏蔭序之。柏蔭與愛樹游，見其氣息温醇，無一切突梯滑稽之態。詩亦和平冲淡，肖其爲人，爱之敬之，不可無一言，故不復以不文謝。夫古人之爲詩也，所以陶寫性情，發抒胸臆，故知言之士往往以片語定其生平。今愛樹之德性若此，才分若此，以其文章發爲功業，異日必有大過人者。柏蔭行與都人士延頸跂踵，以覘治績之成，不徒以詩爲定交之券也。愛樹勉乎哉！咸豐八年葭月下浣侯官郭柏蔭序。

梁愛樹司馬蚤負才名，精八分，尤工吟咏。其先世並以詩名嶺南，風雅至今稱盛尚已。司馬起而繼之，下笔千言，執紙立就，明麗風秀，無近代鄙靡之習。余識君於榕城客中，出其所著《宦游小草》，索一言爲序。取而讀之，觉其性情肫摯，吐屬清新，奄有唐人風格。雖吉光片羽，已足窺見一斑。余老矣，

① 此書尚不見傳本。《廣州大典》所收梁植榮著作爲二書合刻本，題名爲“《榕陰唱和集》一卷《閩中賦別詩》一卷”。其中《閩中賦別詩》不含序跋，所收梁植榮詩僅《中秋後請假旋裏留別閩中諸友》四首，與《壯勉齋宦游小草》固自不同。兹據《梁氏支譜·藝文》録出。

重以流離播遷，心志昏積，不能爲君繼聲，率書數語歸之，益歎風雅淵源有自來也。咸豐戊午仲冬宜黄陳偕燦序。

近代海内詩家以嶺南爲最淵源授受，實自屈、陳、梁、黎四家而來。蓋其詩格得騷雅之遺，兼比興之體，遂足獨步千古，爲海内談詩者法。讀大集覺性情、風格兼而有之。他日當與四子並肩接踵，馳騁中原，曷勝欽仰！侯官林昌彝謹識。

《寒香館法帖》目録及其所涉詩書批評理論彙輯[①]

一、懷素《千字文》（圖 1）

【題跋】

1. 趙子固 2. 許鶴年 3. 吴草廬 4. 王爾楊 5. 楚襄翁人龍 6. 談兆隆

7. 懷素書如神龍躍于雲中，此卷更降于鉢裏，孰得而見之？見之者幾近仙佛矣。抑之先生三仕吾粤，垂笥而還，挾此明珠，不興謗乎？期毋示之蕭翼。南海朱光夜。

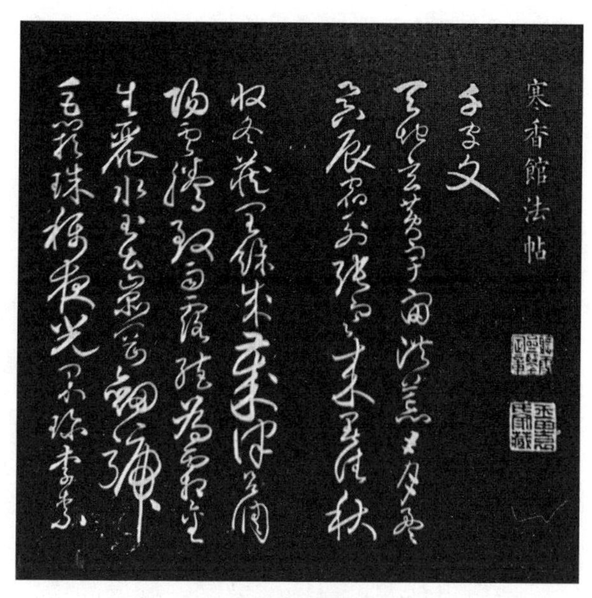

圖 1　懷素《千字文》

8. 筆法之妙在無蹊徑。鍾、王与晉代諸公皆龍，歐、虞、顔、柳興象始漸不足，蘇、黄二氏蹊徑愈多，嵩山七字法掃地盡矣。今見此卷，又狂僧《千文》中之絶不著念者，洵足寶也。蘇子由恨其兄未見懷素《自叙》。其所得豈不過人遠乎？

① 無益於詩歌、書法批評理論之研究的文字（如敘述個人收藏經歷一類）一概不録出，而僅依次列出相關題跋的作者姓名，以構成完整的目録。又原帖本無目録，帖中各書作名稱皆爲筆者據其所書内容擬定。

王抑之光生其慎藏此。丙申七月香山伍瑞隆。

9. 程可則

二、李邕《奐上人帖》

【題跋】

1. 李北海墨迹自是一種神駿奇逸。此帖不三四行，而語氣無一點俗，差類其爲人，千載之下可畏而仰也。前集賢待制馮子振奉皇姊大長公主命題。

2. 邕書如天馬氣逸骨相，殊惜無黄僊鶴可以鐫此書。趙巖。

3. 王穉登

三、無名氏節録《全唐詩話》[①]

【正文】

高武云[②]："嘉祐，袁州人。振藻天朝，大收芳譽，中興高流也。與錢、劉别爲一體，往往涉於齊梁，綺美婉麗，蓋吴［筠］均、何遜之［流］敵也。至於'野渡花争發，春塘水亂流''朝晴作雨[③]，濕氣［晚］曉生寒'，文華之冠冕也。又'禪心超忍辱，梵語問多羅'，設使許詢更生，孫綽復出，窮思極筆，未到此境。"

皇甫冉補闕，自擢桂禮闈，遂爲高格。往以世道艱虞，避地江外，每文章一到朝廷，作者變色。於詞場爲先輩，推［薦即］錢郎爲伯仲[④]。如："果

① 案冼玉清《廣東叢帖敘録》謂此帖與下接臨本均爲姜宸英作，可參看丁福保、周雲青《四部總録藝術編》相關引文。

②《歷代詩話》本《全唐詩話》作"高仲武"，此帖脱一仲字。

③《歷代詩話》本《全唐詩話》作"朝霞晴作雨"，此帖脱一霞字。

④《歷代詩話》本《全唐詩話》於此處後又有"誰家勝負，或逐鹿中原"。

熟任霜封，籬踈從水渡。”又“裛露收新稼，迎寒葺舊廬。”[①]自晉、宋、齊、梁以來[②]，采掇者無數，而補闕獨獲驪珠，使前賢失步，後輩却立。

【題跋】（無）

四、臨王羲之、王邃、陸雲、王恬、王廞、張翼諸家帖

【題跋】

1. 此晉張翼書。翼能假逸少書，右軍云：“小人乱真，幾不可辨。”盖輕之也。其書僅存此數行。王邃下五家皆《閣帖》所收，字皆古茂，得鍾、張之遺。自右軍父子書行，漢人之書傳者益少。惜王著當時所録止此也。凡古人書翰至極盛，古法必爲一變，變則人競趨新而舊法幾亡矣。其未變也，雖衰而尚有存者。詩变於李杜，文變於韓柳，書變於顔柳。此古今氣運所關，誠有不知其然而然者。然右軍藩至籬，黄、米益大裂，子昂出而力振之人情，稍知復古靡靡，以迄於今，益不可問矣。姜宸英記。

2. 西溟先生與何義門先後齊名。其用筆亦略相似，蜻蜓點水，逸趣横生於淡墨中，得味外味。戊戌初秋鮑俊題。

五、朱熹自書詩《游畫寒茂林脩竹清流激湍分韻得竹字》

【題跋】

1. 考亭夫子書宗魏晉，雄秀獨超，自非國朝四家所可企及。此自書詩正其中年精進之作，跌宕奇偉，神妙莫測，亦張旭、懷素之流亞歟！後學真德秀書。

---

①《歷代詩話》本《全唐詩話》於此處後有“又‘燕知社日辭巢去，菊爲重陽冒雨開。’可以雄視潘、張，平揖沈、謝。又《巫山》詩終篇皆麗”。

②《歷代詩話》本《全唐詩話》作“自晉、宋、齊、梁、陳、周、隋以來”。

2. 魏了翁

3. 劉克莊

六、米芾《春和景明帖》

【題跋】

1. 此書決非襄陽真跡，勿爲後跋所欺。

2. 米公有愛石癖，甚至袍笏下拜，人呼爲顛。不知其堅剛之概，流露於情性，自有不可遏者，恒以顛寓之。非但畫筆也，惟書法亦然。如柳诚懸所謂“心正則筆正”，論書倫矣，盖唐人魏徵、虞永興、褚河南諸賢皆入晉人堂奥。至宋代名公輩出，而書學爲之一變，俱以流利之筆，泄古人之藴。米襄陽其首揑也。細玩其轉折處，有恣意處，有飄揚處，何一非右軍規矱耶？至正壬寅禾郡鲍恂識。

3. 祝允明

4. 襄陽此段文字頗似玉露，盖舟行篷窓閒暇隨意所書，得乎性情之正。余向有米老《垂虹亭詩》，亦自秀水舟中雜興，與此卷相類。乃知是書不贋耳。長洲後學沈周。

5. 顧鼎臣

七、趙孟頫《耕織圖詩二十四首》（缺織圖末六首）

【題跋】

1. 李威

2. 此卷筆致妍婉，結構精妙，能運虛和於端謹之中。检《松雪集》第二卷，備載是詩，是當時奉懿旨所撰者。又考文敏嘗作《豳風图》及書《七月》詩以進御。此則並陳無逸之戒及於宫幃者歟。李鳳岡先生精於鑒藏，持此以贈素交，盖其所珎賞者。今爲吾邑梁雲裳刺史所得，將勒石以公同好，属跋数语於後。道光丁酉四月順德温承悌觀并識。

3. 此卷是趙松雪中年精絶之作。首尾約二千字，如一筆書，施之小楷尤難。詩則古雅，朗誦數次，齒頬生香，洵稱兩絶。李鳳岡太守精於賞鑒，其跋語珎重如此，可見火齊木難不可多覯。道光戊戌八月蕉牕試硯，逸卿鮑俊題。

八、鮮于必仁《陳情表》（圖 2）

【題跋】

1. 法吴興而别具面目，是開香光一派。梁九圖。（鈐印二方：梁九圖、福草）

2. 去矜能，紹家學，猶西齋之於文敏也。此表更是合作，而結體時時闌

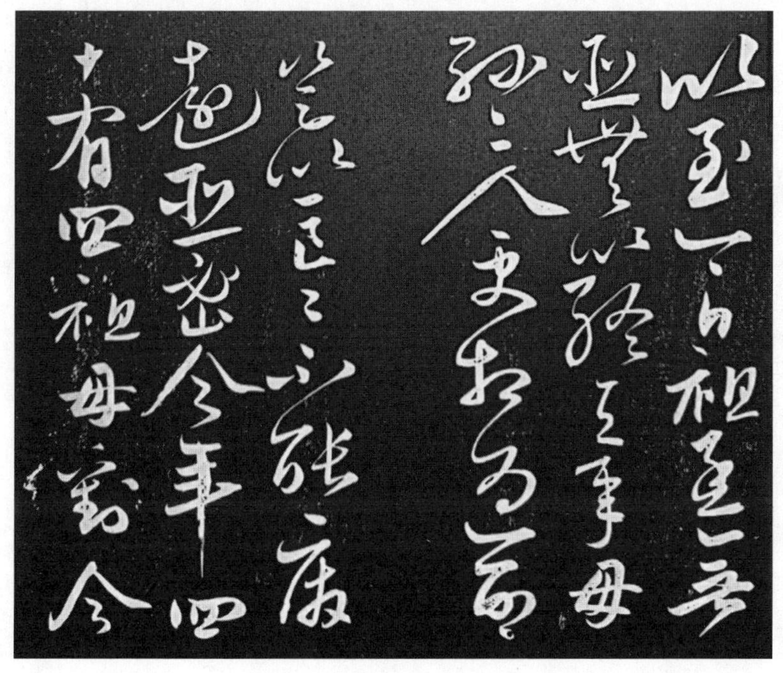

圖 2　鮮于必仁《陳情表》

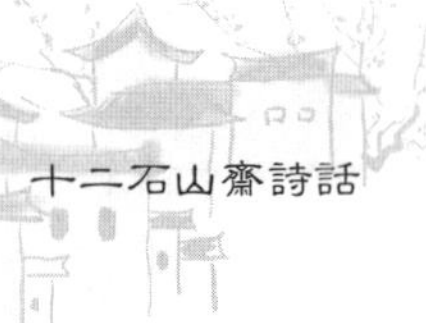

入文敏之室。固亦傾心野鶩耶？陳望之收藏甚富，兩經籍沒，老謫邊庭，猶龍厚巨之誡，於斯益信。有官守者可勿懲與？乾隆六十三年戊午夏五月廿四日成親王識。

九、張雨自書詩《龍虎山上元夜》《懷茅山》《遊仙》《次韻雲林生》《二月一日快雪時晴》《題野逸軒》（圖 3）

【題跋】

1. 十二石山人心賞（鈐印：梁九圖）

2. 書人評楊少師書飄飄有仙氣，句曲外史亦然。少師乃飛行絕迹之仙，

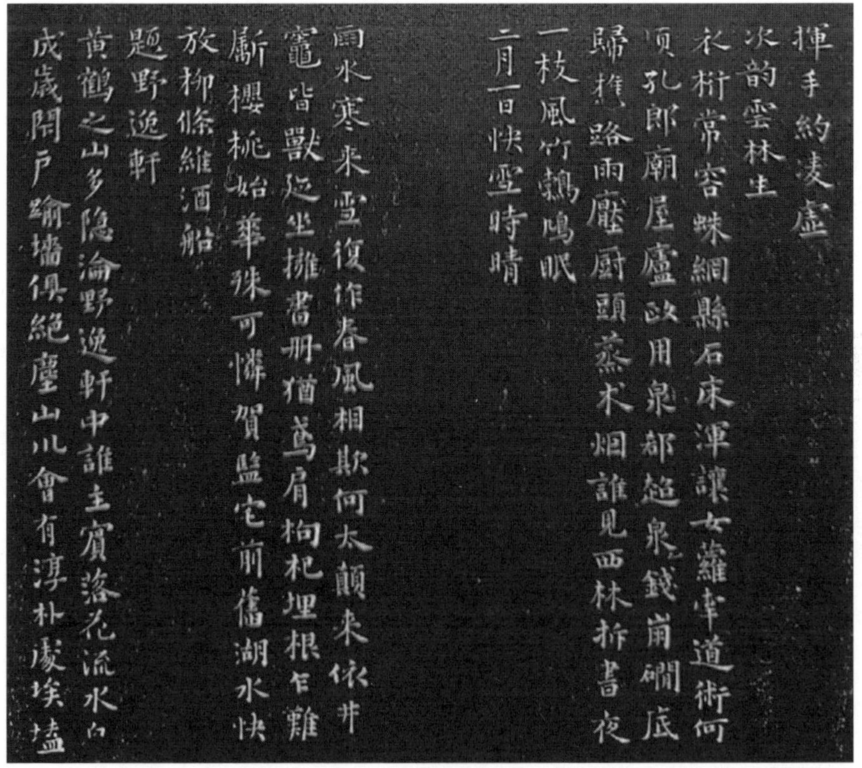

圖 3　張雨自書詩

而外史如元裳縞衣蹁躚而來，不食人間煙火。宜雲林子以爲道品第一也。此紙出自不甚經意，而詩字雙絶，較諸帖中所傳尤精。山東孔氏不遠數千里借摹入鑒真帖，不虛也。乾隆壬寅冬日山舟梁同書并識。

十、俞和致雍里先生尺牘一通

【題跋】（無）

十一、方孝孺書柳宗元《田家三首》其二、儲光羲《同王十三維偶然作》其三（圖4）

【題跋】

正學書法剛健，字字咸露風骨，觀其書可以知其人。福草梁九圖。（鈐印：十二石山齋居士）

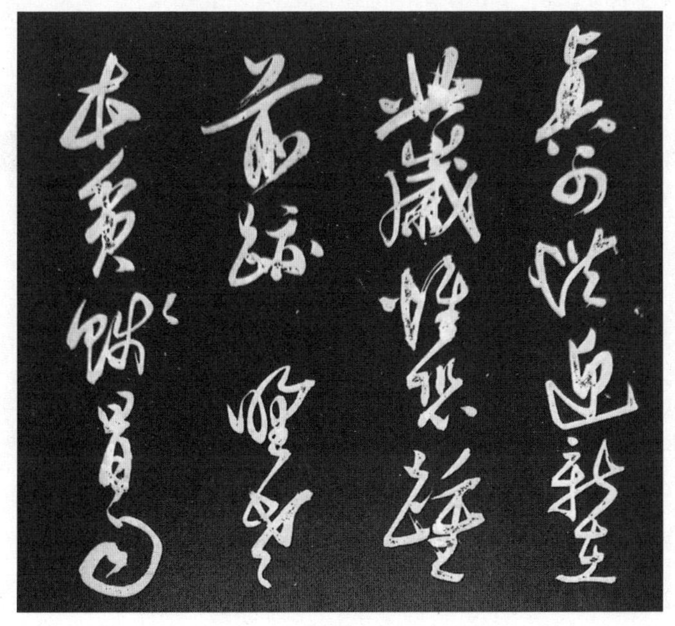

圖4　方孝孺書唐詩二首

十二、陳繼儒《梁武帝評書》（圖 5）

【正文】

王僧虔書猶如揚州王、謝家子弟，縱復不端正，奕奕皆有一種風氣；王子敬書如河朔少年，皆充悦，舉體沓拖而不可耐；羊欣書似婢作夫人，不堪位置，而舉止羞澀，終不似真；阮研書如貴冑失品次，不復唐突英賢；王儀同書如晉安帝，非不處尊位而都無神明；殷均書如高麗人，抗浪乃不有意氣，而姿顔自足精味；徐淮南書如南岡士大夫，徒尚風軌，然不寒乞；陶通明書如吴興小兒，形狀未成長，而骨體甚峭快；吴施書如新亭傖父，一往似揚州人，

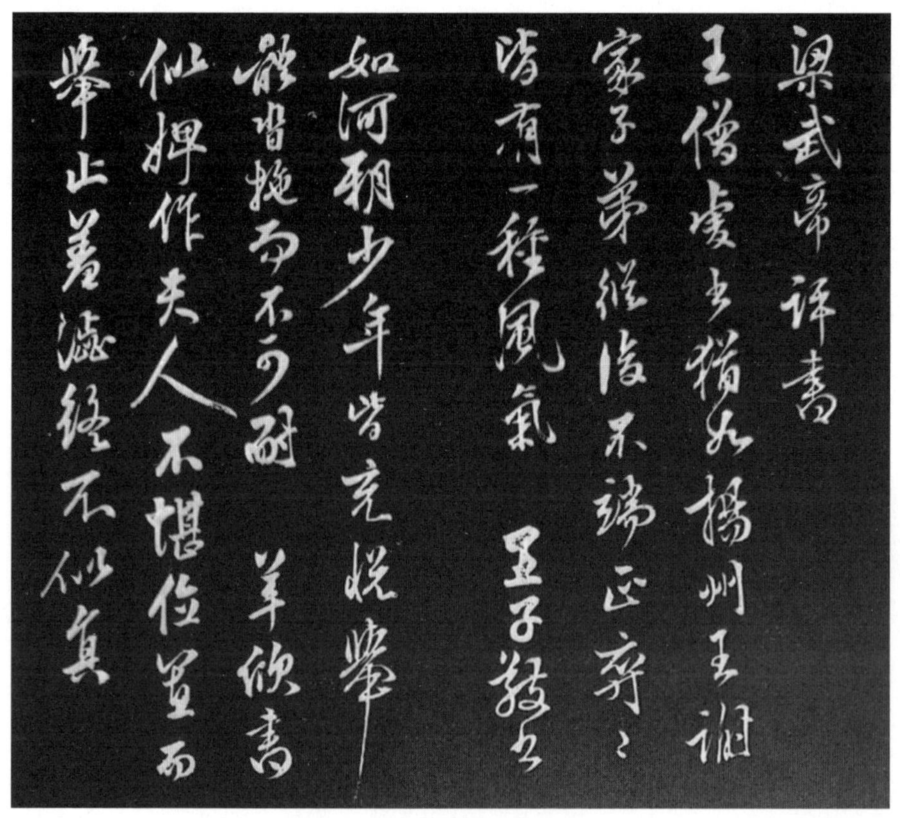

圖 5　陳繼儒《梁武帝評書》

共語便態出；柳産書如深山道士，見人便欲退縮；曹喜書如經論道士，言不可絶；王右軍書字勢雄强，如龍跳天門、虎卧鳳闕，故歷代寶之，永以爲訓；蔡邕書骨氣洞達，爽爽如有神力；程曠平書如鴻鵠弄翅，頡頏布置，初雲之見白日；蕭思話書如舞女低腰、仙人嘯樹；李鎮東書如芙蓉之出水，文彩如鏤金；桓玄書如快馬入陣，隨人屈曲，豈須文譜；范懷約真書有分，草書無功，故知簡牘非易；皇象書如韻音繞梁，孤飛獨舞；孔琳之書如散花空中，流徽自得；李巖之書如鏤金素月，屈玉自照；薄紹之書如龍遊在霄，繾綣可愛；崔子玉書如危峯阻日、孤松單枝；邯鄲淳書應規入矩，方圓乃成；師宜官書如鵬翔未息，翩翩而自逝；梁鵠書如龍威虎震，劍拔弩張；張伯英書如武帝愛道，憑虚欲僊；衛恒書如插花舞女，援鏡笑春；索靖書如飄風忽舉，鷙鳥乍飛；鍾繇書如雲鶴游天、群鴻戲海。陳繼儒書。

【題跋】

1. 眉公甚秘其筆法，而運捥靈逸，自不易到也。此帙生氣遠出，天真爛然，流覽數四，覺翠微居士去人未遠。郭尚先觀。

2. 余舊藏眉公冷金小行，姿趣横溢，中多枯筆，惜稍殘耳。此冊首尾完好，神采奕然，誠可寶玩。甲申仲夏跋於古藤書屋龍元任。

十三、王寵臨褚遂良《陰符經》第一百二十本

【題跋】（無）

十四、八大山人自書詩《辛秋陶廣文湖口兼致潔士年翁四韻》（圖 6）

【題跋】

山人筆甚古趣。是先取徑山陰，後入平原之室。梁九圖。（鈐印：福草）

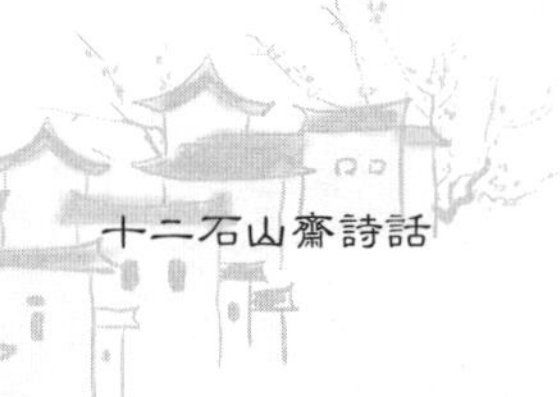

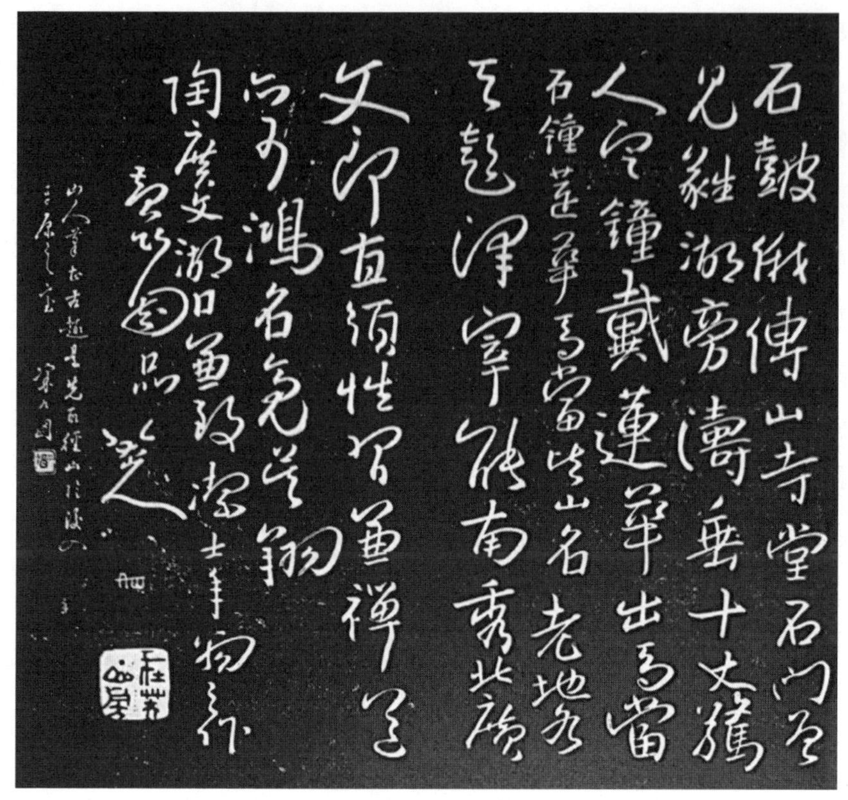

圖 6　八大山人自書詩《辛秋陶廣文湖口兼致潔士年翁四韻》

十五、金幼孜《劉康民墓誌銘》

【題跋】

1. 蔡之定

2. 退谷先生書於陶貞白、顏文忠得力最深。書此卷是已退筆，因其勢而用之，提頓逆折，無法不備，如公孫大娘舞劍器，令觀者色飛。見先生書多矣，如此卷者，未易數數覯也。無錫秦蓉莊都轉曾礱石刻之，十得六七。道光丙戌二月四日，莆田郭尚先觀。

3. 以趙魏公本筆變而爲褚中令。此卷最近《孟法師碑》及《鴈塔聖教序》。

元明以後，未闢此境，真書家英傑也。若陶貞白、顔文忠，則愚所未喻。魯公唯《宋文貞碑側》全用褚法。此卷尚或近之。蓋陶貞白則存而不論可耳。道光丙戌五月，南海吴榮光觀并識。

十六、鄧鍾岳《歸去來兮辭》

【題跋】（無）

十七、無名氏《大方廣佛華嚴經》

【題跋】

□光宗

十八、張照節臨董其昌臨柳公權《蘭亭詩》（含王羲之"仰眺望天際"、謝安"相與欣嘉節"、謝萬"玄冥卷陰旗"、孫綽"流風拂枉渚"、王肅之"嘉會欣時遊"、王藴之"散豁情志暢"、徐豐之"清響擬絲竹"、王凝之"烟煴柔風扇"八詩）（圖7）

【正文落款】

右柳公權書《蘭亭詩》，書法與右軍《禊帖》絶異，自開户牖，不倚他人廡下作重儓。此所謂善學柳惠者也。或曰陶穀書，恐穀未能特創乃尔，且君謨、長睿已審定矣。己亥八月張照臨。

【題跋】

1. 不阡不陌，非塗非路，書法中惟楊少師能之。涇南此卷臨董香光，乃以《步虚詞》《起居法》爲宗，極較香光尤爲險絶，固是變本加厲，實得董書微旨云。庚戌春正月劉墉識。

2. 張司寇此書固不可執柳書求之，亦豈能執董法求之？蔡、黄二家所

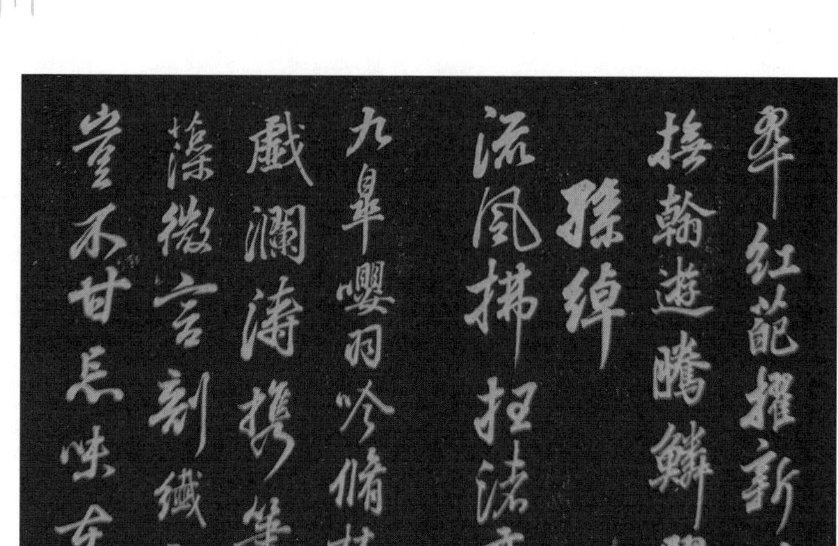

圖 7　張照臨柳公權《蘭亭詩》

審定抑亦相喻意表可矣，并不必泥鴻堂石本耳。丙辰九月望綱（鈐印：覃谿）[1]。

3. 不説定法，實亦無法可説，是爲具大神通、得大自在。東武相國之鑒最允。卷首“仰眺望天際俯盤”七字是覃谿先生所補，盖用蘇子美補藏真《自敘》、文衡山補子瞻《前赤壁賦》例也。甲申元夕莆田郭尚先觀。

4. 此得天居士廿九歲書也。余所收虞伯生書《劉元帥碑》有公廿五歲所跋，純是董法。此則诚如石菴相國所云“變本加厲”矣。古人精詣不可及如此。道光丙戌夏五吴榮光記。

---

① 翁方綱（1733—1818年），字正三，一字忠敘，號覃溪，清代著名書法家、文學家、金石學家。

5. 張司寇書得唐賢三昧，允推本朝名家。此卷書《蘭亭詩》，筆力遒勁，自具一種風骨。柳法、董法可勿論也。莘田龍元任題。

十九、劉墉書《容齋隨筆》卷一“坤動也剛”條（圖 8）

【題跋】

1. 石菴相國自書詩意境絶似《潁上黄庭》，書《易説》極類唐經生書，皆中年用意作也。晚歲則離方遁圓，絶迹而行無地。摹習者殆無措手處，正

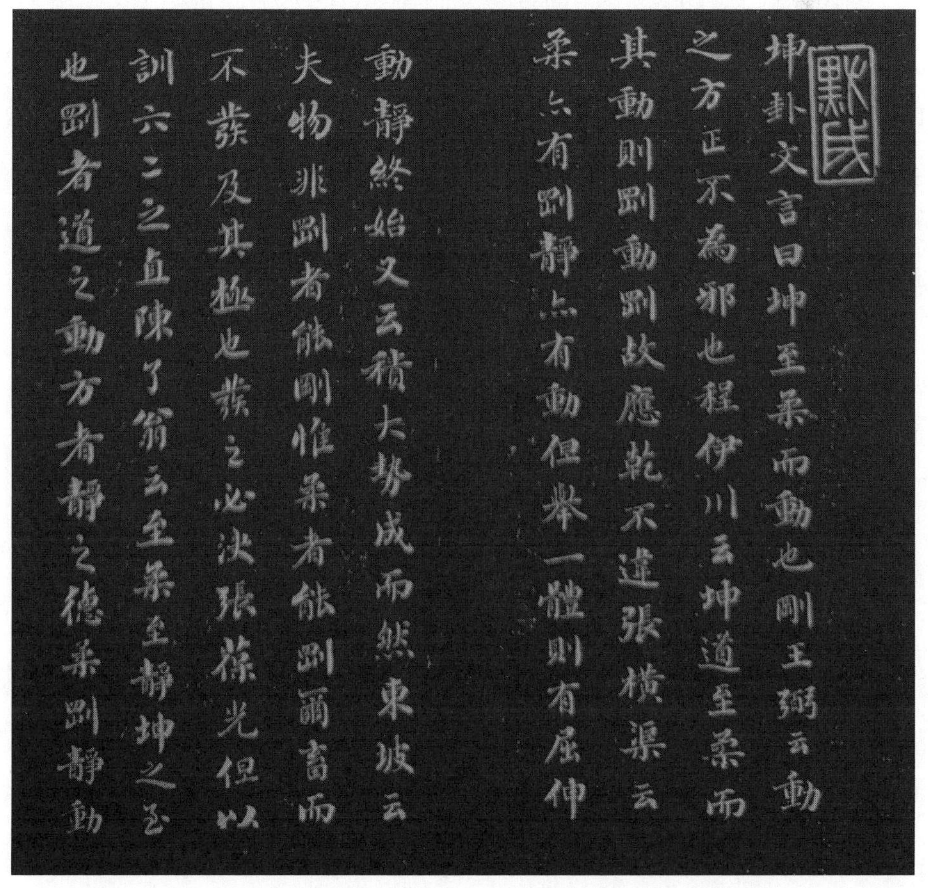
坤卦文言曰坤至柔而動也剛王弼云動
之方正不爲邪也程伊川云坤道至柔而
其動則剛動剛故應乾不違張横渠云
柔亦有剛靜亦有動但擧一體則有屈伸
動靜終始又云積大勢成而然東坡云
夫物非剛者能剛惟柔者能剛爾畜而
不發及其極也發之必決張祿光但以
訓六二之直陳了翁云至柔至靜坤之至
也剛者道之動方者靜之德柔剛靜動

圖 8　劉墉書《容齋隨筆》卷一“坤動也剛”條

須以此等書尋其得力所在，方不爲壽陵餘子之步。譬之於禪，訶佛罵祖，得大解脱，必自具四威儀入也。丙戌二月莆田郭尚先觀。

2. 文清公亦從趙魏公得手，却有見月忘指之妙。此卷尚可蹤跡其得力處。悉心求之，方不被前人瞞過也。道光丙戌五月吴榮光附識。

二十、周厚轅書蘇軾《題魯公帖》《書張長史草書》

【正文】

《題魯公帖》：觀其書有以得其爲人，則君子、小人必見於書，是殆不然。以貌取人猶且不可，而况書乎？吾觀顔公書未嘗不想見其風采，非徒得其爲人而已。凜凜乎若見其誚盧杞而叱希烈也，其理與韓非竊斧之説無異。然人之字畫工拙之外，盖皆有趣，亦有以見其爲人邪正之粗云。

《書張長史草書》：張長史草書必俟醉，或以爲奇，醒即天真不全。此乃長史未妙，猶有醉醒之辨。若逸少何嘗寄於酒乎？僕亦未免此事。

東坡題跋二則。厚轅書。

【題跋】（無）

二十一、梁同書《與友人論書》①

【正文】

有問於山舟者曰："古人云'筆力直透紙背處'如何？"山舟曰："當與天馬行空參看。今人誤認'透紙'便如藥山所云'看穿牛皮'，終無是處。蓋透紙者，狀其精氣結撰、墨光浮溢耳。彼用筆如游絲者何嘗不透紙背？然米襄陽筆筆壓紙，筆筆不著紙，所以妙也。"

---

① 收入《頻羅庵遺集》卷九，題爲《與張芑堂論書》。

又問："腕力如何用法？"山舟曰："使極輭筆自見。譬如人持一强者，使之直，則無所用力；持一弱者，欲不使之偃，則全腕之力自然來集於兩指端。其實書者只知指運，而並不知有腕力也。悟此則羲之背後掣筆，政是驗其腕力之到與否，無它謬巧也。

山舟曰："藏鋒之説非筆如鈍錐之謂。自來書家從無不出鋒者。古帖具在，可證也。只是處處留得筆住，不使直走。米老云'無垂不縮，無往不收'二語是書家無等等咒。"

山舟曰："柳誠懸《元祕塔碑》是極輭筆所寫。米公斥爲惡札，過也。筆益軟益要掇得直、提得起，故每畫起處用凝筆；每水傍作三點，末點用逆筆踢起；每直鉤至末一束再踢起，下垂若鐘乳。不則，畫如笏，踢如斧，鉤如拘株矣！柳公云：'心正筆正。'莫作道學語看，政是不得不刻刻把持，以輭筆故。設使米老用柳筆，亦必如是。"

山舟曰："筆要輭，輭則遒；筆頭要長，長則靈；墨要飽，飽則腴；落筆要快，快則意出。"

山舟曰："書家燥鋒曰'渴筆'，畫家雙管有'枯筆'，二字判然不同。渴則不潤，枯則死矣。今人喜用硬筆，故枯，若羊毫便不然。"

又曰："帖教人看，不教人摹。今人只是刻舟求劍，將古人書一一摹畫，如小兒寫倣本，就便形似，豈復有我？試看晉唐以來多少書家有一似者否？羲、獻父子不同。臨《蘭亭》者千家各不同。顔平原諸帖，一帖一面貌。政是不知其然而然，非有一定繩尺。故李北海云：'學我者死，似我者俗。'政爲世之向木佛求舍利者痛下一鍼。"

山舟曰："好摹古帖何以反云大病？要知當臨寫時，手在紙，眼在帖，心則往來於帖與紙之間。如何得佳？縱逼肖，亦是有耳目、無氣息死人。至於臨摹既久，成見在胸，偶欲揮灑，反不能自主矣。"

山舟曰：“寫字要有氣，氣須從熟得來。有氣則自有勢，大小、長短、高下、攲整，隨筆所至，自然貫注成一片段，却著不得絲毫擺布，熟後自知。”

問曰：“中鋒之説云何？”山舟曰：“筆提得起，自然中亦未嘗無兼用側鋒處，捻爲我一縷筆尖所使，雖不中亦中。近日江南程易田《通藝録》‘筆勢’一條講得甚精。前人未曾道過。”

山舟曰：“亂頭麤服，非字也；膠須鬈面，非字也。求逸則野，求舊則拙，此處不可有半點名心在。”

右與友人論書十一條，臆對未必有當，謬爲人所傳，頗有知之者，遂書一通。己酉冬中山舟同書。

【題跋】（無）

二十二、梁國治《夏小正》

【題跋】（無）

二十三、成親王臨蘇軾《中山松醪賦》[①]（圖9）

【正文落款】

細行威儀，八萬三千，亦有散髮林皋，科頭松下。誦文忠賦，覺研鍊之徒勞雕鉥，同一戲謬耳。成親王臨併識。

【題跋】

成親王書體屢變，晚年力追魏晉。世間得其隻字，珎若拱璧。此卷臨東坡《松醪賦》，蒼挺拔俗，覺詒晉齋面目爲之一新。□□携以見示[②]，擬將鉤摹入石，因題其末，以誌欣賞。道光甲申六月龍元任記。

① 此帖卷首鈐有“玉田袁氏家藏”“福草欣賞”等印。

② 底本於携字前空字。

成邸五十後書也。以渤海之筆降就眉山。如是，如是。道光丙戌五月吴榮光識。

此卷神似髯蘇，筆近顛米，直從兩家鎔化出之。叔度梁宏諫[①]。（鈐印：臣宏諫印）

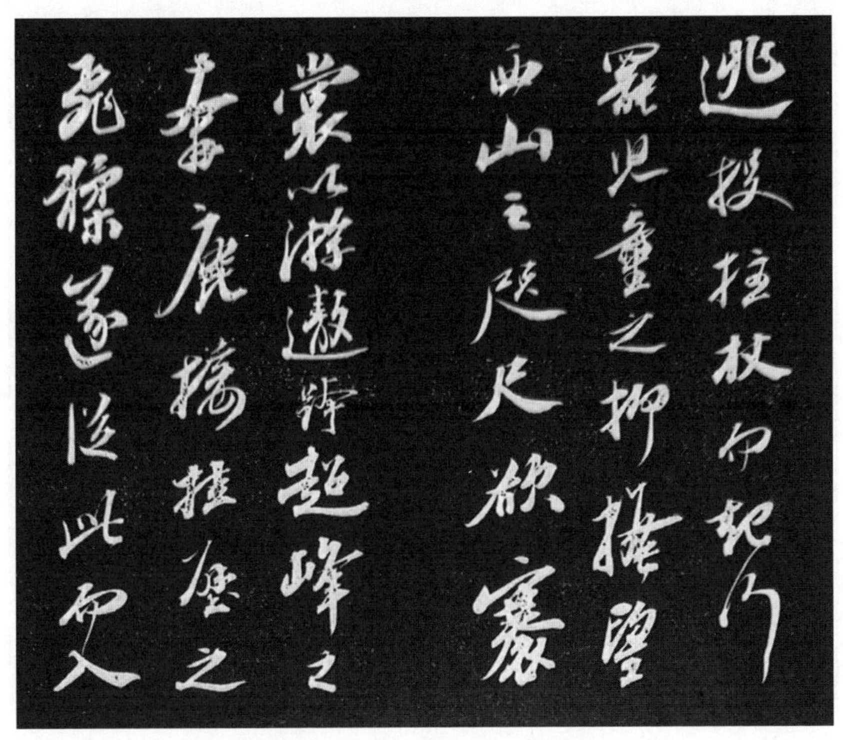

圖 9　成親王臨蘇軾《中山松醪賦》

① 梁宏諫（1846—？），字遜大，一字叔度，梁九圖六子。冼寶榦《佛山忠義鄉志》謂其“少承家學，素工法書，喜倣東坡，得其神韻”。又云：“其所作書，以《柵下天后廟碑》爲最，文字古茂，人多摹搨，盛行於時焉。”佛山市博物館藏其行書扇面一幅，所書爲《蘭亭序》片段，見於《佛山市文物志》（廣東科技出版社 1991 年版）第 129 頁。

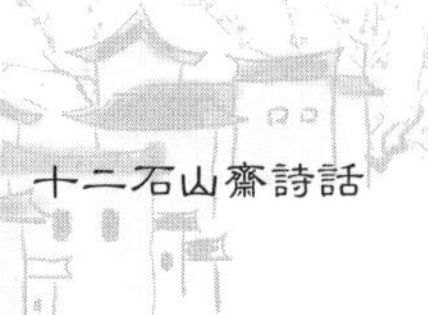

二十四、“皇十一子”（成親王）臨《洛神賦》（圖 10）

【題跋】

臨松雪而絶肖香光，丰神秀逸，置之董帖中恐亦難辨。梁宏諫題。（鈐印：叔度）

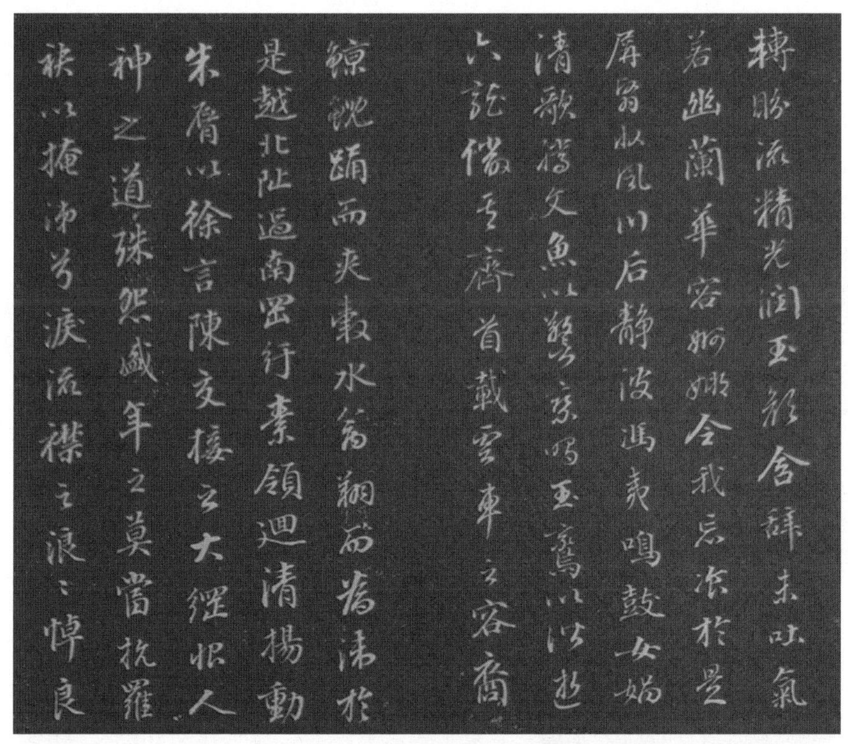

圖 10　“皇十一子”（成親王）臨《洛神賦》

二十五、陳邦彦書《般若波羅蜜多心經》《佛説熾盛光大威德消災吉祥陀羅尼經》

【題跋】

陳春暉宗伯書深得董香光秀潤圓和之妙。此冊作小楷五千餘字，無一懈筆，洵先生著意書也。丙戌二月朔日，雪窓展玩因題，龍元任。

二十六、陳原舒書杜甫《戲題畫山水圖歌》《戲作寄上漢中王》其二（圖11）

【正文落款】

此米書擘窠大字風神，秀拔猶是木搨而瑞采驚人也。陳原舒。

【題跋】（無）

〖全帖末尾跋語〗

僕少時即喜購古人法書。迨壯遊京師，宦西蜀，所得日夥。年來老病侵尋，翻閱漸疎，半飽蟫蠹，古人遺跡恐就湮没，爰擇其尤欣賞者廿二家，手摹勒石，俾垂永久，庶無負好古之初心云爾。道光丙申順德梁九章識於寒香館。

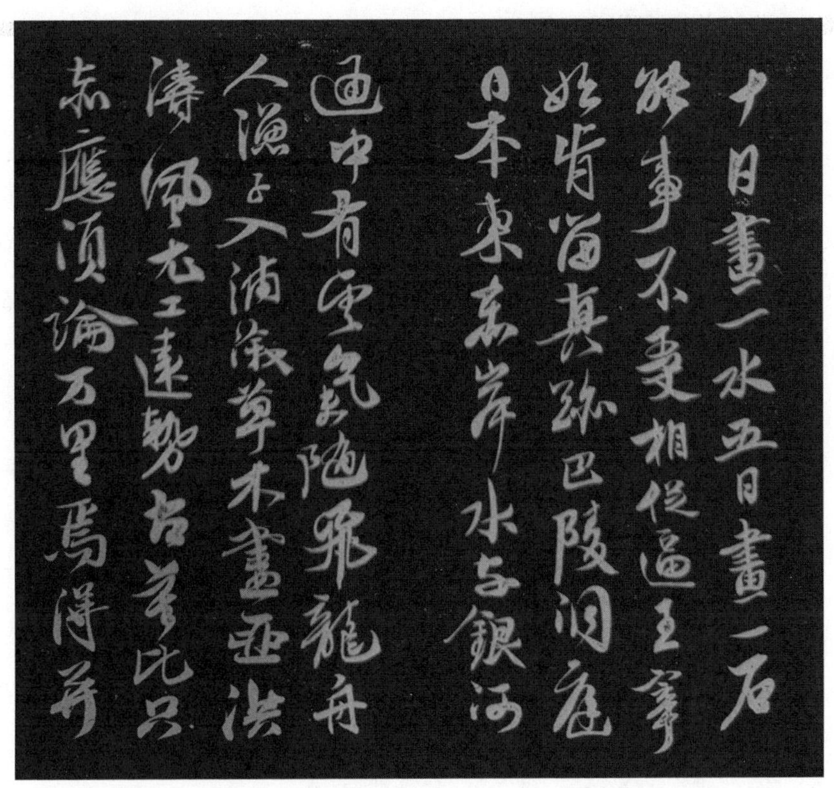

圖 11　陳原舒書杜甫《戲題畫山水圖歌》《戲作寄上漢中王》其二

無怠懈齋詩稿[1]

順德梁藹如遠文著　子邦俊編[2]

順德梁中翰青厓先生既歿之踰年，其嗣君小厓出先生平昔所爲詩以示余，俾訂定之，且屬爲序。余維《三百篇》後兩漢、六朝、三唐以來皆有詩，然漭瀁渾涵、激宕奇肆，足以鎔鑄風雅者咸推李杜。外此而高岑之工鍊、王孟之閎麗、韓柳之崛峭奧博、温李之幽紆繁豔，求諸近代，尚有替人。惟是神趣古澹、高遠閒放，韋、儲諸公所力學焉而不能到者，當讓潯陽柴桑翁，獨有千古。以是歎滄浪嚴氏所謂“如空中之音、相中之色、水中之月、鏡中之象，言有盡而意無窮”爲知言也。青厓先生少無宦情，脩潔自好，徒以父兄督課，從制舉業。嘉慶甲戌成進士，選内閣中書舍人，即予告回籍。丙子入都，供職至己卯，又請假南旋，顧不返鳳城，仍僑居佛山松桂里一畝之宫，藥欄花塢，曲折幽翳。入其室，插架萬軸，甲乙秩如。先生恣志瀏覽，上下數千百年，瞭如指掌。暇則吮墨濡毫，作書作畫，片縑尺素，海内珍之若拱璧。琳宫、梵刹皆得沾匃緒餘焉。間寓羊城，亦惟掩户著書，雅不肯通刺鈐下，時偕名僧高士搜奇剔隱，解后山水以爲樂。其或尊官貴人偵知之，思欲通慇勤、索書畫，則輒以行遁聞矣。蓋由操行峻整，敻然自拔，名挂朝籍，反類于遯世離俗、巖棲谷處者之所爲，遥遥焉若與淵明相望于千載之上。故其詩孤情逸韻，與世殊絶，有知味者當相賞於“酸鹹之外”而自得之也。抑聞之司空表聖《詩

① 底本書名頁爲張維屏道光庚戌（1850）六月所題。

② 底本正文卷端有“無怠懈齋詩稿”六字，署名緊接其後，此處前置。

品》曰：“遇之匪深，即之愈稀。”又曰：“神出古異，澹不可收，謂夫沖澹與清奇也。”用並書以諗小厓，使知先人造詣之精，無非天趣。世之解此者，可與讀淵明詩，即可與之讀先生詩也已。道光壬寅夏五己酉朔，八十三老人番禺凌揚藻謹序。

白雲洞

杖策到西樵，先入白雲洞。洞中闢異境，清勝賞心衆。一瀑濺積雪，渺渺天風送。瀦水爲二湖，噴薄煙霧霿。丹梯苦逼仄，寓目心已空。流連叩靈關，妙悟至理共。興酣誰與言？枕石寄幽夢。

遊羅浮

秋曉雨初霽，直上朱明巔。松風起絶壑，浩蕩千巖間。杖履藉幽草，静境超塵寰。縱目望溟海，滄波連遠天。散髮煙霧中，悠然息諸緣。偶逢老翁來，疑是葛稚川。拜求長生術，乘雲忽翩翩。徘徊不可留，惆悵清風前。

至鐵橋

道流四五人，步虚詑奇觀。流霞忽飛來，飄飄隨紫鸞。絶頂笙簧聲，吹落彩雲端。揮手笑謂我，人皆有羽翰。但能息妄心，何憂行路難？

晚泊

水蹙鴨頭緑，雲垂魚尾紅。泊舟當晚景，舉袂挹清風。貼地秋山出，凌霄蜃氣空。此中誰會得？還問老漁翁。

新晴

夢覺遥聞山水音，垂藤疎竹足清陰。短籬鳥語穿煙出，清沼荷香入幙深。閒賦新詩追靖節，偶拈乾筆仿雲林。晴窓莫道無真趣，宴坐閑行亦會心。

景泰寺

景泰古招提，飄飄若蓬闕。雲中一僧歸，踏破石上月。匝徑松蘿幽，繞錫飛花發。自去還自來，顧影覺清絶。

秋懷

涼夜露氣清，微風吹衣裳。杖藜起行歌，新月嶺上光。蟋蟀草間鳴，賓鴻亦南翔。携我緑綺琴，彈作《鳳求凰》。美人隔雲端，引領空相望。

宿海幢寺

日落山門暝色微，垂天寶蓋影依稀。纖塵不動月初上，萬籟無聲花自飛。鹿苑池塘秋霧徧，珠江樓閣暮煙霏。禪心已共老僧定，野鶴閒雲無是非。

蒲澗

言採蒲澗蒲，更弄濂泉水。泠泠出山清，冷意浹骨髓。聲喧亂石中，影湛白雲裏。有本竟如斯，發見何時已？

山行

避俗尋詩境，山行倚杖藜。東風如有意，吹我過橋西。

大通寺

古刹瀕海濵，古井在何許？一氣混鴻濛，漠漠煙中雨。但覺雲水昏，莫測幽深所。倚檻春思長，含情獨延佇。

山中

山人愛泉石，結屋山之陰。自得山中趣，悠悠千載心。薜蘿沿徑遠，花竹隔雲深。時有樵夫過，行歌動碧林。

入京別親友

男兒當初生，弧矢射四方。世短耳目遠，胡不恣翱翔？今夕天氣佳，共看明月光。感君一杯酒，此情何日忘！慰我遠行邁，觴罷各復觴。謂當慎行李，終使名聲揚。相送臨江邊，更復故意長。去矣莫回首，北風吹堤楊。

峽山寺

我遊峽山寺，獨上飛來峰。峰頭瀉瀑水，有若飛白龍。帝子不可見，翠微春色濃。古懷殊未已，坐聽雲外鐘。

吉安道中

舟行出亂山，逶迤繞村路。輕帆隨長風，斜日隱深樹。渚清宿雨收，沙白歸鴻駐。夕宿眠菰蒲，朝餐飲風露。沿回無定蹤，悽愴百端慮。遥望嶺頭雲，家鄉不知處。

徐州

路入徐州界，山川漢故鄉。荒村隱葭葦，平野散牛羊。天遠雲黏草，風

高雁度霜。京華何處是？行橐尚茫茫。

東平州

忽驚山路險，云是東平州。風落寒巖石，雲生古驛樓。我行正無賴，此去欲何求？薄暮投荒店，茅簷月一鈎。

望樓桑村

無復濃陰映郡門，樓桑終古自名村。雲霞尚護青龍氣，風雨仍棲赤帝魂。大澤茫茫迷水石，平沙莽莽散雞豚。行人立馬知何處？指點高原落照昏。

春夜入直

卿雲五色護龍池，宫鳥交鳴宫柳垂。香繞紫薇人跡静，花深黄閣漏聲遲。時清自覺條陳少，才薄何嫌品從卑？夜永酒闌渾不寐，蒼蒼新月照簾帷。

午門外扈送車駕誌喜

平明宫漏促銀壺，露氣初晴瑞色鋪。鳳闕星稀天仗出，龍樓鐘動錦衣趨。初排鷺序依清禁，更肅鑾儀過紫衢。侍衛從容護仙蹕，御爐香散滿城隅。

送李石泉太史之任思恩

十年染翰供詞館，四月揚旌指桂林。舊夢未離青瑣闥，新詩宜作白衣吟。天清鉆鉧泉聲響，雲散蒼梧月影深。猶喜郡門桑梓近，秋風無復故園心。

都中晚春與鄉人清話

郭隗臺邊感歲華，東風吹柳萬絲斜。五更夢醒聞啼鳥，三月春寒見落花。

旅館相思惟井邑，故園生計是桑麻。八千里外鄉人至，喜得從容一問家。

都中早春酹會試諸子

臘盡寒初斂，天晴氣乍新。長爲異地客，喜見故鄉人。檜柏金臺古，風花玉竦春。從來車馬路，莫厭六街塵。

出京雜詩

薄宦在京師，前後經十年。才力嗟不及，豈敢長留連？解組謝當途，歸耕江上田。臨水弄滄波，登山寫雲煙。

驅車出都門，道路阻且長。回風颯然起，沙土忽飛揚。我馬既虺隤，僕夫多感傷。日暮野鳥啼，歸思正旁皇。南望白雲山，何時返故鄉？

曉發王家營，遥望淮安路。黄河阻以深，客子争先渡。行李多雜遝，日暮不能去。暝色起沙岸，霞光隱溪樹。河邊無人居，速就清江住。

江南多水村，去住千餘里。振衣上輕舟，日夕看流水。悠悠狎鷗鷺，渼渼泛葭葦。拈花靈巖邊，採藥龍井裏。攬勝極名區，游心猶未已。

西江波浪險，十八灘最惡。亂石盤海中，犀利等廉鍔。奔湍遇石束，委折勢難落。既避蛟龍怒，更憂雷雨作。篙工認水脈，行止畏乖錯。石少水平流，是處堪停泊。輕鷗破漣漪，野花薰巘崿。遠見大庾嶺，未到心已樂。

（7）[1] 曉行

早起月初落，天光雲影間。宦情江上水，歸路夢中山。馬色野煙外，雞聲深樹間。沽來花露酒，一酌慰行顔。

出京至徐州逢友人入都

馬上逢同學，青雲意氣雄。自言離嶺表，握手問都中。花笑龍池月，鶯啼鳳闕風。君今乘輿去，余亦渡江東。

至清江浦放船作

車馬用不著，還鄉路尚賒。晨光挂帆遠，暮色過江斜。歸夢繞流水，吟心繫落花。愧非臺省骨，蓑笠就漁家。

過湞陽峽

百里亂山路，江流一綫通。雲門挾風雨，波練走鴻濛。飄蕩龍蛇窟，盤旋草木叢。纔過皋石外，回首水煙空。

泊韶關

驅光遥駐曲江濵，謝豹啼聲處處聞。風暖石崖開朔雪，月明巖樹鬱歸雲。雄州水到關前合，桂嶺山從峽口分。風度樓高人已遠，荻花蘆葉落紛紛。

歸山作

宦途酬應愧無能，爲愛溪山野興增。流水閒雲何住著？羅浮春入一枝藤。

---

① 所標數字表示該詩在《嶺表詩傳》所録梁藹如詩作中的次序。

雨夜

一夜東風雨，蕭蕭到五更。因之茆溜濕，况復水煙生。高卧渾無寐，微吟苦未成。何如領道要？心迹得雙清。

江村晚泊

舟泊蘆花岸，江波十里清。無邊新月色，迢遞向人明。

送胡和軒别駕之任常州

我出羅浮山，君走長安路。南風吹浮雲，倏忽一相遇。贈君無他言，期各葆純素。會晤能幾時？飄然分袂去。

三月出都門，春色桃花鮮。相送臨蘆溝，驪歌悲管弦。少年盛意氣，走馬垂楊邊。别後苦相憶，吴江秋月圓。

波羅

維舟陟波羅，興與南溟會。風定魚龍潛，海濶波浪大。中夜湧朱輪，萬里龍文碎。一洗水雲光，飛出九天外。

延祥寺

晚宿延祥寺，夜静離言説。悠悠山風生，夢繞窓外月。

贈别院上人

别院重開古佛光，清疏蘭竹映禪房。如來寶藏無多物，一滴曹溪水自香。

山門清浄迥無塵，流水桃花自在春。心境忽然生朗徹，上人原是再來人。

談經石上柳煙迷，卓錫泉邊日向西。悟入木犀香裏去，滿林明月竹雞啼。

焚香念佛原非道，運水搬柴真作家。十二時中無罣碍，何須更試趙州茶？

生平澹食與麤衣，一鉢一瓶無是非。風旛自動心不動，萬里長空孤鶴飛。

白雲晚眺

晚登白雲山，山高望無極。溟海天際浮，羊城霧中識。蒼茫衣冠氣，浩蕩山水國。佇立思悠悠，涼風送歸翼。

紅棉寺

越王臺畔雨如絲，正是風光三月時。萬樹木棉花亂發，嬉春齊唱踏青詞。

越秀山連歌舞岡，行人猶自説降王。舊時十里笙簫路，賸有幽花野草香。

珠江

明月生珠海，百里净風露。影流沙岸動，光射煙波素。朗我湖山懷，涉彼蓬瀛趣。更移畫舫來，歌聲滿江樹。

石門

石門鎖中流，日晚兩山赤。倒影落渟涵，波光蕩空碧。靄靄雲樹秋，渺渺江村夕。但覺近桑榆，北風感行客。

（5）閒居

半畝蓬蒿宅，清風太古餘。長因掩關坐，遂與俗情疏。竹醉宜開醞，花明好讀書。床前明月上，相伴足幽居。

宿山家寄陳焕巖

薄暮過東莊，獨止溪澗曲。松根散古香，竹色延浄緑。主人進羹飯，蔬素意亦足。仰視河漢流，山月光入屋。對此思故人，自坐還自宿。

南窓

頗愛南窓好，夜静時一至。行看梧桐影，不覺月在地。階下寒蟲鳴，池邊殘葉墜。微風從西來，涼氣襲衣袂。我懷正蕭瑟，耿耿不成寐。目送孤飛鴻，秋空淡無際。

七星巖

石勢自空墜，有若北斗横。奇峰外突兀，靈洞中虚明。像古鑿根出，徑微緣隙行。我來春已霽，天氣和且清。直入蛟螭窟，倏聞雷雨聲。跼步力易倦，側身魂屢驚。允矣造化巧，豈有雕斵情？

華首寺

山高出雲長，勝境在山腹。溪遠水瀠洄，巖深路盤曲。紺殿鬱蒼翠，金碧紛在目。積霧罩長松，晴煙鎖修竹。老僧四五人，禪言異凡俗。一悟清静理，默自傷縛束。逝將脱塵網，終焉此棲宿。

酥醪觀

絶壁横空立，遍山松竹花。洞天開日月，飛閣爛雲霞。谷静泉逾響，林深影易斜。何來餐沆瀣？置我列仙家。

黄仙洞

野仙修煉處，古屋依松林。谷暗白雲滿，山虚黄葉深。登堂謁靈像，皓露生衣襟。直欲從之去，奇蹤不可尋。

（6）沖虚觀

朱明第七洞，壁立萬重山。丹竈今猶在，仙人去不還。鶴林松露滴，芝圃藥苗斑。未獲延年術，無方可駐顔。

贈沖虚觀老道士

中峯碧雲裏，坦腹看《黄庭》。度世無異術，銘心惟一經。龍光自奕奕，虎氣何亭亭！鍊到脱胎骨，乘風歸杳冥。

酥醪觀别院同謝里甫太史黎楷屏明府

蓬萊有左股，半壁横清暉。與子一携手，高秋登翠微。看花悟道要，聽鳥識真機。晚遲歸雲入，茅齋休掩扉。

立秋

梧桐葉初下，又值一年秋。歲月渾如駛，江河迴自流。草深鳴蟋蟀，樹老挂獮猴。對鏡悲清影，蕭蕭欲白頭。

金山寺

巋然出層波，孤峯插天表。臺縈苔色浄，寺帶鐘聲杳。仙蹤遠悠悠，法界近了了。微陽下前灣，數點漁舟小。

（9）訪友

雲起野橋西，層峰鎖隔溪。欲尋清秘閣，山鳥向人啼。

晚晴

雲開山放晴，雨過江横練。野寺晚鐘鳴，斜陽在人面。

（1）山居[①]

久厭俗事喧，愛此山中居。地僻塵蹤稀，松竹繞茅廬。時有元鶴鳴，和我讀奇書。雖云住世間，恍若棲蓬壺。

（3）溪橋

平橋斷蒼煙，日出猶霧露。時聞折樹聲，獨鶴忽飛去。茆屋隱深林，空翠滿溪路。花落水流香，幽人在何處？

峽山寺聞琴

山色連波光，浩蕩一千里。何處洗心人，石上彈《流水》？

① 此詩題目於《嶺表詩傳》作《山居示姪九圖》。

棲雲閣

斜陽上樹枝，窓虛白雲入。山迴雨初晴，青蒼煙翠濕。

西溪散步

溪光浄野彴，日色上青林。山迴碧不動，春煙深復深。

華首臺獨坐

怪禽啼山巔，晛日照簷角。何以散幽襟？風生松子落。

舟行

煙淡日穿樹，雨多雲在山。波光蕩秋色，人影有無間。

古原

古原何寂寥，落日照高樹。四顧不見人，白雲自來去。

春曉

人間春夢覺，天清發晨光。庭前露氣滋，衆鳥争飛翔。境静心自愜，理得興乃長。幸無塵事擾，意外非所望。晴旭麗新緑，恬風披羣芳。出門望雲山，野色空青蒼。

（2）溪上[1]

溪上一古松，溪邊兩道士。遠離塵世外，相與談太始。山高水更深，日落風亦起。悠悠忘去留，不知非與是。

送陳煥巖入京

飛花如雨墜江波，把酒臨風奈別何！文士成名今不少，詩家傳世古無多。湘南煙暖啼鴻雁，薊北風高走駱駝。自有錦囊佳句在，夜闌燈灺快吟哦。

西山戒臺寺

垂藤抱石碧森森，萬壑千巖何處尋？循徑但看丹壁轉，到門不覺白雲深。霜林鐘動香臺迥，河漢星流紺殿陰。獨有九龍松最古，蕭蕭長作鳳鸞音。

茅堂

野岸紆松徑，虛堂開竹林。心隨雲鶴遠，夢入石泉深。日永無多事，興來彈素琴。悠然太古意，不計有知音。

（10）出郊

綠陰深處夕陽低，野岸人家隔小溪。山靜日長村路晚，澹煙微雨鵓鳩啼。

晚春

門前桑竹已成陰，靜對爐香坐擁衾。山鳥也呼行不得，一簾春雨落花深。

① 此詩題目於《嶺表詩傳》作《題〈古松高士圖〉》。

（4）送友人入京

長途亘天地，何日到京門？話別我揮手，辭家君斷魂。鴻征江岸曉，日落戍樓昏。客路應回首，梅花開故園。

水邊

松根倚江岸，野色晚來多。流水碧如此，客心清若何？長天下獨鳥，落葉起微波。時見捕魚者，臨風發棹歌。

白鷺潭遇雨

雲氣極天黑，鷺潭風雨生。風排萬樹響，雨掃一江平。溪艇罷垂釣，山花閒落英。飄飄塵境外，誰與白鷗盟？

（8）白雲山[1]

朝遊摩星嶺，暮宿白雲岑。山色自千古，溪聲流至今。昔聞安期叟，採藥蒲澗陰。杳矣無蹤跡，茫茫煙霧深。

仙翁巖

不是神仙侶，誰能居此間？洞幽蒼柏古，日午老僧閒。採藥何方去？白雲相往還。丹臺坐超忽，笙鶴可容攀。

蒲澗寺

仙人採蒲處，澗水一何清！澗邊尋野寺，百鳥相飛鳴。落日照寒碧，蒼

① 此詩題目於《嶺表詩傳》作《白雲山同劉雨湖吳星儕》。後又有評語云："純以格勝，不求工於字句。"

茫千古情。不覺晚鐘動，秋雲杖底生。

即事

野徑雲深西日斜，山南山北幾人家？東風卷入樹陰去，開徧夭桃無數花。

（11）泊瓜州

飄飄颿影落瓜州，蘆荻花飛水國秋。一夜笙簫聲不斷，月明吹過大江流。

題畫

翠壁苔花帶雨痕，森陰老樹倚雲根。懸崖瀑水三千尺，不斷煙霞何處村？

秋空寥廓遠山横，老樹蕭蕭作雨聲。倚棹長吟沙岸側，一川煙景暮潮生。

青山冉冉樹蒼蒼，一片煙雲水墨光。自寫胸中蕭瑟意，不知神似米襄陽。

一水迢迢映遠山，空林落葉有無間。秋光萬里蕩空碧，時有白雲相往還。

訪蘇赤厓

樹裏茅齋有隱君，野花松子落紛紛。平橋水滿無人渡，惟見青山飛白雲。

孫植榮、植桐校刊[①]

① 據《梁氏支譜・支派》，梁邦俊子僅植榮、植梅、植楷三人，不知植桐爲誰。

跋

青厓先生性恬澹，通籍後早賦《遂初》，閉門静居，惟以書畫詩自娱。論者比之“鄭虔三絶”。其所爲詩，自鳴天籟，不事雕鏤，於前賢酷似韋、孟。今遺稿所存雖不多，而筆墨之外别有性情，讀其詩可以想見其爲人焉。

道光戊申春日陳官蘭跋。

《三百篇》後流爲五言。五言，其近古也。陶謝衹有五古，唐人不多作七律，蘇子瞻、陸務觀、楊廷秀始以七律見長，風日降矣。先生五古高於七古，五律遒於七律，生平得力必有獨深者。

愚姪吴炳南謹跋。

先君子性雅淡，書畫之暇時作詠吟，即事寄情，涉筆成趣，恒若不煩繩削，蓋言志也。題畫贈答，每隨分散，搜遺篋僅得藁若干首。懼其散而無所紀也，爰付梓以傳家焉。子邦俊識。

紫藤館詩鈔[①]

順德梁九圖福草譔　男思問校刊[②]

序

紫藤居士，士衡盛藻，子安妙齡。謝靈運山水方滋，杜牧之煙花自喜。詩天酒地，占盡遨頭[③]；草笠芒鞵，鼓來行脚[④]；歡場録别，勝地紀遊。凡口之所言，皆心之所得也。然而文專兩漢，律喜三唐，筆謝綺詞，格卑豔體。楊綰慮無識曲，伯牙懼少知音。一字求安，祇尋鄭谷；片言索序，先問徐陵。愧僕不才，惟君知己。夫學不博者寡奥義，情不真者多飾詞。居士異采霞飛，逸情雲上，發邊韶經笥，置劉幾墨莊[⑤]，浸淫六經，淹貫諸子，固宜典徵鼫鼠，僞訂明駝。而乃昭諫吟多，慣言身世；少陵性篤，好寫君親。幼擅雄才，慕香山之易解；生居華胄，愛東野之工愁，故雖潤古雕今，究属陶情適性。僕華溪罷釣，汾水移家，午夜分箋，丁年聯袂。陳無己閉門索句，王之涣畫壁題詞。五載於兹，百篇共賞，幸稽、吕生當並世，喜應、劉頗有同聲，停雲不悵，泉明朗月，輒思元度。因以效裵、王酬唱，學韓、賈推敲，念舊雨之

① 底本與香港中山圖書館舊藏本（簡稱香港本）的内封書名右側爲“道光癸卯鐫”，左側爲“逸卿鮑俊題”。香港本卷首鈐有“文獻足徵”“黄華表”“壁山閣藏書記”等印。

② 底本之梁九圖、梁思問署名俱在正文卷端。九圖長子梁僧寶原名思問，著有《古易義》《尚書涇渭録》《毛詩可歌》《三禮問對》《經籍餥詁訂訛》《通鑒輯覽年表》等書。已梓者有《古術今測》《春秋日官詁》《切韻求蒙》《四聲韻譜》（《廣州大典》收録最後兩書）。

③ 疑本作“占盡鰲頭”。

④ 疑本作“揭來行脚”。

⑤ 疑本作“劉式墨莊”。

樂多，識高山之志在。嗟乎！吟鞭共指山花，則鞞韖依然；遊舫同登岸柳，則毿毵無恙。而流光老我，塵鞅羈人。回首交初，恍説春婆之夢；興懷死後，頓生秋士之悲也。知桑海易遷，懼與草木同腐，代義山編《甲乙》之集，勸許渾梓《丁卯》之詩。朗誦百回，永留千古。星儕弟吴炳南拜序。①

福草世講十齡能詩，長益耽詠，近以其《紫藤館詩鈔》屬勘定並請爲序。詩不多，而可采者不少。五言如："山亦學人語，雲常争鳥飛。""疏籬不礙月，怪石愛生苔。""江聲千騎合，春色萬峯歸。""鬼嘯荒山月，魚吹大海風。"七言如《羅浮》句云："衡岳屏藩雄五嶺，仙人窟宅割三山。"《夜渡湘江》句云："夢回五嶺人千里，月湧三湘鴈幾聲。"《寒香閣梅花》句云："高枝時與月窺閣，落瓣偶隨風入簾。"語皆警錬。《漫興》句云："酒雖天限常思飲，書怕人求轉恨工。"則其平日工書又可見矣。七古如《十八灘》起句云："庾嶺以南石在山，庾嶺以北石在水。"確是十八灘，而句法質直，頗得古歌謡遺意。《九曜石》《鄱陽湖》兩篇用史事推波助瀾，亦有健氣。福草方盛年，而所造若此，學之不已，何患不遠追古人耶？年來朋舊以詩屬點定，余每就其詩之佳篇雋句，摘其尤欣賞者録入詩話，較之膚辭泛贊，似爲切實。福草以此弁於卷端，即以爲是詩之序也可。道光癸卯秋七月，珠海老漁張維屏書于花竹煙波邨舍。②

題詞

神仙青雲端，舉手不可招。容顔若朝華，雜佩鏘瓊瑶。俯視無下方，焂

① 據《梁氏支譜・藝文》，此爲《十二石齋詩鈔》之序。

②《梁氏支譜・藝文》"《紫藤館初刻詩集》一卷"條下收録此序。在香港本中，張維屏序位於吴炳南序之前。

來乘清飈。遺我一卷詩，檢讀燈重挑。詩中多妙歌，譜以白玉簫。吹響入層空，一聲破碧寥。我乃策孤筇，攜詩登東樵。朗誦華首臺[1]，乘興過鐵橋。大聲發吟哦，風雨千山摇。稚川本知音，跨鸞下丹霄。問讀何代書，結響高以超。我笑亦忘言，仙風天外飄。卓爾吴超拜題。

明月滿地霜滿天，手把山人詩一編。離奇變化萬象全，一字陡下驚飛仙。吐棄凡有思淵淵，妙藴動發古不宣。有時如據泰華巔，下視塵世空蒼然。亦或直叩洪濛先，洞開奥窔忘言詮。山人所居居林泉，紫藤花館汾江邊。怪石森立十八拳，拍手大笑襄陽顛。高談濶論驚四筵，臨池揮灑多雲煙。僕也追逐難比肩，千秋萬世傳不傳。

曉閣吴夢奎題。

題《粤臺餞别圖》和祁春浦太史年伯寯藻韻

道光乙酉，九圖生十齡，仲父青厓以《粤臺餞别圖》命題。圖固仲父寄祁太史作也。太史來詩云："嶺草蠻花送客秋，銜杯同醉粤山樓。眼中咫尺能千里，海外傳聞更十洲。歷歷青林圍遠塔，蕭蕭黄浦數歸舟。與君開口成三笑，何日重來續此遊？"末云："壬午九月，青厓、默齋、華林三同年招飲粤秀山。彈指三秋，令人遠想慨然。乞青厓爲作《粤臺餞别圖》以紀斯遊。"

尺幅江山海國秋，松杉滿地客登樓。濃煙濕雨寺旁寺，遠塔孤帆洲外洲。稚子十齡慙握管，使臣萬里此歸舟。京華爲語諸同好，退食無妨一卧遊。

[1] 底本缺"誦華"二字，據香港本補。

南漢宮詞

笙簫異響徹羊城，妙舞清歌羨兩瓊。怪底仙湖五百丈，至今猶徧管絃聲。

稻田三面水揚波，不解先機奈若何。潘美已興乘勝甲，羣臣還自獻嘉禾。

不愛蒼生愛比丘，更教方士訪神州。全憑仙佛無窮力，保得君王恩赦侯。

（11）[1] 羅浮

奇峰四百矗煙鬟，鐵鎖雙橋離合間。衡岳屏藩雄五嶺，仙人窟宅割三山。稚川胎息凌霄去，神女飈車何日還？擬訪芳蹤躋絶頂，飛雲上界看塵寰。

讀史

迂儒讀史好論史，我道論史空談耳。一時褒貶偶錯謬，且恐黄泉怨聲起。兩眼不見古人事，搜尋但得憑故紙。故紙荒唐多我欺，古人賢否那得知？我不論史史仍在，信以傳信疑傳疑。自留長厚惜墨費，千秋庶免狂妄譏。君不見蒼天默默亦無語，古往今來久如許！

送伯兄雲裳之官西蜀

此日汾江上，離情酒一樽。幾人同折柳，一路聽啼猿。欲慰嚴親念，難忘聖主恩。前途知叱馭，當不愧王尊。

---

① 所標數字表示該詩在《嶺表詩傳》末所附録梁九圖詩（題爲《紫藤館詩鈔》）中的次序。

驅馬

驅馬復驅馬，驅馬東西馳。三五結少年，長安輕薄兒。童僕皆麗都，載酒夾道隨。芊芊春草芳，灼灼朝華姿。春草日以衰，朝華日以稀。長語告少年，少年亦自知。少年雖知之，饑寒已無依。

（14）晚春送別

一片春帆挂夕暉，離情分付落花飛。纏綿剩有長江水，帶盡青山送客歸。

題畫

漁歌逐浪來，水落海出石。一聲唱月明，摇破千頃白。

鄭雲麓觀察年伯開禧以文氏舊塼硯索銘。硯有與可、衡山、三橋諸印在焉。銘曰：文氏往，塼硯留。與先生，同千秋。

附録鄭觀察銘

其堅如石，其潤宜墨，有古香古色焉。斯文氏一家之世澤也。

附查景璠原銘

濾牏存液，温潤而澤。景彼前賢，珍流奕葉。貽我漱芳，馨香簡策。吁嗟乎！未央宫冷，銅雀臺荒。何如斯甓，終焉允臧?

（4）九曜石歌

五羊石青九曜碧，嵯峨對峙南交宅。我來藥洲春始半，苔花雨潤活翠積。瓌瓏皺瘦高一丈，初疑星精駭月魄。憶昔南漢鬼斧鑒，太湖輦運民汗赤。豔煽閹媚王怠荒，王既愛石石戀王。戀王不得王就虜，羊頭二四嗟足傷。昌華五十五年夢，此石應解談滄桑。頑雲倒拜拜不起，後來好事襄陽子。雕鎸大

字力矯健，龍蛇飛舞盤崼嶇。緊余於古有癖嗜，況復石亦我桑梓！仙湖已陸華林隤，降王剩魄來不來？摩挲憑弔復何有？欷歔大醉一石酒。

雪夜過寒香館與何方流雲裳兄同賦

冷逼梅魂夜氣嚴，萬花鬥雪出重檐。高枝時與月窺閣，落瓣偶隨風入簾。對影鶴應憐爾瘦，薰香罏不倩人添。羅浮我有前生夢，翠羽應妨破黑甜。

（5）飛蝗歎

飛蝗飛，農父哭，農父哭聲何太哀？大官堂上猶絲竹。近年水患恒苦饑，今歲頗能望秋熟。飛蝗飛蝗蔽日來，散落平疇肆荼毒。殺傷稻麥曷聊生？天本愛民不錫福。炊煙四寂厨竈寒，風雨更來撼破屋。昔時常望兒孫多，今有兒孫難俯畜。商量决絶賣與人，出門老淚灑骨肉。半生撫養得數金，以塞追逋猶不足。天子聖明何怨咨？宣其化者乃尚酷。官吏見慣犬不驚，日日徵糧如火速。身披鎖械赴公門，株連兄弟皆歸獄。良民且莫逭嚴刑，焉有仁人不蒿目？

（8）上元夜先太宜人忌日

記得兒時戲，花燈竟夜看。一經萱草謝，此節不成歡。圖報心空切，思歸魂正寒。茫茫隔黄土，涕淚幾闌干？

盤石假山

谿徑絶嶙峋，山腰穴一孔。瀑界兩山頭，道是白雲洞。

秋夜登拱北樓

百粵擁雄州，登樓感素秋。臺從山上起，珠説海中浮。赤帝終難抗，降王事已休。悲歌憑弔處，明月正當頭。

西樵山館早起

竟夕不成寐，推窓夜正闌。羣山浮曉色，有客獨憑欄。樹影含煙濕，雞聲帶月殘。通宵無好句，搔首望雲端。

淮陰侯

王孫丐食尚能生，餓死差贏走狗烹。一飯却緣來漂母，千秋遺恨等黔彭。

烏石巖

烏石去中峒五里，突起平疇，高插天半，遠望疑爲土山。石有兩巖，濶同廣廈，巖内石白理紅，盡作圓孔，類太湖巖。外純黑，略似英德所産。吾粤奇觀也。惜地厠幽僻，題詠殆闕焉。

天星夜半墜，化作石黝黑。氣欲壓羣山，屹立中峒北。峯利不可上，劍戟露劖刻。下闢兩巨巖，巖中爛五色。摩壁覓前鏤，蒼碧古苔蝕。疑有真隱君，此地寄偃息。不然齒齒横，胡作琴床式。繄余本石癡，對此忘寢食。飽看近一年，絶未覯遊客。嵯峨世所無，而乃處曠域。豈石亦知隱？遺世恣嶄崱。遭逢抑不易，所契真賞識。我欲移之歸，置我汾江側。山鬼笑我狂，此石移不得。

春日偕吴卓爾茂才超放舟老鴉江晚抵花埭

桃花兩岸各争開，載酒臨風快舉杯。一片孤帆花外影，滿船詩興渡江來。

（8）天門山

天險何年設？中流擁翠鬟。兩山通漢水，半壁鎖吴關。飂影金陵落，潮

聲鐵甕還。海門同鞏固，急浪自潺潺。

馬伏波

將軍漢代勒奇功，銅柱高標嶺嶠中。亂定天南歸化日，威騰海外掃蠻風。尺書情重箴兄子，薏苡讒成怨狡童。最是武溪深一曲，至今人唱夕陽紅。

（9）丫髻嶺同吴星儕茂才炳南張翰生都閫玉堂[①]

嵐氣上天碧，躋攀到翠微。回頭身覺險，招友手頻揮。山亦學人語，雲常爭鳥飛。相看澹塵世，應共采芳薇。

十八灘

庾嶺以南石在山，庾嶺以北石在水。石得水撼勢愈横，水因石激聲彌起。儲潭以下灘面開，散作十八排亂齒。喧豗日夜走風雷，鐔鍔縱横截犀兕。洶如萬馬聲沸騰，狂奔一百四十里。灘師理檝有絶技，屈曲支撑疾如矢。舟穿石罅石圍舟，坐客袖手不敢指。安得鞭驅石上山，永奠安瀾豈不美？

發清遠峽

扁舟峽口逐流東，野寺飛來入望中。夾岸青山留不住，大江吹送一帆風。

漢口

白鷗春水渺悠悠，襄漢瀠洄此合流。廿里帆檣依曲岸，千家絲竹出歌樓。

① 此詩題目於《嶺表詩傳》作《丫髻嶺同吴星儕張翰生何竹溪》。

賣花聲過香風遠，打槳人迴薄靄收。繫纜恰當明月夜，二分無賴似揚州。

崔渭生内史瑤馬訓庭都督有章過紫藤館夜話

我有紫藤館，臨風三徑開。疎籬不礙月，怪石愛生苔。家尚無貧累，胸徒抱史才。良宵安可負？花下快銜盃。

舟中漫興

路繞荆門西復東，蓬牕徙倚獨臨風。酒雖天限常思飲，書怕人求轉恨工時索書者紛擾，移舟避之。碧水暗將歸夢斷，青山應笑客途窮。鶯花到處催燈節，都付煙波放覽中。

黄鶴樓

天際挹長風，煙波四望通。江山三楚濶，今古一樓空。我抱詩囊至，兼聽玉笛工。李崔魂或在，高唱合争雄。

登滕王閣晚眺

暮色蒼然合，登高一覽齊。山吞紅日入，天壓白雲低。遠水帆檣沒，寒煙草樹迷。客途行不盡，惆悵大江西。

（2）隨雨湖師燈山兄小厓兄登白雲山

下望峯卓絶，登峰峰轉平。峰平石不讓，硉矹時相争。天地有奇氣，至此彌縱横。縹緲而氤氳，白雲出其端。我枕白雲卧，夢魄恬且安。我推白雲起，尋幽整衫履。人行重翠中，寺隱萬緑裏。近則猿鶴迎，吾游亦且止。見佛不禮參，導引呼僧子。昔聞安期翁，丹竈曾在此。古有九節蒲，今見松杉

耳。宇宙事多誣，隨衆且唯唯。求佛與求仙，安得長不死？不如肆行吟，風月足一已。觀詩坡翁碑，浣襟濂泉水。興盡復歸來，白雲留屐齒。

登五指山懷伯兄雲裳仲兄耕雲從兄虞臣

一掌擘雲中，人間霄漢通。界看九州盡，地控百蠻雄。鬼嘯荒山月，魚吹大海風。登高望兄弟，歸思渺何窮？

（6）晚泊甘竹吴星儕邀上灘厓待月觀濤

甘灘夏日西潦來，崩崕裂石轟霆雷。吴君好奇夜過我，相約乘興臨灘隈。是時月黑鬼火出，登陂陟陀無疑猜。未至百步魂欲攝，古榕陰森風更頹。須臾跬步踏亂石，摳衣列坐捫蒼苔。空聞水聲不見水，漁舟那辨往與迴？坐久隱約月芽出，微照厓畔流瀠洄。雲斂天開轉瞬事，琉璃世界金銀臺。灘上湯湯瀉千仞，灘下滾滾趨三台。月光蕩我三生魄，灘水洗我萬斛埃。天地有此大聲色，一丘一壑毋徘徊！漁翁得魚且賒取，佐我深深明月盃。此夕快意世罕有，韻事應自吾輩開。

夜泊珠江與任小韋茂才本皋同賦

秋月秋波照粵城，白鵞潭影接天清。四圍畫舫環州泊，萬點銀燈透水明。鐵鎖截流憑設險，殘鐘渡海忽無聲。扶胥潮爲催詩上，幾度譙樓欲五更？

泊赤坭

一曲春波碧似油，茅簷夾岸映寒流。老農冒雪白盈鬢，村女插花紅滿頭。人語乍喧燈市合，漁歌遥歇釣筒收。煙光明滅平沙晚，有客忘機欲狎鷗。

哭從兄小厓

聞凶涕淚一齊零，閭里炊煙盡日停聞訃日吾族多爲之罷炊。我更傷心難慟哭，老人堂上不能聽。

長江

東下岷江急，狂波拍兩隄。煙销天塹濶，潮射海門低。魏闕心徒戀，家山夢尚迷。旅懷渾欲絶，更聽子規啼。

舟行

一槳破空碧，春光澹欲融。山肩寒蘸水，帆腹飽吞風。遠樹荒煙外，歸鵶夕照中。客途殊不惡，收取入詩筒。

（13）經廢園

似記朱門敞，城南第一家。可堪舊時樹，空着兩三花。

（7）鄱陽湖

鄱陽湖光三百里，楚尾吴頭接江水。匡廬影浸萬峰寒，波撼南康城欲圮。汪洋莫辨水天光，飄檣歷亂争奔駛。我來弔古首重搔，僞漢屯軍地堪指。鏖兵大戰儗昆陽，百萬貔貅堅壁壘。梟雄顧盼意氣豪，自謂舟師足深恃。康郎山畔戰書馳，采石磯頭殺氣起。一朝挫衂走湖中，血蘸波濤變紅紫。弟兄負固尚争雄，艨艟旗纛森聳峙。蒼黄早戰至日晡，全軍皆墨兵容毁。大孤山下起悲風，一旦奔逃中流矢。誰歟健者張定邊？猶煽餘氛輔厥子。豈知在德不在險，區區恃力胡爲爾？敗則爲賊勝則王，天之廢興毋乃是。邇來事隔五百年，尚有悲風啼舊鬼。折戟沉沙認戰場，烟波澒洞空翹跂。

春月

春宵花事勝如秋，皓魄當空我自愁。古月應憐今月老，不知照白幾人頭。

早春舟中與陳虞門孝廉賓選任鳳笙廣文鳴昌同賦

水長平沙沒，煙深夕照微。江聲千騎合，春色萬峰歸。作客身仍健，憂時淚暗揮。誰當新柳外，茅屋掩柴扉？

述懷

十畝田園汾水濵，林泉長此寄閒身。弟兄老死幾踰半，朋友論交尚罕新。只有西風催歲暮，更無白屋問詩人。花間且學陶潛醉，買酒提壺日數巡。

禽言

鵓鴣鴣，鵓鴣鴣，晴時夫喚婦，雨時婦别夫。淇水湯湯漸我車，血淚涔涔濕我襦。晴雨無二天，菀枯豈殊途？君心當自轉，妾志終不渝。

姑惡，姑惡，婦賢姑樂。所憂婦不厚，未信姑皆薄。

不如歸去，不如歸去，樂行不如苦住，富客不如貧主。人皆戀妻孥，我獨困羈旅。言念故鄉，淚下如雨。故鄉雖敝亦吾廬，他鄉信美非吾土。

題龍子嘉殿撰年伯汝言廬山圖

昔登匡廬山，一宿仙公院。松杉十里暗，煙雨千峯變。今觀匡廬圖，始識匡廬面。尚憶五老人，招我幾登頓。意欲窺絶頂，攀躋腰脚健。瀑布三十丈，陡落耳目眩。晞髮歸汾江，山靈久不見。披圖恣卧遊，巖岫鬱蒼蒨。

石門

石峽鎖潮頭，潮喧海國秋。偶尋漢舊壘，不覺起新愁。落日追帆影，寒風逼戍樓。遥聽沙角外，鼙鼓未全休。

秋聲

風雨滿邊城，蕭蕭此夜聲。那堪萬里戍，又聽一宵更？書少孤鴻寄，魂真落木驚。鐵衣空自擁，迢遞故鄉情。

（10）銅雀臺

憑弔漳河畔，驚沙拂面來。寒煙迷古渡，落日照荒臺。歌舞人何在？奸雄迹可哀。只餘嗚咽水，猶繞太行隈。

（3）南海神廟銅鼓歌

伏波銅鼓中土無，遺製乃在天南隅。連錢絡索斑駮遍，盈朒凹凸規模殊。我聞將軍討交趾，冒濕革聲沉不起。鑄金出號天鼓鳴，逆賊聞之心膽死。功成深瘞鎮蠻方，要與銅柱相久長。神威矍鑠聚不散，晴虹朱鳥騰英光。節度鄭公得其二，祝融之庭供祀事。一雌入海已成沙，潯州灘鼓從後至。大小對設東西楹，仲春高會士女盈。紅棉花開優曇實，鼕鼕樹底和神聽。我來摩挲欽古物，鏽澀鼃青映浴日。想見金溪一再撾，徵側就擒徵貳屈。千秋萬禩壯龍宫，海氛永靖扶胥東。

新晴東皋散步

野樹挂朝暾，溪煙出隔村。雲濃山色澹，雨過澗聲喧。草濕礙行屐，花飛黏古垣。客來驚睡犬，不斷吠柴門。

舟中即目

誰家紅袖踏沙行？扇影衣香冉冉輕。一抹斜陽照煙水，惱人春色不分明。

（1）野行

數月不出門，東風綠郊野。野老衣短簑，曲卧古松下。牧童吹笛來，騎牛當騎馬。相呼同早歸，今天是春社。

塞下曲

邊月照邊城，羇人無限情。親朋書久斷，妻子累翻輕。歸路萬餘里，悲笳三兩聲。風霜休自惜，努力守幽并。

送別李蕚樓農部應棠

最恨沿隄柳，絲絲只拂塵。不將長短縷，一繫别離人。

過中宿峽

夙負山水志，兹遊足怡顏。移舟入清遠，瞥見二禺山。側聞古帝子，棲神于此間。靈洞出霄半，磴道深屈盤。兩峰如天門，壁立開雲關。寒江濯清漪，逶迤常潺湲。我行初經過，一去何時還？北風散晴嵐，日暮安能攀！

夜渡湘江

九轉孤帆尚望衡，荊南荊北夜兼程。夢回五嶺人千里，月湧三湘鴈幾聲。異地可堪風露冷，故鄉空戀弟兄情。英皇已渺誰憑弔？斑竹沿江涕淚橫。

三户津

葛公亭北濁漳濵，曾記東兵此渡津。一笑長城空萬里，不知三户已亡秦。

由濂泉至白雲寺

尋幽盡日此經過，荒徑崎嶇入薜蘿。今夜倦遊何處宿？白雲深處白雲多。

（12）土木懷古

宣府風雷震属車，六軍輕出恨何如。從無婦寺能謀國，徒有公卿數上書。瀛輔捐生空忼慨，徽欽覆轍共欷歔。明明祖訓懸金鑑，東廠誰人變法初？

送春詞

細草池塘漲緑波，杜鵑聲裡奈愁何！年來送盡春如許，難遣天涯客恨多。

甘灘漁父詞

乂簑結網樂何如，鶴髮蕭蕭久不梳。紅雨半灘灘水長，浪花堆裏打鰣魚。

詠史

舊制更張號令新，商君志本欲强秦。豈知作法翻羅法，無驗那堪坐舍人？

欲壯秦關侈遠圖，盡將豪富徙皇都。可憐户口十二萬，博得咸陽一日屠。

不聽孫郎計已差，青州北走事堪嗟。一聲太息橋床上，悔否當年號仲家？

才名冠世不尋常，望重蒼生一出償。江左廢興聊復爾，馳書翻笑會稽王。

戍卒詞

壯歲極邊來，西風白髮催。年年送征鴈，一上望鄉臺。

即事

潑墨濡毫少暇時，畫蘭十載已成癡。内人鎮日渾無事，也學儂臨管仲姬。

紫藤館春日

十二闌干幾度憑？年來風味頗堪矜。詩難割愛如妻子，書有清談即友朋。臨沼静看魚漸上，叩門還喜鶴能膺。一階紅日教全隔，先喚園丁引紫藤。

放鸕鷀

昨夜打魚半灘月，今夜灘頭月落遲。趁月摇船灘下去，又吹竹笛放鸕鷀。

三江城憑眺

連天雪色夜登臺，白盡羣峰粤望開。别有此鄉風景好，月明猺子趁墟回。

英州行

四百里山，五百里瀨，行十二日，不見平地。
絶壁俯視，危崕怒盤，欲墜不墜，心怯膽寒。
灘聲鳴雷，灘勢撼石，亂篙齊下，得尺則尺。
上灘孔艱，下灘多患，噫吁嘻哉！暮雨潺潺。

連州道中

漫説蠶叢險，連州路已難。沿江七百里，三百六重灘。

畫不如樓

舟入楞伽縱目初，傳來夢得語非虛。千鬟萬笏供憑眺，信有青山畫不如。

歸汾江草廬寄呈吴秋航刺史梯張南山司馬維屏

依舊汾流緑一灣，塵衣未許染緇還。科名且付三生定，歸記聊安十畝間。多買異書贏置産，飽看怪石當遊山。詩朋酒侶攜樽過，共醉花前解笑颜。

西溪曉起

曉起西溪立，野煙開四圍。亂峯撑日上，一水破雲飛。鳥語半天落，人蹤隔岸稀。三株兩株柳，殘夢尚依依。

天車謡

一激一摶，一轉一勺，自然循環，水上水落。水上上天，水落落田，天有旱乾，田無凶年。礪我刀鐮，刈我禾黍，不見潮田踏車辛苦。

河池

大軍乘勝擬防秋，下詔班師不少留。南渡無多收復地，一時甘棄十三州。

韶州道中

經過大廟又湞陽，倒峽東流日夜長。野竹繞隄千畝緑，積沙横海半江黄。山稠客子歸思亂，水落舟夫逆挽忙。尚喜沿途多怪石，蓬牕憑眺肆詩狂。

偶感

居家令人煩，辭家令人老。悠悠天地間，何處舒懷抱？富貴終苦人，而

况難長保。學仙亦渺茫，幾見能成道？畢竟塵世中，惟有醉時好。

連陽江口虞夫人廟

夫人，英德曹寨將配也。唐末黃巢陷西衡州，寨將殉難，夫人率兵禦賊。賊敗去，夫人殉節。宋紹興間，蠻峒相聚謀亂，見夫人紅裝天際，衆遂散。後人立廟祀焉。

黃沙捲地黑風起，欃槍夜光亘千里。賊趨廣南陷北鄙，麻寨寨將血戰死。寨將夫人奇女子，拔劍剖案憤切齒。直入賊營破賊壘，殺賊賊遁賊圍解。夫仇已復恨已洗，死願從夫作貞鬼。英魂毅魄同千載，嚴裝仿彿蠻煙裏，古廟年年照江水。

韓侂胄

宗臣遠竄南方去，機速房中任指揮。印綬忽膺三省重，頭顱僅贖一關歸。倉皇舉事才偏拙，徼倖成功計已非。繆醜議和君議戰，濟奸相類迹相違。

遠戍

辭家遠戍夜郎西，匹馬怱怱夕照低。遊子自知行不得，鷓鴣休更盡情啼。

蜀道

過得拔蛇山，征夫鬢已斑。不知前夜夢，那解到鄉關。

春晴

行裝半月雨陰中，着罷冬衣向日烘。一事喚童應記取，曝裘須避柳花風。

朱仙鎮

十二金牌倉猝催，英雄無計挽傾隤。黃龍儻痛諸君飲，白鴈何緣萬里來？一塊肉貽厓海葬，兩宮車賺朔方回。郕王異代同懷惑，終仗公孤幹濟才。

北山題壁

亂石一溪水，空山四草亭。蕭蕭林裏寺，僧懶不聞經。

過故人李瑶林墓

四山黃葉落紛紛，抔土荒涼對夕曛。嗣續無人慈母老，墳前一過一悲君。

涂涯

孤艇泊涂涯，登臨夕照黃。神威岳武穆，仙尉米元章。斷碣留僧寺，寒煙出女牆。徘徊重懷古，無限感蒼茫。

前蜀宮詞

柳眉桃臉不勝春，唱罷《甘州》最愴神。一檄降唐宮妓散，果然淪落在風塵。

太湖夜歸

畫船朝放碧波間，夜氣昏昏打槳還。一片湖心明月上，東風吹出洞庭山。

端州劉遇亨刻

跋[1]

七月望夜過訪雲裳，偶于案間得一送行詩，謂有唐音，詰知爲雲裳六弟福草作也。雲裳并出篋中小草相示，衹十數首而靡不近古。福草今甫十四齡，異時所造當有駕李、杜、高、岑者。書數語以誌欣賞焉。己丑郭尚先。

九圖與吴子星儕輯有《嶺表詩傳》一書，已附拙作十五首於卷末，而全集不敢遽行開雕。再擇若干首付梓，贈各知己，非欲出而問世也。福草居士自識。

詩之格調歷時而變，然其出奇無窮，與古爲新者，則才也。余素耳梁君福草名，近得讀其詩，天才宏放，逸思飈舉：時而幽泉淺瀨，瀟灑出塵；時而奮擊蒼頭，交馳突起。不出古人格調，而佳篇秀句無窮清新，竊歎才不可及。然才而不詭於法，則又非放筆爲直幹者所得望其後塵也。道光甲辰重陽前五日，次人吴聘題於思經草堂。

凡人於其情所好者，其爲之必工。余友梁子福草性灑脱，善書畫，好唫咏。癸卯春，出所著《紫藤館唫草》見示，深得唐賢三昧。夫詩以言情體物，然言情而情不達，體物而物未至，其甚者流爲纖刻，貌爲新奇，寖失《三百篇》温柔敦厚之旨。工之一字，往往難言。福草以天授之筆，復寢食於古人。其達難達之情，體難體之物，任意抒寫，無不曲當。是殆工於所好者歟？愚弟陳賔選拜讀。

福草先生幼工唫詠，長益精醇，頃以詩集屬書付梓。觀其筆力之雄奇、

---

① 香港本書末跋語的作者依次爲郭尚先、吴榮光、張岳崧、陳賓選、吴聘、陳官蘭，後接吴夢奎、吴超題詞與梁九圖自識。

思致之清綺，已能獨濬靈源，掃除凡徑。由此而饜飫優游，學與年進，方當扶輪大雅，奚止步武騷壇？道光癸卯陳官蘭。①

福草姻長幼以能書名。壬寅仲秋得讀其詩，學力精深，寄意高遠，異日當與書法並傳矣。吴榮光。

佳詠屬意深遠，真能追至唐人。獲覽之餘，欽嚮不盡。張岳崧②。

順德梁福草爲余甲戌同年青厓中翰猶子，夙承家學，弱冠工擘窠書，兼有平原、玉局筆法，旁通篆隸，尤工畫蘭。索書者幾至踏破鐵門限。所著《紫藤館詩》清高深隱，顧視不凡，與其邑胡豸浦《賜書樓集》皆爲英年雋品。龍溪鄭開禧。

順德梁君福草梓所爲詩，介其同宗章冉學博見示，且索題詞。予謂詩本性靈，古之作者多由天授。《三百篇》勞人、思婦矢口成章，何嘗日事推敲耶？聞福草少即能詩，天分殆有過人者。又能焚香一室，杜門掃軌，拜石品花之下，聚古今名流巨集，寢食其間。異時進境自未可量，《五百四峯》而後别樹一幟，抑復何難？戊申三月，方有山左之行，倚裝漫題其後。鐵嶺楊霈拜手書。

昔李昌谷才而好遊，得句輒投古錦囊中。《高軒過》乃其少作。福草詞長，以十齡工詩，傳聞海内，近刻其初稿。年華鼎盛，諸體咸備，皆露天才，將躋太華之巔，更窮大海之底。李、杜、韓、蘇各大家後期分一席，昌谷又不

① 以上郭尚先、吴聘、陳廙選、陳官蘭及梁九圖自識均不見於《梁氏支譜》。
② 以上兩則跋語爲底本所無，兹據香港本録出。

足言矣。道光戊申黄培芳識。[①]

福草比部將爲余梓詩，復以其《十二石齋詩》使余爲序，卒卒未有以應也。是歲六月，邑中有兵革之變。我家去比部數十里，消息不相聞。或傳比部已播遷，餘一嫗守舍，而余亦雌伏鄉園，憂在旦夕，更無暇於鉛槧，唯性命相關而已。夫人生之遭際大而勳業細，而詩歌其顯晦遲速，蓋有數存。惟堅卓不磨者，劫之愈深，愈有以顯其奇傑。彼柔脆靡曼，取悦一时，即不遇劫，其能免於蠹蟫之患乎？比部詩宗法漢唐，弱冠即以詩名，聞海内後則與古爲新，不拘常態，著述甚富，尤爲張南山司馬、黄香石中翰所知。其詩固無待劫而自顯。若余則浮沈存沒，均未可知，不能不聽之於數。甚可悲也！嗟乎！方今攻伐載途，風塵未息，跬步生死，人難自料，詩文猶其餘事。回憶桑梓盛時，與三五知交讌遊珠江、汾水間，飲酒賦詩，其樂何極！此境已不可復得，矧風雨孤村，篝燈永夜，行愁坐嘆，顧影無聊，言念故人，恍如天末。不得已乞靈翰墨，借詩序以遣悶懷，益不禁黯然神傷矣。咸豐甲寅九月鐵泉岑澂拜序。

福草比部少即工詩，博雅多才，兼工書畫，著書數種。大者有關於文獻，次亦有裨於見聞，宜其不脛而走也。其爲詩本諸性靈，充以學力，有時雲霞舒卷，出於自然；有時風雨合離，通乎變化。既循軌轍，更闢畦町，方當扶大雅之輪，豈獨守嶺南之派？张维屏跋。[②]

---

① 以上鄭開禧、楊霈與黄培芳三跋爲底本所無，見於《梁氏支譜・藝文》“《紫藤館初刻詩集》一卷”條下。

② 以上岑澂、張維屏二跋爲底本所無，見於《梁氏支譜・藝文》“《十二石齋詩鈔》一卷”條下。

《榕陰唱和集》《閩中賦別詩》[1] 所載梁植榮詩詞

榕陰唱和集

奉答郭遠堂師

鼇峯高入白雲間，芒屩人來問字班。一脈薪傳尊鹿洞時掌教鼇峯書院，五枝桂折繼燕山師五弟兄皆登科甲。春風坐我能容鈍，中夜憂時待濟艱。帳外槐陰門外雪，未知誰共抱痌瘝。

贈張紫封名府

久從梓里仰機雲謂令兄挺生茂才，同宦閩南意倍慇。江上經年搔首望，榴花開遍始逢君。

春風夏雨見才華紫封宰仙遊縣，有善政，民頌“春風夏雨”匾額，曾向仙遊拜舊衙。十四里中留善政仙遊縣分十四里，慈君名本屬張家。

《紅豆》遺來一卷詩紫封著《紅豆生吟草》，郵筒差足慰相思。清歌讀與姮

① 兩書均爲唱和詩集，除梁植榮詩詞外，還收録了侯官林昌彝、林慶銓、郭柏蔭、郭式昌、郭溶、楊浚、高明遠，香山黄國培、張兆鼎、張芙初、鄭懋熙以及陳汝枚、開平司徒緒、順德陳學有、恩州姚榮紀、宜黄陳偕燦、平樂梁卓英、泰州朱寶善、貴筑余懋勳、長白廷樾、壽寧鄒本魯、太平崔蓬瀛、龍泉季其昌等人的唱和之作。各人生平可參閱閆菲《〈榕陰唱和集〉考論》一文。底本《榕陰唱和集》自序一頁鈐有“寸心知”朱文印，下一頁又有“鄧粗培”印。《閩中賦別詩》書末有“知幾”白文印。

娥聽，正是樓頭月滿時寄詩到，剛十五夕。

吟盟虛負幾花朝，兩地公餘簡屢招。九彩園中何夕酒紫封寓所名九彩園？聯牀共話雨瀟瀟。

題張紫封《紅豆生吟草》

吟成《紅豆》一編新，綺語莊言總貴真。山水襟懷花夙恨，風雲骨格月前身。曲江百粵餘騷派，燕國千秋見替人。更羡趨庭還有種，衮師秀美已無倫少君小封妙齡能詩。

次韻張紫封兆鼎《榕垣旅寓歲暮雜興》[①]

一斗梅花落帳前，風風雨雨送殘年。登樓笑指家姬看，屋角山光落九仙。

朋儕鎮日鬬尖叉，鉢擊詩成有幾家？借得香風助吟興，案頭吹放水仙花。

何時歸去弄煙波？汾水珠江寄釣蓑。日日沙鷗尋舊伴，閒身應勝在官多。

年年匏繫感微官，欲續黃粱夢亦難。製錦近來花樣變，入時更欲索君看。

米鹽瑣屑歲寒謀，客裏驚看又敝裘。寄語閨中休遠望，春來醉裏定封侯。

烟開白墖封樓居，聽得鐘聲感六如寓樓左望爲白墖寺。欲學神仙還學佛，《楞》

① 原書無題，僅有“和作”二字。題目爲筆者擬定。

《華》《道德》兩函書。

和張紫封兆鼎《寒夜聞雞感賦》

鄉關千里客窗虛，共聽雞聲夜夢餘。好宦似君原不惡，新詩寄我竟何如。年來誰舞劉琨劍？世上偏輕虞翼書。況是殘更寒徹骨，瀟瀟風雨倍愁予。

和張紫封兆鼎《歲暮感遇燈下漫成》

朔風蕭瑟最關情，閩蠟重看暗自驚。問柳已憐春漏洩，戰茶難定夜輸贏。儺行逐去愁應遠，竈媚邀來福不榮。一卷新詩行篋祭，低頭尚有謝宣城。[1]

庚申元旦喜雨

濯出乾坤氣象新，普天同慶頌皇仁。蒼生屬望無如雨，青帝司權況及春。卜歲晴光開甲子四時甲子皆不宜雨，洗兵金氣靖庚申。涓埃圖報知何日？只祝農時靀霂匀。

日晴再賦

一輪遥湧出扶桑，曖曖天開五色祥。柏葉椒花讙比户，紅霞紫氣捧朝陽。日高冠服千官貴，雨歇河山十郡光。萬姓同躋仁壽域本年恭逢皇上萬壽，齊歌擊壤頌君王。

① 以上二詩於原書無題，僅有“和作”二字。題目爲筆者擬定。

酬季瘦梅别駕見訪

僚友何人季瘦梅？解頤真擅説詩才。緑榕陰下翩翩影，知是風流别駕來。

五首驚人詠物詩，雕金鏤翠見才思。閒情偶學香奩體，更似冬郎年少時。

和梁愛蓮卓英①

花王開不占花魁，脈脈凝粧尚待催。翠幙堂前名士會，玉屏館裏美人來。多情明月三分共，解笑東風半面猜。好借光陰常護惜，留將春色伴春醅。

飛來瓊島幾經年，百寶闌干艷欲然。本是繁華嫌太露，此番圖畫最難傳。鼓催亭畔聲三兩，酒買花間價十千。莫謂瑶臺開較晚，一評衆卉别凡仙。

冠絶群芳國色誇，玉山高處憶穠華司徒觀察寓後爲玉尺山。淡雲微雨如留意，檀板青尊有幾家？月夜定含金掌露，曉天初綻赤城霞。東君真解人憐惜，閏裏春光爲護花。

月下珊珊露半□，評花第一數天香。會當向日開全面，作意□春住上方。貴客風流原藴籍，夫人濃艷不輕狂。閩山依舊吟臺在觀察寓後閩山宋郡守程師孟刻“光禄吟臺”四篆字于石，願寄新詩入錦囊。

廷雅南明府見訪出示所著詩詞即題卷後兼酬見贈

過江自古多名□，似子才華更數誰？霞嶺雲開相見晚，洞庭□滿舊遊時雅南曾宦湖南數載。銅琶鐵板天風爽，花徑蓬門晝日遲。得聽《陽春》真絶唱，

① 原書無題，僅有“和作”二字。題目爲筆者擬定。

轉慚《巴曲》不堪吹。

寓齋悶坐偶作迴文詩四首簡菊溪瘦梅兼索和韻

輕煙罩岸柳依依，曲水歌船一棹歸。明月滿帆春酒美，笙簫幾處落花飛。

涼風竹繞水邊亭，未捲簾時夜響鈴。長笛弄聲書罷讀，香烟篆座伴燈青。

鴉啼滿樹一江秋，遠思鄉懷觸眼愁。花共葉飛紅片片，斜陽夕望倚高樓。

潺潺水澗石横琴，鶴睡高松徑碧深。山外雲光雲外雨，斑斕幾嶺一寒陰。

楊柳

離亭東去小橋西，楊柳條條夾道齊。十里曉烟成罨畫，一江春水似玻瓈。情根當日誰留種？飛絮他時恐作泥。悵觸廿年攀折事，不堪回首是長隄。

湯湯水急送將歸，萬縷千絲歷亂飛。烟雨六橋人唤渡，樓臺兩岸水環扉。最難惜别聞啼鳥，不獨傷心見落暉。愁煞揚江風太惡，飄零無復舊依依。

午後風雨大作愛蓮書來索和《即事偶占》七律即步原韻就來使却寄

官閒鎮日只裁詩，索和書來似有期。日午夢醒徐穉榻，晝涼摹寫《夏承碑》。雨風怒擁如江浪，鴉雀争啼滿樹枝。玉尺山連諸古嶺愛蓮寓後爲玉尺山。余寓在諸古嶺，最高峯憶共遊時。

次韻梁愛蓮卓英《長夏偶賦簡愛樹和韻》[1]

樓頭風滿獨眠琴，好是晴天最賞心。隔岸花香初著雨，出山泉響自成音。一羣青犢荒村外，百囀黄鸝夏木陰。晝永臥看雲變幻，羲皇應向北窗尋。

贈姚菊溪别駕兼題《欲六齋詩集》

宦遊千里感同官，投贈三年最洽歡。四面平分風暢快，幾回共看月團欒？《高山》《流水》懷鐘伯，《錦瑟》《香奩》憶李韓。荔子正香茶正熟，無諸城上拜吟壇。

贈林薌溪教授

遠别經年又得逢，射鷹樓上寄高蹤薌溪著有《射鷹樓詩話》。一官我愧羈千里，《三禮》君曾達九重薌溪曾獻《三禮通釋》，蒙御賜"留心經訓"四字。落落源流追杜老，翩翩風矩羨超宗令嗣曜如著有《説文字辨》。匡時有術應投筆，早令東南殄衆兇薌溪欲投効江南軍營。

鼇峰高處出塵多薌溪寓鼇峰書院左鄰，握手驚看兩載離。黄菊滿頭相别日，丹榴照眼共談時。多才自古天偏妒，横禍還憑友見知。達士何須争俗論？可同擊鉢莫遲遲。

登越王臺

尋詩同上越王臺，四野烽烟觸眼哀。鼓角聲隨風靐遠，桅檣影逐海雲開。秋涼易灑思鄉淚，官散慚無濟世才。時事休談聊縱酒，勸人還有宋朝梅臺有宋

① 原書無題，僅有"和作"二字。題目爲筆者擬定。

朝古梅一株。

登福州城樓二首

倚遍高樓足盪胸，關河天險扼重重。東西山拱分旗鼓，上下江横鎖馬龍。四野荷花千樹荔，萬家燈火一城榕。登臨無限秋風感，怕聽朝朝暮暮鐘。

雲樹茫茫對感傷，霸才消滅斷愁腸。萍蹤潦倒悲王粲，松蔭凋零憶蔡襄。北望層樓歸霹靂時鎮海樓爲雷火所焚，南尋古寺付滄桑謂積翠寺。無諸不作琅琊死，賸有寒烏叫女牆。

次韻張紫封兆鼎《閒居漫遣》①

自入塵寰盡惱鄉，何分藜藿與膏粱？一年月滿天多晦，四野風蠻路覺長。身世蝸名悲縛束，宦情雞肋懶争賞。欲尋邵子求安樂，願借閒窩共酌量。

懶臨池復懶哦詩，百感無端只獨知。荷沼半殘秋雨葉，楓江已冷夕陽枝。炎涼轉眼分今昔，富貴關心怨早遲。愁煞光陰閒裏過，曉窗聊自弄呱兒。

次韻梁愛蓮卓英《中秋作客閩中述懷四首》②

癖茶愛荔愜幽襟，佳景何年得再尋？丹桂溼時驚露冷，黄花開日已秋深。蘇秦偶作還家計，李泌難忘濟世心。勢有可乘書再上，不須落拓歎而今時余請假旋里。

---

① 原書無題，僅有"和作"二字。題目爲筆者擬定。

② 同注釋①。

到處逢迎到處緣，知交愛我半忘年。世當離亂輕名器，歲不豐凶有硯田。豪傑無權輸俗豎，閨房清福勝神仙。人生莫逐風塵老，幾見當頭月正圓？

次韻姚菊溪榮紀《東風齊着力·夏日遣懷》

塵世茫茫，光陰冉冉，好事多磨。閩山粵海，三載苦奔波。太息烽烟四野，何年始得靖妖魔？情無限，傷今弔古，客裏愁過。　恨賊虐如梭。嗟群類、再經篦薙無多。問誰濟世，默默彼蒼何。願得昆吾利劍，芟除盡、榛莽荆蘿。同快睹，銜枚洗甲，凱奏功歌。

次韻廷雅南樾《桂枝香·秋日遣懷》

涼風晚作，喜滿院花香，炎日西落。邀得良朋四五，及時行樂。燈紅酒緑争輝映，笑豪華、滿陳珍錯。月臺風榭，把銀箏玉管安排着。　看鴨篆、香烟寞寞。聽鬬謎拈鬮，同猜度。正喜風流詄蕩，殊非穿鑿。新愁舊恨都删却，想今宵歡會非惡。人生有幾，舞衫歌扇，酒樓花閣？①

閩中賦别詩

中秋後請假旋里留别閩中諸友

豈不臨風惜别離？蕭然宦橐奈難支。壯懷待副那甘隱？好景重來尚未遲。香荔新茶供領略，金鼇峯名石竺山名悵分歧。珠江遥想歸帆到，應是諸君憶我時。

① 以上兩首詞本無題，題目爲筆者擬定。

三年作宦愧無才，檢點琴書轉自咍。鶴俸艱難虛歲月，驪歌悽切動尊罍。一潭深水停雲遠，幾束新詩舊雨來。偶倚歸裝談欵曲，此行還待菊花開。

征途去去感風塵，閩海來遊話夙因。廿八月中蕉鹿夢，三千里外雪鴻身。功名稱願原稀少，文字論交貴率真。幸有唱酬詩卷在近輯《榕陰唱和集》，壓囊差可告鄉鄰。

關心民瘼幾回頭？雲樹重封第一樓全閩第一樓在藩署前。送我連江寒雨夜，別人千里海天秋。鶴聲斷續隨猿嘯，山色蒼涼夾水流。爲語諸君須努力，安閩至計要同籌。

伯芷遺詩[①]

順德梁朝澧伯芷著[②]

卷一

論詩

文章本無憑，識者自領之。如何論詩品，紛紛唐宋爲？李杜與韓白，雄角吟壇師。蘇陸後挺出，溟渤搜怪奇。淵源本一脈，祖述三百《詩》。

秋思

一夜不成夢，雞鳴更欲闌。捲簾看月墜，對鏡惜秋殘。衣影空階溼，鐘聲荒寺寒。感時與懷古，徙倚遍朱欄。

觀趙文敏《夜獵圖》作

鷗波春恬鷗夢長，王孫草色連天黄。詩思清新駕都剌，畫圖雋妙卑元章。官閒無事戲拈筆，角獵煌煌夜景出。馬蹄蹬蹀隴雲高，虎勢咆哮關月失。中有數人矯如龍，後插羽箭前雕弓。刀劍礮石互向背，萬山摇動秋溟濛。吁嗟乎！天水荒涼思猛將，北復中原南保障。敗死曾聞謝侍郎，舍生争説文丞相。桑田滄海事如烟，禾黍西風年復年。森森殺氣生綃透，記否厓門水砦船？

---

① 李文田題書名頁，作“伯止遺詩”（篆書），後書“光緒元年十月同縣李文田題”。

② 梁朝澧（1845—1866），字袠啟，一字伯芷，梁世杰長子。底本卷一署名右側鈐有“南海黄氏秩南任恆”“信古閣藏”二印，故知此本舊爲黄任恆所藏。

海棠

閒情脈脈自孤芳，幾曲闌干繞海棠。日照綺窗初見影，風迴畫閣似聞香。夜深我亦燒紅燭，春盡人誰上緑章？遥憶去年遊興好，訪君曾向白雲鄉。

郡城樓晚望

白日堂堂去，紅塵滚滚來。百年忙似客，一望一低徊。

書《陸放翁集》後

傷時憂國少陵心，光景流連自苦吟。北伐未聞恢復策，應愁家祭告南侵。

哭關明軒師

昨夜高談興尚雄，何期死別忽怱怱師中痰暴卒？犧爻憶昔曾傳我，馬帳而今竟哭公。半載執經瞻霽月，卌年閲世悵秋風。登堂太息難重見，杜宇哀啼淚血紅。

重九登白雲山即呈惠田從叔

山高壁峭木森森，兩袖當風倚劍吟。名士幾人傳姓字？重陽無客不登臨。半江霜重丹楓落，萬壑雲寒白日沈。此地漫談塵世事，好將詩酒細論心。

冬夜

愬然忽輟讀，燈火若相親。劍冷騰光氣，裘輕稱病身。茫茫誰是我？寂寂最愁人。釋卷怯寒夜，風蕭一愴神。

辛酉春感

輕寒輕暖透窗紗，庭院香深日欲斜。二月春光原不惡，百年人事總堪嗟。池塘舊夢沈幽草，柳絮新愁弔落花前九年喪二弟，昨年又喪二妹。坐對東風無限感，何當屈指溯年華?

寄生草

草木知附勢，託根高樹生。霜藉高樹庇，雨分高樹榮。二者不同本，枝葉各争茂。老幹日以頹，寄生日以秀。物性尚如此，人兮復何有?

題畫兩首

逐浪自徜徉，漁翁兩鬢霜。白雲無盡處，山水各茫茫。

地盡疑無路，天開别有村。扁舟何處去?笑指古桃源。

柳絲

千條萬縷踠寒烟，亭外東風劇可憐。不信别離牽不住，無情人也意纏綿。

春陰

憶昔連宵上緑章，癡情只爲護羣芳。而今不待從天借，好把佳音報海棠。

个軒夜坐

窗前病起怯寒侵，坐久添衣隱几吟。花影沈沈春欲去，鑪香裊裊夜初深。琴樽久仰風人度福草叔祖數與諸名士宴集於此，書劍難酬壯士心。欲置此心塵鞅外，山青水碧快登臨。

幾向東風拊髀歌，茫茫塵世歎蹉跎。一生有命真如此，萬事無成可奈何？蚤歲傳名天下少，奇才不第古來多。只應閉户尋書味，簾外春光似電過。

村行

曉行山下路，天氣覺清涼。帶綰蒼洲荇，鍼穿緑野秧。景中收畫本，轎裏當書牀。可笑村家女，争來看客忙。

司馬相如

操罷《求凰》樂好逑，遠山眉黛想風流。相如解作《長門賦》，那忍文君詠《白頭》？

王猛

曾披裋褐謁桓温，慷慨高談蝨自捫。畢竟入秦緣底事，竟隨草付逐中原？

暑夜讀書

夏夜苦炎歊，開窗見修竹。半臂生微涼，還尋舊書讀。階蟲時夭夭，鑪香静散馥。皓月窺松檐，青燈對茅屋。抱膝方苦吟，清風動林木。輟讀長欷歔，披襟輒捫腹。

一雨

一雨洗清晨，渾忘病後身。北窗風似水，裋褐倚松筠。

午睡

市聲聞漸喧，一夢瞿然醒。睡眼尚矇朧，呼僮煮香茗。

喜何樸君至

報道慈雲下九陲，病中陡坐喜難支。衛生正欲尋仙藥，起死由來屬國醫。秋月幾回遥引領，春風一夜暖生肌。養身有術應相告，得聽高談惜我遲。

初秋

花事一何寂！臨風百感生。病中憐石瘦，胸次得秋清。磊落陶徵士，疎狂阮步兵。涼天太蕭瑟，癯客不勝情。

觀棋

飽食捫腹行，性懶書倦讀。忽聞手談聲，素癖竟振觸。隔院人自閒，旁觀寓吾目。其始形勢同，對陣相角逐。偶然差一著，瞥爾壞全局。輸者失氣餒，贏者笑可掬。拘拘棋局間，何遂判榮辱？勝敗原無定，盛衰如轉轂。請看楚與漢，得鹿翻失鹿。

秋夜把酒懷諸同志

野館天初暝，寒窗酒正温。懷人千里遠，細雨一燈昏。夜色星横漢，秋聲葉打門。獨居悽惋甚，文字與誰論？

有感

丈夫生世間，立功乃先務。願爲陣上馬，勝作書中蠹。渺渺關塞遥，依依楊柳戍。縱有終軍心，請纓恨無路。

自君之出矣兩首

自君之出矣，綾束減腰圍。却羨梁中燕，遠行不獨飛。

自君之出矣，食不知甘旨。願借石尤風，阻君渡江水。

遣興

頹臥亦云懶，幽居興轉濃。苦囂思檄鼠，惜豔戲彈蜂。清趣隨時適，和光諒世容。夜闌心有悟，去去聽禪鐘。

江上

獨行江上爲吟霞，幾隊閒鷗聚白沙。屋角烟寒催日落，緑蘿紅樹老漁家。

壬戌春日

忽忽春來逸興賒，藥爐茗盌作生涯。未能免俗偏思竹，只爲多情怕看花。獨對短檠憐夜永，難將長纜繫年華。誰憐病骨支離日？幽恨纏綿入暮笳。

苔

泥黏雨滑落花天，一度憑闌一悵然。休笑澀囊無長物，寒階尚賸許多錢。

牡丹

百卉雖明豔，春都屬牡丹。獨王香國易，不媚僞朝難。有客雕闌倚，佳人錦障寒。寄言昭諫子，休作太真看。

燕

日暖花當惜，春晴草懶芟。畫堂簾不捲，憑汝話呢喃。

霪雨連日水浸寓齋柬黄鏡峰茂才

逐逐塵□竟爲名，夜來雨水漲三更。輟炊聊買桄榔麪，驅溼因思薏苡羹。知遇於君重有感，清閒似我百無成。雄心欲吸西江月，一笑騎鯨返玉京。

聞蟬

嗚咽聲何切！愁人不忍聞。孤高應似我，清潔最憐君。夜吸半林露，身棲一葉雲。更闌悲欲絶，槐子落紛紛。

季夏登池上臺

夏熱竟如此，閒登池上臺。窗疏青竹補，園小白蓮開。雨洗煩愁去，風傳好語來。趨炎殊不必，天氣送秋回。

載酒妙高臺拜東坡先生遺像

清風吹我來人間，遊戲塵世心自閒，任呼牛馬無赧顔。讀書萬卷濟何事？峭倚崆峒思故山。

昔人嗜酒懷抱開，雖非所好聊舉杯，先生之風如昨哉！豈料七百有餘歲，有人月夜乘舟來？

憶荷花

近水秋先到，捲簾日又斜。不堪回首處，八月憶荷花。

秋日

暑退思删竹，涼歸不渴茶。秋風無限感，黄葉自家家。

七夕懷古賦得長生殿

驪山依舊入雲修，弔古蒼茫羯鼓樓。天上神仙怨離别，人間帝子自風流。馬嵬異日留新恨，蛛盒當年憶昔遊。七字長吟玉溪句，他生未卜此生休。

過个軒舊讀書處

不到个軒已歲餘矣。經七月颶風後，垣頹樹圮，今昔異時，感作。

零落歎今日，風流思往年。舊時讀書處，荒樹臥窗前。日淡照寒水，秋深無點烟。瞥眼知逾歲，撫躬重黯然。

讀陶詩即擬陶

我愛陶公詩，無事三復之。自然有真樸，不假修飾爲。清高杳塵世，曠達真吾師。曹劉盡俯首，謝鮑失精思。涼風生北窗，幽菊開東籬。先生不可作，異代契心知。

書歎

宇宙誰非一寓公？似君毋乃太匆匆。生原是贅終黄土，死竟如斯問碧穹。寒月無人啼野鳥，大風有客弔沙蟲。茶烟泡影須臾事，益信塵寰萬象空。

紙鳶

一縷青霄上，三秋碧落中。淩雲雖自得，操縱任兒童。

燭

挺立君何勁！光輝孰與京？焚身都不管，惟冀此心明。

約同人遇雨不果

一雨敗佳興，索然蝸室間。人空思劇鬧，天竟爲晴慳。獨坐應生悶，幽居孰遣閒？平生多失意，小事亦維艱。

舟夜懷遠

捲簾坐久鴨香消，月滿空舟伴寂寥。秋朗無塵思酌酒，夜涼如水聽吹簫。江中自覺一身小，夢裏渾忘千里遥。我欲乘槎天上去，前汀蘆荻正蕭蕭。

梅花

凡花經雪萎，此花經雪肥。欲尋紙帳夢，羅浮人已非。緊君擅清品，身合居瑶池。自慚穢濁甚，羞對仙人姿。依依不我棄，隨月窺書帷。英華願耐蘊，占得春魁歸。

讀陸放翁《海棠》詩

曾賦棠花愧未工，家雞野鶩不相同。拾遺舊詠悲零落陸句，千古風流屬放翁。

清晨

清晨花下立，日日惱愁添。風緊池萍約，泥穿野筍尖。新懷傷杜牧，舊夢滯江淹。春色撩人甚，誰教捲畫簾？

薙塘春暮

薄霧泥人意，蒼茫望眼賒。四窗迴舞蝶，一雨起鳴蛙。見影先知竹，聞香莫辨花。今年春又去，誰爲送天涯？

初夏讀《花間集》

緑濺新萍鴨浴江，枕流日聽水淙淙。狂風不定鳥鳴樹，細雨欲來蠅點窗。拙態豈宜塵裏住？抗心都向病中降。邇來更有填詞癖，幾度《花間》訂舊腔。

競渡

五月競渡，或以爲始自救屈原，或以爲始自救曹娥。忠臣、孝子各有千秋。競渡之俗，亦教忠、教孝之遺也。

年年鐃鼓賽龍舟，往日英靈尚在不？一樣投江報君父，忠臣孝子各千秋。

讀史

讀史談氣節，悲歌幾眦裂。太息新亭淚，慷慨侍中血。丈夫貴立志，自命爲俊傑。僞促轅下駒，豪懷所弗屑。清朗心逾冰，峥嶸骨峙鐵。麗都不能奪，霜霆不能折。我欲請長纓，奮臂繫南越。我欲仗長劍，奏凱朝北闕。壯志弗得遂，豈竟山林沒？措大窮困身，欷歔怒衝髮。男兒伏草茅，議論徒激烈。大言非忘慚，幽憤聊以雪。

夏夜遇雨柬黄荷衢茂才

炎熱逼人甚，對燈煩惱生。暑添身外病，雨入夢中清。瓦枕涼如許，紗窗天又明。呼僮汲新水，自起把茶烹。

秋至

不經夏暑煩，安識秋涼好？涼歸何太遲，暑去嫌未早。豈獨春宵味，一刻千金寶。

揚州懷古弔史閣部

半壁江山賸蔓烟，孤臣慷慨亦徒然。盟壇枉動三軍哭，幕府誰收四鎮權？精衛有心填北海，子規無血泣南天。年年依舊秦淮水，可見忠魂返故川。

鷹

千里雄心壯，三秋殺氣高。飛騰如有日，搏虋敢辭勞？

讀《海雪堂集》

悽惻靈均子，風流海雪堂。麒麟天上貴，蘭茝集中香。杳矣《廣陵散》，奇哉雲韗娘！如何《赤鸚鵡》，概掩大文章。

和黎烟篷孝廉《黄榜花》四首

儼然色相現優曇，節屆春秋我欲探。得雨直從天上放，臨風思向帽邊簪。幾家聲唱槐忙罷，一月香薰杏宴酣。好是題名歸去日，飛英滿路映鳴驂。

風前報喜鵲聲乾，蠟蕋繽紛揭曉看。捧露漫誇芝五色，淩雲奚數竹千竿？標來暗奪瓊林秀，放去高勝玉宇寒。已幸一枝容折取，繁華休更羨長安。

似此奇材肯誤刪，芳名知不落孫山。銀袍著豔瀛洲地，金帖聯芳翰苑班。甲第果如蓉早兆，丁年深喜桂同攀。今朝去作探花使，休笑重緣向我慳。

首選高高望若仙，春風傳信竊欣然。劇憐一樹啼鶯日，正是千門走馬天。得意肯隨東野後，掄元今等美周先。從茲桃李無顏色，好去移根傍日邊。

弟朝選校刊[①]

卷二

走馬行

佛鎮地狹，道不便騎，而諸貴公子好爲走馬遊。馬首所至，人皆匿避，避弗及輒爲馬傷。梁子感焉，作《走馬行》。

紈袴公子，醉酒飽肉，鮮衣美僕，無事走馬嬉遊肆追逐。

兒童啼馬，老翁顫馬，老媪咋馬，公子跨馬。

馬未來，馬先鳴。風起塵滾金鈴聲，馬來馬來鎮人驚。

鎮人驚，公子喜，揮鞭揚揚，六足去如駛。當道有人蹶鐵死。

宋玉

楚天雲雨渺難追，文采風流想見之。一代清才無列傳，百年遺賦有微辭。憂時少減靈均怨，曠世猶堪杜老師。却怪《高唐》簪筆日，言情不祖《小戎》詩。

大魚冢

祭大魚文枉費才，漁人笑口向人開。江豚一死真癡福，賺得年年麥飯來。

① 梁朝選（1859—？），梁世杰三子。

苦寒行

凍結不可解，流連冬復春。貴人坐暖閣，阿鶩雜遝陳。言披鷫鸘裘，載斟醁醽酒。爲道天氣寒，貴人曰否否。囚知籠鳥悲，將知邊馬勞。事理類如此，矧伊肉食曹。但歎同是人，胡爲兩懸絶？門内一鑪火，門外一擔雪。

明季宫詞

象生花向鬢邊開，宛轉張琴翫月臺。一曲君王休顧問，新聲不自教坊來。

晝夜沈檀篆紫烟，悼靈遺恨尚悽然。二王更抱乾清痛，應悔宫中禱九蓮。

已分彄環侍玉宸，如何再染下方塵？消魂千古《圓圓曲》，應是思陵紀裏人。

聞秋聲作時寓東門旅舍

麗譙更斷曉光回，近野秋聲分外哀。惡夢忽驚推枕起，好風初送入簾來。旋知淅瀝非關雨，乍聽砰訇却訝雷。明日小園對摇落，傷心應爲酹深杯。

叔典從叔以《悼亡詩》見示賦呈兩絶聊慰其悲惋之情云爾[①]

四篇珍重《悼亡詩》，潘岳窮泉字字悲。天上人間無限恨，不須腸斷阿灰詞。

久歎彭殤等死歸，解頤一語是耶非？梨花償了東風債，斜日無人逐絮飛。

---

① 梁思雅（1838—1868），字鏞大，一字叔典，爲九華五子，故朝澧謂之從叔。據《梁氏支譜·小傳》，思雅庶室李氏卒於同治癸亥（1863）二月，二詩蓋作於此時。時朝澧虚齡十九歲，故可目爲《總角集》未收之作。惜《總角集》不見傳本，未足證。

重陽前三日野行

原隰荒涼有雁飛，水車聲澀動秋悲。匆匆又是重陽近，風雨空吟邠老詩。時旱甚。

書《江左三家詩》後

風雅當年互主持，騷壇鼎足各標奇。新詞伯仲同千古，故國荒涼又一時。龍去鼎湖空有恨，鶴歸華表爲誰悲？雲間最愛文章客，血濺殘編動涕洟謂陳臥子。

《感懷》詩呈吴樸園先生

諸公衮衮無真鑒，四韻吟成輒自傷。未有《登樓》好詞賦，也邀賞識到中郎。

文獻風流今尚存，自慚一脈是詩孫。嶺南故老飄零盡謂張南山太守、吴秋航刺史、黄香石舍人，真覺先生北斗尊。

讀《備遺》《碧血》兩録作

匆匆十族劇悲涼，北寺冤沈亦可傷。鳥盡弓藏更愁絶，九京休去訴高皇。

觀吴荷屋中丞墨跡口占二十字

老氣亙霄漢，神龍何處尋？流傳多贋本，猶得值兼金。

荔枝

薦盤捧出色香新，珠顆冰丸次第陳。多病我方愁内熱，此身枉作嶺南人。

書《哀蟬集》後寄周蓮峰別駕

梅花香沁百城裏，兀坐狂歌傲塵市。遣閒積卷高如山，耽懶吟心冷于水。搴帷有客衝暮寒，手持《哀蟬集》至止。攜歸燈下試細讀，世間果有奇女子。如花博得夫壻憐，芳草竟同美人死。讀畢燈光作碧光，夜色蒼茫詩興起。哀思相侵不自知，淋漓墨瀋寫新詩。明朝小雪龍山路，好共梅花寄一枝。

寄題鄧蔭泉中翰杏林莊

園開半畝足清幽，春往秋來恣客遊。贏得名流争染翰，一時題詠徧南州。

繁華依舊占林塘，歷刦常新紅杏莊。今日愛君池館好，飄零空憶百垂楊

家大人築百垂楊館爲紅匪所毀，今已易主矣。

珠江詞

樓閣玲瓏月出時，珠江江水水漣漪。漁洋舊什無人識，斷雁殘砧和《竹枝》。

繁華回首本來空，休更傷心唱惱公。夜静酒闌人又散，天風飛出海幢鐘。

觀武宗外紀

教坊曲罷脱歌衫，戎服簪花興不凡。昨夜内廷傳詔出，新加朱壽太師銜。

反唐詩二首

天涯回首萬重山，醉飲車塵馬足間。夢裏不知征戍苦，琵琶翻覺解人顔。

王翰“蒲桃美酒”

千里浮雲逐馬塵，孤城高枕大河濱。春風豈有關山隔？楊柳依依思殺人。

王之涣“黄河遠上”

珠江録别

翹首天涯别緒多，楊花撲面奈愁何！春風不識離人苦，珠海年年皺緑波。

初夏病中

花落庭前一尺深，夏天猶自擁重衾。詩防成讖删哀句，歌悔傷聲學細吟。攬鏡不堪多病日，加餐煩費故人心。玉樓豈竟無才子？未必修文下界尋。

讀杜集擬作二首各次原韻

古柏行

吾聞夔州有古柏，古色斑斕蝕苔石。搪撐老幹淩層霄，矗不知其幾千尺。蜀相祠堂閴且深，過客裵徊爲惋惜。攀條頫仰雲不流，懷古蒼涼雪飛白。當年六代漢師東，欲挺雄材復漢宫。可憐蹭蹬不稱意，楨幹先凋王業空。成都有桑八百株，至今彷彿聆清風。此柏種植世莫改，勿翦勿拜銘召功。因知大厦需隆棟，樗櫟鱻材難倚重。漢季去兹歷有年，星霜風月匆匆送。遺愛竟能免樵伐，餘陰更足庇鸞鳳。柏乎柏乎爾勿悲！古來材大終需用。

謁先主廟

漢鼎沈淪日，匡扶賴有人。中原窮戰守，西蜀展經綸。治國資魚水，臨戎盡虎臣。興劉人景附，創業事艱辛。玉牒源堪改，金刀數竟屯。青山終霸楚，白帝遠連秦。地昔遺弓劍，祠今賽鬼神。堂森瞻歷歷，瓦細甓鱗鱗。花落瑶階暮，風迴綺席春。關河千古變，俎豆四時新。顧我飄零久，來兹謁拜

頻。側身驚歲月，拊髀慨風塵。緬彼英明主，如同笑語親。任賢真勿貳，得相有誰鄰？材陋堪樑棟，時窮且釣緡。蘋蘩終待薦，休爲淚沾巾！

羅鐵漁丈出其哲嗣穉漁小本《蘭亭》相示并索題

縮筆《蘭亭》久失真，濫觴空説李羲民。重摩雙眼看新本，深喜覃溪有替人。小本《蘭亭》創自李羲民。翁覃溪學士謂其本頗有行次位置之移失、偏傍點畫之舛訛，因以定武落水本筆意訂正之。

白髮詞臣矜絶藝，青年公子妙能書。若從老少論工拙，學士風流恐不如。

月夜龍縱閣聽瀑

古木重重月到遲，晚天樓閣好風吹。淒涼一枕難成夢，不是巴山聽雨時。

謁鄉賢張陳二先生祠

昔聞鄉賢風，今謁鄉賢祠。父老談往哲，相對猶欷歔。懿彼張郎中，致命良可悲。千古左順門，涕泣何淋漓！壯哉忠愍公，奮臂興義師。天命竟不佑公詩云："天命不佑，禍患是嬰"，馬革終裹屍。相去百餘載，二公原殊時。大節在方策，均足昭來茲。金紫山蒼蒼，漱玉泉漪漪。臨風一憑弔，曠代生遐思。

三月三日集同人漱玉泉修禊

蘭亭修禊跡雖陳，漱玉泉邊事復新。烟景釀成三月節，風流省識六朝人。紅黏花片流觴急，青帶山光入座匀。喜得翩翩裙屐盛，雅遊端不負佳辰。

梅花莊玩月

偶到莊前玩月明，夜寒懷古思頻生。梅花一樣同風格，不獨當年宋廣平。

天湖頂攓雲

攓雲舊詠足千秋東坡有《攓雲篇》，底事天湖續勝遊？自是江山閒不得，肯教坡老擅風流。

贈上舍譚玉書

汾江傾蓋久相親，兩載浮沈歎不辰。家近釣臺師往哲玉書，新會縣人，人應閬苑是前身。賈生失志空垂淚，董子窮經豈爲貧？祇覺思君倍惆悵，從今休負故園春。

春晴

煙消日淡碧紗窗，遊興飄然未肯降。青草池塘修竹外，一羣野鴨浴晴江。

雨久

春陰漠漠懶游翱，雨久開殘兩岸桃。試問青天幾時霽？田間麥浪已三篙。

野望

風香雲淡意悠悠，春色撩人愛野遊。倚樹無情對碧落，賞花有約到紅樓。一村煙豁鶯巢見，十里陽斜燕語愁。隔岸時聞雙打槳，越謳聲斷釣魚舟。

庚申歲復館於汾江草廬有感而作

夜深幽思鎖銀釭，讀倦《離騷》興未降。惟有綠楊堤外月，年年依舊照寒窗。

客中聞笛

暮色蒼茫欲晚天，半溪明月半溪煙。誰家玉笛增人恨？一夜思鄉客未眠。

桃源

小山彷彿有人家，渺渺雲煙石徑斜。兩岸桃花開與落，半隨流水半殘霞。

送友人

君欲隨春去，送君如送春。明年春又至，何日復歸人？

鄉思

涼宇無塵雁幾聲，小樓夜静旅愁生。孤燈瑟縮寒書劍，大被蕭條憶弟兄。怕見菊花今度好，常憐山月故鄉明。烽烟滿地家何在？空起遊人離别情。

清明

煙火紛紛滿帝城，花紅柳緑又清明。倚樓漫聽鷓鴣語，玉笛吹殘賣杏聲。

閒居

清風飄素裾，閉户獨閒居。煮酒頻燒葉，揮鋤自種蔬。病中娱歲月，象外悟詩書。嘯傲清塵想，焚香卧草廬。

幽居有幽致，避俗似無懷。花影欲侵幔，蘚痕常上階。時窮知己少，性癖與人乖。夜坐思潘岳，月明盈小齋。

春日

春日傷時思渺然，越王臺上遍烽煙。閒花不管人間事，依舊開殘二月天。

新春

夜坐碧溪靜，一琴眠石坳。風聲鳴樹杪，月影挂花梢。對酒娱新歲，論文憶舊交。寄言同道者，春色莫閒抛。

早起

露透碧窗溼，風吹枯木鳴。天寒孤鶴冷，猶戀野梅清。

園居曉望

獨立碧欄外，春光美且都。萍浮蹤欲合，草睡夢初蘇。露影濃還淡，烟痕有入無。緑楊花徑月，尚賸半輪孤。

東方日初出，萬樹揚清輝。花解迎人笑，禽知對我飛。陽生新色茂，病久故交違。身世逃塵外，長吟歌《采薇》。

漫興

寂坐渾無事，齋居愛養恬。天清魚戲沼，人靜鳥窺簾。樽酒心常醉，鑪香手自添。門前五株柳，願學晉陶潛。

自嘲

碌碌塵中事，徒貽達者歎。詩多憂世作，書慣借人看。慷慨空談易，從容實踐難。此生饒肉食，短鋏不須彈。

書《洛神賦》後

敢託閒情賦《感甄》？分明戀闕見天真。美人芳草愁終古，前有《湘君》後《洛神》。

弟朝選校刊

跋

此伯芷茂才十八齡以前詩也。詩不多，亦不盡佳，姑存少年心血焉耳。其佳處濯濯如春月柳，然行間時露奇氣，又如美人介甲馬而馳。昔人謂："奇才易得，清才難得。"茂才殆兼之矣。今茂才所爲詩已大勝於此，故敢質言之，他日進而愈上。吾知秀美之質、横軼之致，必有凌駕一世者，則是集其爲漁洋之《落箋堂初藁》乎？桓譚嘗語人曰：子雲之作必傳無疑，顧君與譚不及見也。余於茂才亦云：余老矣，書數語以爲他日券。高要彭泰來。

伯芷詩初名《總角集》。春洲先生爲跋，已盛加獎許。不數年，伯芷卒，年僅二十有二耳。同治癸酉，拾其十九歲至廿一歲詩並《總角集》付梓。嗟乎！天倘假伯芷以年，其詩豈止是哉？叔百禄識[①]。

---

① 梁百禄（1831—？），原名世禄，字豫大，一字惠田，爲梁應棠次子。

寸知堂遺草[①]

順德梁翰遇屏著　姪九圖編[②]

詩以道性情。自三百篇以迄列代名家，無非言其心之所欲言，而實爲後人百計揣摩之所不能及。乃後人自度其無以上駕古人，於是一變而爲標新獵豔，再變而爲牛鬼蛇神，不曰希蹤李、杜也，則曰方軌韓、蘇也。嗚呼！書肆中專集之刻，汗牛充棟，求其能合乎温柔敦厚之教者有幾人哉？余外祖順德梁戢菴先生少寓佛山，苦志勵學，年踰三十，始青一衿，由是中副榜、登賢書、捷明通、舉進士，凡文人所歷之科名無不備歷也。鄉之人至今猶豔稱之。其秉鐸龍川也，教育諸生，培植士類，惠之人至今亦傳頌之；其出宰羅源也，禁溺女之風，革火葬之習，振興學校，倡行社倉，閩之人至今尚尸祝之。然則，公之政事文章已足傳世，固不必以詩著也。而世亦尠知其能詩者。道光己丑，與先荷屋兄讀《禮》家居。公之曾孫道韶攜公所著《循陽》《旅燕》《宦閩》諸集見示。余捧而讀之，見其因時託興，無非言乎其心之欲言，而不使氣、不矜才，中正和平，自隐合乎風人之旨。然後知公雖未嘗以詩名，即詩亦無不可見公也。荷屋兄屢欲偕先祖《拜鑾堂集》合鐫，以存先輩典型，因循未果。今福草梁丈彙刻本家之詩，而以公集属序於余。余喜其能表章舊德，嘉惠後人也，故不辭而爲之序。

道光歲次乙巳孟冬，外孫吴彌光百拜書於芬陀羅館。

---

① 底本内封書名右側爲“道光丙午仲冬刊”，左側爲“十二石山齋藏板”。

② 底本正文卷端有“寸知堂遺草”五字，署名緊接其後，此處前置。

出彰儀門

出郭思悠然，征車日暮天。半生空戀闕，歧路未經年。主眷榮宫錦，交情醉别筵。惟應今夜月，夢繞帝城邊。

端午日謝鍾周若惠酒

滿江簫鼓彩雲凝，寂寞揚雄思不勝。問字久無人載酒，故交誰料似王宏？

冬酒龍陽最有名，絳雲釀就賽金莖。分來一醉蘭湯下，讀罷《離騷》句漫成。

宿長新店

出郭三十里，停車月上輪。尚餘京國夢，漸作故鄉人。柳色煙中驛，燈花客裏身。一名成底事？来往四年頻。

過涿州

古郡范陽東，車書萬國通。不因征戰後，誰識帝王功？望闕心仍近，揮鞭力未窮。欲尋郊外店，杯酒論英雄。

小店村阻雨

村前村後水盈盈，向午柴車歇短程。歸客自来頻計里，旅懷真覺似懸旌。閒斟濁酒消長日，笑指残雲卜晚晴。泥濘莫嗟行路苦，绿楊郊外快輿情。時山東亢旱，民切望雨。

舟中七夕

南歸無計促歸舟，天上佳期已報秋。玉露尚凝前度思，金風忽散隔年愁。祇應片錦疇烏鵲，好向明河駕彩虬。料得珠江今夜月，幾人閒望倚樓頭？

閏七夕仍用前韻時舟次贛州

客程依舊駐孤舟，厭見星河兩度秋。天上難逢唯此夕，人間易得是離愁。靈烏夜永仍供役，漢渚橋通尚駕蚪。却喜片帆章貢近，嶺南計日看刀頭。

夜泊邵北口次百川大兄韻

片帆窮日力，湖口泊初更。環市燈明夜，沿堤犬吠聲。占星知近越，望國尚遥程。吟罷惟欹枕，新涼習習生。

舟經象牙潭擬訪夏德椿諸阮不果

相逢猶憶早春前，樽酒歡招雪後天。魏氏有珠皆照乘，謝庭無玉不生煙。浮名浪逐紅塵跡，隔水長吟白露篇。却恨東風情太薄，剡溪空過子猷船。

趙北口

繞湖湖水憶當年，霸業銷沉意惘然。何處艇歸漁曬網？數家橋隔暮生煙。柳梢掩暎佳人馬，酒畔悲歌壯士筵。惟有夕陽鷗不管，一群呼浴出深泉。

舟次苦竹排喜晤何永安學博

水驛輕寒起暮煙，江頭人唤老隆船。霜林葉落鐘初定，市店燈殘客未眠。漫向京華誇好夢，仍從博士逐青氈。數條莫惜燃官燭，一别滄浪又隔年。

太乙巖

絶頂雲生接上台，層層碧蘚鎖巉隈。鴻濛夜燭青藜火，沆瀣香流白玉杯巖有醴泉。日射丹崖窺色相，班聯仙珮擬蓬萊巖有文殊諸仙佛像。十年浪説青華夢巖别名青華觀，石磴吟成首重迴。

東山日暮聞鐘作

石徑莓苔古寺閒，鐘聲裊裊出林間。沿崖墜葉紛鳴夕，隔水殘雲欲沒山。鶴向寒灘歸暮影，溪分餘響落前灣。何人共結支公社？倚杖江頭日往還。

梅村

一片萋萋芳草原，夕陽人立岸聲喧。緑蓑招手頻争渡，紅擔随肩笑負暄。幾處雲歸帆卸影，数家煙起樹連村。臨流别有同舟思，信馬行吟到郭門。

龍臺

群山碧削擁平臺，向夕登臨霽色開。煙火參差秦氏邑，川原經畫霸王才。雙摇塔影千峰截，百折江流卌里廻。料得彩雲籠不斷？浮邱終古自崔嵬。

龍潭觀瀑

湖光亭上白雲陰潭有湖光亭，右有白雲寺，一望泠泠瀉碧岑。曉接明河飜素影，遠從青嶂落寒林。風弦響答《陽春》調，石髮斜披白玉簪。氷雪十年猶未净，等閒潭畔滌塵襟。

嶅湖秋夜泛月

舊時秋月舊時湖，想見清虚入畫圖。四面波光澄碧漢，一天夜色散平蕪。斷橋流影銷虹彩，古廟含煙落鳥雛湖舊有橋，有廟。冣是滄桑無可說，恠他深淺報麻姑。

自鷲城旋署承永安何同年以詩送行次韻奉别兼促其歸

鶯啼曉樹知何日，燕蹴香泥又一時。對月每憐爲客久，思歸仍笑問津遲。

祇愁畫閣驚楊柳，莫向紅塵憶荔枝。江上望舟如望歲，期君早晚片帆馳。

春日遊東山寺晤惟光上人賦此并贈

三年南北総如萍，咫尺東林未到行。滿院松陰雲片片，緑蘿煙外出鐘聲。

古木溪邊占一坵，朱欄曲曲暎寒流。春風随意捫蘿上，已有高僧在上頭。

宗風誰復振南天，堂構重光見汝賢。休説隔城春少到，且聽幽鳥傍林泉。

無端水驛數聲催，齊向風前釋酒杯。半日欲閒閒不得，青山應解笑人来。

上元夕承周章林達晋藩暨門人林珎傳叔祖毅甫叔文俸文彪過集寸知草堂分賦得二篇

幾年成契濶，一夕共良宵。遊騎雲同合，高談夜並遥。物情欣有託，月色若爲招。明日還沽酒，黄鸝聽短橋。

大通滘阻風

乘夕風交作，維舟向海隅。冥雲将日暮，寒渚傍人孤。空復懷長楫，仍同怯短襦。夜来知不寐，村釀遣頻沽。

黎蓼洲司鐸河源甫四載乞假歸養賦詩見貽漫酬二律以送其行

十年姓字滿京華，虎觀掄才出絳紗。上界霜鐘懸待扣，諸經煨燼日同爬。曾憐月色横秋舫，尚惜雲程滯冷衙。此去片帆真欲挽，深情不獨在侯芭。

何人歸去際明時？勇退如君費所思。垂釣更過紅蓼岸，趍庭重補《白華》詞。潘輿絲管林間樂，謝傳風標海内期。捉鼻舊勞闉閣語，莫令歲月老江湄。

贈沈滄涵二尹攝篆龍川

随車甘雨擁琴来，百里郎星暎上台。保障重勞扶日手，撫循須仗濟時才。屏閒政久書三異，嶅畔春應長百荄。最是神君能變化，即看歌舞遍蒿莱。

辛未重陽時舟次青溪

去歲重陽江上駐，今年江上又重陽。共嗟薄宦身同梗，漸覺秋風鬢有霜。瀛海幾回憐舊夢？扁舟空復逐滄浪。明朝歸語籬邊菊，仍向花前醉晚香。

贈廖卡岩

白首紅塵角趙旗，一官初起拜明時。鵞城接座春風暖，雞嶂懸心夜月遲。自是清談同畫餅，可無舊事似彈棋。知君早有耕煙約，欲向龍門拂釣絲。

贈鄧梅亭

盛世儒官盡属賢，如君藻思更翩翩。騷才芳雜《江行草》梅亭著有《江行詩草》，鏤管霞飛象舞年。問字幾人同載酒，著書經歲欲參玄。鱣堂近長森森柏，應拂芸香到綺筵。

送沈滄涵調任香山

夾道花光擁使車，鶴琴無恙伴旌旟。廉明早入編氓頌，姓字曾從内殿書。正可談深傾玉麈，忍看轍卧遍方輿？七星峰近時相望，桑梓應沾海潤餘。

早發揚武店

倦夜難爲枕，披衣又出門。曉雞號帶月，霜樹暗連村。萬里身惟健，千秋志尚存。古来行路赋，辛苦亦何言！

得家報遥哭從叔肯堂公

書城曾擁越江隈，藜閣相依共取栽。一第辛勤成契濶，十年牢首在蒿莱。劍埋自合騰光氣，骨朽應知是俊才。惆悵廟庭何處哭？天涯吟望白楊堆。

哭鄭勉齋

曾向丹霄縱羽翰，烏衣門第列儒冠。一生侠骨塵中少，兩袖清風死後難。匣草有孫傳太史，杖藜無火冷文壇。三春尚憶江城棹，愁絶天涯對旅棺。

藍關謁韓廟

冷煙宿雨廟門開，山斗同瞻八代才。嶺外歸心長北向，雪中吾道已東来。聖明豈惜涓埃報？衰朽空憐末路摧。自是海濵天有意，瓣香留得瘴江隈。

（1）[①] 秩满入都舟發汾江别弟遇超

海國一帆輕，秋高旅雁鳴。到家猶是客，别夢倍闗情。殿閣開賢路，風雲萃帝京。文章思有用，行矣及時清。

捧檄偏餘感，臨岐淚滿襟。一坏親未葬，萬里我何心？計食人增口，謀生橘少林。瀕行無可説，知汝力能任。

① 所標數字表示該詩在《嶺表詩傳》所録梁翰詩作中的次序。《嶺表詩傳》於此題衹選第二首。

别群從諸叔姪

高卧那能得？蕭蕭馬欲鳴。一鞭庾嶺雪，萬里薊邱程。感激醻知己，遭逢慶此生。金臺他日夢，南阮正關情。

清遠舟中

城根臨水岸，水岸半霜楓。峽氣沉山寺，波聲蕩海風。晚喧茶肆集，沙泊客船通。萬里此行邁，高吟推短篷。

飛来寺

萬古飛来寺，清江占上游。鐘聲三峽曉，猿嘯二禺秋。碧梡臨風老，寒泉帶石流。結茆如有待，何處更寻幽？

香爐峽

一棹過黄石黄石，塘名，在峡上，香爐入望来。浪飛時作雨，峽響似聞雷。故壘餘秋草，荒城認古苔。太平誰設險？行客思悠哉。

太平關

一夕韶陽道，扁舟傍古城。水觀湞武合，雲峙謝樓平。斷岸環商舶，長途入旅情。棄繻原有志，無事報雞鳴。

始興江口憶歐子

尚憶初来日，弥天雪正深。更誰同遠道？薄暮泊江潯。山色寒如昨，江聲流至今。不堪懷往事，回首淚沾襟。

折梅亭

尚有懷人趣，荒亭古道陰。江南春故早，之子意殊深。驛路香盈手，空山雪满襟。千秋寥寂思，日暮動寒林。

攬鏡

今古吾何似？悠悠一笑中。吕衡貧尚尔，沈約瘦應同。新雪将欺鬢，流年若轉蓬。毛生雖捧檄，尚愧黑頭公。

湖口

未曉舟先發，孤城任意過。湖天接浩渺，鐘石出嵯峨鐘石，山名。霽色分江树，寒聲逐海波。馬當前路近，今夜夢如何？

鄱陽湖

越客泛湖船，霜流十月天。乾坤雙眼豁，身世一帆懸。水淺山餘岸，沙寒雁落煙。閒談昭代事，指點夕陽邊。

望湖亭題壁

孤亭上與白雲連，倚檻晴看入遠天。三楚亂山斜照外，九江諸島落霞邊。鯨鯢浪静寒流水，蘆荻秋消故壘煙。今日繞湖波浩渺，登臨惟有思悠然。

淮陽逢黎徐聞姚始興莫開建楊陽江家東安五同寅南還

邗溝城外廣陵船，隔岸招呼薄暮天。萬里帝庭瞻日月，片帆海國老風煙。嶺南歸棹春相憶，禁裏疎鐘夢正懸。往返江波渾不定，青樽重對是何年？

送陳興譽赴郏城

蘇公舊日甘棠地，儒吏新拖墨綬行。别路共携摩詰酒，邑人先識魯恭名。春歸隔歲回寒谷，鶴載官船向曉城。别有宦途清净福，峩眉山色入堂清。

元旦次楊筠亭韻

北斗城邊日馭迴，千門曙色禁鐘催。一聲曉角吹寒盡，幾樹林花向暖開。内殿香飄凝綵仗，侍臣朝罷醉瓊杯。笑看九陌春歸處，漸滿燕昭舊築臺。

簡楊筠亭

瓊枝移向玉山頭，小院香消客裏愁。從此月明吟賞遍，馬蹄那憶到通州

筠亭曾約通州之行？

（2）土木懷古

策馬荒城思不禁，乾坤此變咎誰任？沿關父老哀猶昔，負國中官恨至今。桴鼓暮號邊氣入，亂山愁結陣雲深。西風十里韓原似，落木蕭蕭動客吟。

顯忠祠

空階寂寂對松楸，白草黄雲恨未休。血灑翠華千古碧，魂羈沙漠九京愁。忍聽故老談遺事，獨向斜陽問首邱。咫尺紫荆偏改道，司戎枉告入關謀。

沙城道中

漫從遠道速行旌，歷歷郊原覽古情。十里斷煙愁土木，一鞭寒雨入沙城。荒田蒼莽鳴駝影，老樹啁啾怪鳥聲。殷阜幾年成樂土，更誰疆里費經營？

保安道中

風塵回首負煙蘿，兩月潔陽此屢過。地接邊關霜氣早，秋来驛路客愁多。一鞭迢遞行偏苦，萬事颓唐老奈何。却喜天涯知己在，夜深漉酒且狂歌。

居庸關

太行北眺擁岈嵘，百二河山障碧空。天爲中原森設險，城臨下口獨稱雄。幾時故壘淪秋草，落日炊煙散晚風。我欲磨崖重勒石，關門長此靖邊烽。

九日陪諸先生南樓宴集

清尊須醉曲欄邊，此日登臨豈偶然？千里雲山開薊北，兩行巾舄列關前。金英笑插来陶令，玉麈分談擬晉賢。唯有仲宣慚作客，嶺南别夢已經年。

秋日遊廣慈寺

招提郭外别成天，信馬尋幽付一鞭。滿院松濤飜暮雨，四山竹韻寫秋煙。瑶函乍啓宸章絢寺中藏有御書《心經》，赤舄長留玉座懸寺有仁廟御履。恠得石床花雨潤，先皇龍馭憶當年。

将入都留别吴立亭明府

御風齊到鳳凰池，得意香分杏一枝。百里早聞鳧舄度，十年堪嘆鶴書遲。金臺遥望愁前路，珠海重逢杳後期。惜别預知明月夜，關南關北盡離思。

贈别黄蟾湖孝廉

風煙萬里此遨遊，兩月潔陽共素秋。古寺看花来絶塞，清宵吟月上高樓。

酒邊俠氣廻寒焰，檻外驪歌動客愁。何處暮雲思更甚？帝城迢遞隔關溝。

己卯中秋

有興何從覓酒杯，瓊樓玉宇爲誰開？一生勞我無如命，百事輸人揔属才。滿院花光連桂苑，清宵歌吹澈瑶臺。茫茫尚憶當年事，燈火迷離夜漏催。

端州劉遇亨刻

跋

族伯戢龕司馬固長洲沈文慤公門下士。文慤論詩以盛唐爲宗，專主沉鬱頓挫，司馬則喜樂易和平。殁後，全集散失，獨五、七律一卷爲其外孫吴中丞榮光所藏。圖懼其將并此而湮沒也，乃爲之付梓。道光丙午十月九圖謹跋。

愧齋遺詩[①]

順德梁詩拔士陞　弟九圖編[②]

詩人之窮，有如余族兄愧齋先生者乎？先生諱詩拔，字士陞。愧齋，其號也。年二十舉茂才，既而屢躓於有司，環堵蕭然，琴書外盖無長物，然性狷介，朱石君相國督兩粵時知其名，欲見之不可得。芒鞋棕帽，時縱遊東、西二樵間。識者咸謂余家青厓中翰能静，先生能逸，誠篤論矣。先生暮年叠抱喪明之痛，故殁後著作盡歸蟫蠹，僅存詩數十篇。亟爲之檢録付梓。先生亦可稍慰歟！道光丙午仲冬九圖序并書。

登海鼇墖觀海

吾生素負縱横志，巨浪長風那足異？千尺樓頭置此身，八九元龍湖海氣。聞説浮屠號海鼇，高高高儗白雲高。舉頭紅日天邊近，俯視巨浸翻洪濤。珠江琶洲四十里，水驛山程須臾耳。摳衣直上冣上頭，果見汪洋大海水。汐從夕入潮朝朝，且喜邇來氛祲消。巨艦貨通真蠟國，小舠人蕩木蘭橈。氣清天朗殊堪狀，萬頃琉璃碧色漾。西望老萬東伶仃，數點翠螺紈縠上。驀然耳底生寒風，便如大戰馮夷宫。雷公打鼓雨師鬭，虎頭獅子非英雄。我欲一盃吞溟渤，留貯胸中增欝勃。推波助瀾任往來，沐日浴月從出没。又復滔滔吐出徠，化成蜃氣作樓臺。神女人魚歸海市，如箕眼界一齊開。究竟茫茫何所属？

① 底本内封書名右側爲“道光丙午冬月”，左側爲“石泉題”，下有“臣李可瓊”印。
② 底本正文卷端有“愧齋遺詩”四字，署名緊接其後，此處前置。

徒供駴心與怵目。大都河漢棄談言，更誰涇渭分清濁？不如日暮且下山，孤燈萬卷江湖間。百川學海至於海，上下古今相往還。

霜夜鐘聲

何處鐘聲發？滿林霜氣清。蒲牢滄海遠，銀漢碧天横。逸響将千里，虚堂欲五更。月殘燈灺後，一一冣分明。

安期生採九節菖蒲歌

白雲之山三百丈，山高雲深氣浩蕩。孕育靈草人罕知，留與仙人作清餉。在昔避秦安期生，策杖賣藥海上行。遠來茲山遊且憩，採得菖蒲充素羹。菖蒲一寸逾九節，莭節有香香酷烈。白石清泉高托根，自是安期性所悦。朝採山陽暮山陰，採來一節清一心。採罷翩然乘鶴去，高臺縹緲山之岑。吁嗟乎！高臺縹緲山之岑，仙人不可作，靈草傳至今。何來遊騎紛埃侵？坐令太息白雲深。

望氣樓謁郭景純遺像

南海盛衣冠，自昔聞斯語。今茲尋靈洲，靈洲何處所？欝水夾江來，中流矻底柱。上有數仞樓，敬貌景純父。下拜肅冠裳，愧乏牲牢舉。緬維我郭公，博物誠足異。注經學已富，望氣識尤巨。坤靈日南來，先期能逆數。迄今二千禩，不乏纓與組。多謝公一言，名賢相鼓舞。拜起有餘意，相顧同行侶。所願後來彦，勿偃吾旗鼓！庶幾靈洲靈，與公共千古。

觀穫

田間挃挃響霜鐮，共道黄雲應吉占。東晦最誇牛尾粟，西疇更愛鼠牙黏。

兩年饑困是從來，今日方逢笑口開。海賊更聞芟艾盡，雞鳴初去戴星回。

素馨

郎采素馨花，妾采素馨蕊。采花愛色鮮，采蕊憐香美。花鮮蕊亦香，載采青青葉。不凋貫四時，贈郎還贈妾。

穗石洞

訪古南武城，躡屐尋仙蹟。朅來穗石洞，俯仰意無極。憶昔騎羊五仙人，來爲吾粤立蒸民。手持五穗别五種，要與后稷爭思文。仙去羊留羊化石，至今竅穴生津液。分明膏澤及千秋，莫教此意無人識。

梅花村探梅

滿林霜雪正闌干，萬朵梅花入望寒。高士風流何處覓？美人魂氣未應殘。尋香迤邐蜂爭路，沽酒嬋娟月在巒。更欲攜壺醉山下，觧酲還賴色堪餐。

麥公藩尊人雙壽

曼倩桃供玉饌，麻姑酒晉金卮。星擬老人南極，樂同王母西池。

麟趾姬庭躑躅，鳳毛泮沼翩翻。對此椿蘐花草，居然煙火神仙。

對鏡詞

斂鏡長自惜，開鏡重唧唧。所恨太分明，不諱妾颜色。

甘灘竹枝詞

魚妹魚誇淡水鮮，雪濤花濺打魚船。黄魟白鲏金絲鲃，短鯉長鱓縮項鯿。

五君詠并序

余生平多情少文，遊歷又寡，惟與素心人數輩居同鄉，學同術，先後相得甚歡。文酒之交，不我遐棄。既皆年過三十，不得展布，復資硯田外出，彼萃此睽。今年春，與植、琛二子晚酌。酒半，余執琖言曰："吾輩自命何等？今乃聚首之樂，天且靳之，行將又唱《驪駒》矣。"引滿盡醉，各欷歔傷懷，遂别去。長夏無聊，追憶及此，效顔延之作《五君詠》，使其人性情意態常在心目中。歲莫當得合，並令一一和之。

翔翁類古狂，持身少迎逢。高文溯正眼，妙論驚群聾。真率世所喜，直諒吾所宗。何可無斯人？巽愞得久容。

旦子文學士，丰標如佳人。獨於談藝時，耳熱目亦嗔。晨夕勤慕古，歲月甘食貧。桃李澹無言，藹藹滿蹊春。

植老有深致，未易定憎愛。譬彼悦芻豢，亦復嗜鮭菜。入世少齟齬，論事多慷慨。文品如人品，和分恒相配。

阿琛踈節人，縱酒稱酒狂。鮮醒計斗石，倚醉誇詞章。蚍蜉力稍撼，鵬鶚勢更張。往往吟小詩，高桀追三唐。

仁兄静者流，淵默坐絳帳。談僧意輙喜，作字神獨王。秉性嫉流俗，著藝傾喆匠。年來學飲酒，稍稍露豪放。

哭門人蘇儀周

彷彿風吹雨，聞凶𡨚慘悽。一家多眷屬，兩載共提撕。落月顏猶照，浮生物未齊。疾趨求實信，杜宇不能啼。

舊識孤高概，何因便溘然？墮懷蘐草謝，折股鴈行偏。顧況人非老，西河意可憐。始知情未化，容易隕芳年。

論文差有望，學道未曾純。俛仰當斯世，欷歔失此人。千秋心裏事，兩幅篋中巾。説與賢群從，應知共愴神。

汝翁猶未艾，哭汝自難言。欲灑人間淚，妨銷地下魂。師生三載共，骨肉幾人存？努力冥冥路，無涯是報恩[①]。

閨情

少小學種花，將花比顏色。多見花開落，少聞郎消息。

生朝口號

生年四十尚無成，況復流光次第增。作客漸看身易老，歸家真覺夢無憑。劬勞父母恩難報，貧賤妻孥思不勝。强把詩篇對樽酒，更將衰鬢伴寒燈。

---

①《嶺表詩傳・國朝嶺表詩傳》卷五選此一首。

拜月詞

夜深獨立霜風飄，空堦響徹金步摇。儂來拜月試問月，月裏可如儂寂寥？

患疥

疥癩雖小疾，與瘧原不殊。有鬼實司之，慘甚相揶揄。率先弄指掌，取次剥肌膚。痛癢切相關，搔抑難自紓。我不遘此戹，經今三紀餘。誰厝積薪火？倏致僨轅駒。長歎六時内，不寐五鼓初。能令壯士弱，且使肥者癯。永言懷父母，鞠育幾勤劬。何來虐君子？乃爾等狂且。誠非父母心，必爲天地驅。欲上告巫陽，一一爲翦除。庶還清白質，不憂糞土蛆。鬼既謝不敏，我則舍不渝。百凡抱此意，此意竟何如！

放歌行

讀書不能上下數千紀，探奇不能縱横數萬里。孤負昂藏七尺身，何如坳堂覆杯水？嗟余之生不得時，貧賤抑塞多所羈！安得天將鄙衷誘？一朝富貴落吾手。買書萬卷讀千廻，躡屐一雙窮九有。南登五指山，煙波浩淼指。顧問北出玉門塞，風霜凛烈胸襟内。東放於海西流沙，足跡直踏羲和車。聖賢相位置，神仙共遊戲。招徠白玉童，仙女伯什時相從。興來美酒吸千琖，醉去雅歌聆三終。把筆草就名山業，後可開來前可接。逍遥行樂三十年，莊周一任化蝴蝶。

《春柳》次王漁洋《秋柳》韻

東風鎮日喚花魂，幾樹青歸靖節門？踠地濃陰迷草綫，拂墻新緑罥苔痕。半旬雨色詩中畫，一曲春江郭外村。思曼風流人宛在，雙柑攜得細談論。

清秋迴首露爲霜，顣頞江頭半畝塘。春酒便斟青玉案，緑羅旋發翠雲箱。招腰綽約如仙子，倒薤紛披擬墨王。唱盡楊枝柳枝曲，海棠那數鬭雞坊？

灑衣有汁豈無衣，似草同袍計詎非？舊唱渭城聲慷慨，新垂青瑣景依稀。十分黛色初眉畫，一片芳情未絮飛。劍佩旌旗看咫尺，龍池誰許素心違？

枝頭葉底我猶憐，曉拂晴霞晚拂煙。惹恨任教絲斷續，同心堪贈帶連緜。揚鞭灞岸非他日，走馬章臺是壯年。無限春光共攄寫，美人消息板橋邊。

偕友人遊坡亭過螺山寺謁坡公遺像次坡集《金山妙高臺》詩韻

一生忠義心，冣愛東坡子。嶺海多遺蹤，螺山僅十里。阻潦嘗淹留，所緣謫儋耳。後人有餘慕，厓畔孤亭起。嗟公自珪璋，於世何礱砥！始幸盍簪纓，終不煖席几。我來泝芳徽，相與躡屐齒。風流乃常存，高長見山水。持較鰲相公，究竟誰者是。誕敢咨先生，何以詔後死？

馬甯竹枝詞

白鰕滘小水迢遥，三板人來第一橋。躡屐更冲雲路去，頓龍煙雨聽瀟瀟。

象山多桂足樵蘇，毓秀清泉水味殊。睦畔小滄浪亦好，烹茶都借煉丹爐。

厓如馬鼻石成堆，上有何公舊釣臺。更愛謫官鄒吏目，訪賢曾泊此間來。

巖居偏與水居鄰，鮭菜時時次第新。山徑自開三角市，田豬分餉四鄉人。

鷲頭海畔鷺紛投，大小魚龍蛋網收。別有珠璣收不盡，楚庭詩句瓣香留。

端州劉遇亨刻

跋

族伯戢龕司馬固長洲沈文慤公門下士。文慤論詩以盛唐爲宗，專主沉鬱頓挫，司馬则喜樂易和平。歿後全集散失，獨五、七律一卷爲其外孫吴中丞榮光所藏。圖懼其將并此而湮没也，乃爲之付梓。道光丙午十月九圖謹跋。[1]

① 此跋與《寸知堂遺草》同，或爲裝訂之誤。據柯愈春《清人詩文集總目提要》，中國社會科學院文學研究所藏有道光二十六年刊《愧齋遺詩》，可以參看。

談石[1]

梁九圖著

凡藏石之家多喜太湖石、英德石，余則最喜蠟石。蠟石雖遜太湖、英德之鉅，而盛以磁盤，位諸琴案，覺風亭水榭爲之改觀。

藏石先貴選石。其石無天然畫意者爲不中選。曰皺、曰瘦、曰透，昔人已有成言，乃有時化工之妙却不在此。賞識當在風塵外也。

選石得宜，次講位置。位置失法，無以美觀。鬼斧神工，俱成滯相。此事祇堪與知者言耳。

石有宜架以檀趺者，有宜儲以水盤者，不容混也。檀趺所架，當置之浄几明窗；木盤所儲，貴傍以回欄曲檻。雜陳違理，貽笑方家矣。

石上種蒔之法，竹與木俱宜極小，然後重巒疊嶂始露大觀。唯必擇其小而枝柯蒼勁者栽之，令見者有窮谷深山之想。一苔一草俱費匠心。

蠟石最貴者色，色重純黄，否則無當也。

每日晨起看石，蒼潤可愛。亭午以後，已畏日烝。舍澆一法，竹木固枯，石色亦黯然，澆必用山澗極清之水。如汲井而近城市者，則漸起白癍。唯雨水亦差堪用耳。

（據《十二石山齋叢録》卷一引《石圃閒談》七則）

① 底本無題，玆據《美術叢書》擬定。

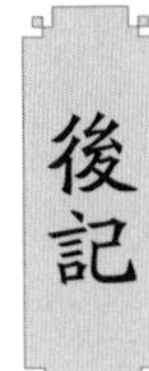

後記

談到清代詩學，我不過是一名小卒，本來就沒有什麽深刻的體悟可與大家分享的。我所擅長的衹是緊抓各種原始文獻不放，東拼西湊、拖泥帶水地呈現出歷史的冰山一角而已。若真要説我是在學術上有着什麽建樹的人物，那我也衹好忝列於《季羡林傳》序所謂的“會計師型”的行列了。正因這種凡事都要核算一番的生性，我還是決定在出版此書前列出一些我認爲比較重要的蛛絲馬跡，好讓“才士型”與“辯士型”的學問家大展拳脚。

據《梁氏支譜》《佛山忠義鄉志》的記載，梁氏族人的著述在内容上可分爲詩文、醫學、易學、隨筆、法帖與童蒙讀物等多個方面，但當中不少書已經散佚。我們也無法全面了解梁氏家學的特色及相關文人的交遊掌故，無疑是十分可惜的。這一方面應歸咎於刊刻的不及時，另一方面則是書版毁於 1854 年的陳開之變（見梁神儁《紀風七絶》後識）與反酒捐鬥争所致。在理論上，這些直至今日還不見傳本的著作都還有被重新發現的可能，尤其是那些已付梓並曾在親友間流傳開來的印本（如《國朝正雅集》《寄心盦詩話》所引用的）。加上梁氏後人不乏有移居香港與海外者（可參看《佛山文史》第 7 輯所收黄任華《“半是僑居半故家”——記佛山梁氏家族之歷史與現狀》），故或可免於文革的洗劫。又大阪大學懷德堂文庫所藏四卷本《詩話》的遞藏之跡尚不明確，應該予以調查[①]，一來可加深對《詩話》流佈之理解，二來可順藤摸瓜，找到日藏之梁氏佚書。

考《佛山忠義鄉志·藝文志》所列著作不如《人物志》之多，顯爲不録佚書之例。由此可知，直至20世紀20年代，部分待訪的梁氏著述仍未湮沒於世：梁九圖《佛山志餘》《笠亭詩拾》、梁僧寶《春秋日官詁》《古術今測》、梁元超《嗣噫吟集》（鄧維霖序）、《竹林詩略》（嘉定張修府序，1941年港版《廣東文物》卷一《廣東文物展覽會出品目録》亦著録）、梁世杰《畫蝶詩冊》《珠江雜詩》《六悔亭詩鈔》《諸藥詳要》、梁世澂《佛鎮義倉産業圖説》《南泉觀音廟産業圖説》、梁植梅《演禽神數》《禽星闡奧》（其子梁爾燕序）。另有梁世澂、梁元輔、梁錫類審定、編校之《痘疹玉髓金鏡録》《白喉忌表抉微》（廣州圖書館藏梁錫類編校《白喉瘟驗方》一卷，光緒二十五年木活字本），前有自序。由於冼寶榦修志徵書時可得到梁神僔、梁爾煤的幫助，故信息來源比較可靠，對以上諸書的搜求亦須提上日程。

在整理過程中，我發現《十二石山齋詩話》所引梁九圖詩有不見於《紫藤館詩鈔》底本者，後於《佛山忠義鄉志·藝文》見“《十二石齋詩集》二卷”，下引七詩，其中二首爲底本所無，故疑即九圖自謂“不敢遽行開雕”之全集。近日又讀到肖卓《廣東特殊版式之詩文集敘録四種——兼談順德梁氏家族》一文（見於《2016年中文古籍整理與版本目録學國際學術研討會論文集》），記中山大學圖書館藏有此書二卷本，“清道光寫刻本，半葉六行

① 程中山《晚清廣東李長榮與日本詩人之交誼考》（見於《清代廣東詩學考論》，廣東人民出版社2012年版）論及日人藤宏光與李長榮、馮柳橋、倪鴻與鄧大林的交遊舊事。考李長榮《題十二石山齋》詩注特意提到《詩話》卷三第36則對己詩之採録（《十二石山齋叢録》卷二），倪氏亦曾避亂於汾江草廬（《桐陰清話》卷八），梁朝灃則有《寄題鄧蔭泉中翰杏林莊》二首。因此，四卷本《詩話》也許是由藤宏光傳入日本，並最終與《茅洲詩話》一起入藏懷德堂文庫的，未知與其時日本詩壇之風尚關係幾何。

十六字，四周花邊欄，序跋爲菱形花邊欄，正文爲書卷形花邊欄，白口，無魚尾”，版式與香港本一致。然“内封爲張岳崧題書名”（張氏卒於1842年），則與《廣州大典》本、香港本有别。論文還對中山大學圖書館所藏三部《紫藤館詩鈔》中較完整的一部作出介紹，謂除張維屏、吴炳南外有吴榮光（1843年卒）、張岳崧、郭尚先（1832年卒）序，則與香港本之裝訂次序不同。我細檢香港本，發現郭序版心標有“跋”，合乎此書的整體版式，唯吴、張二序所在頁之版心無“序”或“跋”的字樣。不知是後來增刻，抑或原屬他本。梁九圖詩集爲其本人自編，故難免有多種版本，望有志者對其遞變過程與所收詩的差異做出研究。肖氏此文還提到中山大學圖書館藏有《無怠懈齋詩稿》《寸知堂遺草》各兩種。前者之一種與本書底本有别，内封書名爲梁九圖篆，序跋也不盡相同。後者之兩種間則有邊欄、字體之别。

又國家圖書館藏《汾江草廬唱和詩》《梁氏家集》不見於《廣州大典》。前者似未有專門的研究，而本書也未能加以利用，實屬遺憾。後者已爲徐雁平《清代家集敘録》所著録，實爲《無怠懈齋詩稿》《紫藤館詩鈔》之合編，收詩數量似與本書底本有别，《紫藤館詩鈔》之題識亦多達八人。

在書法方面，除了前言提到的《寒香館法帖》《夏承碑》《顏魯公虎邱詩》，《梁氏支譜》還著録了《瘞鶴銘》《戚伯著碑》兩種翻刻本。後者爲梁元超刊刻，其自識亦見於族譜。梁元超不僅在自識中交代了其《戚伯著碑》善拓本的來歷，還透露了他1861年在都、1862年冬返鄉與兩個月後赴湖南就任的行跡。他日或可作爲研究梁元超交遊情況的資料。玆録出自識全文：

右漢《戚伯著碑》乃宋拓本。咸豐辛酉在都獲覩孫氏所藏原拓，其用筆古勁，實非後人所能到。同治壬戌春，購得嚴氏鉤本，與孫拓無少異，洵佳本也。是冬乞假南歸，擬將勒石。僅兩月又之楚南，故未暇及。然有美弗彰，予終以爲憾也。因囑季弟薇庭付刻，以公同好云。同治癸亥花朝後二日，南海梁元超識。

近年來，一些拍賣組織還徵集到若干梁藹如、梁九圖所作或與之相關的書畫，其中不乏學術價值極高之材料。其簡要介紹如下：（一）草書《古詩十九首》其十，見於廣東精誠所至 2019 秋季拍賣會。落款："道光丙戌冬十二月書於從吾所好齋。藹如。"與各大博物館藏品相比，此作書風更近於《書譜》，無厚重板滯之弊。（二）梁藹如草書條幅，見於"種芸山館"微信公衆號 2021 年 3 月所舉辦的第 427 期微拍。所書爲李夢陽句："不到蓬萊看五色，那知天子是真龍？"此與現存以漢魏、盛唐、金元詩爲創作内容的藹如書作相互補充，折射出青厓詩學廣收博取、融匯古今的氣概。（三）蘇珥書《離騷經》拓本，見於"古籍收藏交流匯"微信公衆號。中有梁藹如跋云："杜子美云：'書貴瘦硬方通神。'今觀此刻骨氣清挺，其真能瘦勁者矣。梁藹如。"（四）黄道周《素詩二章》，絹本立軸，見於 2019 西泠十五週年秋拍，上有劉彬華、龍廷槐、羅天池、王鑒心、梁九圖、許其光、陳澧、謝蘭生、張維屏、何瑞熊等人題跋。九圖跋云："石齋先生書法追蹤晉人。此幀運筆尤蒼勁入古，覺高風亮節猶婉然在目也。梁九圖拜觀。"是心儀晉式，而又以人品論書品，直可與其詩論相參看。（五）梁九圖《幽蘭圖》，見於廣東大名堂拍賣有限公司 2018 年第五期藝術品拍賣會字畫專場。此畫用筆輕柔飄逸，墨色淋漓多變，隱然有明人墨蘭遺範，與佛山市博物館所藏晚期畫作有别，故彌足珍貴。

2009 年，南海文物普查隊還在西樵山翠巖巖壁上發現了梁九圖的題字石刻："道光乙巳八月望夜同陳夢生、任瑞圖、姪光大觴詠于此。順德梁九圖識。"考諸《詩話》，陳夢生爲順德人，與九圖相交甚善。梁九章長子

梁思賢，字光大，其詩見於《詩話》卷六。任氏則未詳爲何人，然亦足見九圖交遊之廣。此新聞見於《佛山日報》2009 年 7 月 8 日報道的《文人賞月吟唱 留下百年石刻——西樵山翠巖巖壁發現嶺南名士梁九圖題字》。

以上是我温習舊稿後覺得需要補充的地方。我瑣碎無味的會計工作就到此爲止了，如有不確，還請大家海涵。佛山，吾之故里也。吾生於斯，長於斯，乃至今日之學亦無不源於斯。近年又遊於湘、浙、京、豫諸省，遊之愈遠，鄉關之思亦愈不可已。去歲歸粵，親睹《寒香館法帖》，摩挲半日，久不能去，乃發奮鑽研梁園文獻，歷年而成此書，庶可有以告同學、朋友，亦不枉父母、師長之栽培也。至於這部會計流水賬能否成爲學術史之一頁，則有待歷史的檢驗了。余又何間焉?

壬寅仲夏識於佛山家中